3/ C0 BPV 651

HENRY BRADSHAW SOCIETY

ffounded in the year of Our Lord 1890
for the editing of Rare Liturgical Texts

VOLUME CXIV

ISSUED TO MEMBERS FOR THE YEARS 2001–2002
AND
PUBLISHED FOR THE SOCIETY
BY
THE BOYDELL PRESS

HENRY BRADSHAW SOCIETY

for the editing of rare liturgical texts

PRESIDENT

Miss Barbara Harvey, CBE, FSA, FBA

VICE-PRESIDENTS

The Very Revd Professor Henry Chadwick, KBE, DD, FBA
Professor Dr Helmut Gneuss, FBA
M. Michel Huglo
Professor Aimé-Georges Martimort
The Revd Professor Richard W. Pfaff, DD, FSA
Professor Achille Triacca

OFFICERS OF THE COUNCIL

Professor M. Lapidge, LittD, FSA, FBA (Chairman)
D. F. L. Chadd Esq. (General Secretary)
Dr M. B. Moreton (Treasurer)

Enquiries concerning membership of the Society should be addressed
to the Hon. General Secretary, D. F. L. Chadd, School of Art History &
Music, University of East Anglia, Norwich NR4 7TJ.

THE LEOFRIC MISSAL II

TEXT

Edited by
Nicholas Orchard

LONDON
2002

BX
2037
.A3
L37
2002
v.2

© Henry Bradshaw Society 2002

All Rights Reserved. Except as permitted under current legislation
no part of this work may be photocopied, stored in a retrieval system,
published, performed in public, adapted, broadcast,
transmitted, recorded or reproduced in any form or by any means,
without the prior permission of the copyright owner

First published for the Henry Bradshaw Society 2001
by The Boydell Press
an imprint of Boydell & Brewer Ltd
PO Box 9, Woodbridge, Suffolk IP12 3DF, UK
and of Boydell & Brewer Inc.
PO Box 41026, Rochester, NY 14604–4126, USA
website: www.boydell.co.uk

ISBN 1 870252 18 7

ISSN 1352–1047

A catalogue record for this book is available
from the British Library

Library of Congress Cataloging-in-Publication Data
The Leofric Missal / edited by Nicholas Orchard.
    p. cm. — (Henry Bradshaw Society, ISSN 0144-0241 ; v. 113–114)
Includes bibliographical references and index.
Contents: v. 1. Introduction, collation table, and index — v. 2 Text.
ISBN 1-870252-17-9 (alk. paper)
    1. Catholic Church—Liturgy—History—Middle Ages, 600–1500—Sources. 2.
Manuscripts, Latin (Medieval and modern)—England—Exeter. 3. Exeter
(England)—Church history—Sources. 4. Leofric, Bp. of Exeter, d. 1072. I. Orchard,
Nicholas, 1963– II. Henry Bradshaw Society (Series) ; v. 113–114.
BX2037.A3 L37 2002
264'.023—dc21   2002023217

This publication is printed on acid-free paper

Printed in Great Britain by
St Edmundsbury Press Ltd, Bury St Edmunds, Suffolk

THE TEXT

EDITORIAL PROCEDURE

The three main strata of Bodley 579 (*A*, *B* and *C*) have been distinguished typographically:

(1) *A* (the manuscript as originally written) is in normal type. For the sake of convenience, its marginal cues for chant have been printed slightly smaller in the body of the text. The position of these pieces in the manuscript can be traced page by page in the notes.

(2) *B* (the sets of additions made at Canterbury in the period *c.* 920–1000) is in smaller, finer type. In the calendar all entries in colours have been given in bold, and entries in capitals in capitals. No attempt has been made to reproduce the schemes of colour adopted in the computus as these can readily be seen in the digital pictures available on the World Wide Web.

(3) *C* (additions made at Exeter in the second half of the eleventh century) is in monospaced type.

Rubricated minuscule has been printed in italic throughout; rubricated uncial superscriptions, display capitals and capitals written in gold are given in plain capitals; and rustic capitals in italic. As far as possible, the punctuation and orthography of the manuscript have been retained, and abbreviations silently expanded. Tailed *e* is registered as *ę*; *U* as *V*; and *v* as *u*. Corrections, alterations and additions to main texts have been indicated in the notes. All formulae are numbered in a continuous sequence.

1 / Hunc missalem LEOFRICVS episcopus dat ęcclesię /f. 1r
sancti petri apostoli in exonia ad utilitatem
successorum suorum. Si quis illum inde abstulerit,
ęternę subiaceat maledictioni. FIAT. FIAT. Confirma hoc deus quod operatus es in nobis.

2 Ðas boc leofric bisceop gef sancto petro, 7 eallum
his aeftergengum into exancestre gode mid to
þenienne, 7 gif hig[1] aenig man ut abrede haebbe he
godes curs and wraeððe ealra halgena.

3 Halwun hoce on execstre freode haegelflaede hire
wimman þi hy bocte 7 tilde for hire sawuale crist 7
sancte peter 7 ialle christes halga him wurðe
wraðe þe hi haefre ge þywie. Amen.

4 Her kyð on þisse bec þ aeilgyuu gode alsyde hig 7
dunna 7 heora ofspring, aet mangode to .xiii.
mancson, 7 aeignulf port gerefa, 7 Godric gupa
namon þ toll, on manlefes ge wittnisse, 7 on
leowerdes healta, 7 on leowines his broþor, 7 on
aelfrices maphappes, 7 on sweignis scyldwirhta,7
haebbe he godes curs, þe þis aefre un do aon
ecnysse. Amen.

5 / Her kyð on þyssere bec þ godwine blaca bohte hine /f. 1v
sylfne 7 his wif 7 his ofspring aet willelme
hosethe mid .xv. scill. on edmaeres gewittnise
preostes 7 on aelwies 7 on dunninges 7 on saemaeres
7 on aelmaeres 7 on ealles þaes hundredes on cuic
lande, 7 aelfric hasl nam þaet toll for þaes kynges
hand 7 haebbe he godes curs þe hit aefre un do.
Amen.

6 Her kyð on þysse bec þ edwy beorneges sunu lysde
hyne and his wif and his cyld on edwerdes daege
cynges aet hunewine hega suna ut of toppeshamm
lande, akynstnes ge wittnisse preostes 7 a

---

[1] Added interlinearly by scribe.

1

leofsuna ge wittnisse a wundforda 7 an aelfrices
hwita 7 on wycinges bat swegenes 7 on saewines lufa
sunu 7 on leofsies 7 on aelfsies.

7 Her kyð on þyssere bec þ ediuuu saeuugeles laf
bohte gladu aet colewine wyð healfe punde to cepe 7
to tolle, 7 aelword port gerefa nam þ toll, 7 þaer
to was ge witniss leowine leowordes broðor 7 Aelwi
blaca 7 Aelwine se cyng 7 land byriht 7 Alca, 7
Saewerd, 7 haebbe he godes curs þe þis aefre un do
on ecnisse. Amen.

8 / Anno illo quo transacti sunt a natiuitate domini /f. 2r
nostri ihesu christi[1] .dcccv. Misit formosus
pontifex, apostolicus romanę ęcclesię, in terram
anglorum ad regem eaduuardum filium alfridi, motus
cum magna iracundia ac deuotatione, et mandauit ei
cum suis omnibus maledictionem, contra benedictionem quam beatus papa gregorius per sanctum
uirum augustinum genti anglorum antea misit, nisi
cum episcopis instituisset destitutas parrochias
episcoporum, secundum antiquam traditionem, quę
tradita est genti anglorum a sede sancti petri,
nam per .vii. annos plene destituta est regio
ieuuissorum[2] ab omni episcopo. Quo facto,
congregauit eaduuardus rex synodum senatorum
gentis anglorum. In quo presidebat plegmundus
archiepiscopus, regi recitans et disputans dis-
tricta uerba apostolicę legationis, quam misit
beatus papa formosus. Tunc sibi rex cum suis, et
plegmundus archiepiscopus salubre, consilium
inuenerunt, assumentes sibi dominicam sententiam.
Messis quidem multa est, operarii uero pauci.
Singulis[3] tribubus ieuuissorum[4], singulos constituerunt episcopos, et singulis episco/pia consti- /f. 2v

---

[1] *anni* added above.
[2] *uel uuest saxonum* added above by scribe.
[3] *que* supplied above.
[4] *uel uuest saxonum* added above by scribe.

tuerunt. Et quod dudum duo habuerunt, in quinque
diuiserunt. Acto illo consilio, cum honorificis
muneribus plegmundus archiepiscopus romam rediit,
apostolicum formosum, cum magna humilitate pla-
cauit, regis decreta et seniorum regionis enun-
tiauit quod et apostolico maxime placuit. Rediens
ad patriam[1] dorobernia .vii. episcopos .vii.
ęcclesiis in uno die ordinauit. Frythestanum ad
ęcclesiam uuentaniensem, Aethelstanum ad ęcclesiam
coruinensem, Waerstanum ad ęcclesiam scira-
burnensem, Aethilhelmum ad ęcclesiam fontanien-
sem, Eaduulfum ad ęcclesiam cridionensem. Insuper
addiderunt illi tres uillas in cornubia, quorum
nomina polltun, caelling, landuuithan, ut inde
singulis annis uisitaret gentem cornubiensem, ad
exprimendos eorum errores. Nam antea in quantum
potuerunt ueritati resistebant, et non decretis
apostolicis oboediebant. Sed et aliis prouinciis
constituit duos austra/libus saxonibus, uirum /f. 3r
idoneum beorneh ordinauit, et mercionibus coenuul-
fum ad ciuitatem quę dicitur dorceceaster, hoc
autem totum. Sic[2] papa apostolicus in synodis
ęcclesię sancti petri conclusit, ut dampnaretur in
perpetuum qui hoc salubre mutaret consilium.

9 Anno uero dominice incarnationis MILL. xliii. loco
.xi. post eaduuardum predictum, filium scilicet
alfridi regis, imperium totius anglorum regni
suscepit eduuardus filius athelredi regis, die
dominico pascę id est .iii. nonas APRILIS cum
magno gaudio totius gentis anglicę in uuintona
ciuitate consecratus. Tertio autem anno imperii
sui, id est Anno .MXLVI. dominicę incarnationis,
dedit episcopatum cridionensis ęcclesię atque
cornubiensis prouincię, capellano suo leofrico,
uita moribusque modesto. Qui uir uenerabilis
accepto pontificatus honore, diocesim suam per-

[1] *in urbe* added above.
[2] *que* added above.

3

lustrans, populo sibi commisso uerbum dei studiose
predicabat. Clericos doctrina informabat, ęcclesias non paucas construebat, et cetera quę officii
sui erant strenue amministrabat. Cernens uero
utramque prouinciam diocesis suę id est deuenoniam
et cornubiam piratarum barbarica infestatione
sepius deuastari, cepit diuina ut credimus
inspiratione, diligenter meditari, qualiter episcopalem cathedram cridionensis loci, ad urbem
exonicam transferre posset. Et quia sagaci animo
prospexit, hoc absque romanę ęcclesię auctoritate
fieri non posse, misso illuc idoneo legato id est
landberto presbitero suo[1] ad sanctissimum papam
leonem, humiliter postulauit quatinus directis
paternitatis suę litteris regem eduuardum rogaret,
ut de cridionensi uilla ad urbem exoniensem,
episcopalem sedem transmigrare concederet, ubi ab
hostilitatis incursu liber, tutius ecclesiastica
officia disponere posset.

10 / Apostolicus uero pontifex libenter rationabili   /f. 3v
eius petitioni annuens, huiusmodi litteras regi
eduuardo direxit.

11 Leo episcopus, seruus seruorum dei E.[2] anglorum
regi, salutem karissimam cum benedictione apostolica. Si bene habes, et bene uales, inde non
modicas domino ihesu christo referimus gratias. Et
hoc optamus, ut ita luculenter possideas regni
gubernacula, ut in ęterna maneas tabernacula. Et
quia audiuimus te, circa dei ęcclesias et
ęcclesiasticos uiros studiosum et religiosum esse,
inde multum gaudemus, et hoc ammonemus atque
benigne rogamus, ut ita in dei opere perseuerare
studeas, quatinus regi regum deo placere ualeas,
atque cum illo in cęlesti regno permaneas. Notum

---

[1] *presbitero suo* supplied in margin by original scribe.
[2] Edward's name given in full above the line by a fourteenth-century scribe.

4

itaque est nostrę pietati, qualiter leofricus
episcopus, sine ciuitate, sedem pontificalem
tenet. Vnde multum miramur, non de illo solo, sed
et de omnibus illis episcopis, qui talia agunt.
Cum uero ad uos nostrum miserimus legatum, de
aliis dicemus. Nunc autem de nostro fratre iam
dicto leofrico, precipimus atque rogamus, ut
propter deum et nostri amoris causam, adiutorium
prebeas, ut a cridionensi uillula, ad ciuitatem
exoniam, sedem episcopalem possit mutare. Hęc et
alia bona opera ita agere studeas, ut a christo
domino ęternum regnum adquirere ualeas. VALE
KARISSIME SEMPER IN DOMINO.

12 His rex litteris, cum magna deuotione assensum
prebens, ilico dedit predicto episcopo, monas-
terium sanctę marię et sancti petri apostoli in
ciuitate exonia, ut ibi episcopale solium
construeret. Et post aliquot menses, illuc ueniens
rex ipse gloriosus, per brachium dextrum episcopum
ducens, et nobilissima regina edgitha per
sinistrum, in cathedram pontificalem in prefato
monasterio constituerunt, presentibus ducibus
multisque anglię proceribus.

13 Sicque uenerabilis uir leofricus, Anno dominicę
incarnationis Mill. .l. indictione .iii. cum magna
gloria inthronizatus, primus episcopus factus est
exoniensis ęcclesię, iussuque regis canonicos ibi
constituit. Et quia locus ille, terris, libris,
omnibusque ornamentis ecclesiasticis pene des-
poliatus erat. Nam ex .xxvi. terris, quas rex
religiosus aethelstanus illuc dedit, uix una
uilissima remansit, et tres codices feretrumque
reliquiarum, presul ipse, de suis propriis multo
tempore congregationem pauit, et cum maximo studio
quantum potuit locum illum restaurauit, et
emendauit, datisque illuc tribus proprietatis suę
terris, augmentauit.

5

14 Anno autem dominicę incarnationis .MLXXI. episcopatus uero sui[1] .XXVI. die .IIII. IDVS februarias
ex hac erumnosa uita subtractus, sepultus est in
cripta eiusdem ęcclesię, pro cuius animę requie,
pie lector non omittas orare.

/ LEGITIMVM IEIVNIVM CELEBRATVR FERIA IIII   /f. 4r
15 Reminiscere miserationum tuarum domine, require
retro.

16 ORATIO. Omnipotens et misericors deus apta nos tuę
propitius uoluntati, quo sicut eius prętęreuntes
tramitem deuiamus, sic integro tenore dirigamur,
ad illius semper ordinem recurrentes. Per.

17 ALIA. Vt nobis domine terrenarum frugum des
ubertatem, fac mentes nostras celesti fertilitate
fecundas. Per.

18 SECRETA. Sollemnibus ieiuniis expiandos, suo nos
domine mysterio congruentes hoc sacrum munus
efficiat, quia tanto nobis salubrius aderit,
quanto id deuotius sumpserimus. Per.

19 PREFATIO. Qui corporali ieiunio. Require in .XL.

20 POSTCOMVNNIO. Quos ieiunia uotiua castigant, tua
domine sacramenta uiuificent, ut terrenis affectibus mitigatis, facilius celestia capiamus. Per.

FERIA VI

21 Fiat domine quesumus gratia tua fructuosior nostrę
deuotionis affectus, quia tunc nobis proderunt
suscepta ieiunia, si tuę sint placita pietati.
Per.

22 SECRETA. Omnipotens sempiterne deus qui non
sacrificiorum / ambitione placaris, sed studio pię   /f. 4v

---

[1] *anno* supplied above.

6

deuotionis intendis, da familię tuę spiritum rectum et habere cor mundum, ut fides eorum hęc dona tibi conciliet, et humilitas oblata commendet. Per.

23 POSTCOMMVNIO. Annue quesumus omnipotens deus, ut sacramentorum tuorum gesta recolentes, et temporali securitate releuemur, et erudiamur legalibus institutis. Per.

SABBATO IN XII LECTIONIBVS

24 Presta domine quesumus nobis famulis tuis, talesque concede fieri tuę gratię largitate ut bona tua fiducialiter impetremus, et sine difficultate sumamus. Per.[1]

25 ALIA. Da nobis domine quesumus regnum tuum iustitiamque semper inquirere, ut quibus indigere nos prospicis, clementer facias abundare. Per.

26 ALIA. Deus qui nos presentibus adiumentis esse uetuisti sollicitos, tribue quesumus, ut pie sectando quę tua sunt, uniuersa nobis salutaria condonentur. Per.

27 ALIA. Deus qui misericordia tua preuenis non petentes, da nobis affectum maiestatem tuam iugiter / deprecandi, ut pietate perpetua, supplicibus potiora defendas. Per.   /f. 5r

28 ALIA. Deus qui non despicis corde contritos et afflictos miseriis, populum tuum ieiunii ad te deuotione clamantem propitiatus exaudi, ut quos humiliauit aduersitas, attollat reparationis tuę prosperitas. Per.

29 AD MISSAM. Deus qui tribus pueris mitigasti

---

[1] The scribe notes in the margin: uel Praesta domine quesumus famulis tuis tales nos fieri tuę gratię largitate ut bona.

7

flammas ignium, concede propitius, ut nos famulos tuos non exurat flamma uitiorum. Per.

30 SECRETA. Domine deus noster qui in his potius creaturis, quas ad fragilitatis nostrę presidium condidisti, tuo quoque nomini munera iussisti dicanda constitui, tribue quesumus, ut et uitę nobis presentis auxilium, et ęternitatis efficiant sacramentum. Per.

31 PREFATIO. Qui corporali ieiunio, require in capite ieiunii.

32 POSTCOMMVNIO. Sumptum domine quesumus uenerabile sacramentum, et presentis uitę subsidio nos foueat et ęternę. Per.

33 ORATIO POST YMNVM TRIVM PVERORVM. Deus cuius adorandę potentia maiestatis flamma seuientis incendii sanctis tribus pueris in splendorem / /f. 5v mutata est animarum, ęcclesię tuę similibus adesto remediis, ut de grauioribus mundi huius aduersitatibus propitiatione celesti populus tuus ereptus exultet. Per.[1]

<RELIQVIAE>

34 / Hęc sunt nomina sanctarum reliquiarum, quę /f. 6r habentur in exoniensi monasterio sanctę marię et sancti PETRI apostoli, quarum maximam partem gloriosissimus et uictoriosissimus rex Athelstanus, eiusdem scilicet loci primus constructor illuc dedit.[2]
De ligno domini.
De sepulchro domini.
De uestimento domini.[3]
De presepe domini.

---

1 The rest of fol. 5v is blank.
2 Erasure of half a line follows.
3 An erasure follows.

De iordane, ubi dominus fuit baptizatus.
De mucrone et de lancea unde latus domini fuit apertum.
De monte excelso ubi dominus ieiunauit.
De mensa christi, in qua ipsemet cenabat.
De candela quam angelus domini in sepulchro christi irradiauit.
Item. De presepio et de sepulchro domini.
De uestimento Sanctę marię matris domini et de capillis eius.[1]
De uelamine eiusdem dei genetricis.[2]
De corpore sancti iohannis baptistę.
De reliquiis sanctorum innocentium.
De rubo de quo locutus est dominus moysi.
De monte oliueti unde dominus ascendit in celum.
De altari quod ipse dominus benedixit.
De loco ubi fuit dominus incarnatus.
De reliquiis et de[3] uestimento sancti iohannis baptistę.
De barba Sancti petri apostoli.
De capillis eiusdem apostoli.
Item. De uestimento sancti petri apostoli.
De collo sancti pauli apostoli et de ueste eius.
De manna sancti iohannis euangelistę.
Item. De uestimento eiusdem apostoli.
De baculo Sancti andreę apostoli.
De capite Sancti bartholomei apostoli.
De Reliquiis sancti iacobi apostoli.[4]

M<ARTYRES>

De sanguine Sancti stephani protomartyris et de reliquiis eius.
Item. De capite Sancti stephani martyris.
De lapide Sancti stephani.
De sancto uincentio martyre.

---

[1] *et de capillis eius* added interlinearly by the original scribe.
[2] An erasure follows.
[3] *reliquis et de* added interlinearly.
[4] A partially erased entry relating to relics of St Barnabas, apostle, follows.

De Sancto uitale martyre.
De carbone Sancti laurentii martyris et de reliquiis eius[1].
De Sancto sebastiano martyre.
De Reliquiis Tiburtii et ualeriani martyrum.
De ossibus Sancti laurentii.
Reliquiae Sancti quirini martyris.[2]
Reliquiae Sancti sebastiani martyris.
Reliquiae Sancti crisanti et darię martyrum.
Reliquiae Sancti urbani papę martyris.
Reliquiae Sancti uitalis martyris.
Ossa Sancti candidi martyris.
De capite et Reliquiis Sancti georgii martyris.
Reliquiae Sancti apollonaris episcopi et martyris.
Reliquiae Sancti quintini martyris.
Reliquiae Sancti cornelii martyris.
Reliquiae Sancti marcelli papae.
Reliquiae Sancti petri martyris.
De capite Sancti ciriaci martyris.
Reliquiae Sancti mauricii.
Reliquiae Sancti iuliani martyris.
Reliquiae Sancti luciani martyris id est de corpore eius.
Reliquiae Sancti geruasii martyris.
De capite Sancti christofori martyris.
De corpore Sancti cononi martyris.
Ossa Sancti anastasii.
Reliquiae Sancti uiti martyris.
Reliquiae Sancti nicasii martyris.
De corpore et de brachio Sancti iuuenalis.
Reliquiae Sancti tiburtii martyris.
De sanguine Sancti uiuiani.
Reliquiae eresii martyris.
Reliquiae ciriaci martyris.
De reliquiis Sanctorum martyrum qui fuerunt in hierusalem martyrizati.

---

[1] *et de reliquiis eius* added interlinearly.
[2] Entry added by another scribe.

Ossa cesarii martyris et de ueste eius[1].

C<ONFESSORES>

Reliquiae Sancti martini confessoris.
De uirga et de dente Sancti basilii.
De corpore Sancti euurtii episcopi.
Reliquiae Sancti medardi episcopi.
Reliquiae Sancti audoeni episcopi.
Ossa Sancti benigni martyris.
Reliquiae Sancti iusti et Sancti ladii.
De Sancto eduuardo martyre.
Reliquiae desiderii martyris.
Reliquiae Sancti pancratii martyris.
Reliquiae Sancti felicis papae.
De sancto gordiano martyre.[2]
De reliquiis Sancti oflamni consobrini petri apostoli.[3]
/ Reliquiae Sancti Augustini.[4]   /f. 6v
Reliquiae Sancti Germani autisiodorensis episcopi.[5]
Reliquiae Sancti petri diaconi.
Reliquiae Sancti maurilii.
Reliquiae Sancti W<u>lmari confessoris.
Reliquiae Wtuuali confessoris
Reliquiae crispini confessoris.
Reliquiae Sancti siluestri confessoris.
Reliquiae Sancti galli episcopi.
De reliquiis et[6] cilicio Sancti Remigii.
Reliquiae Sancti lupi episcopi.
De capillis Sancti<T>uti.
Reliquiae Sancti odonis episcopi.
Reliquiae Winuualoi confessoris.
Reliquiae Sancti Winardi confessoris.
De brachio Sancti dioneti episcopi.
De brachio Sancti ipotemii confessoris.

[1] *et de ueste eius* supplied in margin.
[2] Entry added by original scribe.
[3] Entry added by original scribe.
[4] Entry added by original scribe.
[5] Entry added by original scribe.
[6] *reliquiis et* supplied interlinearly.

11

Brachium Sancti uuennali confessoris.[1]

De capite et de brachio Sancti conocani confessoris.

Reliquiae Designati.

De ossibus et capillis[2] et de uestmentis Sancti
petroci confessoris.

Costa Sancti Auiti confessoris.

Reliquiae Sancti remigii.

De corpore Sancti aniani episcopi.

De corpore Sancti maximini confessoris.

De monumento Sancti Wlframni episcopi.

De sancto Wernoco confessore.[3]

Reliquiae Sancti quonoquani confessoris.

Ossa Sancti melanii[4] confessoris.

De corpore Sancti Withenoci confessoris.

De corpore Sancti macoti confessoris.

Reliquiae Sancti Tuduuuali.

De digito Sancti hieronimi.

Reliquiae Sancti gregorii.

Reliquiae Sancti ualeriani.

Reliquiae Sancti uuigenoci confessoris.

De sepulchro Sancti Simeonis.

De lapide Sancti siluini, quem portauit romam
tribus uicibus.

De capite Sancti nicolai episcopi.

Item. Reliquiae Sancti audoeni.

De capite Sancti benedicti abbatis.

De uestimento Sancti saluini.

Reliquiae Sancti ermelani.[5]

V<IRGINES>

De digito Sanctę marię magdalenę.

---

[1] *De planeta et tunica et crismali sancti remigii. Reliquiae sancti liudgeri episcopi* added in the left margin in the late
eleventh century
[2] Added above.
[3] Added by the original scribe.
[4] Final *i* added interlinearly by original scribe.
[5] *Reliquiae crispini et crispiniani* supplied by the scribe who
made the marginal additions relating to SS Remigius and Liudgerus.

De sancta elisabeth.[1]
De sancta cecilia.
De sancta Agatha uirgine.
De sancta agnete.
Reliquiae Sanctę praxedis et Sanctę Eugenię et felicule.
Costa Sanctę feliculę uirginis.
De capite Sanctę margarete uirginis.
De sancta lucia.
Item. De sancta eugenia et de sancta felicula.
Ossa sanctę mamillę uirginis.
Reliquiae Sanctę Genouefę uirginis.
Ossa sanctę balthildis et Sanctę genouefę.
Reliquiae Sanctę leonillę.
Reliquiae Sanctę morennę uirginis.
Reliquie Sanctę satiuolę uirginis.
De Sancta algiua.
Reliquiae Sanctę sigeburgę uirginis.
De uelamine Sanctę agathę uirginis et dentes eius[2].
Reliquiae <sancte cecilię et sancte algiue>.[3]
His exceptis plurimę alię ibi habentur sanctorum reliquię, quarum quia non inuenimus nomina scripta, quę sint ignoramus.[4]

35 / Deus cuius claritatis fulgore beatus michahel /f. 7v archangelus precellit agminibus angelorum, presta quesumus, ut sicut ille dono tuo principatum meruit possidere celestem, ita nos eius precibus uitam optineamus ęternam.

MISSA DE SANCTO MICHAHELE
36 Deus qui beatum michahelem archangelum electionis tuę populis constituisti principem, presta quesumus, ut quem nobis dedisti salutis ducem, contra aduersa omnia tribuas defensorem. Per.

---

[1] Entry added by original scribe.
[2] Entry added by original scribe. An erasure of half a line follows.
[3] *Maxilla Sanctę Brigidę uirginis* added in the late eleventh century.
[4] Ends half-way down fol. 6v. The rest of this page and fol. 7r are blank.

13

37 SECRETA. Munus nostrum quesumus domine dignanter assume, quod meritis et intercessione archangeli tui michahelis sit tibi acceptabile, et nobis propitiabile. Per.

38 POSTCOMMVNIO. Beati archangeli tui michaelis et omnium angelorum tribue nos domine orationibus foueri, ut quorum memoriam predicamus in terris, eorum sanctis precibus adiuuemur in cẹlis. Per.

39 / [1]<AD M>ENSAM. . . . a cibo, repleat deus . . . mentes nostras.   /f. 8r

40 [2]Propitiare misericors deus supplicationibus nostris, et familiam tuam peruigili protectione custodi, ut qui unigenitum tuum in carne nostri corporis modo natum confitemur, intercessionibus beatorum apostolorum petri et pauli omniumque eiusdem diuine humaneque christi natiuitatis ministrorum ministrarumque meritis, nulla possimus diaboli . . . sociorumque eius falsitate corrumpi, sed sancti spiritus gratia illuminati contra uitiorum temptationes pugnare ualeamus illesi. Per eundem dominum.

41 . . . freode huna aet ocmund tune on mides sumeres messe euen for þon . . . 7 for þa . . . on feower wegas on brunes gewitnesse messe preostes 7 an ealra þaera preosta.

42 Birhtric freode hroda aet curi tune on sum . . . ofer pentecostes messe daig on . . . þ . . . preosta . . . ealra þara hyred preosta 7 on . . . preostes.

43 / + Þys sint þara manna naman ðe man freode for /f. 8v ordgar[3] aet bradan stane ða he laeg on adle, þys cynsie fram liwtune 7 godcild of lamburnan 7 leofric of swuran tune dola wines sunu[4] 7 eadsige of cyric forda 7 aelfgyþ of boc lande 7 smala of

---

[1] Fol. 8 is badly worn on both recto and verso.
[2] Written by the late-tenth-century scribe who wrote nos 2246–52, and elsewhere in the book.
[3] *d* added above.
[4] *7 leofric of swuran tune dola wines sunu* **added above.**

ocmund tune 7 wifman of brada stane 7 byrhflaed of tref meu tune 7 aelflaed of clymes tune on wynstanes ge wytnysse maesse preostes 7 on wulfsies aet lamburnan 7 on eallra þara hired preosta, 7 aelfgyð of swuran tune 7 þaer his to ge witnysse cynsie preost, 7 goda preost, 7 aelfric preost ðe þis ge wyrt wrat þis was aet borslea ge don for ordgar.

44 + Eadgifu gefreode aelfgiðe birhsies dohtor hlaf brytan aet borslea on feower wegas on wynstanes gewittnesse maesse preostes, 7 on goda preostes 7 on cynstanes goda suna, 7 on afan, birhtric gefreode aeffan aet curritune on brunes gewitt-nesse maesse preostes, 7 on wynstanes preostes, 7 and on ealra þaera hyred preosta.

45 + Eadgyfu gefreode leofrune aet curritune for ordgar on brunes gewittnesse messe preostes 7 on ealra þaera hyred preosta.

46 + Byrhtric ge freode ribrost 7 hwite on middes wintres maesse daeg aet tiwarhel on prudes ge witnysse maesse preost.

47 + Eadgyfu gefreode wulfric on feower wegas þrim ucan aer middan sumera, on gewitnesse byrhstanes maesse preostes 7 on cynstanes 7 on clerices þe þis gewrat.

48 + Eadgyfu gefreode wulfwunne on middes sumeres maesse daeg on wulfnoþes ge witnysse maesse preostes 7 on ealra þaera hired preosta.

49 + Eadgyfu gefreode aeþelgyfe wuncildes wif on feower wegas on middes sumeres maesse aefen aet braeg, on brunes ge wittnisse maesse preostes 7 on wulfnoðes maesse preostes 7 on eallra þaera hyred preosta.

50 / [1]<BENEDICTIO TINTINNABVLI>. Omnipotens dominator /f. 9r
christe, qui secundum adsumptionem carnis dormiens in navi, dum
aborta tempestas maria conturbasset, te protinus excitato imperante
dissoluit, tu necessitatibus populi tui benignus succurre, tu hoc
tintinnabulum sancti spiritus rore perfunde, ut ante sonitum illius
semper fugiat inimicus, invitetur ad fidem populus christianus,
hostilis terreatur exercitus, confortetur in domino per eum populus
euocatus, atque sicut super dauiticam citharam delectatus desuper
descendat spiritus sanctus, ut samuel crinigerum agnum mactantem
in holocaustum tuum, rex eterni imperii, fragor aurarum turbam
repellit aduersantem, ita dum huius uasculi sonitum transit per
nubila, ecclesiae conuentum manus seruet angelica fruges credentium mentes et corpora saluet petitio sempiterna. Per.

51 [2]NOMINA VIVORVM. Vtbertus Bernoz ancila sua, Becco, Eluric.
NOMINA MORTVORVM. Madalbertus episcopus, Odolgarius
episcopus, Petrus presbiter, Leotfridus presbiter, Eleneus presbiter,
Odolbramnus presbiter, Gontran, Centulfus, Aldo, Rotbertus,
Elena, Vtberga, Ermengardis, Ildeardis, Mu . . .

/ INCIPIVNT BENEDICTIONES AD LECTOREM DE /f. 9v
NATALE DOMINI

52 Deus dei filius qui hodierna die de uirgine nasci dignatus est,
misereatur nostri. Amen.

53 Deus uerus et homo uerus natus ex uirgine nos benedicat. Amen.

54 Rex regum hodie natus, nos custodire dignetur. Amen.

55 Regnans cum patre natus ex matre christus, nos benedicat. Amen.

56 Saluator mundi natus ex uirgine, nos saluare dignetur. Amen.

57 Redemptor humani generis hodie natus, conseruet nos dominus.
Amen.

58 Auctor uitae natus ex uirgine, misereatur nobis dominus. Amen.

---

[1] Added in the mid-tenth century on a page originally left blank.
[2] Appended by a different tenth-century scribe at the foot of the page.

59 Deus pacis et dilectionis hodie natus, sit cum omnibus nobis. Amen.

60 Ipse nos benedicat in terris, qui hodie nasci dignatus est[1] ex utero uirginis. Amen.

/ DE AEPYPHANIA /f. 10r

61 Deus dei filius qui hodierna die mundo apparere dignatus est, misereatur nostri. Amen.

DE RESVRRECTIONE

62 Christus dei filius ab aeterna morte nos resuscitare dignetur. Amen.

63 Saluator mundi pro nobis passus et a morte resurgens, nos saluare dignetur. Amen.

64 Deus dei filius qui hodie a mortuis resurgere dignatus est, misereatur nostri. Amen.

DE ASCENSIONE

65 Deus dei filius qui hodierna die caelos ascendit, misereatur nostri nunc et in secula. Amen.

DE PENTECOSTEN

66 Deus dei filius qui hodierna die discipulis suis sanctum misit spiritum, nostra inlustrare dignetur corda. Amen.

DE ADVENTV DOMINI

67 Deus dei filius quem uenturum colimus, det nobis ueniam nostrorum delictorum. Amen.

COTIDIANIS DIEBVS

68 Ab omni malo, defendat nos dominus. Amen.

69 A cunctis malis imminentibus, liberet nos dominus. Amen.

70 A morte secunda, eripiat nos dominus. Amen.

---

[1] A small erasure follows.

71 Diuina maiestas nos tueatur. Amen.

72 / Deus dei filius, nos benedicere dignetur. Amen.   /f. 10v

73 Diuina gratia, nos benedicat. Amen.

74 De sede sancta sua, aspiciat nos dominus. Amen.

75 Benedictionibus suis repleat nos dominus. Amen.

76 Creator omnium, nos benedicat. Amen.

77 Custos omnium, custodiat nos christus. Amen.

78 Ipse nos benedicat, qui nos creauit. Amen.

79 Protegat seruos suos, omnipotens dominus. Amen.

80 Spiritus sanctus, nostra inlustrare dignetur corda.

81 Spiritus sanctus, aperiat nobis sensum cordis. Amen.

82 Trinitas sancta, nos benedicat.

83 Saluet et benedicat nos, omnipotens dominus. Amen.

84 In suo sancto seruitio, confortet nos dominus.

85 In sancta religione, conseruet nos dominus. Amen.

86 Deus misereatur nostri, et benedicat nobis. Amen.

COMMENDATIONES POST NOCTVRNOS

87 Intercedente pro nobis sancta dei genetrice maria, auxilietur nobis omnipotens dominus. Amen.

88 Per intercessionem sanctae dei genetricis marię, in suo sancto seruitio confortet nos dominus. Amen.

89 Rex regum et dominus dominantium, da pacem in / diebus nostris /f. 11r
omnipotens dominus. Amen.

90 Deus omnipotens, sancta trinitas misereatur nostri, quae uiuit in
secula seculorum. Amen.

DE APOSTOLORVM
91 Intercedentibus pro nobis christi apostolorum meritis, succurrat
nobis omnipotens dominus.

DE MARTYRIBVS
92 Intercedentibus pro nobis christi martyrum meritis, misereatur
nostri omnipotens dominus.

DE CONFESSORIBVS
93 Intercedentibus pro nobis christi confessorum meritis, exaudiat
nos omnipotens dominus.

DE OMNIBVS SANCTIS
94 Omnium sanctorum suorum meritis, eruat nos dominus a malis.
Amen.

95 Cunctis pro nobis intercedentibus sanctis, saluator mundi
misereatur nostri. Amen.

96 Sanctis intercedentibus christe tuorum electis, succurre nobis
omnipotens domine. Amen.

BENEDICTIONES ANTE CIBVM
97 Deus qui nos ad delitias spiritales semper inuitas, da benedictionem super dona tua, ut ea quae in tuo nomine sunt edenda
sanctificata percipere mereamur. Per.

98 ALIA. Benedic domine dona tua, quae de tua largi/tate sumus /f. 11v
sumpturi. Per.

99 ALIA. Protege nos domine deus noster, et fragilitati nostrae
necessarium prebe substantiam. Per.

100 ALIA. Refice nos domine donis tuis, et opulentiae tuae largitate sustenta. Per.

101 ALIA. Tua nos domine dona reficiant, et tua gratia consoletur. Per.

AD CYBVM BENEDICENDVM

102 In nomine sanctae et unicę trinitatis, quod nobis est allatum creator omnium bonorum deus, benedicat.

103 Seruis suis adposita, a domino sint benedicta.

104 Creaturam suam, christus filius dei benedicat. Amen.

105 Quod nobis est appositum, dei filius benedicat.

AD POTVM BENEDICENDVM

106 Qui mutauit aquam in uina falerna, nunc quoque nostra benedicat pocula. Amen.

107 Omnipotens deus, nostra benedicere dignetur pocula. Amen.

108 Nos deus, et nostra benedicat pocula christus. Amen.

109 [1]Ðis synt þa men þe synt anburge betwinon eadgyfe abbedysse 7 leofrice abbode aet þam lande, aet stoctune[2] wulfsige Edwig 7 cytel, 7 denisc, 7 godwine, 7 hunwine, 7 sweta, 7 edwig boga, 7 brun preost þ se abbod hit hębbe his daeg 7 aefter his daeg in to mynstre.

110 / [3]Deus qui iuste corrigis et clementer ignoscis, et non uis inuenire quod damnes, sed potius quod corones, qui etiam peccantium non mortem sed uitam magis desideras ne miserum fragilemque peccatorem, sordibus delictorum plenum a tua pietate non repellas, neque respicias ad peccata et scelera, et inmunditias, turpesque cogitationes   /f. 12r

---

[1] Mid-eleventh century, over an erasure.
[2] *c* supplied interlinearly.
[3] Nos 110–112 added in the mid-tenth century over erasures.

meas, quibus tuę misericordię dulcedinem merito, mihi in maritudi-
nem conuerti peccatorum, sed ad inmensas misericordias tuas
quibus gratuito subuenire consuesti, precorque humiliter ut immemor
sis peccatorum meorum, et memor misericordiarum tuarum, uota
precesque meas clementer suscipias, tibique[1] placita mihi postulare
concedas, collegioque sanctorum tuorum, qui in hoc ministerio tibi
placuerunt me ascisci digneris, atque per eorum exempla facias tibi
semper placere, et ad te cum fideli grege tuo peruenire. Per.

111 Domine ihesu christe propitius esto mihi peccatori, qui misericordia
tua primus indigeo, et pro consacerdotibus nostris exorare presumo,
quia tu es / inmortalis et sine peccato solus domine deus noster, tu   /f. 12v
es benedictus qui benedicis omnia, tu es sanctus qui sanctificas
omnia, indulge nobis indignis famulis tuis quia peccatores sumus et
indigni, qui presumimus ad sanctum altare tuum inuocare te, quia
peccauimus coram te et coram angelis tuis, sed tribue nobis
indulgentiam delictorum, et confirma sanctam ecclesiam tuam in
fide orthodoxa, et doce nos facere uoluntate<m> tuam omnibus
diebus nostris. Per.

112 Beatę semper uirginis mariae, beatorumque apostolorum, ac martyrum, et confessorum, uirginum, et omnium electorum tuorum, et
quorum hodie natalicia per uniuersum[2] mundum celebrantur intercessionibus quesumus domine gratia tua nos protege, et famulis et
famulabus tuis, qui in nostris se commendauerunt orationibus et
suas nobis elemosinas donauerunt, necnon et qui nobis de propriis
peccatis et criminibus coram tua maiestate confessi fuerunt, seu
omnibus benefactoribus nostris, et omnibus inimicis, necnon in
tribulatione positis et consanguineis, cunctisque[3]

113 / Oremus fratres karissimi domini misericordiam pro fratribus ac   /f. 13r
sororibus nostris ab oriente usque ad occidentem, ut et illi orent
pro nobis unusquisque in diuersis locis. Per christum dominum
nostrum.

114 Oremus etiam pro unitate aecclesiarum, pro infirmis, pro debili-

---

[1] *que* supplied interlinearly.
[2] Written over an erasure.
[3] Ends incomplete.

bus, pro captiuis, pro paenitentibus, pro laborantibus, pro nauigantibus, pro iter agentibus, pro elemosinas facientibus, pro
defunctorum spiritibus, et pro his qui non communicant ut det illis
dominus dignam agere paenitentiam. Per christum dominum
nostrum.

115 Oremus etiam domini misericordiam pro spiritibus carorum
nostrorum pausantium .ill. ut eis dominus placidum refrigerium
tribuere dignetur, et in locum quietis ac refrigerii sanctorum
suorum intercessione eos transferat. Per ihesum christum dominum
nostrum.

116 Offerimus tibi domine ihesu christe hanc orationem ab ortu solis
usque ad occidentem a dexteram / usque ad sinistram, in honorem /f. 13v
et gloriam diuinitatis christi et humanitatis. In honorem et gloriam
omnium graduum caelestium, michahelem gabrielem archangelum.
In honorem et gloriam patriarcharum, prophetarum, apostolorum
ac martyrum, pro omnibus uirginibus fidelibus paenitentibus, pro
omnibus matrimoniis, pro bonis non ualde pro malis non ualde,
pro omnibus merentibus orationem et deprecationem nostram. Per
eundem.

117 ¹BENEDICTIO PRO REGE. Benedic domine hunc clementissi-
mum regem cum uniuerso populo, sicut benedixisti abraham in
milia, isaac in uictoria, iacob in pascua. Amen.
Da ei de rore cęli benedictionem, et de pinguedine terrę ubertatem,
da ei de inimicis triumphum, de lumbis eius sobolem regnaturum.
Amen.
Sit in regno illius indeficiens amor in populo, sit pax peregrinis in
regno, sit advenientibus uictoria in transitu. Amen.
/ Vt ille transiens in sęculo, uictoriam inueniat in cęlo, et cum patre /f. 14r
clementissimo sine fine mereatur regnare in throno². Amen.
Quod ipse, et cetera.

118 ¹BENEDICTIO SVPER REGEM IN TEMPORI SYNODI.
Benedicat tibi dominus custodiensque te sicut te uoluit super

¹ Mid-tenth century over an erasure.
² *regnare in t\h/rono* written over an erasure by another scribe.

populum suum constituere regem, ita et in presęnti sęculo felicem, et aeternę felicitatis tribuat esse consortem. Amen.

Clerum ac populum suum quem sua uoluit opitulatione et tua sanctione congregari, sua dispensatione et tua amministratione per diuturna tempora faciat feliciter gubernari. Amen.

Quatenus diuinis monitis parentes, aduersitatibus omnibus carentes, bonis omnibus exuberantes, tuo ministerio fideli amore obsequentes, et in presenti sęculo pacis tranquillitate fruantur, et tecum aeternorum ciuium consortio potiri mereantur. Amen.

Quod ipse prestare dignetur cuius regnum, et reliqua.

119 / Suscipe sancta trinitas hanc oblationem quam tibi offero in /f. 14v
memoriam incarnationis, natiuitatis passionis resurrectionis ascensionis domini nostri ihesu christi, et in honore omnium sanctorum tuorum qui tibi placuerunt ab initio mundi, et eorum quorum hodie festiuitas celebratur, et quorum hic nomina et reliquiae habentur, ut illis proficiat ad honorem nobis autem ad salutem, ut illi omnes pro nobis intercedere dignentur in caelis quorum memoriam facimus in terris.

120 Suscipe sancta trinitas hanc oblationem quam tibi offerimus pro rege nostro et sua uenerabili prole, et statu regni nostri ac pro omni populo christiano et pro elemosinariis nostris, et pro his qui nostri memoriam in suis continuis orationibus habent, ut hic ueniam recipiant peccatorum et in futuro premia consequi mereantur aeterna.

121 Suscipe sancta trinitas hanc oblationem quam tibi offero pro me peccatori miserrimo / omnium hominum, pro meis peccatis /f. 15r
innumerabilibus quibus peccaui coram te, in dictis in factis in cogitationibus, ut preterita mihi dimittas et de futuris me custodias, pro sanitate corporis et animę meae, pro gratiarum actione de tuis bonis quibus cotidiae utor, quid retribuam domino pro omnibus quae retribuit mihi, calicem salutaris accipiam et nomen domini inuocabo, laudans inuocabo dominum et ab inimicis meis saluus ero.

122 Suscipe sancta trinitas hanc oblationem quam tibi offero pro animabus famulorum famularumque tuarum .ill. ut requiem aeternam dones eis inter sanctos et electos tuos, ut in illorum consortio uita perfruantur aeterna.

123 Ignosce domine quod dum rogare compellor dum per inmunda labia nomen sanctum tuum assumo et inmundorum actuum secreta confiteor, non habeo apud te uerba sine crimine, tu enim conscientiae meae uulnera tu cogitationum mearum occulta nosti, et / inmunditias meas tu solus agnoscis miserere mihi domine /f. 15v miserere mihi ignosce mysterii tui tractanti, nec indignum misericordiae tuae iudices, quem pro aliis rogare permittis, et in quo testimonium boni operis non agnoscis officium saltim dis dispensationis redere non recuses, saluator mundi qui cum patre et spiritu sancto uiuis et regnas deus. Per.

124 [1]BENEDICTIO SVPER VNVM HOMINEM. Benedicat te deus cęli, adiuuet te christus filius dei. Amen.
Corpus tuum in seruitio tuo suo custodire, et dignetur conservare. Amen.
Mentem tuam illuminet, sensum tuum custodiat, gratiam suam ad profectum animę tuę in te augeat. Amen.
Ab omni malo te liberet, et dextera sua te defendat. Amen.
Deus qui sanctis suis semper adiuuat, ipse te adiuuare et conseruare dignetur, per omnia sęcula seculorum. Amen. Ille uos.

125 / BENEDICTIO PRO ITER AGENTIBVS. Exaudi domine /f. 16r preces nostras et iter famuli tui .ill. propitius comitare, atque misericordiam tuam sicut ubique es, ita ubique ei largire. Amen.
Quatenus a cunctis aduersitatibus defensus, gratiarum tibi referens actionem, tua opitulatione sit securus. Amen.
Angelum pacis omnipotens deus[2] mittere digneris, qui in viam rectam comitetur famulum tuum. Amen.
Et cum omni fiducia ac sine ullo inpedimento ad desideratum locum perducat, et exinde ad pristinum locum deducat. Amen.
Quod ipse prestare dignetur, ut supra.

126 ITEM ALIA. Purificet omnipotens deus tui cordis archana et benedictionis suę tibi tribuat incrementa. Amen.

---

[1] Nos 124–126 added in the mid tenth century over erasures.
[2] Small erasure follows.

Ab omnibus uitę presentis periculis exuaris et uirtutum spiritalium
ornamentis induaris. Amen.
Quo illius adiutorio fultus sic ei seruias in terris ut ei coniungi ualeas
in cęlis. Amen.
Quod ipse prestare dignetur.

127 / Veni sanctificator omnipotens aeterne deus, benedic sacrificium   /f. 16v
preparatum tibi, in nomine dei patris et filii et spiritus sancti sit
adunatum et benedictum atque sanctificatum hoc sacrificium
laudis.

128 Accipe sancte pater hostiam inmaculatam quam tibi deo meo uiuo
et uero ego indignus tuus famulus et sacerdos pro aeterne salute
animarum nostrarum suppliciter offero.

129 Memento domine famulorum famularumque tuarum, et omnium
in te credentium amicorum carorum propinquorum meorum, et
qui me habent in suis orationibus et quibus orationem meam
promisi tu deus omnipotens illis miserere quorum tu nosti nomina
singulorum. Et omnium circumadstantium quorum tibi fides, ut
supra.

130 Memento etiam domine et eorum nomina sanctorum tuorum,
apostolorum ac martyrum omniumque sanctorum qui meruerunt
pro nomine gloriae tuae coronari, ut in[1]

    / [2]MISSA AD PLVVIAM POSTVLANDAM.   /f. 17r
131 ANTIPHONA. Sitientes uenite ad aquas dicit dominus et qui non
habetis pretium uenite et edite[3] cum letitia. PSALMUS. Adtendite
populus meus.

132 Terram tuam domine quem uidemus nostris iniquitatibus tabescen-
tem celestibus aquis infunde, atque inriga[4] beneficiis gratiae sempiternę. Per dominum.

---

[1] Ends incomplete.
[2] Starts three lines down the page. Mid-tenth century, probably over erasures on
both recto and verso of fol. 17.
[3] *bibite* supplied above in the late tenth century.
[4] *r* supplied above.

congruentem, ut presentibus subsidiis sufficienter adiuti, sempiterna fiducialius appetamus. Per dominum.

134 LECTIO IEREMIE PROPHETE. *IN DIEBVS ILLIS*, factum est uerbum domini ad hieremiam de sermonibus siccitatis. Luxit iudea et portę eius corruerunt et obscuratae sunt in terra, et clamor hierusalem ascendit. Maiores miserunt minoraes suas ad aquam uenerunt adhauriendum, et non inuenerunt aquam reportauerunt uasa sua uacua. Confusi sunt et afflicti. Operuerunt capita sua propter terre uastitatem, quia non uenit pluuia in terra. Defecerunt oculi eorum, quia / non erat herba. Si iniquitates nostrae responder- /f. 17v unt nobis domine fac propter nomen tuum, quoniam multe sunt auersiones nostrae. Tibi peccauimus expectatio israhel, saluator eius in tempore tribulationis.

135 GRADVALE. Protector noster aspice deus et respice super seruos tuos. V. Domine deus uirtutum exaudi preces seruorum tuorum.

136 In illo tempore. Dixit ihesus turbis phariseorum et saduceorum. Cum uideritis nubem orientem ab occasu, statim dicitis. Nimbus uenit. Et ita fit, et cum austrum flantem, dicitis quia aestus erit et fit. Hypocrite, faciem celi et terre nostis probare, hoc autem tempus quomodo non probatis? Generatio mala et adultera signum querit, et signum non dabitur ei, nisi signum ionę prophetę.

137 OFFERTORIVM. Sperent in te omnes qui nouerunt nomen tuum domine quoniam non derelinquis querentes te. Psallite domino qui habitat in sion quoniam non est oblitus orationes pauperum.

138 SECRETA. Oblatis domine placare muneribus, et oportunum nobis tribue pluuiae sufficientes auxilium. Per.

139 COMMVNIO. Ego clamaui quoniam exaudisti me deus inclina aurem tuam et exaudi uerba mea.

140 <AD COMPLENDVM>. Tuere nos domine quesumus tua sancta sumentes, et ab omnibus propitius absolue peccatis. Per[1].

---

[1] *dominum* supplied later.

/ MISSA PRO HIS QVI TEMPTATIONIBVS FATIGANTVR   /f. 18r
AVT LVXVRIA SECVLARI

141 *INCLINA DOMINE AVREM TVAM AD ME EX EXAVDI ME,*
saluum fac seruum tuum deus meus sperantem in te,
miserere mihi domine quoniam ad te clamaui tota
die. PSALMVS. Letifica animam serui tui.

142 ORATIO. Omnipotens sempiterne deus, qui ad imaginem
tuam factum, inuidia diaboli a paradyso deiectum,
unici filii tui domini nostri ihesu christi
sanguine redemisti hominem, exaudi me toto corde
totaque mente te dominum uniuersorum inuocantem
pro me famulo tuo, in te solum defensorem et
protectorem uerum deum spem habentem, mitte mihi
auxilium de cęlis, te deprecando, teque inuocando,
da fortitudinem ad inimicum respuendum, subueni
pius, ne consensum prebeam illius suggestioni, non
permittas me domine amplius temptationibus concuti, quam sustinere possum, da mihi sancti
spiritus feruorem, ut aduenientes cognoscam
cogitationes, et cognitas a me inimicorum insidias
temptationesque repellam, ut tibi in / omnibus   /f. 18v
diebus uitę meę placeam. Per.

143 LECTIO EPISTOLĘ BEATI PAVLI APOSTOLI AD ROMANOS.
FRATRES. Scimus, quod lex spiritalis est. Ego
autem carnalis sum, uenundatus sub peccato. Quod
enim operor, non intelligo. Non enim quod uolo
bonum hoc ago, sed quod odi illud facio. Si autem
quod nolo illud facio, consentio legi quoniam bona
est. Nunc autem iam non operor illud, sed quod
habitat in me peccatum. Scio enim quia non habitat
in me, hoc est in carne mea bonum. Nam uelle
adiacet mihi, perficere autem bonum non inuenio.
Condelector enim legi dei, secundum interiorem
hominem. Video autem aliam legem in membris meis,
repugnantem legi mentis meę, et captiuantem me
in lege peccati, quę est in membris meis. Infelix
ego homo, quis me liberabit de corpore mortis

27

huius? Gratia dei, per ihesum christum dominum nostrum.

144 GRADVALE. Dirigatur oratio mea sicut incensum in conspectu tuo domine. V. Eleuatio manum mearum sacrificium uespertinum. AEVIA. V. De profundis clamaui / ad te domine domine exaudi uocem meam. /f. 19r

145 SECVNDVM LVCAM. In illo tempore. Dixit ihesus ad quosdam qui in se confidebant tamquam iusti, et aspernabantur cęteros parabolam istam. Duo homines ascenderunt in templum, ut orarent. Vnus phariseus, et alter publicanus. Phariseus stans, hęc apud se orabat, dicens. Deus gratias ago tibi, quia non sum sicut ceteri hominum. Raptores, iniusti, adulteri, uelut etiam hic publicanus. Ieiuno bis in sabbato, decimas do omnium quę possideo. Et publicanus a longe stans, nolebat nec oculos ad cęlum leuare, sed percutiebat pectus suum, dicens. Deus propitius esto mihi peccatori. Dico autem uobis, descendit hic iustificatus in domum suam ab illo. Quia omnis qui se exaltat, humiliabitur. Et qui se humiliat exaltabitur.

146 OFFERTORIVM. Exaudi deus orationem meam.

147 SECRETA. Hostiam domine quam tibi pro me famulo tuo offero, clemens suscipere digneris, et benedictionem sancti spiritus tui dignanter perfunde mihi / seruo tuo, et intercedente pro me sancto /f. 19v michaele archangelo tuo et beata et gloriosa semperque uirgine maria, et beatis apostolis tuis petro et paulo, et omnium cateruis sanctorum peccatorum meorum omnium indulgentiam tribue, et misericordiam largire mihi famulo tuo, hęc petenti pro tua pietate miserere, ut dignus efficiar huius seruitutis sacrique mysterii, ut quod me[1] te deus

---

[1] Dotted for omission.

28

clementissime deprecor, mihi concędas pro tua
pietate propitius. Per.

148 PREFATIO. VD aeterne deus. Qui iustis presto es
supplicationibus, miserere mihi famulo tuo, mala
mea preterita cogitationesque temptationum iniquarum confitenti, hostis iniqui suasiones in-
sidiasque procul a me domine pro tua pietate
repelle. Ne consensum prebeam suggerenti, ne
superer ab aduersario, ne inoboediens appaream
preceptis tuis, dum tibi confiteor deo meo
interiora cordis mei in tempore tribulati/onis. /f. 20r
Nec in hora exitus animę meę de corpore iudicium
contemplationis cum infidelibus recipiam. Sed pius
et misericors deus pro hac pugna laborumque
certamine, fatigatione quoque mentis, coram te
gloriam cum sanctis et electis tuis percipiam. Per
christum dominum.

149 COMMVNIO. Vnam petii a domino.

150 AD COMPLENDVM. Gratias tibi agimus omnipotens
aeterne deus, pro sacramenti huius satietate,
preces quoque supplices fundo, ut me famulum tuum
ab omni culpa liberum esse concedas, ut qui
fideliter[1] per corpus et sanguinem domini nostri
ihesu christi, non sinas me domine ad propria mala
reuerti, sed ne plusquam sustinere possum
permittas me temptari, sed mittere digneris
angelum tuum qui me ab omni malo custodiat,
uisitet, et defendat, et in opere bono confirmet,
et in operibus mandatorum tuorum deducat, et
animam meam ad vitam ęternam perducat. Per.

MISSA GENERALIS VIVORVM ET MORTVORVM
151 / Pietate tua quesumus domine nostrorum omnium /f. 20v
solue uincula delictorum, et intercędente beata
maria semper uirgine, omnique cęlesti uirtute, ac

---

[1] *ut qui fideliter* dotted for omission; *et* added above.

29

beatorum patriarcharum, prophetarum, apostolorum,
martyrum, confessorum, uirginum, omniumque sanctorum precibus, domnum apostolicum .N., pontifices, abbates, regem nostram, et reginam nostram
ac principes nostros, omnesque congregationes
illis commissas, et nos famulos tuos, ac locum
nostrum, et familiam beatissimę dei genetricis
marię, necnon et sancti petri apostoli, atque
sancti suuithuni confessoris christi, et omnia
loca sanctorum in omni sanctitate custodi,
omnesque affinitate et familiaritate nobis con-
iuntos, et nobis commissos, nobisque seruientes,
necnon et omnes christianos a uitiis purga,
uirtutibus illustra, pacem et sanitatem nobis
tribue, hostes uisibiles et inuisibiles remoue,
carnalia desideria repelle, aeris commoditatem
tribue, iter famulorum famularumque tuarum fidelium in salutis tuę prosperitate dispone, nauigantibus fidelibus portum salutis indulge, /   /f. 21r
inimicis nostris ueram caritatem et perfectam
remissionem largire, nosque ab eorum insidiis
potenter eripe, et omnibus fidelibus uiuis et
defunctis, uitam et requiem ęternam concęde. Per.

152 SECRETA. Deus qui singulari corporis tui hostia
totius mundi soluisti delicta, hac oblatione
intercessioneque omnium sanctorum placatus,
maculas scelerum nostrorum, omniumque pro quibus
hoc sacrificium offerimus absterge, et omnium
christianorum[1] uiuorum atque mortuorum peccata
dimitte, eisque premia ęterna concęde. Per.

153 PREFATIO. *VD AETERNE DEVS.* Et tuam clementiam
humiliter implorare, ut omnibus sanctis tuis interuenientibus delicta nostra clementer emundes,
diesque nostras in tua uoluntate disponas,
simulque credentibus in te sanitatem mentis ac
corporis tribuas, incredulos conuertas, errantes

---

[1] *fidelium* supplied interlinearly.

corrigas, discordantibus unitatem pacis largiaris, omnibusque uiuis et defunctis ueniam conferas, ut ad interminabilem gloriam peruenire mereantur. Per christum.

154 / AD COMPLENDVM. Sumpta quesumus domine sacramenta /f. 21v omnia crimina nostra detergant, omnemque prauitatem et infirmitatem, seu etiam hosticam rabiem atque subitam mortem, meritis sanctorum omnium a nobis procul depellant, et omnibus fidelibus uiuis et defunctis prosint ad ueniam, pro quorum quarumque tibi sunt oblata salute. Per.

MISSA PRO EPISCOPO

155 Inclina domine aurem tuam, ut supra.

156 ORATIO. Concede quesumus domine famulo tuo episcopo nostro .N. ut predicando et exercendo quę recta sunt exemplo bonorum operum animas suorum instruat subditorum, et ęternę remunerationis mercedem a te piissimo pastore percipiat. Per.

157 LECTIO EPISTOLE BEATI PAVLI AD HEBREOS. *FRATRES*. Omnis pontifex ex hominibus assumptus, pro hominibus constituitur in his quę sunt ad deum, ut offerat dona et sacrificia pro peccatis. Qui condolere possit his qui ignorant et errant, quoniam et ipse circumdatus est infirmitate, et propterea debet quemadmodum pro populo, ita etiam et pro semetipso offerre sacrificia. Nec quisquam / sumit sibi honorem sed qui uocatur a deo tamquam /f. 22r aaron, quemadmodum scriptum est. Tu es sacerdos in eternum secundum ordinem melchisedehc.

158 [1]GRADVALE. Saluum fac seruum tuum deus meus sperantem in te. V. Auribus percipe domine orationem meam. Aeuia. V. Verba mea auribus percipe domine intellege clamorem meum.

---

[1] First words of gradual, verse and alleluia neumed.

31

159 SECVNDVM MATHEVM. In illis. Dixit ihesus discipulis suis. Vigilate et orate, quia nescitis
quando tempus sit. Sicut homo qui peregre
proficiscens reliquit domum suam, et dedit seruis
suis potestatem cuiuscunque operis, et ianitori
precepit uigilare. Sic ergo uigilate. Nescitis
enim, quando dominus domus ueniat. Sero, an media
nocte, an gallicantu, an mane, ne cum repente
uenerit, inueniat uos dormientes. Quod autem uobis
dico, omnibus dico uigilate.

160 OFFERTORIVM. [1]Domine exaudi orationem meaum et
clamor meus ad te perueniat.

161 SECRETA. Suscipe quesumus clementer omnipotens
deus nostrę oblationis deuotionem, et per uirtutem
huius sacramenti quod tuę obtulimus maiestati
famulum tuum .ill. cum / commisso sibi grege a   /f. 22v
cunctis protege aduersitatibus. Per.

162 PREFATIO. VD aeterne deus. Qui es iustorum gloria
et misericordia peccatorum pietatem tuam humili
prece deposcimus, ut intercędente beata dei
genetrice maria, et sanctis apostolis tuis PETRO,
et paulo, atque Andrea et omnibus sanctis tuis,
famulum tuum pontificem nostrum benignus respicias, et pietatis tuę custodiam impendas. Quatinus
ex toto corde et ex toto corde et ex tota mente
tibi deseruiat, et sub tua semper protectione
consistat, ut quando ei extrema dies uenerit,
societatem omnium sanctorum percipiat, cum quibus
inenarrabilem gloriam sine fine possideat. Per
christum.

163 COMMVNIO. Intellege clamorem meum, intende uoci
orationis meę rex meus et deus meus, quoniam ad te
orabo domine.

---

[1] Text partially neumed.

32

164 AD COMPLENDVM. Deus qui populo tuo pastores preesse uoluisti, famulum tuum episcopum nostrum .ill. quem preesse et prodesse ęclesię tuę iussisti, da quesumus, ut incessanter recta monendo et operando subditorum suorum mentes in tui amoris desiderio[1] excitet, et secundum te ad utilitatem sui prouectus et aliorum uiuere / /f. 23r ualeat. Per.

MISSA PRO PENITENTIBVS

165 Misereris omnium domine ut nihil odisti eorum quę fecisti dissimulans peccata hominum propter poenitentiam, et parcens illis quia tu es dominus deus noster. [2]PSALMVS. Miserere mei deus miserere.

166 ORATIO. Preces nostras quesumus domine memor humanę fragilitatis placatus admitte, et quia infirmitatis nostrę conscii ad impetranda quę poscimus, de meritorum qualitate diffidimus, pietatem tuam humiliter imploramus, ut intercessione sanctę dei genetricis marię, sanctorumque omnium apostolorum, martyrum, confessorum, uirginum, omniumque electorum tuorum famulis tuis .ill. ac famulabus propitius indulgentiam culparum, et plenitudinem ęternorum largiaris gaudiorum. Per.

167 LECTIO BEATI IACOBI APOSTOLI. *KARISSIMI.* Confitemini alterutrum peccata uestra, et orate pro inuicem ut saluemini. Multum enim ualet deprecatio iusti assidua. Helias homo erat similis nobis passibilis, et orationem orauit ut non plueret super terram, et non pluit annos tres, et menses sex. Et rursum orauit, et cęlum dedit pluuiam, et terra dedit fructum suum. Si quis autem erraue/rit /f. 23r ex uobis a ueritate, et conuerterit quis eum, scire debet, quoniam qui conuerti fecerit

---

[1] o dotted for omission; *um* for *desiderium* supplied above.
[2] Text neumed.

33

peccatorem ab errore uię suę, saluabit animam eius a morte. Et operit, multitudinem peccatorum.

168 GRADVALE. Respice domine in testamentum tuum et animas pauperum tuorum ne obliuiscaris in finem. V. Exurge domine et iudica causam tuam memor esto obprobrii seruorum tuorum. AEVIA. V. Qui sanat contritos corde et alligat contritiones eorum.

169 SECVNDVM LVCAM. In illis. Erant appropinquantes ad ihesum publicani et peccatores, ut audirent illum. Et murmurabant pharisei et scribę dicentes. Quia hic peccatores recipit, et manducat cum illis. Et ait ad illos parabolam istam dicens. Quis ex uobis homo qui habet centum oues? Et si perdiderit unam ex illis, nonne dimittit nonaginta nouem in deserto, et uadit ad illam quę perierat donec inueniat illam? Et cum inuenerit eam, imponet in humeros suos gaudens. Et ueniens domum, conuocat / /f. 24r amicos et uicinos dicens. Congratulamini mihi, quia inueni ouem meam quę perierat. Dico uobis, quod ita gaudium erit in cęlo super uno peccatore, poenitentiam agente quam super nona ginta nouem iustos, qui non indigent poenitentia.

170 OFFERTORIVM. [1]Populum humilem saluum facies domine et oculos superborum humiliabis quoniam quis deus preter te domine.

171 SECRETA. Hanc igitur domine oblationem quam pro famulis .ill. et famulabus tuis tuę pietati offerimus, pius ac propitius suscipe, et omnium peccatorum suorum uincula quibus propria accusante conscientia miserabiliter instringuntur, intercessione dei genetricis propitiatus absolue, ut propitiatus absolue, ut pro his ueram puramque coram te confessionem et dignam fructuosamque

---

1 First words of text neumed.

34

agere ualeant poentitentiam, et plenissimam illis
tribue[1] gratuito dono indulgentiam. Per.

172 PREFATIO. VD aeterne deus. Et pietatem tuam
supplici deuotione exposcere, ut hęc oblatio quam
tibi pro famulis et famulabus tuis .ill.
offerimus, / sit in oculis tuis semper accepta. Et /f. 24v
sicut sanctos tuos fides recta prouexit ad
coronam, ita eos deuotio perducat ad ueniam,
qualiter hac oblatione placatus, a cunctis eos
emundes sordibus delictorum, et dites fructu
operum bonorum. Per christum.

173 COMMVNIO. Dico uobis gaudium est angelis dei super
uno peccatore poenitentiam agente.

174 AD COMPLENDVM. Sacrosancti corporis et sanguinis
domini nostri ihesu christi refectione uegetati,
supplices te rogamus omnipotens deus, ut hęc
salutaria sacramenta famulos tuos et famulas .ill.
precibus sanctę dei genetricis marię, ab omni
uinculo iniquitatis absoluant, et quicquid in
eorum mente uitiosum est, eorum medicationis dono
curetur, fidei quoque spei caritatisque gemmis
ornatos, aeternę felicitatis participes efficiant.
Per.

MISSA PRO FAMILIARIBVS
175 Omnia quę fecisti nobis domine in uero iudicio
fecisti, quia peccauimus tibi et mandatis tuis non
oboediuimus, sed da gloriam nomini tuo, et fac
nobiscum secundum multitudinem misericordię tuę.
PSALMVS. Magnus dominus

176 ORATIO. Deus qui caritatis dona per gratiam sancti
spiritus tuorum cordibus / fidelium infudisti, da /f. 25r
famulis et famulabus tuis .N. pro quibus tuam
deprecamur clementiam salutem mentis et corporis,

[1] Supplied in margin.

ut te tota uirtute diligant, et quę tibi placita
sunt tota dilectione perficiant. Per.

177 LECTIO LIBRI MACHABEORVM. *IN DIEBVS* illis.
Orationem faciebant sacerdotes, dum offerrent
sacrificium pro populo israel, ionatha inchoante
cęteris autem respondentibus et dicentibus.
Benefaciat uobis deus et meminerit testamenti sui,
quod ad abraham et isaac et iacob locutus est
seruorum suorum fidelium. Et det uobis cor omnibus
ut colatis eum, et faciatis eius uoluntatem.
Adaperiat cor uestrum in lege sua et in preceptis
suis, et faciat pacem. Exaudiat orationem uestram,
et reconcilietur uobis. Nec uos deserat in tempore
malo, dominus deus uester.

178 GRADVALE. Conuertere domine aliquantulum et
deprecarer super seruos tuos. V. [1]Domine refugium
factus es nobis a generatione et progenie. AEVIA.
V. Qui timent dominum sperent in eum adiutor et
protector eorum est.

179 SECVNDVM MARCVM. In illo tempore dixit ihesus
discipulis suis. Amen dico uobis / quia siquis /f. 25v
dixerit huic monti, tollere, et mittere in mare,
et non hęsitauerit in corde suo, sed crediderit,
quia quęcumque dixerit fiat, fiet ei. Propterea
dico uobis. Omnia quęcumque orantes petitis,
credite quia accipietis, et uenient uobis. Et cum
statis adorationem, dimittite si quid habetis
aduersus aliquem, ut et pater uester qui in cęlis
est dimittat uobis delicta uestra. Quod si uos non
dimiseritis, nec pater uester qui in celis est,
dimittet uobis peccata uestra.

180 OFFERTORIVM. [2]Sperent in te omnes qui nouerunt
nomen tuum domine quoniam non derelinquis

---

[1] First words neumed.
[2] Text partially neumed.

36

quęrentes te, psallite domino qui habitat in syon
quoniam non est oblitus orationem pauperum.

181 SECRETA. Miserere quesumus domine famulis et
famulabus tuis .N. pro quibus hoc sacrificium
laudis tuę offerimus maiestati, ut per hęc sancta
supernę beatitudinis gratiam obtineant, et gloriam
ęternę beatitudinis adquirant. Per.

182 PREFATIO. VD aeterne deus. Clementiam tuam pronis
mentibus obsecrantes, ut famulos tuos quos sanctę
dilectionis nobis familiaritate coniunxisti, tibi
facias toto corde subiectos, ut tuę caritatis /   /f. 26r
spiritu repleti a terrenis mundentur cupiditatibus, et cęlesti beatitudine te donante digni
efficiamur. Per christum.

183 COMMVNIO. [1]Amen dico uobis quicquid orantes petitis credite quia accipietis et fiet uobis.

184 AD COMPLENDVM. Diuina libantes mysteria quesumus
domine deus noster, ut hęc salutaria sacramenta
illis proficiant ad prosperitatem et pacem, pro
quorum quarumque dilectione hęc tuę obtulimus
maiestati.

MISSA PRO QVACVMQVE TRIBVLATIONE
185 Salus populi ego sum dicit dominus de quacumque
tribulatione clamauerint ad me exaudiam eos et ero
illorum dominus in perpetuum. PSALMVS. Attendite
popule.

186 COLLECTA. Ineffabilem misericordiam tuam nobis
quesumus omnipotens deus clementer ostende, ut
simul nos a peccatis omnibus exuas, et a poenis
quas pro his meremur eripias. Per.

---

[1] First words neumed.

37

187 [1]LECTIO LIBRI SAPIENTIĘ. Miserere nostri deus
omnium et respice nos, et ostende nobis lucem
miserationem tuarum. Et inmitte timorem tuum super
gentes quę non exquisierunt te, et cognoscant te
quia non est deus nisi tu, ut enarrent magnalia
tua. Alleua manum tuam super gentes alienas, / ut /f. 26v
uideant potentiam tuam. Sicut enim in conspectu
eorum glorificatus es in nobis, sic in conspectu
nostro glorificaberis in illis, ut cognoscant te
sicut et nos cognouimus, quoniam non est deus
preter te domine. Innoua signa, et inmuta mirabilia. Glorifica manum, et brachium dextrum.
Excita furorem, et effunde iram. Extolle aduer-
sarium, et afflige inimicum. Festina tempus, ut
memento finis. Vt enarrent mirabilia tua domine
deus noster.

188 GRADVALE. Ad dominum dum tribularer clamaui et
exaudiuit me. V. Domine libera animam meam a
labiis iniquis et a lingua dolosa. AEVIA. V. Multę
tribulationes   iustorum   et   de   omnibus   his,
liberauit eos dominus.

189 SECVNDVM IOHANNEM. *IN ILLO TEMPORE.* Dixit ihesus
discipulis suis. Amen dico uobis, quia plorabitis
et flebitis uos, mundus autem gaudebit. Vos autem
contristabimini, sed tristicia uestra uertetur in
gaudium. Mulier cum parit tristiciam habet, quia
uenit hora eius. Cum autem pepererit puerum, iam
non meminit pressurę propter gaudium, quia natus
est homo in mundum. Et uos igitur, nunc quidem
tristiciam / habetis. Iterum autem uidebo uos, et /f. 27r
gaudebit cor uestrum. Et gaudium uestrum, nemo
tollet a uobis.

190 OFFERTORIVM. Si ambulauero in medio tribulationis
uiuificabis me domine et super iram inimicorum

---

[1] A note *quidam lectio . . .* in the margin opposite.

meorum extendes manum tuam et saluum me fecit dextera tua.

191 SECRETA. Purificet nos domine quesumus muneris presentis oblatio, et dignos sacra participatione perficiant. Per.

192 PREFATIO. VD aeterne deus. Qui fragilitatem nostram non solum misericorditer temporalibus bonis consolaris, ut nos ad eterna prouehas, sed etiam ipsis aduersitatibus seculi benignus erudis, ut ad cęlestia regna perducas. Per christum.

193 COMMVNIO. Inclina aurem tuam accelera ut eruas nos.

194 AD COMPLENDVM. Presta domine quesumus, ut terrenis affectibus expiati, ad superni plenitudinem sacramenti, cuius libauimus sancta tendamus. Per.

MISSA PRO PACE

195 [1]Da pacem domine sustinentibus te ut prophetę tui fideles[2] tui fideles inueniantur, exaudi preces serui tui et plebis tuę israhel. PSALMVS. Letatus sum.

196 COLLECTA. Deus a quo sancta desideria, recta consilia, et iusta / sunt opera, da seruis tuis /f. 27v
illam quam mundus dare non potest pacem, ut et corda nostra mandatis tuis dedita, et hostium sublata formidine, tempora sint tua protectione tranquilla.

197 LECTIO EPISTOLAE BEATI PAVLI APOSTOLI AD THESSA-LONICOS. *FRATRES.* Nolite deficere benefacientes, in christo ihesu domino nostro. Si quis autem non obaudit uerbo nostro per epistolam, hunc notate, et non commisceamini cum illo ut non confundar. Et

---

[1] First words neumed.
[2] *tui fideles* dotted for omission.

nolite quasi inimicum existimare, sed corripite ut
fratrem. Ipse autem dominus pacis, det uobis pacem
sempiternam in omni loco, dominus cum omnibus
uobis. Gratia domini nostri ihesu christi et
caritas dei, cum omnibus uobis amen.

198 GRADVALE. Lętatus sum in his quę dicta sunt mihi in
domum domini ibimus. V. Fiat pax in uirtute tua et
habundantia in turribus tuis. AEVIA. V. Qui posuit
fines tuos pacem, et adipe frumenti satiat te.

199 SECVNDVM IOHANNEM. In illo tempore. Dixit ihesus
discipulis suis. Pacem meam do uobis, pacem
relinquo uobis. Non quomodo mundus dat, ego do
uobis. Non turbetur cor uestrum, / neque formidet. /f. 28r
Audistis quia ego dixi uobis, uado et uenio ad uos.
Si diligeretis me, gauderetis utique, quia uado ad
patrem, quia pater maior me est. Et nunc dixi uobis
priusquam fiat, ut cum factum fuerit credatis. Iam
non multa loquor uobiscum. Venit enim princeps
mundi huius, et in me non habet quicquam. Sed ut
cognoscat mundus, quia diligo patrem. Et sicut
mandatum dedit mihi pater, sic facio.

200 OFFERTORIVM. Sanctificauit moyses altare domino
offerens super illud holocaustum, et immolans
uictimas fecit sacrificium[1] uespertinum, in odorem
suauitatis domino deo in conspectu filiorum
israhel.

201 SECRETA. Deus qui credentes in te populos nullis
sinis concuti terroribus, dignare preces et
hostias dicatę tibi plebis suscipere, ut pax tua
pietate concessa, christianorum fines ab omni
hoste faciat esse securos. Per.

202 PREFATIO. *VD AETERNE DEVS.* Cuius potentia aeter-
nalis est in filio, et consubstantialis in spiritu

---

[1] Marginal note *uel ma* . . . keyed in.

40

sancto. Rogamus ergo te domine, ut pacem quam in angelicam / ab ęuo prouidisti naturam, supplicibus /f. 28v tuis annuas essentialem. Te igitur regem regum dominum uniuersorum adoramus in perpetuum, per christum dominum nostrum. Quem laudant angeli, pauescunt archangeli, throni, et dominationes. Cumque omnis cęlorum uirtus tibi coniubilat, cum cherubin et seraphin proclamemus una uoce dicentes. Sanctus, sanctus, sanctus.

203 COMMVNIO. Lętabimur in salutari tuo, et in nomine domini dei nostri magnificabimur.

204 AD COMPLENDVM. Deus auctor pacis et amator caritatis, quem nosse uiuere, cui seruire regnare est, protege ab omnibus inpugnationibus supplices tuos, ut qui in defensione tua confidimus, nullius hostilitatis arma timeamus. Per.

MISSA PRO ITER AGENTIBVS
205 Domine refugium factus es nobis a generatione et progenie a sęculo et in sęculum tu es. <PSALMSVS>. Priusquam montes fierent.

206 [1]COLLECTA. ADESTO domine supplicationibus nostris, et uiam famuli tui .N. omniumque sibi adherentium in salutis tuę prosperitate dispone, ut inter omnes uię uel huius uitę uarietates, tuo semper protegatur auxilio. Per.

207 LECTIO LIBRI GENESIS. IN DIEBVS ILLIS. Locutus est / dominus ad abraham dicens. Dominus deus cęli qui /f. 29r tulit me de domo patris mei, e terra natiuitatis meę. Qui locutus est mihi, et iurauit dicens. Semini tuo dabo terram hanc, ipse mittet angelum suum coram te.

---

[1] Masculine and feminine plural forms given interlinearly throughout nos 206, 211, 212 and 214.

41

208 GRADVALE. Angelis suis deus mandauit de te ut custodiant te in omnibus uiis tuis. V. In manibus portabunt te ne umquam offendas ad lapidem pedem tuum. AEVIA. V. Domine deus salutis meę in die clamaui et nocte coram te.

209 SECVNDVM MATHEVM. In illo tempore. Dixit ihesus discipulis suis. Euntes predicate dicentes, quia appropinquabit regnum cęlorum. In quamcumque autem ciuitatem et castellum intraueritis, interrogate quis in ea dignus sit, et ibi manete donec exeatis. Intrantes autem in domum, salutate eam dicentes. Pax huic domui. Et si quidem fuerit domus digna, ueniat pax uestra super eam. Sin autem non fuerit digna, pax uestra ad uos reuertetur. Et quicumque non receperit uos neque audierit sermones uestros, exeuntes foras de domo uel ciuitate, excutite puluerem de pedibus uestris. Amen dico uobis, tolerabilius erit terrę sodomorum et gomorreorum, / in die iudicii, quam illi ciuitati. /f. 29v

210 OFFERTORIVM. Perfice gressus meos in semitis tuis ut non moueantur uestigia mea inclina aurem tuam et exaudi uerba mea mirifica misericordias tuas qui saluos facias sperantes in te domine.

211 SECRETA. Propitiare domine supplicationibus nostris, et has oblationes quas tibi offerimus pro famulo tuo .N. omnibusque secum comitantibus benignus assume, ut uiam illius pręcedente gratia tua dirigas, et subsequente comitari digneris, ut de actu atque incolomitate[1] eius secundum misericordię tuę presidia gaudeamus. Per.

212 PREFATIO. VD aeterne deus. Cuius inmensam misericordiam humillimis precibus imploramus, ut iter famuli tui, cum suis in prosperitate dirigere, eumque inter uię et uitę huius uarietates digneris

---

[1] *uel incolumitate* **above.**

42

custodire. Quatinus angelorum tuorum presidio
fultus et intercessione sanctorum munitus, a
cunctis aduersitatibus tua miseratione defensus,
profectionis et reuersionis suę felicitate potitus
et compos reddatur iustorum / uotorum, et de suorum   /f. 30v
lętetur remissione peccatorum. Per christum.

213 COMMVNIO. Scapulis suis obumbrabit tibi dominus et
sub pennis eius sperabis, scuto circumdabit te
ueritas eius.

214 AD COMPLENDVM. Deus qui diligentibus te misericordiam tuam semper impendis, et a seruientibus
tibi in nulla es regione longinquus, dirige uiam
famuli tui .N. omniumque sibi adhęrentium in
ueritate tua, ut te protectore te preduce, per
iustitię semitas sine offensione gradiatur. Per.

VIII ID. DEC. NATALE SANCTI NICOLAI EPISCOPI
215 Deus qui beatum nicholaum pontificem tuum
innumeris decorasti miraculis, tribuę nobis
quesumus ut eius meritis et precibus a gehenne
incendiis liberemur. Per.

216 SECRETA. Sanctifica quesumus domine oblata munera
quę in sollempnitate sancti antistitis nicolai
offeruntur, ut per ea uita nostra inter aduersa
ubique dirigatur et prospera. Per.

217 POSTCOMMVNIO. Sacrificia quę sumpsimus domine pro
sollempnitate sancti pontificis tui nicholai,
sempiterna nos protectione confirment. Per.

/ MISSA PRO INIMICIS   /f. 30v
218 Deus pacis caritatisque amator et custos, da
omnibus inimicis nostris[1] pacem, caritatemque
ueram, cunctorumque eis remissionem tribue peccatorum, nosque per intercessionem sanctę tuę

---

[1] *uisibilibus* **added above.**

43

genetricis marię, sanctique michaelis archangeli, et sanctorum apostolorum petri et pauli, omniumque sanctorum, ab eorum[1] insidiis potenter eripe. Per.

219 SECRETA. Oblatis domine quesumus placare muneribus, et intercędente beata dei genetrice maria, omnibusque sanctis nos ab inimicis nostris clementer eripe, eisque indulgentiam tribue delictorum. Per dominum.

220 PREFATIO. *VD AETERNE DEVS.* Qui pro redemptione ac salute humani generis cruci affixus, pro suis orauit inimicis dicens, pater dimitte illis, non enim sciunt quid faciunt. Per ipsum nos quesumus omnipotens pater a cunctis eripe inimicis, eisque ueniam tribue delictorum, et intercedente beata dei genetrice maria cum omnibus sanctis, eos ad pacis caritatisque concordiam clementer reuoca. Per christum.

221 POSTCOMMVNIO. Haec nos communio domine exuat a delictis, et sanctę dei genitricis marię, sanctique mihaelis[2] archangeli, et sanctorum apostolorum petri et pauli omniumque sanctorum / meritis, ab inimicorum[3] defendat insidiis. Per.   /f. 31r

222 ALIA. Deus qui famulis tuis moysi, samuheli, et stephano protomartiri uirtutem patientię dedisti, ut pro suorum delictis inimicorum exorarent, da nobis quesumus sanctę dei genetricis marię omniumque sanctorum meritis, ut inimicos nostros uerę dilectionis amore diligamus, eorumque pro excessibus tota mentis intentione preces assiduas in conspectu maiestatis tuę fundamus. Per.

---

[1] *et inuisibilium* **added above.**
[2] *c* for *michaelis* **given above.**
[3] *uisibilium et inuisibilium* **given above.**

[1]MISSA PRO FIDELI AMICO

223 Inclina domine aurem. PSALMVS. Custodi animam meam.

224 COLLECTA. Domine sancte pater omnipotens aeternę deus cui tibi[2] accepta sunt uota, supplices deprecamur et exoramus, magnam clementiam tuam, ut [3]intercessionem angelorum, archangelorum, prophetarum, apostolorum, martyrum, confessorum, atque uirginum, omniumque ciuium supernorum uota famuli tui .N. dignanter accipias[4], tribuas et[5] diuitias gratiae tuę, et ab omnibus periculis eam[6] liberare digneris, tuere eam[6] domine ac defendas, protegas et confortas[7] diebus ac noctibus horis atque momentis rex angelorum, preces exaudias, uota suscipias, desiderata confirmes, postulata concedas, des ei auxilium tui presidii iuxta / euangelicam uocem, ut quod precatur obtineat, et quod inpretauerat[8] agnoscat. Per.   /f. 31v

225 LECTIO LIBRI SAPIENTIE. Beatus uir qui confidit in domino, et erit dominus fiducia eius. Et erit tamquam lignum quod transplantatur super aquas quod ad humorem mittit radices suos, et non timebit cum uenerit ęstas. Et erit folium eius uiride, et in tempore siccitatis non erit sollicitum, nec aliquando desinit[9] facere fructum. Prauum est cor hominis et inscrutabile, quis cognoscet illud? Ego dominus scrutans cor et probans renes, qui do unicuique iuxta uiam[10] et

---

[1] Note for rubricator given in margin.
[2] *tibi* marked for omission and *iusta* supplied above.
[3] *per* prefixed.
[4] *et* added above.
[5] *ei* added above.
[6] *a* dotted for omission; *u* for *eum* added above.
[7] *a* dotted for omission; *e* for *confortes* added above.
[8] final *a* dotted for omission; *i* for *impretauerit* added above.
[9] final *i* dotted for omission; *e* for *desinet* added above.
[10] *m* dotted for omission; *s* for *uias* added above.

iuxta fructum ad inuentionum suarum. Dicit dominus omnipotens.

226 GRADVALE. Dirigatur oratio mea. V. Eleuatio. Alleluia. V. Domine refugium factus es est nobis a generatione et progenie.

227 SECVNDVM MATHEVM. In illo tempore. Dixit ihesus discipulis suis. Non est[1] enim arbor bona fructus malos facere, neque arbor mala fructus bonos facere. Omnis arbor quę non facit fructum bonum, excidetur et in ignem mittetur. Igitur ex fructibus eorum, cognoscetis eos. Non omnis qui dicit mihi domine domine intrabit in regnum cęlorum. Sed qui facit uoluntatem patris mei qui in cęlis est. Ipse intrabit in regnum cęlorum.

228 OFFERTORIVM. Domine conuertere.

229 SECRETA. / Domine ihesu christe qui per os dauid[2] /f. 32r uouete et reddite domino deo nostro, te domine suppliciter imploramus, ut famulum tuum .N. per intercessionem sanctę marię matris tuę domine deus omnipotens uigilanter eum custodias, et tuearis, et protegas, oblationem quam pro illo tibi offerimus interueniente sancto michaele archangelo cum omnibus angelis, atque archangelis, omnibusque sanctis interuenientibus clementer et benigniter accedere[3], digneris, et accende in cor[4] famuli tui .N. ignem tui amoris ac timoris, et sanctorum patriarcharum exemplis imitatorem facias, in bonis operibus testimoniorum firmet[5] et stabiles[6] perseueret. Per.

---

[1] *pot* for *potest* supplied above.
[2] *locutus es* supplied above.
[3] *edere* marked for omission; *ipere* for *accipere* added above.
[4] *de* for *corde* added above.
[5] *t* dotted for omission; *s* for *firmes* added above.
[6] *e* dotted for omission; *i* for *stabilis* added above.

230 PREFATIO. VD aeterne deus. Te laudare te benedicere qui das escam omni carni, in quo est salus omnium populorum. Cui abel munera obtulit, cui iacob uouit, et redidit, miserere famulo tuo .N. circumda eum sicut o[1], et arma[2] fidei, salua eum ab inimicis, et a laqueis mortis. Qui es uita sperantium atque auxiliator inmitte in eum quesumus domine spiritum sanctum spiritum sapientię et intellectus, de ore cęli et de pinguedine terre. Tribue ei hereditatem benedictionis aeternę, ut maneat in sensu eius pax uera, et fides firma, caritas non deficiens, humili/tatis precipue /f. 32v mansuetudo, et patientia uera, ac proximi dilectio integra, propitius esto ei domine per inter-cessiones omnium sanctorum tuorum, et euacua ab eo omne malum cuiusque[3] eum reple per omnia bonis. Tribuę in sensu eius quod elegis[4], et misericors repelle quę odis, et sicut liberasti seruum tuum moysen cum filiis israhel de manu pharaonis regis egypti, ita ut[5] famulum tuum .N. liberare digneris de omnibus uitę huius periculis et ne tradas eum in manus tribulantium et insurgentium in se, tu es enim deus, qui nullum hominem uis perire, sed semper saluare. Per christum.

231 COMMVNIO. Tu domine seruabis nos.

232 POSTCOMMVNIO. Deus qui es initium et finis, protege famulum tuum .N. pro quo tibi in honore beatę marię genetricis tuę domine, ac sancti archangeli michaelis omnibusque sanctis tuis[6] uota et munera eius tibi offerimus, ut sub ope dextere tuę ubique protegatur, et mitte auxilium tuum de

---

[1] *sicut o* marked for omission; *scuto* added above.
[2] *a* dotted for omission; *is* for *armis* added above.
[3] *cuiusque* dotted for omission; *tuisque* added above.
[4] *i* dotted for omission; *e* for *eligis* added above.
[5] *et* registered above.
[6] *omniumque sanctorum tuorum* added above.

sancta[1] et de sion tuere eum domine, et auge ei
felicitatis tempora sicut ezechię ter quinos annos
auxisti ad uitam, tribue ei domine per merita
sanctorum martyrum tuorum cosmę et damiani,
gratiam tuam in cęlis et dele cyrographum
peccatorum suorum. Per.

/ IN ANNIVERSARIVM AECCLESIE MISSA   /f. 33r

233 Terribilis est locus iste. PSALMVS. Quam dilecta.

234 COLLECTA. Deus qui nobis per singulos annos huius
sancti templi tui consecrationis reparas diem, et
sacris semper mysteriis representas incolumes,
exaudi preces populi tui et presta ut quisquis hoc
templum beneficia petiturus ingreditur, cuncta se
impetrasse letetur. Per.

235 *IN DIEBVS ILLIS*. Vidi ciuitatem sanctam hierusalem.

236 GRADVALE. Locus iste a deo factus est. V. Deus cui
adstat. Alleluia. V. Adorabo.

237 In illo tempore. Egressus ihesus, perambulabat
hiericho.

238 <OFFERTORIVM>. Domine deus in simplicitate cordis
mei.

239 SECRETA. Annue quesumus domine precibus nostris ut
quicumque intra templi huius cuius anniuersarium
dedicationis diem celebramus ambitum continemur,
plena tibi atque perfecta corporis et animę
deuotione placeamus, ut dum hęc presentia uota
reddimus, ad aeterna premia te adiuuante uenire
mereamur. Per.

---

[1]   *a* dotted for omission; *o* for *sancto* added above.

240 COMMVNIO. Domus mea.

241 POSTCOMMVNIO. Deus qui aecclesiam tuam sponsam uocare dignatus es, ut quę haberet gratiam [1]fidei deuotionem haberet etiam ex nomine pietatem, da ut omnis hęc plebs nomini tuo seruiens huius uocabuli consortio digna esse mere/atur, et aecclesia tua /f. 33v in templo, cuius anniuersarius dedicationis dies celebratur tibi collecta te timeat, te diligat, te sequatur, ut dum iugiter per uestigia tua graditur ad cęlestia promissa te ducente, peruenire mereatur. Per.

242 \<BENEDICTIO\> IN ANNIVERSARIO FESTO AECCLESIE. Deus fons saluationis et origo benedictionis, uos in hac domo congregatos cum gaudio iubilationis pro anniuersario festo suę dedicationis, uasa faciat esse benedictionis, omniumque repleat intellectu sacre eruditionis. Amen.
Custodiat in uobis fidei integritatem, spei guber-net longanimitatem, accendat caritatem, donet sobrietatem, firmet castitatem, aeris tribuat salubritatem, omnemque concedat oportunitatem. Amen.
Preces uestras hic et ubique exaudiat, delicta deleat, uirtutes augeat, hostes amoueat, infirmi-tates coerceat, et per hęc festa anniuersaria, uos ad superne aecclesie perducat sollempnia. Amen.
Quod ipse.

/ MISSA PRIMO MANE IN NATIVITATE SANCTI IOHANNIS /f. 34r
BAPTISTAE

243 Iustus ut palma florebit. PSALMVS. Bonum est confiteri.

---

[1] *per* prefixed.

49

244 COLLECTA. Concede quesumus omnipotens deus, ut qui beati iohannis baptistę sollempnia colimus, eius apud te intercessionibus muniamur. Per.

245 LECTIO HIEREMIE PROPHETE. In diebus illis. Factum est uerbum domini ad me dicens. Tu ergo fili hominis accinge lumbos tuos et surge.

246 GRADVALE. Iustus ut palma. V. Ad adnuntiandum. Alleluia. V. Inter natos mulierum.

247 SECVNDVM LVCAM. In illo tempore. Respondens gabriel dixit ad zachariam.

248 OFFERTORIVM. In uirtute tua.

249 SECRETA. Munera domine oblata sanctifica, et intercedente beato iohanne baptista, nos per hęc a peccatorum nostrorum maculis emunda. Per dominum.

250 COMMVNIO. Posuisti domine.

251 POSTCOMMVNIO. Presta quesumus omnipotens deus, ut qui cęlestia alimenta percepimus, intercedente beato iohanne baptista, per hęc contra omnia aduersa muniamur. Per.

/ MISSA PRO HIS QVI AECCLESIAE DEI PRESVNT   /f. 34v
252 [1]Deus omnium fidelium pastor et rector famulos tuos quos ęcclesię tuę preesse uoluisti respice propitius, da eis quesumus uerbo et exemplo quibus presunt proficere, ut ad uitam una cum grege sibi credito perueniant sempiternam. Per.

---

[1] Singular forms supplied interlinearly throughout mass where appropriate.

253 SECRETA. Oblatis quesumus domine placare muneribus et famulos tuos quos pastores populo tuo esse uoluisti, assidua protectione guberna. Per.

254 POSTCOMMVNIO. Haec nos quesumus domine diuini sacramenti perceptio protegat, et uniuersos[1] famulos tuos quos pastores aecclesię tuę preesse uoluisti, una cum commisso grege saluet semper et muniat. Per.

MISSA PRO PACE

255 Deus largitor pacis et amator caritatis da[2] seruis tuis ueram cum tua uoluntate concordiam, ut ab omnibus quę nos pulsant temptationibus liberemur. Per.

256 SECRETA. His sacrificiis domine quesumus concede placatus, ut qui propriis oramus absolui delictis, non / grauemur aeternis[3]. Per. /f. 35r

257 POSTCOMMVNIO. Confirma domine quesumus tuorum corda fidelium, et gratiae tuę uirtute corrobora, ut in tua sint supplicatione deuoti, et mutua dilectione sinceri. Per.

MISSA PRO REGE IN TEMPORE SINODI DICENDA

258 Deus qui es temporalis uitę amministrator, aeternę quoque auctor atque largitor, miserere supplici regi nostro .N. in tua protectione et defensione fidenti, ut per uirtutem brachii tui omnibus sibi aduersitantibus superatis gaudeat se euasisse periculum. Per.

---

[1] Struck through.
[2] *nobis* added above.
[3] *ae* dotted for omission; *ex* for *externis* supplied above.

259 SECRETA. Deus qui subiectas tibi glorificas potestates, suscipe propitius oblationem nostram, et fideli famulo tuo regi nostro, attribue uires, eiusque remitte peccata, et miseratus concede quatinus qui se dextera tua expetit protegi, nulla possit aduersitate superari. Per.

260 POSTCOMMVNIO. Fidelem famulum tuum regem nostrum quesumus domine potentię tuę muniat inuicta defensio, ut pio semper tibi existens deuotus affectu, et ab / infestis liberetur inimicis, et /f. 35v per tuam misericordiam, salutem consequatur mentis et corporis. Per.

MISSA PROPRIA PRO EPISCOPO

261 Domine deus omnipotens qui cęlum syderibus depinxisti, et mundum sanctorum locorum spatiis distinxisti, in quibus precipue nomen tuum sanctum a nobis inuocari, et ad beneficia fidelibus tuis prestanda interpellari uoluisti, quique me famulum tuum .ill. non meis meritis, sed dono tuę gratiae, pontificali cathedra exoniensium sublimasti, presta quesumus, ut me et omnes oues tuas quas pabulo doctrine pascendas mihi commissisti, interueniente beato petro apostolo tuo ab omni aduersitate protegas, et gratię tuę ubertate lętificas, pacem et salutem, uitam et requiem eis mecum concedas, tam his qui uersantur in corpore, quam illis qui teguntur in funere, nec eis delicta mea quibus te irritaui officiant, sed preces tibi piissimo domino humiliter fuse, eterna eis paradysi gaudia conferant. Per.

262 SECRETA. / Quesumus omnipotens deus, me famulum /f. 36r tuum, quem exoniensium[1] uoluisti esse antistitem,

---

[1] *um* dotted for omission; *em* for *exoniensiem* supplied above.

et populorum quem instituendum lege preceptorum tuorum mihi commendasti hac sacri mysterii oblatione a peccatis emunda, et unici filii tui domini nostri ihesu christi corpore et sanguine sanctifica, ut remota omnium hostium perturbatione beato petro apostolo tuo interueniente securi perueniamus ad consortia pacis angelicę. Per.

263 POSTCOMMVNIO. Salutaris hostię participatione refectus misericordiam tuam supplex inploro domine deus, ut me famulum tuum quem sancte exoniensi aecclesię, preesse uoluisti, et agnos tuos quos tibi ex uniuersali aecclesia specialius electos mihi nutriendos commisisti, non sinas ullis aduersitatibus fatigari, da nobis domine inexpugnabilem uerę fidei firmitatem, et intercedente beato petro apostolo tuo, perduc nos pariter ad patrie[1] cęlestis hereditatem. Per.

/ <DE SANCTO EGIDIO>   /f. 36v

264 KAL. SEPT. *Nemansensi pago loco qui uocatur uallis flauiana in prospectu maris natale sancti egidii abbatis et confessoris, apud athenas grecię urbem, ortus ex patre theodoro, matre uero pelagia.*

MISSA

265 Pretende nobis domine quesumus misericordiam tuam, et beati EGIDII abbatis intercessio, cuius nos dedisti patrociniis adiuuari, tribue ut maiestatem tuam exoret pro nobis. Per dominum.

266 SECRETA. Intercessio quesumus domine, beati egidii abbatis munera nostra commendet, nosque eius ueneratio sancta tuę maiestati reddat acceptos. Per.

---

[1] *t* supplied above by scribe.

267 PREFATIO. VD aeterne deus. Qui in omnium sanctorum tuorum, es prouectione laude colendum. Maxime in hac die quam beati confessoris tui egidii, sacro transitu consecrasti. Da ergo aecclesię tuę de tanto gaudere patrono, et illam sequi pia deuotione doctrinam, qua dilectus tuus tuum gregem pane eruditionis pauit, ut adiuuari nos apud misericordiam tuam et exemplis eius sentiamus / et meritis. Per christum dominum nostrum. /f. 37r

268 POSTCOMMVNIO. Quesumus omnipotens deus, ut qui celestia alimenta percepimus, intercedente beato EGIDIO abbate contra omnia aduersa muniamur, et ad ęterna gaudia consequenda, spes nobis suppetat et facultas. Per.

MISSA PRO REGINA

269 Guberna domine famulam tuam, et tuis beneficiis semper accumula, ut et presentis uitę subsidiis gaudeat et aeternę. Per.

270 SECRETA. Haec domine quam maiestati tuę offerimus hostia famulę tuę .ill. in sanctarum proficiat augmentum uirtutum, ut quę tua misericordia regali dignitate extat gloriosa actibus aetiam morum tibi placitorum clarescat sublimata. Per dominum.

271 POSTCOMMVNIO. Rege quesumus domine famulam tuam .ill. et gratię tuę in ea dona multiplica, ut ab omnibus libera offensis, et temporalibus non destituatur auxiliis, et sempiternis gaudeat institutis. Per.

/ MISSA IN AECCLESIA CVIVSLIBET MARTYRIS VEL CONFESSORIS /f. 37v

272 Propitiare quesumus domine nobis famulis tuis per huius sancti martiris tui, uel confessoris N. qui in presenti requiescit ecclesia merita gloriosa, ut eius pia intercessione ab omnibus protegamur aduersis. Per.

54

273 SECRETA. Suscipiat clementia tua domine quesumus de manibus nostris munus oblatum, et per huius sancti .N. merita ab omnibus nos emundet peccatis. Per.

274 POSTCOMMVNIO. Diuina libantes mysteria quę pro huius sancti martiris, uel confessoris .N. ueneratione tuę obtulimus maiestati, presta domine quesumus, ut per eam ueniam mereamur peccatorum, et cęlestis gratię reficiamur donis. Per.

275 / Inquirendum est quare dicitur bisexus dicitur bisexus propter his /f. 38r
kalendas nominatas et ut dii quando opugnauit Iosue in terra gabaon orauit ad dominum, ut staret sol tribus oris in cęlo et per optineret uictoriam. Et ita factum est quasi annis singulis ipsi hore adcrescunt. Et in tres annos ad quartam faciunt unum diem, et ipse dies dicitur bisexus duos dies ebdomadis contra unum diem, diem mensis et contra unum diem lune quasi unus dies reputantur ut est a uerbi gratia .vi. kalendas hodie .vi. kalendas cras, non primus numeratur sed retro exigitur. Bisexus solaris euentus cui nulla uis est cum tenebris id est in luna motus quidam solaris cui nulla uis est cum tenebris ille diei id est cum nocte. Hoc non est facile nullus enim dies est sine nocte, et aliter cui nulla uis est hic dies non habet aetatem lunae, quod non est facile ab eo tempore quod hęc duo luminaria in firmamento cęli statuta sunt. Nullus dies solis sine de lune fuit et si intelligitur hoc testimonium, cui nulla uis est cum tenebris id est cum luna nam luna pro tenebris dicitur dum tenebris presit. Nam hic saltus qui in hoc sole habetur non est in anno .ix. luna bisexus, non perturbat cursum epactarum luna, et est saltus uilum cui nulla uis cum soleris, cui nulla uis cum soleris[1], cui nulla uis est cum sole, nam bisexi dies in diebus ebdomadis abundat, et in diebus dies mensis in bisexto, ut dicitur .vi°. kalendas hodie et .vi°. kalendas cras ita. Et etas lunae geminatur, ut dicitur uerbi causa secunda hodie secunda cras ob hoc aetas lunae geminatur, ne in marte luna februarii inuenitur nam luna martis .xxx. est, sed tamen ille annus in quo sit bisexus .ccclxvi. dies habet.

---

[1] *cui nulla uis cum soleris* struck through.

<Table of Concurrents>

REGVLARES	FERIAE	CON	CVR	RENTES	EPACTE	
MARTIVS	v	B. i	B. ii	B. iii	NVLLA	i
APRELIS	i	ii	iii	iiii	xi	ii
MAIAS	iii	iii	iiii	v	xxii	iii
IVNIVS	vi	iiii	v	vi	iii	iiii
IVLIVS	i	B. vi	B. vii		xiiii	v
AGVSTVS	ii	vii	i		xxv	vi
SEPTEMBER	vii	i	ii		vi	vii
OCTOBER	ii	ii	iii		xvii	viii
NOVEMBER	v	B. iiii	B. v		xxviii	viiii
DECEMBER	vii	v	vi		viiii	x
IANVARIVS	iii	vi	vii		xx	xi
FEBRVARVUS	iv	vii	i		i	xii
					xii	xiii

REGVLARES	LVNARES				EPACTE	
					xxiii	xiiii
IANVARIVS	<ix>	IANVARIVS	ii		iiii	xv
FEBRVARIVS	<x>	FEBRVARIVS	v		xv	xvi
MARTIVS	ix	MARTIVS	v		xxvi	xvii
APRELIS	x	APRELIS	i		vii	xviii
MAIAS	xi	MAIAS	iii		xviii	xviiii
IVNIVS	xii	IVNIVS	vi			
IVLIVS	xiii	IVLIVS	i		Coniunge regulares	
AGVSTVS	xiiii	AGVSTVS	iiii		singulorum mensium et	
SEPTEMBER	xvi	SEPTEMBER	vii		epactas anni cuiusque et si	
OCTOBER	xvi	OCTOBER	ii		.xxx^ta. fuerint, ipsa est luna	
NOVEMBER	xviii	NOVEMBER	v		super kl. Si amplius .xxx^ta.	
DECEMBER	xviii	DECEMBER	vii		tolle .xxx^ta. et quot remanent	
					ipsa est aetas lunae.	

DE SINGVLIS MENSIBVS. Ianuarius, Agustus, et December .iiii. nonas habent, .xix. kl., post idus et dies .xxxi. Martius, Maias, Iulius et October .vi. nonas .xvii. kl. post idus et dies .xxxi. Aprelis Iunius September et Nouember .iiii. nonas habent .xviii. kl. post idus et dies .xxx. Februarius uero .iiii. nonas habet .xvi. kl. post idus et dies .xxviiii. et si bissextus fuerit dies .xxix. Omnes uero menses octo idus habent.

<CALENDAR>

<JANUARY>

/ PRINCIPIVM IANI SANCIT TROPICVS CAPRICORNVS /f. 39r
IANVARIVS HABET DIES .XXXI. LVNA .XXX.

Day	GN						Rom	Mark	Gr	Entry
1	iii	A	A	A	A	A		**KL**	F.	**IANVARIVS.** CIRCVMCISIO DOMINI NOSTRI IESV CHRISTI.
2					B	B	iiii	N		Sancti isidori episcopi et macharii abbatis.
3	xi	B			C	C	iii	N	S.	Sanctae genouefę uirginis.
4			B	E	D	D	ii	N		
5	xix	C			E	E		**NON**		Sancti simeonis.
6	viii				F	F	viii	ID	F.	EPIPHANIA DOMINI NOSTRI IESV CHRISTI.
7		D	C	I	G	G	vii	ID		
8	xvi				H	A	vi	ID		
9	v	E			I	B	v	ID		Sancti saturnini et sancti furtunati.
10			D	O	K	C	iiii	ID		Sancti pauli primi heremite.
11	xiii	F			L	D	iii	ID		
12	ii				M	E	ii	ID		Depositio sancti benedicti abbatis.
13		G	E	V	N	G		**IDVS**	S.	Octauas epiphanie.
14	x				O	G	xix	KL	S.	**FEBRVARIVS.** Natale sancti felicis in pincis.
15		H			P	A	xviii	KL		
16	xviii		F	A	Q	B	xvii	KL	S.	Natale sancti marcelli papae.
17	vii	I			R	C	xvi	KL		Depositio sancti antonii monachi.
18					S	D	xv	KL	S.	Sanctae priscae uirginis. **SOL IN AQVARIO.**
19	xv	K	G	E	R	E	xiiii	KL		Natale sanctę marię et marthae.
20	iiii				V	F	xiii	KL	S.	Sanctorum sebastiani et fabiani martyrum.
21		L			A	G	xii	KL	S.	Passio sanctę agnetis uirginis.
22	xii		H	I	B	A	xi	KL	S.	Sanctorum uincentii et anastasii.
23	i	M			C	B	x	KL		
24					D	C	viiii	KL		Sancti babilli episcopi et trium pueorum.
25	ix	N	I	O	E	D	viii	KL	S.	Conuersio beati pauli apostoli.
26					F	E	vii	KL		Dormitio sanctę paule uirginis.
27	xvii	O			G	F	vi	KL		
28	vi	A	K	V	H	G	v	KL	S.	Octauas sanctae agnetis uirginis.
29					I	A	iiii	KL		Natale sancti gilde sapientis.
30	xiii				K	B	iii	KL		Sanctae aldgeundis uirginis.
31	iii	A	A		L	C	ii	KL		*Obitus aeglflaed.*

NOX HORAS .XII. DIES HABET .VII.

\<FEBRUARY\>

/ MENSE NVME IN MEDIO SOL CONSTAT SIDERE AQVARI. /f. 39v
FEBRVARIVS HABET DIES .XXVIII. LVNA .XXIIII.

1		C			M	D		KL		**FEBRVARIVS**. Sanctae brigidae uirginis.
2	xi				N	E	iiii	N	F.	PVRIFICATIO SANCTAE MARIAE.
3	xix	D	B	E	O	F	iii	N		
4	viii				P	G	ii	N		
5		E			Q	A		**NON**	S.	Sanctae agathae uirginis.
6	xvi		C	I	R	B	viii	ID		Sancti amandi episcopi.
7	v	F			S	C	vii	ID		**VERNI INITIVM HABET DIES .XCI.**
8					T	D	vi	ID		**ANTE ISTVM LOCVM NON POTEST ESSE .XL.**
9	xiii	G	D	O	V	E	v	ID		
10	ii				A	F	iiii	ID		Sanctae scholasticae uirginis. *Obiit leofricus episcopus.*
11		H			B	G	iii	ID		Pictauis sanctae radegundis uirginis.
12	x		D	V	C	A	ii	ID		Sanctae eulaliae uirginis.
13		I			D	B		**IDVS**		*Sanctae eormenhilde. Obitus godonis iuuenis presbiter.*
14	xviii				E	C	xvi	KL	S.	**MARTIVS**. Sanctorum valentini et vitalis.
15	vii	K	F	A	F	D	xv	KL		**DIABOLVS RECESSIT A DOMINO. SOL IN PISCE.**
16					G	E	xiiii	KL		Sanctae iulianae uirginis martyris. *Obiit brihtricus diaconus.*
17	xv	L			H	F	xiii	KL		
18	iiii		G	E	I	G	xii	KL		
19		M			K	A	xi	KL		Sancti policroni episcopi et martyris.
20	xii				L	B	x	KL		
21	i	N	H	I	M	C	ix	KL		
22					N	D	viii	KL	S.	Cathedra sancti petri in antiocha.
23	ix	O			O	E	vii	KL		Sancti policarpi episcopi.
24		A	I	O	P	F	vi	KL	F.	SANCTI MATHIAE APOSTOLI. **ET SI BISSEXTILIS LOCVS.**
25	xvii				Q	G	v	KL		Sancti donati.
26	vi	B			R	A	iiii	KL		**ANTE VLTIMOS QVINQVE DIES FEBRVARII MENSIS CELEBRANDVS EST SEMPER BISSEXTVS.**
27			K	V	S	B	iii	KL		
28	xiiii	C			T	C	ii	KL		

NOX HORAS .XIIII. DIES VERO HORAS .X.

Memento quod anno bissextili luna februarii .xxx. dies computes ut tamen luna martii .xxxi. dies habeat sicut semper habet ne paschalis lunae ratio uacillet.

<MARCH>

/ PROCEDVNT DVPLICES IN MARTIS TEMPORE PISCIS. /f. 40r

MARTIVS HABET DIES .XXXI. LVNA .XXX.

1	iii		A	A	A	D		KL		**MARTIVS**. Sancti donati martyris. *et sancti deuui episcopi confessoris. Albini episcopi confessoris.*
2		D			B	E	vi	N		Sancti ceaddę episcopi <et> confessoris.
3	xi				C	F	v	N		
4		E	B	E	D	G	iiii	N		Sanctorum .dccc. martyrum et sancti adriani.
5	xix				E	A	iii	N		Sancti eusebii.
6	viii	F			F	B	ii	N		Sancti uictoris.
7			C	I	G	C		NON		Sanctae perpetuae et felicitatis.
8	xvi	G			H	D	viii	ID		**VLTIMA INCENSIO .II. LVNA INITII.**
9	v				I	E	vii	ID	S.	Passio sanctorum .xl. militum.
10		H	D	O	K	F	vi	ID		
11	xiii				L	G	v	ID		
12	ii	I			M	A	iiii	ID	F.	**DEPOSITIO SANCTI GREGORII PAPAE.**
13			E	V	N	B	iii	ID		Sancti cyriaci diaconi.
14	x	K			O	C	ii	ID		Natale sancti leonis papae.
15					P	D		IDVS		
16	xviii	L	F	A	Q	E	xvii	KL		**APRELIS**. Sanctae eugeniae uirginis.
17	vii				R	F	xvi	KL		Sancti patricii episcopi.
18		M			S	G	xv	KL		**PRIMVS DIES SECVLI. SOL IN ARIETE.** *Sancti eadwardi regis et martyris.*
19	xv		G	E	T	A	xiiii	KL		*Hic obiit lifingus episcopus.*
20	iiii	N			V	B	xiii	KL	F.	**DEPOSTIO SANCTI CVTHBERHTI EPISCOPI.**
21					A	C	xii	KL	F.	**SANCTI BENEDICTI ABBATIS.**
22	xii	O	H	F	B	D	xi	KL		**SEDES AEPACTARVM.**
23	i				C	E	x	KL		
24		A			D	F	ix	KL		**CONCVRRENTIVM LOCVS.**
25	ix		I	O	E	G	viii	KL	F.	**ADNVNTIATIO SANCTE MARIAE. AEQVINOCTIVM.**
26		B			F	A	vii	KL		
27	xvii				G	B	vi	KL		RESVRRECTIO DOMINI.
28	vi	C	K	V	H	C	v	KL		
29					I	D	iiii	KL		
30	xiiii	D			K	E	iii	KL		Ordinatio sancti gregorii papae.
31	iii		A	A	L	F	ii	KL		Sancti domnini.

NOX HORAS .XII. DIES VERO .XII.

\<APRIL\>

/ RESPICIS APRELIS ARIES FRIXEAE KALENDAS. /f. 40v
APRELIS HABET DIES .XXX. LVNA .XXVIIII.

1		E		M	G		**KL**		**APRELIS**. Sancti quintiniani.
2	xi			N	A	iiii	N		Sancti urbani niceti.
3		F	B	E	O	B	iii	N	Sancti pancratii, et theodosiae uirginis.
									Hic obiit byrhtric.
4	xix			P	C	ii	N		Sancti ambrosii.
5	viii	G		Q	D	**NON**			**INFRA NVNQVAM ACCENDITVR**
									LVNA PASC. MAR.
6	xvi		C	I	R	E	viii	ID	
7	v	H		S	F	vii	ID		Sancti timothei, diogenis, et uictoris.
8				T	G	vi	ID		Sancti successi, maximi, et solutoris.
9	xiii	I	D	O	V	A	v	ID	Transitus mariae aegiptiacae.
10	ii			A	B	iiii	ID		
11		K		B	C	iii	ID	**F.**	SANCTI GVTHLACI ANACHORITAE.
12	x		E	V	C	D	ii	ID	
13		L		D	E	**IDVS**			Sanctae eufemiae uirginis.
14	xviii			E	F	xviii	KL	**S.**	**MAIVS**. Sanctorum tiburtii, ualeriani,
									et maximi.
15	vii	M	F	A	F	G	xvii	KL	
16					G	A	xvi	KL	Sancti felicis, luciani, et faustini.
17	xv	N			H	B	xv	KL	Petri ermogenis. **SOL IN TAVRO.**
18	iiii		G	E	I	C	xiiii	KL	
19		O			K	D	xiii	KL	Sancti gagi et rufi. *F. et sancti aelpheagi*
									archiepiscopi et martyris. Eodem die ordinatus
									fuit leofricus episcopus.
20	xii	A		L	E	xii	KL		
21	i		H	I	M	F	xi	KL	Sancti furtunati.
22		B		N	G	x	KL		Sancti gagi papae, leonis episcopi.
23	ix			O	A	ix	KL	**S.**	Natale sancti georgii martyris.
24		C	I	O	P	B	viii	KL	**S.**	Sancti melliti archiepiscopi. **VLTIMUM**
									PASCHA.
25	xvii			Q	C	vii	KL	**F.**	LAETANIA MAIOR.
26	vi	D		R	D	vi	KL		**.IX. AEGYPTIORVM MENSIS PASCHO**.
27			K	V	S	E	v	KL	Sancti germani antonini.
28	xiiii	E		T	F	iiii	KL	**S.**	Sancti uitalis martyris. *et sancti wynwaloci*
									confessoris.
29	iii		A	A	A	G	iii	KL	Egressio noe de arca.
30		F		B	A	ii	KL		Sancti crispini, quirini et sophiae
									martyris.

NOX HORAS .X. DIES VERO .XIIII.
et F. sancti leonis papę et confessoris .ix.

\<MAY\>

/ MAIA GENEROI MIRATVR CORNVA TAVRI.
MAIAS HABET DIES .XXXI. LVNA .XXX.

Day										Entry
1	xi				C	B		**KL**		**MAIVS. F.** NATALE APOSTOLORVM PHILIPPI ET IACOBI *fratris domini.*
2		G	B	D	D	C	vi	N		Sancti germani, saturnini et caelestini. *Athanasii episcopi et confessoris.*
3	xix				E	D	v	N	**F.**	INVENTIO SANCTAE CRVCIS. Et sanctorum eventii, theodoli, et alexandri.
4	viii	H			F	E	iiii	N		
5		C	I		G	F	iii	N		ASCENSIO DOMINI.
6	xvi	I			H	G	ii	N	**S.**	Sancti iohannis ante portam latinam.
7	v				I	A	**NON**			Sancti augustini, marcellini, et placidi.
8		K	D	O	K	B	viii	ID		Sancti uictoris, et martini.
9	xiii				L	C	vii	ID		**AETAS HABET DIES .XCI.**
10	ii	L			M	D	vi	ID	**S.**	Sanctorum gordiani, epimachi, septimi, et cirilli.
11		E	V		N	E	v	ID		
12	x	M			O	F	iiii	ID	**S.**	Sanctorum nerei, achillei, et pancratii.
13					P	G	iii	ID	**S.**	Dedicatio aecclesiae sanctae mariae.
14	xviii	N	F	A	Q	A	ii	ID	**S.**	Sancti uictoris, quarti, et .ccccciiii. martyrum.
15	vii				R	B	**IDVS**			**PRIMVM PENTECOSTEN**
16		O			S	C	xvii	KL		**IVNIVS.** Aquilini, eraclei.
17	xv	A	G	E	T	D	xvi	KL		
18	iiii				V	E	xv	KL		Sancti marci euangelistę. SOL IN GEMINOS.
19		B			A	F	xiiii	KL	**S.**	Sanctae potentianę uirginis. *et depositio dunstani archiepiscopi.*
20	xii	H	I		B	G	xiii	KL		Sancti basilli, uictorii, et basilissae.
21	i	C			C	A	xii	KL		
22					D	B	xi	KL		Sancti faustini, uenusti, et casti.
23	ix	D	I	O	E	C	x	KL		
24					F	D	ix	KL		**AETAS ORITVR.**
25	xvii	E			G	E	viii	KL	**S.**	Sancti urbani, et desiderii.
26	vi		K	V	H	F	vii	KL	**F.**	SANCTI AVGVSTINI ARCHIEPISCOPI.
27		F			I	G	vi	KL		Sancti aquili, iulii, quintini.
28	xiiii	A			K	A	v	KL		Sancti germani episcopi et confessoris.
29	iii	G		A	L	B	iiii	KL		
30					M	C	iii	KL		Sancti felicis papae.
31	xi	H	B		N	D	ii	KL		Romae sancti petronellae uirginis.

NOX HORAS .VIII. DIES VERO .XVI.

<JUNE>

/ IVNIVS AEQVATOS COLEO VIDET IRE LACONAS. /f. 41v
IVNIVS HABET DIES .XXX. LVNA .XXIX.

Day										Feast
1				E	O	E		**KL**		**IVNIVS.** S. Sancti nicomedis martiris.
2	xix	I			P	F	iiii	N	S.	Sanctorum marcellini et petri.
3	viii	C			Q	G	iii	N		Sancti thomae apostoli, et sancti herasmi martyris.
4	xvi	K	I		R	A	ii	N		**INITIVM MENSIS DESII SECVNDVM GRECOS.**
5	v				S	B		**NON**		Sancti bonifatii episcopi.
6		L	D		T	C	viii	ID		Sancti amanti episcopi, et luci.
7	xiii		O		V	D	vii	ID		
8	ii	M			A	E	vi	ID		Depositio sancti medardi episcopi.
9		E			B	F	v	ID	S.	Sanctorum primi et feliciani.
10	x	N	V		C	G	iiii	ID		
11					D	A	iii	ID		
12	xviii	O	F		E	B	ii	ID	S.	Sanctorum basilidis, cirini, naboris, et nazarii.
13	vii			A	F	C		**IDVS**		Bartholomei apostoli, et feliculae.
14		A			G	D	xviii	KL		**IVLIVS.** Helisei prophetae.
15	xv		G		H	E	xvii	KL		Sancti uiti clementis, et crisogoni.
16	iiii	B	E		I	F	xvi	KL		
17					K	G	xv	KL		**SOL IN CANCRO.**
18	xii	C	H		L	A	xiiii	KL	S.	Sanctorum marci, et marcelliani.
19	i		I		M	B	xiii	KL	S.	Sanctorum geruasii, protasii, et nazari.
20		D			N	C	xii	KL		
21	ix		I		O	D	xi	KL		
22		E	O		P	E	x	KL		Sancti albani martyris.
23	xvii				Q	F	ix	KL	S.	Sanctae aeþeldryðe uirginis. **VIGILIA.**
24	vi	F	K		R	G	viii	KL	F.	**SANCTI IOHANNIS BAPTISTAE. SOLSTITIVM.**
25				V	S	A	vii	KL		Sanctae lucianae. **.XI. AEGIPTVS MENSIS EPICHI.**
26	xiiii	G			T	B	vi	KL	S.	Sanctorum iohannis et pauli. *Obitus eadrici sacerdotis.*
27	iii		A	A	A	C	v	KL		
28		H			B	D	iiii	KL	S.	Fabiani gordiani. **VIGILIA.**
29	xi				C	D	iii	KL	F.	**PASSIO APOSTOLORVM PETRI, ET**
30		I	B	E	D	F	ii	KL	F.	**PAVLI.** Timothei, leonis, et albini confessoris.

NOX HORAS .VI. DIES VERO .XVIII

\<JULY\>

/ SOLSTITIVM ARDENTI CANCRI FERT IVLIVS AVSTRVM.   /f. 42r
IVLIVS HABET DIES .XXX. LVNA .XXX.

1	xix				E	G		**KL**		IVLIVS. Sancti gagi episcopi, et iudae fratris iacobi.
2	viii	K			F	A	vi	N	S.	Sanctorum processi et martiniani.
3			C	I	G	B	v	N		Translatio corporis martini.
4	xvi	L			H	C	iiii	N		
5	v				I	D	iii	N		Esaiae prophetae.
6		M	D	O	K	E	ii	N	S.	Octavas apostolorum.
7	xiii				L	F		**NON**		Sanctae marinae uirginis.
8	ii	N			M	G	viii	ID		
9			E	V	N	A	vii	ID		
10	x	O			O	B	vi	ID	S.	Sanctorum .vii. fratrum filiorum felicitatis.
11		A			P	C	v	ID		Sancti benedicti abbatis.
12	xviii		F	A	Q	D	iiii	ID		Sancti uaboris, felicis, primitiui.
13	vii	B			R	E	iii	ID		Sancti serapionis.
14					S	F	ii	ID		Sancti donati. DIES CANICVLARES.
15	xv	C	G	E	T	G		**IDVS**		Sancti cyriaci, philippi, et florentii.
16	iiii				V	A	xvii	KL		**AGVSTVS.** Sancti theodosii macharii. *Eustacii, minulfi, gundulfi, servacii, et bertini confessorum.*
17		D			A	B	xvi	KL		**ORIVS CANICVLAE.**
18	xii		H	I	B	C	xv	KL		Sanctae margaretae. **SOL IN LEONEM.**
19	i	E			C	D	xiiii	KL		Sancti sisinni.
20					D	E	xiii	KL		Sanctae sabinae uirginis.
21	ix	F	I	O	E	F	xii	KL	S.	Sanctae praxedis martiris.
22					F	G	xi	KL		
23	xvii	G			F	A	x	KL	S.	Sancti uincentii, et apollonaris.
24	vi		K	V	H	B	ix	KL		
25		H			I	C	viii	KL	F.	SANCTI IACOBI APOSTOLI.
26	xiiii				K	D	vii	KL		
27	iii	I	A	A	L	E	vi	KL		Sancti felicis et simeonis monachi.
28					M	F	v	KL		Sancti samsonis.
29	xi	K			N	G	iiii	KL	S.	Sancti felicis, simplicii, faustini, et beatricis.
30			B	E	O	A	iii	KL	S.	Sanctorum abdonis et sennis.
31	xix	L			P	B	ii	KL		Sancti germani confessoris.

NOX HORAS .VIII. DIES VERO .XVI.

<AUGUST>

/ AVGVSTVM MENSEM LEO FERVIDVS IGNE /f. 42v
PERVRIT.
AGVSTVS HABET DIES .XXXI. LVNA .XXVIIII.

1	viii				Q	C		**KL**		AGVSTVS. S. Passio machabeorum.
										Ad vincula sancti petri.
2	xvi	M	C	I	R	D	iiii	N	S.	Sancti stephani episcopi.
3	v				S	E	iii	N		Inventio corporis stephani martiris.
4		N			T	F	ii	N		*Sanctę AFRĘ martiris.*
5	xiii		D	O	V	G	**NON**			Sancti casiani.
6	ii	O			A	A	viii	ID	S.	Sancti syxti episcopi, felicissimi, agapiti diaconi.
7		A			B	B	vii	ID		**AVTVMNI INITIVM DIES .XCI.**
8	x		E	V	C	C	vi	ID	S.	Sancti cyriaci martiris, et sanctę affrae.
9		B			D	D	v	ID		**VIGILIA.**
10	xviii				E	E	iiii	ID	F.	SANCTI LAVRENTII ARCHIDIACONI.
11	vii	C	F	A	F	F	iii	ID	S.	Sancti tiburtii martiris.
12					G	G	ii	ID		
13	xv	D			H	A	**IDVS**		S.	Sancti ypoliti martiris.
14	iiii		G	E	I	B	xix	KL	S.	**SEPTEMBRIS.** Sancti eusebii presbiterii.
15		E			K	C	xviii	KL	F.	ASSVMPTIO SANCTAE MARIAE.
16	xii				L	D	xvii	KL		
17	i	F	H	I	M	E	xvi	KL	S.	Octauas sancti laurentii.
18					N	F	xv	KL	S.	Sancti agapiti. **SOL IN VIRGINEM.**
19	ix	G			O	G	xiiii	KL		
20			I	O	P	A	xiii	KL		Sancti ualentini.
21	xvii	H			Q	B	xii	KL		
22	vi				R	C	xi	KL	S.	Sancti timothei discipuli, et sancti pauli.
23		I	K	V	S	D	x	KL		**AVTVMNVS ORITVR DIES .XCII.**
24	xiiii				T	E	ix	KL	S.	Sancti patricii senioris.
25	iii	K	A	A	A	F	viii	KL	F.	SANCTI BARTHOLOMEI APOSTOLI. *Et sancti*
26					B	G	vii	KL		Sancti habundi.
27	xi	L			C	A	vi	KL		
28			B	E	D	B	v	KL	S.	Romae hermetis, et augustini.
29	xix	M			E	C	iiii	KL	F.	DECOLLATIO SANCTI IOHANNIS BAPTISTAE. *Obitus aelfwini episcopi.*
30	viii				F	D	iii	KL	S.	Sanctorum felicis et audacti.
31		N	C	I	G	E	ii	KL	S.	In glaestonia sancti aidani episcopi.

NOX HORAS .X. DIES .XIIII.

\<SEPTEMBER\>

/ SIDERE VIRGO TVO BACHVM SEPTEMBER OPIMAT. /f. 43r
SEPTEMBER HABET DIES .XXX. LVNA .XXX.

1	xvi				H	F		**KL**		**SEPTEMBRIS.** Sancti prisci martiris. *Et Sancti Egidii abbatis.*
2	v	O			I	G	iiii	N		
3			D	O	K	A	iii	N		*Ordinatio beati Gregorii papae.*
4	xiii	A			L	B	ii	N		Sancti marcellini episcopi.
5	ii				M	C	**NON**			Sancti berhtini confessoris.
6		B	E	V	N	D	viii	ID		
7	x				O	E	vii	ID		
8		C			P	F	vi	ID	**F.**	NATIVITAS SANCTAE MARIAE. Et sancti adriani.
9	xviii		F	A	Q	G	v	ID	**S.**	Sancti gorgoni martiris, et sancti audomari episcopi. *Obitus Willelmi senioris regis.*
10	vii	D			R	A	iiii	ID		Sancti hilarii papae.
11					S	B	iii	ID	**S.**	Sanctorum proti et iacinthi.
12	xv	E	G	E	T	C	ii	ID		*Obitus Segiuę.*
13	iiii				V	D	**IDVS**			
14		F			A	E	xviii	KL	**S.**	**OCTOBRIS.** Exaltatio sanctae crucis, cornelii, et cipriani.
15	xii		H	I	B	F	xvii	KL	**S.**	Sancti nicomedis martiris.
16	i	G			C	G	xvi	KL	**S.**	Sanctorum lucę, et geminiani, et eufemiae.
17					D	A	xv	KL		Sancti landberhti episcopi. **SOL IN LIBRAM.**
18	ix	H	I	O	E	B	xiiii	KL		
19					F	C	xiii	KL		Theodori archiepiscopi.
20	xvii	I			G	D	xii	KL	**S.**	Sancti priuati. **VIGILIA.**
21	vi		K	V	H	E	xi	KL	**F.**	SANCTI MATHEI APOSTOLI ET EVANGELISTAE.
22		K			I	F	x	KL	**S.**	Sancti mauricii cum sociis suis .vi. milibus .dclxvi.
23	xiiii				K	G	ix	KL		
24	iii	L	A	A	L	A	viii	KL		Conceptio iohannis. **AEQUINOCTIVM.**
25					M	B	vii	KL	**S.**	In glaestonia sancti ceolfriþi abbatis.
26	xi	M			N	C	vi	KL		
27			B	E	O	D	v	KL	**S.**	Sanctorum cosme et damiani martirum. *Obitus mathildae.*
28	xix	N			P	E	iiii	KL		II MENSIS AEGIPTIORVM FAONI.
29	viii				Q	F	iii	KL	**F.**	SANCTI MICHAHELIS ARCHANGELI.
30			O	C	I	R	G	ii	KL	**S.**	Sancti hieronimi pręsbiteri.

NOX HORAS .XII. DIES VERO .XII.

\<OCTOBER\>

/ **AEQVAT ET OCTOBER SEMENTIS TEMPORE** /f. 43v
LIBRAM.
OCTOBER HABET DIES .XXXI. LVNA .XXIX.

1	xvi	A			S	A		**KL**		OCTOBRIS. Sancti remedii, et germani.
2	v				T	B	vi	N		Sancti eleutherii, quirilli, primi.
3	xiii	B	D	O	V	C	v	N		Sancti uictoris, felicis, et leodegari.
4	ii				A	D	iiii	N		
5		C			B	E	iii	N		Sanctae cristinae uirginis, et sauinae.
6	x		E	V	C	F	ii	N		*Sancte Fidis uiriginis martiris.*
7		D			D	G	**NON**		**S.**	Sancti marci papae.
8	xviii				E	A	viii	ID	**S.**	Sanctorum.
9	vii	E	F	A	F	B	vii	ID	**S.**	Sancti dionisii, rustici, et eleutherii.
10					G	C	vi	ID		Sancti paulini hrofensis episcopi.
11	xv	F			H	D	v	ID		Sancte aethelburgae uirginis.
12	iiii		G	E	I	E	iiii	ID		Sancti uuilfrithi episcopi.
13		G			K	F	iii	ID		*Sancti giraldi confessoris.*
14	xii				L	G	ii	ID	**S.**	Sancti calesti papae, luciani, et iusti.
15	i	H	H	I	M	A	**IDVS**			Sancti fortunati.
16					N	B	xvii	KL		**NOVEMBRIS.** Sancti alexandrini.
17	ix	I			O	C	xvi	KL		
18			I	O	P	D	xv	KL	**S.**	Sancti luce euangelistae. **SOL IN SCORPIONEM.**
19	xvii	K			Q	E	xiiii	KL		Sancti ianuarii, proculi.
20	vi				R	F	xiii	KL		
21		L	K	V	S	G	xii	KL		Sancti hilarionis anachoritę.
22	xiiii				T	A	xi	KL		Sancti philippi, et eusebii.
23	iii	M		A	A	B	x	KL		Sancti seueri, et longini.
24			A		B	C	viiii	KL		
25	xi	N			C	D	viii	KL		Sanctorum crispini et crispiniani. *Sancti maglorii episcopi. Bartholomei translatio.*
26				E	D	E	vii	KL		
27	xix		B		E	F	vi	KL	**S.**	Sancti gagi. **VIGILIA.**
28	viii	A			F	G	v	KL	**F.**	APOSTOLORVM SIMONIS ET IVDAE.
29				I	G	A	iiii	KL		Sancti quinti, et feliciani.
30	xvi	B	C		H	B	iii	KL		Sancti ianuarii.
31	v				I	C	ii	KL		Passio sancti quintini. **VIGILIA.**

NOX HORAS .XIIII. DIES VERO .X.

\<NOVEMBER\>

/ SCORPIS HIBERNVM PRECEPS IVBET IRE /f. 44r
NOVEMBREM
NOVEMBER HABET DIES .XXX. LUNA .XXX.

1		C		O	K	D		**KL**		NOVEMBRIS. **F**. SOLLEMPNITAS OMNIVM SANCTORVM.
2	xiii		D		L	E	iiii	N		*Sancti eustachii cum sociis et iusti martiris et sancti aerchi confessoris. .*V. EMBOLISMVS. *Obitus Aelwoldi monachi.*
3	ii	D			M	F	iii	N		
4				V	N	G	ii	N		Sanctae perpetuae uirginis.
5	x	E	E		O	A	**NON**			Sancti caesarii, felicis, et uitalis.
6					P	B	viii	ID		Sancti donati, et adriani. *Sancti melanii episcopi confessoris.*
7	xviii	F		A	Q	C	vii	ID		**HIEMPS INITIVM HABET DIES .XXII.**
8	vi		F		R	D	vi	ID	**S.**	Sanctorum .iiii. coronatorum.
9		G			S	E	v	ID	**S.**	Sancti theodori martiris. *Obitus Eadulfi episcopi.*
10	xv			E	T	F	iiii	ID		Sancti demetrii.
11	iiii	H	G		V	G	iii	ID	**F.**	SANCTI MARTINI EPISCOPI. Et mennae martiris.
12					A	A	ii	ID		*Obitus landberti piissimi regis.*
13	xii	I		I	B	B	**IDVS**			Sancti britii episcopi.
14	i		H		C	C	xviii	KL		**DECEMBRIS.** Sancti theodocii.
15		K			D	D	xvii	KL		Sancti secundi.
16	ix			O	E	E	xvi	KL		Sancti augustini.
17		L	I		F	F	xv	KL		Sanctae teclae uirginis. **SOL IN SAGITTARIO**.
18	xvii				G	G	xiiii	KL		Passio sancti romani, isici.
19	vi	M		V	H	A	xiii	KL		
20			K		I	B	xii	KL		
21	xiiii	N			K	C	xi	KL		Sancti gelasii papae.
22	iii			A	L	D	x	KL	**S.**	Sanctę cęcilię uirginis, et longini qui latus domini aperuit. *Obitus ordlaui laici.*
23		O	A		M	E	ix	KL	**F.**	SANCTI CLEMENTIS PAPAE. **HIEMPS ORITVR.**
24	xi				N	F	viii	KL	**S.**	Sancti crisogoni, et eleutherii.
25		A		E	O	G	vii	KL		
26	xix		B		P	A	vi	KL		Sancti saturnini, petri, et amatoris.
27	viii	B			Q	B	v	KL		**.IIII. AEGYPTIVS MENSIS CHOEAS**.
28				I	R	C	iiii	KL		Sancti eusebii.
29	xvi	C			S	D	iii	KL	**S.**	Sancti crisanti, et dariae. **VIGILIA.** *Saturnini martiris.*
30	v				T	E	ii	KL	**F.**	SANCTI ANDREAE APOSTOLI. Et ambrosii episcopi.

NOX HORAS .XVI. DIES .VII.

\<DECEMBER\>

/ TERMINAT ARCITENENS MEDIO SVA SIGNA /f. 44v
DECEMBER.
DECEMBER HABET DIES .XXXI. LVNA .XXX.

1	xiii	D		O	V	F		**KL**		**DECEMBRIS**. Sanctae candidae uirginis.
2	ii		E		A	G	iiii	N		
3		E			B	A	iii	N		Sancti claudii felicis.
4	x			V	C	B	ii	N		**.IIII. EMBOLISMVS**.
5		F	F		D	C	**NON**			Sancti delfini, trosimi, et felicis.
6	xviii				E	D	viii	ID		*Sancti Nicholai archiepiscopi.*
7	vii	G		A	F	E	vii	ID	**S.**	Octauas sancti andreae apostoli.
8			G		G	F	vi	ID		Sancti eusebii, et successi.
9	xv	H			H	G	v	ID		
10	iiii			E	I	A	iiii	ID		Sancti uicturi, et eulaliae uirginis.
11		I	H		K	B	iii	ID		Sancti damasi papae.
12	xii				L	C	ii	ID		
13	i	K		I	M	D	**IDVS**		**S.**	Sanctae luciae uirginis, castae felicis.
14			I		N	E	xix	KL		**IANVARIVS**. Sancti zosimi, et lupicini.
15	ix	L			O	F	xviii	KL		Sancti fausti, luci, et maximi.
16				O	P	G	xvii	KL		Sancti uictoris, et uictoriae. *Hic obiit ordulfus.*
17	xvii	M	K		Q	A	xvi	KL		*Hic obiit aelfwerdus sacerdos.*
18	vi				R	B	xv	KL		**SOL IN CAPRICORNV**. *Sancti Lazari episcopi et martiris.*
19		N		V	S	C	xiiii	KL		
20	xiiii		A		T	D	xiii	KL		
21	iii	O		A	A	E	xii	KL	**F.**	PASSIO SANCTI THOMAE APOSTOLI.
22		A			B	F	xi	KL		Sanctae theodosiae uirginis.
23	xi		B		C	G	x	KL		Sancti syxti et apollonaris.
24		B		E	D	A	ix	KL		**VIGILIA DOMINI**.
25	xix				E	B	viii	KL	**F.**	**NATIVITAS DOMINI. SOLSTITIVM.**
26	viii	C	C		F	C	vii	KL	**F.**	**SANCTI STEPHANI PRIMI MARTYRIS ET LEVITAE.**
27				I	G	D	vi	KL	**F.**	**SANCTI IOHANNIS APOSTOLI ET EVANGELISTAE.**
28	xvi	D			H	E	v	KL	**F.**	**PASSIO SANCTORVM INNOCENTIVM.**
29	v		D		I	F	iiii	KL		Hierosolimis dauid magni regis.
30		E		O	K	G	iii	KL		
31	xiii				L	A	ii	KL	**S.**	Sancti siluestri papae.

NOX HORAS .XVIII. DIES .VI.

278   <Table for calculating the age of the moon in a lunation of 30 days>

/f. 45r

	i	ii	iii	iiii	v	vi	vii	viii	xi	x	xi	ix	xiii	iiix	xv	ixv	xvii	xviii	xix	
i	M	A	A	I	S	R	F	P	O	C	M	L	V	T	H	R	Q	E	O	xxx
ii	N	B	B	K	T	S	G	Q	P	D	N	M	A	A	I	S	R	F	P	i
iii	O	C	C	L	V	T	H	R	Q	E	O	N	B	B	K	T	S	G	Q	ii
iiii	P	D	D	M	A	A	I	S	R	F	P	O	C	C	L	V	T	H	R	iii
v	Q	E	E	N	B	B	K	T	S	G	Q	P	D	D	M	A	A	I	S	iv
vi	R	F	F	O	C	C	L	V	T	H	R	Q	E	E	N	B	B	K	T	v
vii	S	G	G	P	D	D	M	A	V	I	S	R	F	F	O	C	C	L	V	vi
viii	T	H	H	Q	E	E	N	B	A	K	T	S	G	G	P	D	D	M	A	vii
viiii	A	I	I	R	F	F	O	C	B	L	V	T	H	H	Q	E	E	N	B	viii
x	B	K	K	S	G	G	P	D	C	M	A	A	I	I	R	F	F	O	C	ix
xi	C	L	L	T	H	H	Q	E	D	N	B	B	K	K	S	G	G	P	D	x
xii	D	M	M	A	I	I	R	F	E	O	C	C	L	L	T	H	H	Q	E	xi
xiii	E	N	N	B	K	K	S	G	F	P	D	D	M	M	A	I	I	R	F	xii
xiiii	F	O	O	C	L	L	T	H	G	Q	E	E	N	N	B	K	K	S	G	xiii
xv	G	P	P	D	M	M	A	I	H	R	F	F	O	O	C	L	L	T	H	xiiii
xvi	H	Q	Q	E	N	N	B	K	I	S	G	G	P	P	D	M	M	A	I	xv
xvii	I	R	R	F	O	O	C	L	K	T	H	H	Q	Q	E	O	N	B	K	xvi
xviii	K	S	S	G	P	P	D	M	L	A	I	I	R	R	F	P	O	C	L	xvii
xviiii	L	T	T	H	Q	Q	E	N	M	B	K	K	S	S	G	Q	P	D	M	xviii
xx	M	A	V	I	R	R	F	O	N	C	L	L	T	T	H	R	Q	E	N	xviiii
xxi	N	B	A	K	S	S	G	P	O	D	M	M	A	V	I	S	R	F	O	xx
xxii	O	C	B	L	T	T	H	Q	P	E	N	N	B	A	K	T	S	G	P	xxi
xxiii	P	D	C	M	A	V	I	R	Q	F	O	O	C	B	L	V	T	H	Q	xxii
xxiiii	Q	E	D	N	B	A	K	S	R	G	P	P	D	C	M	A	V	I	R	xxiii
xxv	R	F	E	O	C	B	L	T	S	H	Q	Q	E	D	N	B	A	K	S	xxiv
xxvi	S	G	F	P	D	C	M	A	T	I	R	R	F	E	O	C	B	L	T	xxv
xxvii	T	H	G	Q	E	D	N	B	A	K	S	S	G	F	P	D	C	M	V	xxvi
xxviii	V	I	H	R	F	E	O	C	B	L	T	T	H	G	Q	E	D	N	A	xxvii
xxix	A	K	I	S	G	F	P	D	C	M	A	V	I	H	R	F	E	O	B	xxviii
xxx	B	L	K	T	H	G	Q	E	D	N	B	A	K	I	S	G	F	P	C	xxviiii
								OG	EN											

Dispersa insertio fit in octauo et undecimo anno. In octauo anno in luna kalendarium maiarum et luna kalendas iulias. In undecimo anno luna martii mensis in nonadecimo x. anno in kalendas maias fit.

279 <Table for calculating the age of the moon in a lunation of 29 days>

/f. 45v

	·i·	·ii·	·iii·	·iiii·	·v·	·vi·	·vii·	·viii·	·xi·	·x·	·ix·	·xii·	·iiix·	·xiiii·	·xv·	·xvi·	·ixvi·	·xviii·	·xix·	
i	C	M	L	V	I	H	R	F	E	O	C	B	L	K	T	H	G	Q	E	i
ii	D	N	M	A	K	I	S	G	F	P	D	C	M	L	V	I	H	R	F	ii
iii	E	O	N	B	L	K	T	H	G	Q	E	D	N	M	A	K	I	S	G	iii
iiii	F	P	O	C	M	L	V	I	H	R	F	E	O	N	B	L	K	T	H	iiii
v	G	Q	P	D	N	M	A	K	I	S	G	F	P	O	C	M	L	V	I	v
vi	H	R	Q	E	O	N	B	L	K	T	H	G	Q	P	D	N	M	A	K	vi
vii	I	S	R	F	P	O	C	M	L	V	I	H	R	Q	E	O	N	B	L	vii
viii	K	T	S	G	Q	P	D	N	M	A	K	I	S	R	F	P	O	C	M	viii
viiii	L	V	T	H	R	Q	E	O	N	B	L	K	T	S	G	Q	P	D	N	viiii
x	M	A	V	I	S	R	F	P	O	C	M	L	V	T	H	R	Q	E	O	x
xi	N	B	A	K	T	S	G	Q	P	D	N	M	A	V	I	S	R	F	P	xi
xii	O	C	B	L	V	T	H	R	Q	E	O	N	B	A	K	T	S	G	Q	xii
xiii	P	D	C	M	A	V	I	S	R	F	P	O	C	B	L	V	T	H	R	xiii
xiiii	Q	E	D	N	B	A	K	T	S	G	Q	P	D	C	M	A	V	I	S	xiiii
xv	R	F	E	O	C	B	L	V	T	H	R	Q	E	D	N	B	A	K	T	xv
xvi	S	G	F	P	D	C	M	A	V	I	S	R	F	E	O	C	B	L	V	xvi
xvii	T	H	G	Q	E	D	N	B	A	K	T	S	G	F	P	D	C	M	A	xvii
xviii	V	I	H	R	F	E	O	C	B	L	V	T	H	G	Q	E	D	N	B	xviii
xviiii	A	K	I	S	G	F	P	D	C	M	A	V	I	H	R	F	E	O	C	xviiii
xx	B	L	K	T	H	G	Q	E	D	N	B	A	K	I	S	G	F	P	D	xx
xxi	C	M	L	V	I	H	R	F	E	O	C	B	L	K	T	H	G	Q	E	xxi
xxii	D	N	M	A	K	I	S	G	F	P	D	C	M	L	V	I	H	R	F	xxii
xxiii	E	O	N	B	L	K	T	H	G	Q	E	D	N	M	A	K	I	S	G	xxiii
xxiiii	F	P	O	C	M	L	V	I	H	R	F	E	O	N	B	L	K	T	H	xxiiii
xxv	G	Q	P	D	N	M	A	K	I	S	G	F	P	O	C	M	L	V	I	xxv
xxvi	H	R	Q	E	O	N	B	L	K	T	H	G	Q	P	D	N	M	A	K	xxvi
xxvii	I	S	R	F	P	O	C	M	L	V	I	H	R	Q	E	O	N	B	L	xxvii
xxviii	K	T	S	G	Q	P	D	N	M	A	K	I	S	R	F	P	O	C	M	xxviii
xxix	L	V	T	H	R	Q	E	O	N	B	L	K	T	S	G	Q	P	D	N	xxviiii
								OG	EN											

	i	ii	iii	iv	v	vi	vii
FERIA I	A	G	F	E	D	C	B
FERIA II	B	A	G	F	E	D	C
FERIA III	C	B	A	G	F	E	D
FERIA IV	D	C	B	A	G	F	E
FERIA V	E	D	C	B	A	G	F
FERIA VI	F	E	D	C	B	A	G
FERIA VII	G	F	E	D	C	B	A

280   <Table for calculating the age of the moon on the first day of a given month>

/f. 46r

	IAN.	FEB.	MAR.	APR.	MAI.	IVN.	IVL.	AG.	SEP.	OCT.	NOV.	DEC.	
C	ix	x	ix	x	xi	xii	xiii	xiiii	xvi	xvi	xviii	xviii	i
C	xx	xxi	xx	xxi	xxii	xxiii	xxiiii	xxv	xxvii	xxvii	xxix	xxix	ii
E	i	ii	i	ii	iii	iiii	v	vi	viii	viii	x	x	iii
C	xii	xiii	xii	xiii	xviii	xv	xvi	xvii	xix	xix	xxi	xxi	iiii
C	xxiii	xxiiii	xxiii	xxiiii	xxv	xxvi	xxvii	xviii	xxx	xxx	ii	ii	v
E	iiii	v	iiii	v	vi	vii	viii	ix	xi	xi	xiii	xiii	vi
C	xv	xvi	xv	xvi	xvii	xviii	xix	xx	xxii	xxii	xxiiii	xxiiii	vii
E	xxvi	xxvii	xxvi	xxvii	xxviii	xxix	xxx	i	iii	iii	v	v	viii
C	vii	viii	vii	viii	ix	x	xi	xii	xiiii	xiiii	xvi	xvi	viiii
C	xviii	xix	xviii	xix	xx	xxi	xxii	xxiii	xxv	xxv	xxvii	xxvii	x
E	xxix	xxx	xxix	xxx	i	ii	iii	iiii	vi	vi	viii	viii	xi
C	x	xi	x	xi	xii	xiii	xiiii	xv	xvii	xvii	xix	xix	xii
C	xxi	xxii	xxi	xxii	xxiii	xxiiii	xxv	xxvi	xxviii	xxviii	xxx	xxx	xiii
E	ii	iii	ii	iii	iiii	v	vi	vii	ix	ix	xi	xi	xiiii
C	xiii	xiiii	xiii	xiiii	xv	xvi	xvii	xviii	xx	xx	xxii	xxii	xv
C	xxiiii	xxv	xxiiii	xxv	xxvi	xxvii	xxviii	xxix	i	i	iii	iii	xvi
E	v	vi	v	vi	vii	viii	ix	x	xii	xii	xiiii	xiiii	xvii
C	xvi	xvii	xvi	xvii	xviii	xxix	xx	xxi	xxiii	xxiii	xxv	xxv	xviii
E	xxvii	xxviii	xxvii	xxviii	xxix	xxx	i	ii	iiii	iiii	vi	vi	xviiii

DE RATIONE SALTVS LVNAE

Memento quod anno nouissimo decennouenalis lunam nouembri mensis .xxix. propter saltum qui eodem anno inserendus est computare debes.

281 <Table for finding the day of the week on the first day of a given month>

/f. 46v

		IA.	FE.	MA.	AP.	MAI.	IV.	IVL.	AG.	SE.	OC.	NO.	DE.	
G F	B	ii	v	vi	ii	iv	vii	ii	v	i	iii	vi	i	i
E		iiii	vii	vii	iii	v	i	iii	vi	ii	iiii	vii	ii	ii
D		v	i	i	iiii	vi	ii	iiii	vii	iii	v	i	iii	iii
C		vi	ii	ii	v	vii	iii	v	i	iiii	vii	ii	iiii	iiii
B A	B	vii	iii	iii	vii	ii	v	vii	iii	vi	i	iiii	vi	v
G		ii	v	v	i	iii	vi	i	iiii	vii	ii	v	vii	vi
F		iii	vi	vii	ii	iiii	vii	ii	v	i	iii	vi	i	vii
E		iiii	vii	vii	iii	v	i	iii	vi	ii	iiii	vii	ii	viii
D C	B	v	i	ii	v	vii	iii	v	i	iiii	vi	ii	iiii	viiii
B		vii	iii	iii	vi	i	iiii	vi	ii	v	vii	iii	v	x
A		i	iiii	iiii	vii	ii	v	vii	iii	vi	i	iiii	vi	xi
G		ii	v	v	i	iii	vi	i	iiii	vii	ii	v	vii	xii
F E	B	iii	vi	vii	iii	v	i	iii	vi	ii	iiii	vii	ii	xiii
D		v	i	i	iiii	vi	ii	iiii	vii	iii	v	i	iii	xiiii
C		vi	ii	ii	v	vii	iii	v	i	iiii	vi	ii	iiii	xv
B		vii	iii	iii	vi	i	iiii	vi	ii	v	vii	iii	v	xvi
A G	B	i	iiii	v	i	iii	vi	i	iiii	vii	ii	v	vii	xvii
F		iii	vi	vi	ii	iiii	vii	ii	v	i	iii	vi	i	xviii
E		iiii	vii	vii	iii	v	i	iii	vi	ii	iiii	vii	ii	xix
D		v	i	i	iiii	vi	ii	iiii	vii	iii	v	i	iii	xx
C B	B	vi	ii	iii	vi	i	iiii	vi	ii	v	vii	iii	v	xxi
A		i	iiii	iiii	vii	ii	v	vii	iii	vi	i	iiii	vi	xxii
G		ii	v	v	i	iii	vi	i	iiii	vii	ii	v	vii	xxiii
F		iii	vi	vi	ii	iiii	vii	ii	v	i	iii	vi	i	xxiiii
E D	B	iiii	vii	i	iiii	vi	ii	iiii	vii	iii	v	i	iii	xxv
C		vi	ii	ii	v	vii	iii	v	i	iiii	vi	ii	iiii	xxvi
B		vii	iii	iii	vi	i	iiii	vi	ii	v	vii	iii	v	xxvii
A		i	iiii	iiii	vii	ii	v	vii	iii	vi	i	iiii	vi	xxviii

In hoc prescripto circulo per .xxviii. annus solaris cursus singulorum mensium, qua die kapita kalendarum sunt adunatis regularibus feriarum et concurrentibus promulgatur.

282 <Table for calculating the age of the moon on a given day>

/f. 47r

		iii	xiiii	x	vi	ii	xiii	av.	v	i.	xii	viii	iiii	xv	xi	vii		
i	xvi	A			V			O			I		E				ii	xvi
ii	xvii		A			V			O			I		E			iii	xvii
iii	xviii			A			V			O			I		E		iiii	xviii
iiii	xix	E			A			V			O			I			v	xix
v	xx		E			A			V			O			I		vi	xx
vi	xxi			E			A			V			O			I	vii	xxi
vii	xxii	I			E			A			V			O			viii	xxii
viii	xxiii		I			E			A			V			O		viiii	xxiii
ix	xxiiii			I			E			A			V			O	x	xxiiii
x	xxv	O			I			E			A			V			xi	xxv
xi	xxvi		O			I			E			A			V		xii	xxvi
xii	xxvii			O			I			E			A			V	xiii	xxvii
xiii	xxviii	V			O			I			E			A			xiiii	xxviii
xiiii	xxix		V			O			I			E			A		xv	xxix
xv	xxx			V			O			I			E			A	xvi	xxx
		xviii				xvii				xvi				xix				

283   <Table for calculating the moon's position in the zodiac>

/f. 47v

		i	ii	iii	iiii	v	vi	vii	viii	viiii	x	xi	xii	xiii	xiiii	xv	xvi	xvii	xviii	xix	
ARIES	A			N	H	C				K	E					M	G	B			APRELIS
TAVRVS			K	E		M	G	B			O	I	D			L	F				
TAVRVS	B			O	I	D		L	F	A			N	H	C						MAIAS
GEMINI			L	F	A		N	H	C			K	E			M	G				
GEMINI	C			K	E			M	G	B			O	I	D						IVNIVS
CANCER			M	G	B			O	I	D			L	F	A			N	H		
CANCER	D				L	F	A			N	H	C			K	E					IVLIVS
LEO			N	H	C			K	E			M	G	B			O	I			
LEO	E				M	G	B			O	I	D			L	F	A				
LEO				O	I	D			L	F	A			N	H	C			K		AGVSTVS
VIRGO	F	A			N	H	C			K	E				M	G	B				
VIRGO			K	E			M	G	B			O	I	D					L		SEPTEMBER
LIBRA	G	B			O	I	D			L	F	A			N	H	C				
LIBRA				L	F	A			N	H	C			K	E				M		OCTOBER
SCORPIVS	H	C			K	E		M	G	B			O	I	D						
SCORPIVS			M	G	B			O	I	D			L	F	A				N		NOVEMBER
SCORPIVS	I	D			L	F	A			N	H	C			K	E					
SAGITTARIVS			N	H	C			K	E			M	G	B			O				
SAGITTARIVS	K	E				M	G	B			O	I	D			L	F	A			DECEMBER
CAPRICORNVS			O	I	D			L	F	A			N	H	C						
CAPRICORNVS	L	F	A		N	H	C			K	E				M	G	B				IANVARIVS
AQVARIVS			K	E			M	G	B			O	I	D							
AQVARIVS	M	G	B		O	I	D			L	F	A			N	H	C				FEBRVARIVS
PISCIS				L	F	A			N	H	C			K	E						
PISCIS	N	H	C			K	E			M	G	B			O	I	D				
PISCIS			M	G	B			O	I	D			L	F	A						MARTIVS
ARIES	O	I	D		L	F	A			N	H	C			K	E					

CVRSVS LVNAE PER DVODECIM SIGNA

LITTERAE	C	M	A	V	I	R	R	F	E	O	C	B	L	K	I	H	G	Q	E	PER .XIX.
PRIMAE	M	A	L	I	S	R	R	P	O	L	H	L	V	T	H	R	Q	E	O	ANNVS

284   <Table for calculating the moon's position in the zodiac>

/f. 48r

	A	P	A	T	G	C	L	V	L	S	S	C	
	Ianuarius	Februarius	Martius	Aprelis	Maius	Iunius	Iulius	Agustus	September	October	Nouember	December	
i ii	Aquarius	Piscis	Aries	Taurus	Gemini	Cancer	Leo	Virgo	Libra	Scorpius	Sagitarius	Capricornus	
iiii v	Piscis	Aries	Taurus	Gemini	Cancer	Leo	Virgo	Libra	Scorpius	Sagitarius	Capricornus	Aquarius	S S
vi vii	Aries	Taurus	Gemini	Cancer	Leo	Virgo	Libra	Scorpius	Sagittarius	Capricornus	Aquarius	Piscis	
viiii x	Taurus	Gemini	Cancer	Leo	Virgo	Libra	Scorpius	Sagittarius	Capricornus	Aquarius	Piscis	Aries	S S
xi xii	Gemini	Cancer	Leo	Virgo	Libra	Scorpius	Sagittarius	Capricornus	Aquarius	Piscis	Aries	Taurus	
xiiii xv	Cancer	Leo	Virgo	Libra	Scorpius	Sagittarius	Capricornus	Aquarius	Piscis	Aries	Taurus	Gemini	S S
xvi xvii	Leo	Virgo	Libra	Scorpius	Sagittarius	Capricornus	Aquarius	Piscis	Aries	Taurus	Gemini	Cancer	
xix xx	Virgo	Libra	Scorpius	Sagittarius	Capricornus	Aquarius	Piscis	Aries	Taurus	Gemini	Cancer	Leo	S S
xxi xxii	Libra	Scorpius	Sagittarius	Capricornus	Aquarius	Piscis	Aries	Taurus	Gemini	Cancer	Leo	Virgo	
xxiiii xxv	Scorpius	Sagittarius	Capricornus	Aquarius	Piscis	Aries	Taurus	Gemini	Cancer	Leo	Virgo	Libra	S S
xxvi xxvii	Sagittarius	Capricornus	Aquarius	Piscis	Aries	Taurus	Gemini	Cancer	Leo	Virgo	Libra	Scorpius	
xxix xxx	Capricornus	Aquarius	Piscis	Aries	Taurus	Gemini	Cancer	Leo	Virgo	Libra	Scorpius	Sagittarius	S S

285   \<Table for calculating the age of the moon on a given day of the year\>

/f. 48v

LVNA	.i	ii	iii	iiii	v	vi	vii	viii	viiii	x	xi	xii	xiii	xiiii	xv	xvi	xvii	xviii	xviiii	xx	xxi	xxii	xxiii	xxiiii	xxv	xxvi	xxvii	xxviii	xxviiii	xxx	ANNVS
i	A			K			I			H			G			F			E			D			C			B			i
xii		A			K			I			H			G			F			E			D			C			B		ii
xxiii			A			K			I			H			G			F			E			D			C			B	iii
iiii	B			A			K			I			H			G			F			E			D			C			iiii
xv		B			A			K			I			H			G			F			E			D			C		v
xxvi			B			A			K			I			H			G			F			E			D			C	vi
vii	C			B			A			K			I			H			G			F			E			D			vii
xviii		C			B			A			K			I			H			G			F			E			D		viii
xxix			C			B			A			K			I			H			G			F			E			D	viiii
x	D			C			B			A			K			I			H			G			F			E			x
xxi		D			C			B			A			K			I			H			G			F			E		xi
ii			D			C			B			A			K			I			H			G			F			E	xii
xiii	E			D			C			B			A			K			I			H			G			F			xiii
xxiiii		E			D			C			B			A			K			I			H			G			F		xiiii
v			E			D			C			B			A			K			I			H			G			F	xv
xvi	F			E			D			C			B			A			K			I			H			G			xvi
xxvii		F			E			D			C			B			A			K			I			H			G		xvii
viii			F			E			D			C			B			A			K			I			H			G	xviii
xix	G			F			E			D			C			B			A			K			I			H			xix
xxx		G			F			E			D			C			B			A			K			I			H		xx
xi			G			F			E			D			C			B			A			K			I			H	xxi
xxii	H			G			F			E			D			C			B			A			K			I			xxii
iii		H			G			F			E			D			C			B			A			K			I		xxiii
xiiii			H			G			F			E			D			C			B			A			K			I	xxiiii
xxv	I			H			G			F			E			D			C			B			A			K			xxv
vi		I			H			G			F			E			D			C			B			A			K		xxvi
xvii			I			H			G			F			E			D			C			B			A			K	xxvii
xxviii	K			I			H			G			F			E			D			C			B			A			xxviii
ix		K			I			H			G			F			E			D			C			B			A		xxix
xx			K			I			H			G			F			E			D			C			B			A	xxx
PRIMA		iii	xiiii		vi	xvii		ix	.i		xii	iiii		xv	vii		xviii	x		ii	xiii		v	xvi		viii	xix		xi		PRIMVS

QVADRAG-ESIMAE	MEDIO XLME	CAENA DOMINI	PASCHA	OCTAVAS PASCHAE	ASCENSIO DOMINI	PENTA-COSTEN	MOYSICVM PASCHAE
iii	xxiii	xii	xv	xxii	xxv	v	xviii
iiii	xxiiii	xiii	xvi	xxiii	xxvi	vi	xix
v	xxv	xiiii	xvii	xxiiii	xxvii	vii	xx
vi	xxvi	\<xv\>	xviii	xxv	xxviii	viii	xxi
vii	xxvii	\<xvi\>	xix	xxvi	xxix	viiii	xxii
viii	xxviii	\<xvii\>	xx	xxvii	xxx	x	xxiii
viii	xxix	\<xviii\>	xxi	xxviii	i	xi	xxiiii
	xxx	\<xviiii\>	xxii				

<Paschal Hand>

/f. 49r

1: Oxford, Bodleian Library, MS Bodley 579, folio 49r. By permission of the Bodleian Library, University of Oxford.

287   <Vita>

/f. 49v

2: Oxford, Bodleian Library, MS Bodley 579, folio 49v. By permission of the Bodleian Library, University of Oxford.

<Mors>

/f. 50r

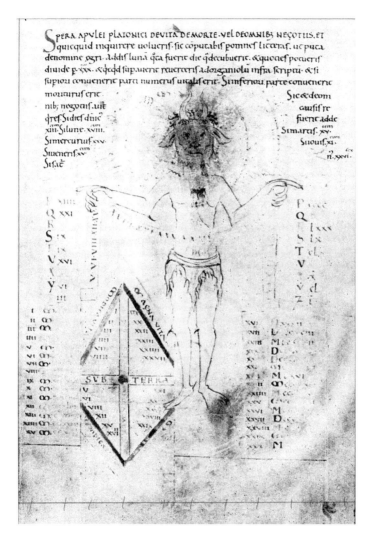

3: Oxford, Bodleian Library, MS Bodley 579, folio 50r. By permission of the Bodleian Library, University of Oxford.

289   <Paschal Roundels>

/f. 50v

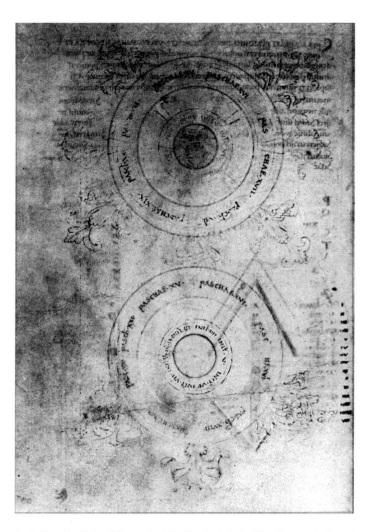

4: Oxford, Bodleian Library, MS Bodley 579, folio 50v. By permission of
the Bodleian Library, University of Oxford.

290   <Table of the terms of Lent, Easter, etc.>

/f. 51r

	TERMINVS SECVNDAE LVNAE INITIVM	TERMINVS XIIII LVNAE PASCHALIS	TERMINVS XX LVNAE ROGATIONVM	TERMINVS IIII LVNAE ROGATIONVM	TERMINVS X LVNAE LXX	
v	VIII KL. MARTIVS	NONAS APRELIS	VI ID. MAI	IX KAL. IVN	KAL. FEBRVAR	i
i	III ID. FEBRVARII	VIII KAL. APRELIS	III KAL. MAI	III ID. MAI	XII KAL. FEBRVARII	ii
vi	VI NON. MARTII	IDVS APRELIS	XV KAL. IUNII	KAL. IUNII	V ID. FEBRVARII	iii
ii	XI KAL. MARTII	IIII NON. APRELIS	NON. MAI	XII KAL. IVNII	IIII KAL. FEBRVARII	iiii
v	VI ID. FEBRVARII	XI KAL. APRELIS	V KAL. MAI	VI ID. MAI	XV KAL. FEBRVARII	v
iii	III KAL. MARTII	IIII ID. APRELIS	IDVS MAI	IIII KAL. IVNII	VIII ID. FEBRVARII	vi
vi	XIIII KAL. MARTII	III KAL. APRELIS	IIII NON. MAI	XV KAL. IVNII	VII KAL. FEBRVARII	vii
iiii	NONAS MARTII	XIIII KAL. APRELIS	X KAL. IVNII	VIII ID. IVNII	XVI KAL. MARTII	viii
vii	VI KAL. MARTII	VII IDVS APRELIS	IIII ID. MAI	VII KAL. IVNII	III NON. FEBRVARII	viiii
iii	IDVS FEBRVARII	VI KAL. APRELIS	KAL. MAI	IDVS MAI	X KAL. FEBRVARII	x
i	IIII NON. MARTII	XVII KAL. MAI	XIII KAL. IVNII	III NON. IVNII	III ID. FEBRVARII	xi
iiii	IX KAL. MARTII	II NON. APRELIS	VII ID. MAI	X KAL. IUNII	II KAL. FEBRVARII	xii
vii	IIII ID. FEBRVARII	XI KAL. APRELIS	IIII KAL. MAI	IIII ID. MAI	XIII KAL. FEBRVARII	xiii
v	KAL. MARTII	II IDVS APRELIS	XVI KAL. IVNII	II KAL. IVNII	VI ID. FEBRVARII	xiiii
i	XII KAL. MARTII	KAL. APRELIS	II NON. MAI	XIIII KAL. IVNII	V KAL. FEBRVARII	xv
iiii	VII ID. FEBRVARII	XII KAL. APRELIS	VII KAL. MAI	VIII ID. MAI	XVI KAL. FEBRVARII	xvi
ii	IIII KAL. MARTII	V IDVS APRELIS	II ID. MAI	V KAL. IVNII	NON. FEBRVARII	xvii
v	XV KAL. MARTII	IIII KAL. APRELIS	V NON. MAI	XVI KAL. IVNII	VIII KAL. FEBRVARII	xviii
iii	II NON. MARTII	XV KAL. MAI	XI KAL. IVNII	NON. IVNII	ID. FEBRVARII	xix

His suprapositis regularibus per singulos annos singuli addantur concurrentes. His additis siue coniunctis partire per septem et quot remanent ipsa est dies secundę lunę initii. Similiter de quarta decima luna paschali, et uigesima luna rogationum et quarta luna pente-costen, et decima luna septuagesimae argumentari memento.

291   <Terms of Septuagesima, Quadragesima, etc.>

/ TERMINVS SECVNDAE LVNAE INITII   /f. 51v

OMNIS LVNA QVAE ACCENSA FVERIT AB OCTAVA IDVS FEBRVARII VSQUE PRIDIE NOnarum martii, dominicus dies qui sequitur illam secundam lunam, initium erit quadragesimae et si bissextus fuerit uel non.

TERMINVS QVARTA DECIMAE LVNAE PASCHAE

Omnis luna quae accensa fuerit ab octaua idus martii usque nonas aprelis, dominicus dies qui sequitur illam quartam decimam lunam dies erit paschae et si bissextus fuerit uel non.

TERMINVS VIGESIMAE LVNAE ROGATIONVM

Omnis luna quae accensa fuerit ab octaua idus aprelis usque quarta nonarum mai dominicus dies qui sequitur uigesimam lunam, precedit secundam feriam rogationum, et si bissextus fuerit uel non.

TERMINVS QVARTAE LVNAE PENTECOSTEN

Omnis luna quae accensa fuerit a pridie nonarum mai usque tertia nonarum iunii, dominicus dies qui sequitur illam quartam lunam, dies erit pentecosten, et si bissextus fuerit uel non.

TERMINVS DECIMAE LVNAE SEPTVAGESIMAE

Omnis luna quae accensa fuerit a sexta idus ianuarii usque sextam decimam kalendarum martii, dominicus dies qui sequitur illam decimam lunam, dies erit septuagesimae, et si bissextus fuerit uel non.

292 <Terms of Septuagesima, Quadregesima, etc.>

TERMINVS DECIMAE LVNAE SEPTVAGESIMAE

POST SEXTADECIMA KALENDAS IANVARII[1], IN QVALE DATARVM LVNAM DECIMAM inueneris, ibi fac terminum septuagesimale.

TERMINVS SECVNDAE LVNAE INITII

Post septima idus februarii, in quale datarum lunam secundam inueneris, ibi fac terminum quadragesimale.

TERMINVS QVARTADECIMAE LVNAE PASCHAE

Post duodecima kalendas aprelis in quale datarum lunam quartam decimam inueneris, ibi fac terminum paschale.

---

[1] FEB. added above by an Exeter scribe.

TERMINVS VIGESIMAE LVNAE ROGATIONVM

Post quinta kalendas iunii in quale datarum lunam quartam inueneris, ibi fac terminum rogationale[1].

TERMINVS QVARTAE LVNAE PENTECOSTEN

Post sexta kalendas mai, in quale datarum lunam uigesimam inuene/ris, ibi fac terminum pentecosten[2].   /f. 52r

293   <Terms of Septuagesima, Quadragesima, etc.>

TERMINVS DECIMAE LVNAE SEPTVAGESIMAE

VBICVMQVE INVENERIS DECIMAM LVNAM POST VIGESIMAM[3] LVNAM IANVARII, ibi fac terminum septuagesimae in sequenti dominica erit septuagesima.

TERMINVS SECVNDAE LVNAE INITII

Vbicumque inueneris secundam lunam post .xxix. lunam februarii, ibi fac terminum initii .xl. et in sequenti dominica erit quadragesima.

TERMINVS QVARTADECIMAE LVNAE PASCHAE

Vbicumque inueneris quartam decimam lunam post .xxx. lunam martii, ibi fac terminum paschę et in sequenti dominica erit pascha.

TERMINVS VIGESIMAE LVNAE ROGATIONVM

Vbicumque inueneris uigesimam lunam post .xxix. lunam aprelis, ibi fac terminum rogationum, et sequens dominica precedit secundam feriam rogationum.

TERMINVS QVARTAE LVNAE PENTECOSTEN

Vbicumque inueneris quartam lunam post .xxx. lunam mai, ibi fac terminum pentecosten, et in sequenti dominica erit pentecostes, et ita sine errore inuenies.

---

[1] *pentecosten* added above by an Exeter scribe.
[2] *rogationalem* added above by an Exeter scribe.
[3] *.xxx.* added above by an Exeter scribe.

294   \<Verses on the terms of Easter\>

TERMINVS SECVNDAE LVNAE INITII

i	*OCTONE MARTIS*	*KALENDE QVINQVE*	v
ii	Ternos februi	Idibus assin.	i
iii	Senas martis	Nonas in senis.	vi
iiii	Vndenas martis	Kalendas binis.	ii
v	Senis februi	Idibus quinis.	v
vi	Ternis martis	Kalende tribus.	iii
vii	Quartdene martis	Kalende senos.	vi
viii	Nonas martis	Ecce quaternos.	iiii
viiii	Sexte martis	Kalende septem.	vii
x	Idibus februi	In tribus constant.	iii
xi	Quartanas martis	Nonas in assin.	i
xii	Nonas kalendas	Martis in quadris.	iiii
xiii	Quattuor idus	Februi septem.	vii
xiiii	Kalendas martis	Etiam quinos	v
xv	Duodenas martis	Kalendas in uno	i
xvi	Septenis februi	Idibus quattuor	iiii
/ xvii	Quartane kalende	Martis duabus	ii	/f. 52v
xviii	Quindene martis	Kalende quinis	v
xix	Pridie nonas	Martis in ternis	iii

295   \<Letter of Pachomius\>

EPISTOLA QVOMODO POSTVLAVIT PACOMIVS CVM MONACHIS A DOMINO VT OSTENDERET SIBI QVOMODO DEBERET CAELEBRARI PASCHA.
LEGIMVS IN EPISTOLIS GRECORVM QVOD POST PASSIONEM APOSTOLORVM SANCTVS pachomius abbas in aegipto cum monachis suis in oratione a domino rogauerunt ut ostenderet eis quomodo pascha deberent cęlebrare. Et misit dominus angelum suum et scripsit ad prefatum sanctum pacomium cicclum nona decimalem in uno philacterio hoc modo.

296 <Verse on the terms of Easter>

TERMINVS QVARTA DECIMA LVNAE PASCHAE

[1]Nonas aprilis	i	*NONAS APRELIS*	*NORVNT QVINOS*	v	xxvi
viii kal. aprilis	ii	Octone kalende	Assin depromunt.	i	xv
Idus aprilis	iii	Idus aprelis	Etiam sexis.	vi	xxxiiii
iiii non. aprilis	iiii	None quartane	Namque dipondio.	ii	xxiii
xi kal. aprilis	v	Item undene	Ambiunt quinos.	v	xii
iiii id. aprilis	vi	Quattuor idus	Capiunt ternos.	iii	xxxi
iii kal. aprilis	vii	Terne kalende	Titulant sene.	vi	xx
xiiii kal. mai	viii	Quattuordene	Cubant in quadris.	iv	xxxix
vii id. aprilis	viiii	Septenos idus	Septos eligunt.	vii	xxviii
vi kal. aprilis	x	Dene[2] kalende	Sortiuntur ternos.	iii	xvii
xvii kal. mai	xi	Denis septenis	Da nam assim.	i	xxxvi
ii non. aprilis	xii	Pridie nonas	Docte quaterne.	iiii	xxv
ix kal. aprilis	xiii	None kalende	Namque septenis.	vii	xiiii
ii id. aprilis	xiiii	Pridie idus	Panditur quinis.	i	xxxiii
Kal. aprilis	xv	Aprelis kalendas	Exprimit unus.	i	xxii
xii kal. aprilis	xvi	Duodenas namque	Docte quaternus.	iiii	xi
v id. aprilis	xvii	Speciem quintam	Speramus duabus.	ii	xxx
iiii kal. aprilis	xviii	Quartane kalende	Quinque coniciunt.	v	xix
xv kal. mai	xix	Quindene constant	Tribus adepte.	iii	xxxviii

297 <Calculation of feast limits>

[3]Si quis per regulares .xxvi. uidelicet terminum
cuiusque anni inuenire cupit sumat septuagesimalem
a .vii. id. ian. quadragesimalem a .v. kal feb.
pascalem a .v. id. marti. Rogationalem a .xvii.
kal. mai. Pentecostes a .iii. kal. mai. et ubi ipse
numerus terminabitur ibi absque dubio terminum
reperiet.

[1] All the dates in this column added by an Exeter scribe.
[2] *s* for *sene* added above.
[3] Added underneath the verses by an Exeter scribe.

<Easter Tables>

	ANNI DNI	IND	EPACT	CCVR	CICCL	DIES .XIIII. LVNAE	DIE PASCH	LV IPS.	
	DCCCLXIX	xii	Nulla	iiii	xvii	NON. APRELIS	III ID. APRELIS	xx	
	DCCCLXX	xiii	xi	v	xviii	VIII ID. APRELIS	VI KAL. APRELIS	xvi	
	DCCCLXXI	xiiii	xxii	vi	xix	IDVS APRELIS	XVI KAL. MAI	xvii	
B	DCCCLXXII	xv	ii	i	i	IIII NON. APRELIS	VII ID. APRELIS	xix	
	DCCCLXXIII	i	xiiii	ii	ii	XI KAL. APRELIS	X KAL. APRELIS	xv	
	DCCCLXXIIII	ii	xxv	iii	iii	IIII ID. APRELIS	X KAL. APRELIS	xv	
	DCCCLXXV	iii	vi	iiii	iiii	III KAL. APRELIS	II ID. APRELIS	xix	
B	DCCCLXXVI	iiii	xvii	vi	v	XIIII KAL. MAI	IX KAL. APRELIS	xix	*Obitus eadgari regis*
	DCCCLXXVII	v	xxviii	vii	vi	VII ID. APRELIS	VI ID. APRELIS	xv	
	DCCCLXXVIII	vi	viiii	i	vii	VI KAL. APRELIS	II KAL. APRELIS	xviii	
	DCCCLXXIX	vii	xx	ii	viii	XVII KAL. MAI	XII KAL. MAI	xix	*Hic interemtus est rex eadweardus*
B	DCCCLXXX	viii	i	iiii	viiii	II NON. APRELIS	III ID. APRELIS	xxi	
	DCCCLXXXI	viiii	xii	v	x	IX KAL. APRELIS	VI KAL. APRELIS	xvii	
	DCCCLXXXII	x	xxiii	vi	xi	II ID. APRELIS	XVI KAL. MAI	xviii	
	DCCCLXXXIII	xi	iiii	vii	xii	KAL. APRELIS	VI ID. APRELIS	xxi	
B	DCCCLXXXIIII	xii	xv	ii	xiii	XII KAL. APRELIS	X KAL. APRELIS	xvi	
	DCCCLXXXV	xiii	xxvi	iii	xiiii	V ID. APRELIS	II ID. APRELIS	xvii	*Depositio adelwoldi episcopi*
	DCCCLXXXVI	xiiii	vii	iiii	xv	IIII KAL. APRELIS	II NON. APRELIS	xx	
	DCCCLXXXVII	xv	xviii	v	xvi	XV KAL. MAI	VIII KAL. MAI	xxi	

<Easter Tables> (continued)

	ANNI DNI	IND	EPACT	CCVR	CICL	DIES .XIIII. LVN	DIES PASCH	LV. IPS.	
B	DCCCLXXXVIII	i	Nulla	vii	xvii	NON. APRELIS	VI ID. APRELIS	xvi	*Obitus archipresulis dunstani*
	DCCCLXXXIX	ii	xi	i	xviii	VIII ID. APRELIS	II KAL. APRELIS	xx	
	DCCCXC	iii	xxii	ii	xix	IDVS APRELIS	II KAL. MAI	xxi	*Hic aeþelgar episcopus obiit*
	DCCCXCI	iiii	iii	iii	i	IIII NON. APRELIS	NON. APRELIS	xvii	
B	DCCCXCII	v	xiiii	v	ii	XI KAL. APRELIS	VI KAL. APRELIS	xix	*Obitus osuualdi archiepiscopi*
	DCCCXCIII	vi	xxv	vi	iii	IIII ID. APRELIS	XVI KAL. MAI	xx	
	DCCCXCIIII	vii	vi	vii	iiii	III KAL. APRELIS	KAL. APRELIS	xvi	*Depositio sigerici archiepiscopi*
	DCCCXCV	viii	xvii	i	v	XIIII KAL. MAI	XI KAL. APRELIS	xvii	
B	DCCCXCVI	viiii	xxviii	iii	vi	VII ID. APRELIS	II ID. APRELIS	xix	
	DCCCXCVII	x	viiii	iiii	vii	VI KAL. APRELIS	V KAL. APRELIS	xv	
	DCCCXCVIII	xi	xx	v	viii	XVII KAL. MAI	XV KAL. MAI	xvi	
	DCCCXCVIIII	xii	i	vi	viiii	II NON. APRELIS	V ID. APRELIS	xix	

/f. 53v

		IND	EPACT	CCVR	CICL	DIES .XIIII. LVN	DIES PASCH	LV. IPS.
B	MILLE	xiii	xii	i	x	IX KAL. APRELIS	II KAL. APRELIS	xxi
	MI	xiiii	xxiii	ii	xi	II ID. APRELIS	IDVS APRELIS	xv
	MII	xv	iiii	iii	xii	KAL. APRELIS	NON APRELIS	xviii
	MIII	i	xv	iiii	xiii	XII KAL. APRELIS	V KAL. APRELIS	xxi
	MIIII	ii	xxvi	vi	xiiii	V ID. APRELIS	XVI KAL. MAI	xxi
	MV	iii	vii	vii	xv	IIII KAL. APRELIS	KAL. APRELIS	xvii
	MVI	iiii	xviii	i	xvi	XV KAL. MAI	XI KAL. MAI	xviii

299   <Verses on the Easter Table>

DE VII TRAMITIBVS SVPRASCRIPTI CIRCVLI DECENNOVENALIS

LINEA CHRISTE TVOS PRIMA EST QVAE CONTINET ANNOS,
Atque secunda tenet cicclum qui indictio constat,
Seruauit numeros aepactas tertia cestas,
Quarta dies numerat septem bissextilis anni,
Quinta tibi cicclos lunaris computat anni,
Nam quartas decimas designat sextaque lunas,
Septima nam paschae ostendit tempusque diemque,
Aetatem lunae monstrat novissimus ordo.

300   <VERSES ON THE NAMES OF THE SEVEN DAYS OF THE WEEK>

DE NOMINIBVS SEPTEM DIERVM EBDOMADIS

PRIMA DIES PHOEBI SACRATO NVMINE FVLGET,
Vendicat et lucens feriam sibi luna secundam,
Inde dies rutilat iam tertia martis honore,
Mercurius quartam splendentem possidet altus,
Ioppiter ecce sequens quintam sibi iure dicabit,
Concordat ueneris magne cum nomine sexte,
Emicat alma dies saturno septima summo.

301   <Verses on the ferial regulars>

DE REGVLARIBVS VII DIERVM METRICE COMPOSITIS

IANVS ET OCTOBER BINIS REGVLANTVR HABENIS,	IANVARIVS II.
	FEBRVARIVS V.
Ast februus quinis ouat et mars atque nouember,	MARTIVS V.
	APRELIS I.
Aprelis certe constat et iulius unis,	MAIAS III.
	IVNIVS VI.
Tum maius ternis nitet augustusque quaternis,	IVLIVS I.
	AGVSTVS III.
Iunius et senis solus manifeste metitur,	SEPTEMBER VII.
	OCTOBER II.
September gaudet septenis atque december.	NOVEMBER V.
	DECEMBER VII.

302 <Verses on the lunar regulars>

DE REGVLARIBVS LVNAE SVPER KALENDAS
/ *SEPTEMBER SEMPER QVINIS OCTIMBER HABENIS,* /f. 54r

	SEPTEMBER V.
Sicque nouember ouat septenis atque december,	OCTOBER V.
Ianus rite nouem sic mars comprendit eosdem,	NOVEMBER VII.
Inde decem februus regulatur aprelis et isdem,	DECEMBER VII.
Hinc maius comites undenos ordine quaerit,	IANVARIVS IX.
Iunius exultans duodenas iure retentat,	FEBRVARIVS X.
Iulius at cesar ter denis testibus instat,	MARTIVS IX.
Quartadenis regularibus at letatur augustus,	APRELIS X.
Hos igitur regulares si coniungas ępactas,	MAIAS XI.
Cognosces mensium qua luna ętate kalendas,	IVNIVS XII.
Quolibet heę numero ultra sint citraue trigena,	IVLIVS XIII.
Altiuago rutilans transcurrit culmine caeli.	AGVSTVS XIIII.

303 <Bede's poem on the months>

DE CONCORDIA MENSIVM METRICE DICTVM ET A
DOMNO BEDA COMPOSITVM QVOT MENSIBVS ANNIS
ET QVOT EBDOMADIS QVOTQVOT DIEBVS STARE
VIDEATVR ET QVOD NONIS IDIBVS ATQVE KALENDIS
SINGVLI MENSES NVMERETVR.
BISSENA MENSIVM VERTIGINE VOLVITVR ANNVS,
Septimanis decies quinis simul atque duabus,
Tercentenis bisque trigenis quinque diebus,
Qui ternis gaudet diuisus stare columnis,
Scilicet idibus et nonis simul atque kalendis,
Namque quadris constant nonis occurrere menses,
Omnes excepto marte maio sequitur quos,
Iulius october senis solii moderantur,
Septenis patet hos pariterque flagrare kalendis,
Octonis pares menses sunt idibus omnes,
Ianus et augustus semper mensisque december,
Voluuntur denis tantum nonisque kalendis,
At contra currunt bis nonis rite kalendis,
Iunius aprelis september et ipse nouember,
Sedenis februus cito solus ab omnibus errat,

Bissenis sic iam rotatur mensibus annus,
Per nonas idusque decurrens atque kalendis.

304 <VERSES ON THE MONTHS>

VERSVS DE SINGVLIS MENSIBVS
PRIMVS ROMANAS ORDIRIS IANE KALENDAS,
/ Februa uicino mense numa instituit, /f. 54v
Martius antiqui primordia protulit anni,
Foetiferunt aprilem uendicat alma uenus,
Maiorum ducens patrum de nomine maius,
Iunius aetatis proximus est titulo,
Caeareo nomine quintilem mensis adauget,
Augustus nomen caesareum sequitur,
Autumnum poma natum septembre uegetas,
Triticeo octember foenore litat agros,
Sidera precipitas intempesta nouember,
Imbrifer ast mensis tum december adest,

305 <On Advent>

ARGVMENTVM QVALITER ADVENTVM DOMINI
CAELEBRARE DEBES
*QVICUMQVE ADVENTVM DOMINI CELEBRARE DESIDERAT
VIDEAT NE ANTE QVINTA* kalendas decembris, nec post tertia
nonas ipsius mensis transeat, sed in his septem diebus ubicumque
dominicus dies aduenerit illic sine dubio et sine errore celebrare
uoluit.

306 <On the fourteenth Paschal moon>

ARGVMENTVM AD TERMINVM INVENIENDVM XIIII[E]
LVNAE PASCHAE
*SI VIS INVENIRE QVOTVS TERMINVS PASCHALIS SIT, TENE
ANNVM COMMVNEM* et embolismum quia quando communis
annus est, tunc .xi. dies habebis de uno termino ad alium omittens
semper illum diem in quo terminus illius anni fuerit, prece-
demtemque sumens. Similiter si embolismus fuerit .xix. dies

90

adcrescunt usque ad alium terminum. Incipiente autem .xix. in mense aprelis, epactam minime habebis quod recedas de ipsis regularibus .xxxv. uero die mensis aprelis hoc est nonas aprelis habebis terminum.

307   \<On Concurrents\>

DE CONCVRRENTIBVS

SI VIS INVENIRE CONCVRRENTES IN .IX. KALENDAS APRELIS REQVIRE ET IN QVALI feria .ix. kalendas aprelis euenerint, tot concurrentes habebis eodem anno.

308   \<On Epacts\>

DE EPACTIS

ET QVALEM LVNAM IN .IX. KALENDAS APRELIS INVENERIS, TALEM EPACTAM HABEBIS EODEM ANNO.

309   \<On Concurrents and Epacts\>

MVTATIO CONCVRRENTIVM ET EPACTAS CICCLVM
MVTA CONCVRRENTES IN KALENDAS MARTII.
Muta aepactas in kalendas septembris.
Muta cycclum lunae in kalendas ianuarii.
/ Muta probationem termino quadragesimali.   /f. 55r
Muta indictionem in octaua kalendas aprelis.

310   \<ON YEARS\>

DE ANNIS
ANNVS COMMVNIS HABET DIES .CCCLIIII.
Annus solaris habet dies .ccclxv.
Annus embolismi habet dies .ccclxxxvi.
A .vi. idus februarii usque in .v. idus mai tempus uerni est dies .xci.
A .vi. idus mai usque in .vii. idus augusti tempus ęstatis est dies sunt .xc.

91

A .vi. idus augusti usque in .v. idus nouembris tempus autumni est dies .xcii.

A .v. idus nouembris usque in .v. idus februarii tempus hiems est dies sunt .xcii.

311   <Gregory the Great's injunction on Ember Days>

HAEC SVNT IEIVNIA QVĘ SANCTVS GREGORIVS
GENTI ANGLORVM PREDICARE PRECEPIT

*QUATTVOR IEIVNIA SVNT LEGITIMA QVATTVOR TEMPORVM
ANNI, ID EST TEMPORE* ueris, aestatis, autumni, et hiemis, et in uno
quoque horum ieiunia, .iiiiᵗᵃ. feria duę recitandę sunt lectiones .vi.
feria una, sabbato .vi. lectiones.

Ieiunium .i. in prima ebdomada quadragesimae.

Ieiunium secunda in ebdomada quadragesimae.

Ieiunium .iii. in plena ebdomada ante autumnale aequinoctium.

Ieiunium .iiii. in integra ebdomada ante natale domini.

Ieiunium in .vi. feria per totum annum excepto a pascha usque
pentecosten, aut si maior festiuitas fuerit.

Terminat hic februus cum talia fine peractus.

312   <On Easter>

DE CELEBRATIONE PASCHE

*PASCHA NAMQVE CELEBRATVR AB .XI. KALENDAS APRELIS
VSQVE IN .VII. KALENDAS MAI* quod obseruatur in .vii. aetatibus
lunae id est, a .xv. usque .xxi. et semper in die dominico celebratur.

Lunae paschalis ab .vii. idus martii usque in nonas aprelis exordium
sumit, cuius .xiiii. luna a .xii. kalendas aprelis usque in .xiiii. kalendas
mai inquirenda est sine errore.

Statutum inuenimus in concilio romanorum ut nec ante .xi. kalendas
aprelis nec post .vii. kalendas mai pascha debeat fieri.

Est et aliud exemplum de initio primi mensis ut quota luna fuerit in
kalendas ianuarii tot dies de mense martio in fine computabis et
inuenies procul dubio lunam et initium primi mensis tantum tres
aetates lunae hoc est .xxvi. .xxvii. .xxviii.

/ Christianorum pascha ab .vi. kalendas aprelis usque in .vii. /f. 55v
kalendas mai quocumque dominico die luna uidelicet occurrerit,

92

sanctum pascha modis omnibus celebrabis, etiam si ante .xi. kalendas aprelis luna occurrerit, uel post .vii. kalendas mai pascha nullatenus celebretur.

313 <On the moon's age on moveable feasts>

DE INITIO LVNAE QVADRAGESIMAE

LVNA INITIO QVADRAGESIMAE NON POTEST ESSE MINOR QVAM .III. NEC MAIOR QVAM .X.[1]

Luna in pascha non potest esse minor quam .xv. nec maior quam .xxi.

Lunae rogationum non potest esse minor quam .xxi. nec maior quam .xvii.

Luna in pentecosten non potest esse minor quam .v. nec maior quam .xi.

Et quanti dies creuerint in pascha tanti dies crescunt in quadragesimae et in rogationes uel in pentecosten.

Si luna tertia initio .xl. in pascha quinta decima.

Si luna quarta initio .xl. in pascha sexta decima.

Si luna quinta initio .xl. in pascha septima decima.

Si luna sexta initio .xl. in pascha octaua decima.

Si luna septima initio .xl. in pascha nona decima.

Si luna octava initio .xl. in pascha uigesima.

Si luna nona initio .xl. in pascha uigesima prima.

Quantos dies ante pridie idus aprelis habueris pascha, tantos dies ante kalendas martii habebis quadragesimam.

Et quantos dies post pridie idus aprelis habueris pascha, tantos dies post kalendas martii habebis quadragesimam.

Et si pridie idus aprelis habueris pascha in kalendas martii habebis quadragesimam.

Et quantos dies ante kalendas aprelis habueris pascha, tantos dies ante nonas mai habebis rogationem.

Et quantos dies post kalendas aprelis habueris pascha, tantos dies post nonas mai habebis rogationem.

Et si in kalendas aprelis habueris pascha nonas mai habebis rogationem.

---

[1] *.IX.* added above by an Exeter scribe.

314   \<On the six ages of the world\>

A PRINCIPIO ADĘ VSQVE AD DILVVIVM ANNI MILLE SEXCENTI
QVINQVAGINTA SEX.
A diluuio usque ad abraham anni .ccxcv. et fiunt simul anni duarum
aetatum mille .DCCCCXLVIII.
Ad abraham usque ad dauid anni .ccxcv. et fiunt simul anni trium
aetatum duo milia .DCCCCXC.
/ A dauid usque ad circumcisionem domini anni .ccccclxxxiii. et   /f. 56r
fiunt anni .iiii^{or}. aetatum simul tria millia .CCCLXIII.
A circumcisione usque ad natiuitatem domini anni .dlxxx. et fiunt
simul anni quinque aetatum .iiii^{or}. milia .DCCCCLII.
A natiuitate domini usque ad aduentum anticristi anni .DCCCCXCIX

315   \<On good and bad moon\>

LVNA PRIMA BONA EST. Luna .xvi. bona est.

Luna secunda bona est.	Luna .xvii. bona est.
Luna tertia bona est.	Luna xviii. mala est.
Luna quarta bona est.	Luna .xviiii. bona est.
Luna quinta mala est.	Luna .xx. bona est.
Luna sexta mala est.	Luna .xxi. mala est.
Luna septima bona est.	Luna .xxii. bona est.
Luna octaua mala est.	Luna .xxiii. bona est.
Luna nona bona est.	Luna .xxiiii. bona est.
Luna decima bona est.	Luna .xxv. mala est.
Luna .xi. bona est.	Luna .xxvi. mala est.
Luna .xii. mala est.	Luna .xxvii. bona est.
Luna .xiii. bona est.	Luna .xxviii. mala est.
Luna xiiii. bona est.	Luna .xxix. mala est.
Luna .xv. mala est.	Luna .xxx. mala est.

316   \<On the moon's rise\>

ARGVMENTVM AD INVENIENDVM IN QVOTA HORA
LVNA ACCENDATVR
LVNA IANVARII IN MEDIA NOCTE ACCENDITVR.
Luna februarii inter mediam noctem et gallicantum accenditur.
Luna martii in media nocte accenditur.
Luna aprelis in gallicantu accenditur.

Luna mai prima mane accenditur.

Luna iunii in tertia hora accenditur.

Luna iulii in media nocte accenditur.

Luna augusti in medium diem et nonam accenditur.

Luna septembris hora nona accenditur.

Luna octobris inter nonam et uesperam accenditur.

Luna nouembris in uesperam accenditur.

Luna decembris inter uesperam et mediam noctem accenditur.

317   <On moon-shine>

/ ARGVMENTVM QVOT HORAS LVNA LVCEAT   /f. 56v

LVNA PRIMA QVATTVOR PVNCTOS LVCET.

Luna .ii^a. .viii^o. punctos id est horam et .iii. punctos.

Luna .iii^a. duas horas totidemque punctos.

Luna .iiii. tres horas et unum punctum.

Luna .v. quattuor horas lucet.

Luna .vi. quattuor horas et quattuor punctos.

Luna .vii. quinque horas et tertia punctos.

Luna .viii. sex horas et duos punctos.

Luna .ix. septem horas et unum punctum.

Luna .x. decima octo horas lucet.

Luna .xi. octo horas et quattuor punctos.

Luna .xii. nouem horas et tertia punctos.

Luna .xiii. decem horas et duos punctos.

Luna .xiiii. undecim horas et unum punctum.

Luna .xv. duodecim horas lucet id est .lx. puncti similiter a .xv. usque
ad .xxx^{mam}. aetatem .iiii^{or}. punctos decrescit cotidie luna.

Luna .xvi. undecim horas et unum punctum.

Luna .xvii. decem horas et duos punctos.

Luna .xviii. nouem horas et tres punctos.

Luna .xix. octo horas et quattuor punctos.

Luna .xx. octo horas lucet.

Luna .xxi. septem horas et unum punctum.

Luna .xxii. sex horas et duos punctos.

Luna .xxiii. quinque horas et tres punctos.

Luna .xxiiii. quattuor horas et quattuor punctos.

Luna .xxv. quattuor horas lucet.

Luna .xxvi. tres horas et unum punctum.

Luna .xxvii. duas horas et duos punctos.
Luna .xxviii. unam horam et tres punctos.
Luna .xxix. quattuor punctos lucet.

318   \<Table showing the number of weeks and days between
Easter and Christmas\>

/f. 57r

E	VII IDVS MARTII	EBDOMADAS	x	ET DIES	iiii^or
C	II KAL. MARTII	EBDOMADAS	ix	ET DIES	ii
D	IDVS FEBRVARII	EBDOMADAS	vii	ET DIES	i
A	III NON. MARTII	EBDOMADAS	x	ET DIES	
G	V KAL. MARTII	EBDOMADAS	viii	ET DIES	vi
E	IIII ID. FEBRVARII	EBDOMADAS	vi	ET DIES	iiii
D	KAL. MARTII	EBDOMADAS	ix	ET DIES	iii
C	IX KAL. MARTII	EBDOMADAS	viii	ET DIES	ii
B	III ID. MARTII	EBDOMADAS	xi	ET DIES	i
G	V KAL. MARTII	EBDOMADAS	viii	ET DIES	vi
F	XIII KAL. MARTII	EBDOMADAS	vii	ET DIES	v
E	VII ID. MARTII	EBDOMADAS	x	ET DIES	iiii
D	VIII KAL. MARTII	EBDOMADAS	viii	ET DIES	iii
B	XVI KAL. MARTII	EBDOMADAS	vii	ET DIES	i
A	III NON. MARTII	EBDOMADAS	x		
G	XII KAL. MARTII	EBDOMADAS	vii	ET DIES	vi
F	VI ID. MARTII	EBDOMADAS	x	ET DIES	v
D	KAL. MARTII	EBDOMADAS	ix	ET DIES	iii
C	XVI KAL. MARTII	EBDOMADAS	vi	ET DIES	ii
B	II NON. MARTII	EBDOMADAS	x	ET DIES	i
A	IIII KAL. MARTII	EBDOMADAS	ix		
F	XI KAL. MARTII	EBDOMADAS	vii	ET DIES	v
E	VI NON. MARTII	EBDOMADAS	ix	ET DIES	iiii
D	VIII KAL. MARTII	EBDOMADAS	viii	ET DIES	iii
C	XVI KAL. MARTII	EBDOMADAS	viii	ET DIES	ii
A	III KAL. MARTII	EBDOMADAS	x		
G	XII KAL MARTII	EBDOMADAS	vii	ET DIES	vi
F	VI ID. MARTII	EBDOMADAS	x	ET DIES	v
E	VII KAL. MARTII	EBDOMADAS	viii	ET DIES	iiii
C	XV KAL. MARTII	EBDOMADAS	vii	ET DIES	ii
B	II NON. MARTII	EBDOMADAS	x	ET DIES	i
A	IIII KAL. MARTII	EBDOMADAS	ix		
G	III ID. FEBRVARII	EBDOMADAS	vi	ET DIES	vi

96

319   <Table for calculating tides>

i	*INCIPIT ORDO*	L	iiii	A	
ii	*LV*nae et	L	v	A	
iii	decursus maris	L	vi	A	
iiii	quando crescit et	L	vii	A	
v	decrescit, luna	L	iii	A	
vi	tercia decrescit,	L	ii	A	L
vii	mare usque ad	L	iii	A	
viii	undecimam	L	iiii	A	
viiii	lunam, de luna	L	v	A	
x	undecima siue	L	vi	A	
xi	duodecim crescit	L	vii	A	
xii	mare usque in	L	viii	A	M
xiii	lunam nona	L	i	A	
xiiii	decimam. Et	L	ii	A	
xv	inde crescit	L	iii	A	
xvi	usque in	L	iiii	A	
xvii	uigesimam	L	v	A	
xviii	sextam et de hinc	L	vi	A	
xviiii	crescit usque in	L	vii	A	
xx	tertiam lunam.	L	i	A	L
xxi	*QVINQVE*	L	ii	A	
xxii	accidunt	L	iii	A	
xxiii	unicuique diei id	L	iiii	A	
xxiiii	est festiuitas	L	v	A	
xv	sancti et dies	L	vi	A	
xxvi	ebdomade, et	L	vii	A	
xxvii	dies mensis solis	L	viii	A	
xxviii	et aetas lunae et	L	i	A	M
xxviiii	cursus maris.	L	ii	A	
xxx		L	iii	A	

97

320   \<Horologium\>

INCHOAT	EN HIC ORA	LOGIVM

IANVARIVS ET
DECEMBER HORA
TERTIA ET NONA
.XVII. HORA SEXTA
PEDES VNDECIM

HORARVM

BREVE

FEBRVARIVS ET
NOVEMBER HORA
TERTIA ET NONA
PEDES .XV. HORA
.VI. PEDES .VIII.

AD

TERTIAM	AC SEXTAM	NONAMQVE

MARTIVS ET
OCTOBER HORA
TERTIA ET NONA
PEDES .XIII. HORA
.VI. PEDES .VII.

DIEI

APRELIS ET
SEPTEMBER HORA
TERTIA ET NONA
PEDES .XI. HORA
.VI. PEDES .V.

HORAM

ABSQVE	VLLA AMBIGV	ITATE

MAIVS ET
AGVSTVS HORA
TERTIA ET NONA
PEDES NOVEM HORA
.VI. PEDES .IIII.

PEDVM

IVNIVS ET IVLIVS
HORA TERTIA ET
NONA PEDES .V.
HORA .VI. PEDES
.II.

MEN

SVRA	PROBAN	DAM

321 <Verses to be said as a bishop vests>

/ [1]AD SVPERHVMERALEM /f. 58v
Virtus summa deus cunctorum rector opimus,
Tu benedic nostrum quo nunc ornamur amictum,
Vt seruire tibi ualeamus corde pudico.

AD ALBAM
Vestibus angelicis induti rex pietatis,
Poscimus libare pium libamen odoris,
Ad citius delenda male contagia mentis.

AD CINGVLVM
Scrutator cordis et caste mentis amator,
Tu lumbos pręcinge meos deus intime iudex,
Mortificans prauos in casto corpore mores.

AD STOLAM
Colla iugo subdendo tuo deus alme sacrator,
Ad cuius dignum pretiosa morte sepulchrum,
Virtus angelica considerat ordine munda.

AD CASVLAM
Spes aeterne deus cunctorum certa salusquę,
Tu memor esto mei toto te corde petentis,
Exequar ut dignus coelestis munia uitę,
Dumque meis manibus trectator mistica uirtus,
Dispereat quicquid contraxit ordo ueternus.

AD MANIPVLVM
Qui super astra sedes qui regni sceptra tuearis,
Summus adesto deus michimet tua iussa sequenti,
Adque leuam capiti complexibus adhibe dextram,
Vt ualeam casta tibi sistere perpete uita.

---

[1] These verses written by another tenth-century scribe.

DOMINICIS DIEBVS IN XL PREFATIO VSQVE AD
DOMINICAM PALMARVM.

322 *VD AETERNE DEVS PER CHRISTVM DOMINVM NOSTRVM.* Qui
pro nobis ętęrno patri adae debitum soluit, et
ueteris piaculi cautionem pio crurore detersit.
Per quem maiestatem.

/ OCTABAS SANCTI ANDREAE APOSTOLI. /f. 59r

323 Protegat nos domine sepius beati andreę apostoli
repetita sollempnitas, ut cuius patrocinia sine
intermissione recolimus perpetuam defensionem
sentiamus. Per

324 SECRETA. Indulgentiam nobis domine quesumus prebeant hęc munera largiorem, quę uenerabilis andreę
suffragiis offeruntur. Per.

325 POSTCOMMVNIO. Adiuuet ecclesiam tuam tibi.

<EPISTOLA ADELAE>

326 L. gratia dei episcopo Adela dei famula, quicquid
melius in domino. Opto me fore in tuis sanctis
orationibus ut tu sis in meis. Idcirco tibi mando
de fraternitate atque communione sanctorum omnium
in ̄qua cupio ut sis, sicuti ego. Omnes qui ea bona
intentione menteque utantur atque ita in fine sint
perseuerantes, ut nullo modo ex ipsa sint
diffidentes, absque dubio coheredes fuerint dei
regno. Vnusquisque enim fidelis qui in ea cupit
intrare, debet pro uiuis et defunctis .x.
psalteria decantare et psalmum, deus misereatur
nostri cotidie usitare, et in feria .ii. missam
pro defunctis, et in .vi. feria missam pro uiuis.
Et si quis ex his fratribus hoc saeculo fuerit
functus missam cotidie pro eo infra .xxx. dies
oportet celebrari. Quod ex beatissimis patribus
scilicet ricardo atque odolone est decretum, pro
quorum benefactis deus est declaratus in magnis
miraculis. VALE.

327 <PREFATIO>. ¹<*V*>*ERE DIGNVM* et iustum est, aequum et salutare, nos tibi semper et ubique gratias agere, domine sancte pater omnipotens aeterne deus, per cristum dominum nostrum, per quem maiestatem laudant tuam angeli adorant dominationes tremunt potestates, celi celorumque uirtutes, ac beata seraphin socia exultatione concelebrant, cum quibus et nostras uoces ut admitti iubeas deprecamur, supplici confessione dicentes.

328 Quem laudant angeli et archangeli, throni et dominationes, cherubin quoque et seraphin, quę non cessant clamare iugiter una uoce dicentes.

EPISTOLA PELAGII PAPE.

329 *PELAGIVS SANCTĘ ROMANE ĘCCLESIE EPISCOPVS HAS* nouem prefationes tantummodo mandat esse observandas. Vnam in natale domini. Quia per incarnati uerbi. Aliam in quadragesimam. Qui corporali ieiunio. Tertiam in pasca. Te quidem omni tempore. Quartam in ascensione domini. Quintam in pentecosten. Sextam de sancta trinitate. Septimam de sancta cruce. Octauam de apostolis. Nonam pro defunctis.

330 / ²PER OMNIA SECVLA SAECVLORVM.   /f. 60r
R. AMEN.
DOMINVS VOBISCVM.
R. ET CVM SPIRITV TVO.
SVRSVM CORDA.
R. HABEMVS AD DOMINVM.
GRATIAS AGAMVS DOMINO DEO NOSTRO.
R. DIGNVM ET IVSTVM EST.

331 / VERE DIGNVM et iustum est aequum / et salutare, nos tibi   /ff. 60v–1r
semper et ubique gratias agere, domine sancte pater omnipotens
aeterne deus, per christum dominum nostrum, per quem maiestatem tuam laudant angeli. Adorant dominationes tremunt potestates. Caeli caelorum uirtutes, ac beata seraphin, sotia exultatione

---

¹ Text neumed throughout.
² Neumed throughout.

concelebrant. Cum quibus et nostras uoces, ut admitti iubeas deprecamur supplici confessione dicentes: Sanctus Sanctus Sanctus.

332 / TE IGITVR / [1]clementissime pater per ihesum christum filium tuum dominum nostrum supplices rogamus et petimus, uti accepta habeas et benedicas, haec dona, haec munera, haec sancta sacrificia inlibata. In primis quae tibi offerimus pro ecclesia tua sancta catholica, quam pacificare, custodire, adunare, et regere digneris toto orbe terrarum, una cum beatissimo famulo tuo .ill. et antistite nostro .ill. et omnibus ortodoxis atque catholicae et apostolicae fidei cultoribus.

/ff. 61v–2r

333 / Memento domine famulorum famularumque tuarum, illorum et illarum, et omnium circumadstantium quorum tibi fides cognita est et nota deuotio, pro quibus tibi offerimus, uel qui tibi offerunt hoc sacrificium laudis, pro se suisque omnibus, pro redemptione animarum suarum, pro spe salutis et incolumitatis suae, tibi reddunt uota sua aeterno deo uiuo et uero.

/f. 62v

334 [2]Communicantes et memoriam uenerantes, inprimis gloriose semper uirginis mariae genetricis dei et domini nostri ihesu christi, sed et beatorum apostolorum et martyrum tuorum, Petri, Pauli, Andreae, Iacobi, Iohannis, Thomę, Iacobi, Philippi, Bartholomei, Matthei, Symonis et taddei, Lini, Cleti, Clementis, Syxti, Cornelii, Cypriani, Laurentii, Chrisogoni, Iohannis et pauli, Cosme et damiani. Et omnium sanctorum tuorum, quorum meritis precibusque concedas, ut in omnibus protectionis tuae / muniamur auxilio. Per christum dominum nostrum.

/f. 63r

335 Hanc igitur oblationem seruitutis nostrae, sed et cunctę familiae tuae. Quesumus domine ut placatus accipias. Diesque nostros in tua pace disponas, atque ab aeterna damnatione nos eripi, et in electorum tuorum iubeas grege numerari. Per christum dominum nostrum.

---

[1] The interlinear crosses throughout the Canon are in red and by the original scribe unless otherwise indicated.
[2] Initial letters of saints' names in red.

336 Quam oblationem tu deus in omnibus quesumus benedictam, adscriptam, ratam, rationabilem acceptabilemque facere digneris, ut nobis corpus et sanguis[1] fiat dilectissimi filii tui domini dei nostri ihesu christi. Qui pridie quam pateretur, accepit panem in sanctas ac uenerabiles manus suas et eleuatis oculis in caelum ad te deum patrem suum omnipotentem, tibi gratias agens, benedixit, fregit, dedit discipulis suis dicens. Accipite et manducate ex hoc omnes, hoc est enim corpus meum. Simili modo posteaquam caenatum est, accipiens et hunc preclarum calicem in sanctas ac uenerabiles manus suas, item tibi gratias agens, benedixit, dedit discipulis suis dicens. Accipite / et bibite ex eo omnes. Hic est /f. 63v enim calix sanguinis mei noui et aeterni testamenti, misterium fidei, qui pro uobis et pro multis effundetur in remissionem peccatorum.

337 Haec quotienscumque feceritis in mei memoriam facietis. Vnde et memores domine nos tui serui, sed et plebs tua sancta christi filii tui domini dei nostri, tam beate passionis, necnon et ab inferis resurrectionis, sed et in caelos gloriose ascensionis, offerimus praeclare maiestati tuae de tuis donis ac datis. Hostiam puram, hostiam sanctam. Hostiam inmaculatam, panem sanctum uitae aeternae, et calicem salutis perpetuae. Supra quae propitio ac sereno uultu respicere digneris, et accepta habere, sicuti accepta habere dignatus es munera pueri tui iusti abel, et sacrificium patriarchae nostri abrahe, et quod tibi obtulit summus sacerdos tuus melchisedech, sanctum sacrificium immaculatam hostiam.

338 Supplices te rogamus omnipotens deus, iube haec per/ferri per /f. 64r manus sancti angeli tui in sublime altare tuum, in conspectu diuine maiestatis tuae, ut quodquot ex hac altaris participatione sacrosanctum filii tui corpus et sanguinem sumpserimus, omni benedictione caelesti, et gratia repleamur. Per eundem christum.

339 Memento etiam domine famulorum famularumque tuarum, illorum et illarum, qui nos praecesserunt cum signo fidei, et dormiunt in somno pacis. Ipsis et omnibus domine in christo quiescentibus, locum refrigerii lucis et pacis, ut indulgeas deprecamur. Per eundem christum.

---

[1] Interlinear cross added by a later scribe.

340 [1]Nobis quoque peccatoribus famulis tuis de multitudine miserationum tuarum sperantibus, partem aliquam et societatem donare digneris, cum tuis sanctis apostolicis ac martyribus. Cum iohanne, Stephano, Mathia, Barnaba, Ignatio, Alexandro, Marcellino, Petro, Felicitate, Perpetua, Agatha, Lucia, Agnę, Cecilia, Anastasia, et cum omnibus sanctis tuis. Intra quorum nos consortium non aestimator / meriti, sed ueniae quesumus largitor admitte. Per /f. 64v christum.

341 Per quem haec omnia domine semper bona creas, sanctificas, uiuificas, benedicis, et praestas nobis. Per ipsum. Et cum ipso. Et in ipso. Est. Tibi deo patri omnipotenti. In unitate spiritus sancti. Omnis honor et gloria. Per omnia sęcula seculorum. R. Amen.

342 OREMVS. Praeceptis salutaribus moniti et diuina institutione formati, audemus dicere. Pater noster qui es in caelis, sanctificetur nomen tuum, adueniat regnum tuum, fiat uoluntas tua sicut in caelo et in terra. Panem nostrum cotidianum da nobis hodie, et dimitte nobis debita nostra, sicut et nos dimittimus debitoribus nostris, et ne nos inducas in temptationem. R. Sed libera nos a malo.

343 Libera nos quesumus domine ab omnibus malis, preteritis, presentibus, et futuris. Et intercedente beata et gloriosa semper uirgine dei genetrice maria, et beatis apostolis tuis petro et paulo atque andrea et omnibus sanctis. Da propitius pacem in diebus nostris, ut ope misericordiae tuae adiuti, et / a peccato simus /f. 65r semper liberi ab omni perturbatione securi. Per dominum nostrum ihesum christum filium tuum, qui tecum uiuit et regnat deus in unitate spiritus sancti, per omnia saecula seculorum. R. Amen.

344 [2]Pax domini sit semper uobiscum.
R. Et cum spiritu tuo.
Agnus dei qui tollis peccata mundi miserere nobis.

---

[1] Initial letters of saints' names in red.
[2] Neumed throughout.

VIII KAL. IANR. VIGILIA NATIVITATIS CHRISTI DE HORA NONA

345 [1]AN. Hodie scietis. PS. Domini est terra. R. Hodie scietis. V. Qui regis. OF. Tollite portas. CO. Reuelabitur.

346 *DEVS QVI NOS REDEMPTIONIS NOSTRAE* annua expectatione laetificas, praesta ut unigenitum tuum quem redemptorem laeti suscepimus, uenientem quoque iudicem securi uideamus, dominum nostrum ihesum christum filium tuum. Qui tecum.

347 SECRETA. Da nobis quesumus omnipotens deus, ut sicut adoranda filii tui natalitia praeuenimus, sic eius munera capiamus sempiterna gaudentes. Qui tecum uiuit.

348 [2]PRAEFATIO. VD per christum dominum nostrum. Cuius hodie faciem in confessione praeuenimus, et uoce supplici exoramus, ut superuenturae noctis / officiis nos ita peruigiles reddat, ut sinceris /f. 65v mentibus eius percipere mereamur natale uenturum. In quo inuisibilis ex substantia tua, uisibilis per carnem apparuit in nostra. Tecumque unus non tempore genitus, non natura inferior, ad nos uenit ex tempore natus. Per quem maiestatem.

349 BENEDICTIO. Omnipotens deus qui incarnatione unigeniti sui[3] mundi tenebras effugauit, et eius gloriosa[4] natiuitate hanc sacratissimam noctem inradiauit, effuget a uobis tenebras uitiorum, et inradiat corda uestra luce uirtutum. Amen.

Quique eius sacratissimę natiuitatis gaudium magnum pastoribus ab angelo uoluit nuntiari, ipse super uos benedictionis suae gratissimam imbrem infundat, atque ipso pastore uos ad aeternorum gaudiorum pascua aeterna perducat. Amen.

Et qui per eius incarnationem terrena coelestibus sociauit, internę pacis et bonę uoluntatis uos nectare repleat, et caelestis militiae consortes efficiat. Amen.

Quod ipse praestare dignetur, cuius / regnum et imperium sine /f. 66r fine permanet in saecula saeculorum. Amen.

---

[1] Cues in right margin beside collect. **345*** Exeter scribe 1 appends: *Epl. Paulus servuus. Eug. Cum esset desponsata.*
[2] Text partially neumed.
[3] *unigeniti sui* rewritten over an erasure.
[4] *et eius gloriosa* rewritten over an erasure.

Benedictio dei p$\overset{+}{\text{a}}$tris, et f$\overset{+}{\text{i}}$lii, et sp$\overset{+}{\text{i}}$ritus sancti. Et pax domini[1] sit semper uobiscum.
R. Et cum spiritu tuo.
Agnus dei.

350 AD COMPLENDVM. Da nobis domine quesumus unigeniti filii tui recensita natiuitate respirare, cuius caelesti mysterio pascimur et potamur. Per eundem.

IN NOCTE AD SANCTAM MARIAM MAIOREM

351 [2]A. Dominus dixit ad me. PS. Quare fremerunt. R. Tecum principem. V. Dixit dominus deus. AL. Dominus dixit ad me. OF. Letentur. CO. In splendoribus.

352 Deus qui in hanc sacratissimam noctem ueri luminis fecisti inlustratione clarescere, da quesumus ut cuius lucis mysteria in terra cognouimus, eius quoque gaudiis in cęlo perfruamur. Per[3].

353 SECRETA. Accepta tibi sit domine quesumus hodiernę festiuitatis oblatio, ut tua gratia largiente per haec sacrosancta commertia, in illius inueniamur forma, in quo tecum est nostra substantia. Qui tecum uiuit.

354 [4]PRAEFATIO. VD per christum dominum nostrum. Cuius diuine natiuitatis potentiam, ingenita uirtutis tuae genuit magnitudo, quem semper filium, et ante tempora aeterna genitum, quia tibi pleno atque / perfecto aeterni patris nomen non defuit praedi- /f. 66v camus. Et honore maiestate atque uirtute aequalem tibi cum sancto spiritu confitemur, et in trino uocabulo unicam credimus maiestatem. Et ideo cum angelis et archangelis. Cum thronis et dominationibus. Cumque omni militia caelestis exercitus ymnum gloriae tuae canimus sine fine dicentes: Sanctus sanctus sanctus.

---

[1] *uel eius* added above line by an Exeter (?) scribe.
[2] Cues in left margin beside collect. **351*** Exeter scribe 1 appends: `Epl.` `Apparuit gratia dei. Eug. Exiit edictum.`
[3] An Exeter scribe adds `uel qui tecum`
[4] Text partially neumed. **354*** `uel Quia per incarnati` interlined by an Exeter scribe.

355 INFRA ACTIONEM. Communicantes et noctem sacratissimam celebrantes, qua beatę mariae inteme<ra>ta[1] uirginitas huic mundo edidit saluatorem, sed et memoriam uenerantes eiusdem gloriosę semper uirginis mariae genetricis dei et domini nostri ihesu christi. Sed et beatorum apostolorum.

356 AD COMPLENDVM. Da nobis quesumus domine deus noster, ut qui natiuitatem domini nostri ihesu christi nos frequentare gaudemus, dignis conuersationibus ad eius mereamur pertinere consortium. Qui tecum.

PRIMO MANE AD SANCTAM ANASTASIAM

357 [2]Da quesumus omnipotens deus, ut qui beatę anastasiae martyris tuae sollemnia colimus, eius / apud te patrocinia sentiamus. Per.   /f. 67r

358 [3]A. Lux fulgebit. PS. Dominus regnauit decorem. R. Benedictus. V. A domino factum. AL. Dominus regnauit decorem. OF. Deus enim firmauit. CO. Exulta filia.

359 ALIA. Da nobis quesumus omnipotens deus, ut qui noua incarnati uerbi tui luce perfundimur, hoc in nostro resplendeat opere, quod per fidem fulget in mente. Per eundem dominum.

360 SECRETA. Accipe quesumus domine munera dignanter oblata, et beatae anastasiae suffragantibus meritis, ad nostrae salutis auxilium peruenire concede. Per.

361 ALIA. Munera nostra quesumus domine natiuitatis hodiernę mysteriis apta proueniant, ut sicut homo genitus idem refulsit deus, sic nobis haec terrena substantia conferat quod diuinum est. Per eundem.

362 PRAEFATIO. VD aeterne <deus>. Qui ut de hoste generis humani maior uictoria duceretur, non solum per uiros uirtutem martyrii, sed de eo etiam per feminas triumphasti. Et ideo.

---

[1] The letters *ra* added above by a later scribe.
[2] The pairs of collects, secrets and prefaces are marked for inversion with the letters B and A by an Exeter scribe.
[3] Cues in right margin beside collect. **358*** Exeter scribe 1 appends: `Epl. Apparuit benignitas. Eug. Pastores.`

363 ¹ALIA. VD aeterne deus. Quia nostri saluatoris hodie lux uera processit, quae clara nobis omnia et intellectu manifestauit et uisu. Et ideo.

364 AD COMPLENDVM. Satiasti domine familiam tuam muneribus sacris, eius quesumus semper interuentione / nos refoue cuius /f. 67v sollemnia celebramus. Per.

365 ALIA. Huius nos domine sacramenti semper natalis instauret, cuius natiuitas singularis humanam reppulit uetustatem. Per eundem.

VIII KL. IANR. NATIVITAS CHRISTI STATIO AD
SANCTVM PETRVM

366 CONCEDE QVESVMVS OMNIPOTENS DEVS *VT NOS VNIGENITI TVI* noua per carnem natiuitas liberet, quos sub peccati iugo uetusta seruitus tenet. Per eundem.

367 ²A. Puer natus est. PS. Cantate domino. R. Viderunt omnes. V. Notum fecit. AL. Dies sanctificatus. OF. Tui sunt celi. CO. Viderunt omnes.

368 SECRETA. Oblata domine munera noua unigeniti tui natiuitate sanctifica, nosque per haec a peccatorum nostrorum maculis emunda. Per eundem.

369 ³PRAEFATIO. VD aeterne deus. Quia per incarnati uerbi mysterium, noua mentis nostrae oculis lux tuae claritatis infulsit. Vt dum uisibiliter deum cognoscimus, per hunc inuisibilium amore rapiamur. Et ideo.

370 <INFRA ACTIONEM.> Communicantes *ut supra.*

---

¹ Text partially neumed.
² Cues in left margin beside collect. **367*** Exeter scribe 1 appends: *Epl. Multifariam. Eug. In principio.*
³ Text partially neumed.

371 BENEDICTIO. / Benedicat uos omnipotens deus, uestramque ad supernam excitet intentionem, qui hunc sacratissimum diem natiuitate filii sui fecit esse sollemnem. Amen. /f. 68r

Et qui eum qui panis est angelorum impresepe ecclesiae cybum fecit esse fidelium animalium, ipse uos et impresenti saeculo degustare faciat aeternorum dulcedinem gaudiorum, et in futuro perducat ad societatem aeternorum premiorum. Amen. Quique eius infantiam uilibus uoluit indui pannis, ipse uos caelestium uestimentorum induat ornamentis. Amen. Quod ipse praestare.

372 AD COMPLENDVM. Praesta quesumus omnipotens deus, ut natus hodie saluator mundi sicut diuinę nobis generationis est auctor, ita et inmortalitatis sit ipse largitor. Qui tecum uiuit.

373 AD POPVLVM. Respice nos misericors deus, et mentibus clementer humanis, nascente christo summe ueritatis lumen ostende. Per eundem.

374 ALIA ORATIO. Largire quesumus domine famulis tuis fidei, spei, et caritatis augmentum, ut qui de natiuitate filii tui / domini nostri gloriantur, et aduersa mundi te gubernante non sentiant, et quae temporaliter cęlebrare desiderant, sine fine percipiant. Per eundem. /f. 68v

375 ALIA. Deus qui per beatę mariae uirginis partum sine humana concupiscentia procreatum, in filii tui membra uenientis paternis fecisti praeiudiciis non teneri, praesta quesumus, ut huius creaturae nouitate suscepta, uetustatis antique contagiis exuamur. Per eundem dominum.

376 ALIA. Concede nobis omnipotens deus, ut salutare tuum noua caelorum luce mirabili quod ad salutem mundi hodierna festiui- tate processit, nostris semper innouandis cordibus oriatur. Per eundem.

377 ALIA. Omnipotens sempiterne deus, qui hunc diem per incarna- tionem uerbi tui et partum beatę mariae uirginis consecrasti, da populis tuis in hac celebritate consortium, ut qui tua gratia sunt redempti, tua sint adoptione securi. Per dominum.

378 ALIA. Deus qui humanę substantiae dignitatem et mirabiliter condidisti et mirabilius reformasti, da nobis quesumus eius diuinitatis esse consortes, / qui humanitatis nostrae fieri dignatus /f. 69r est particeps. Qui tecum uiuit et regnat deus.

379 ALIA. Omnipotens sempiterne deus, qui in filii tui domini nostri natiuitate tribuisti totius religionis initium perfectionemque constare, da nobis quesumus in eius portione censeri, in quo totius salutis humanę summa consistit. Qui tecum.

380 ALIA. Da quesumus domine populo tuo inuiolabilem fidei firmitatem, ut qui unigenitum tuum in tua tecum gloria sempiternum, in ueritate nostri corporis natum de matre uirgine confitentur, et a pręsentibus liberentur aduersis, et mansuris gaudiis inferantur. Per eundem.

DOMINICA I POST NATALE DOMINI

381 [1]A. Dum medium. PS. Dominus regnauit decorem. R. Speciosus. V. Eructauit. AL. Dominus regnauit decorem. OF. Deus enim firmauit. CO. Tolle puerum.

382 Deus qui salutis aeternę beatę mariae uirginitate fecunda humano generi premia praestitisti, tribuę quesumus, ut ipsam pro nobis intercedere sentiamus ex[2] quam meruimus auctorem uite suscipere. Qui tecum[3].

383 SVPER OBLATA. Muneribus nostris quesumus domine precibusque susceptis, et caelestibus nos munda mysteriis, / et /f. 69v clementer exaudi. Per.

384 [4]PRAEFATIO. VD aeterne deus. Et sursum cordibus erectis diuinum adorare mysterium, ut quod magno dei munere geritur, magnis ecclesię gaudiis celebretur. Quoniam humana conditio ueteri terrenaque lege cessante, noua celestique substantia mirabiliter restaurata profertur. Per christum.

---

[1] Cues in right margin beside collect. **381*** Exeter scribe 1 prefixes: `Epl.`
`Quanto tempore. Eug. Erat ioseph et mater.`
[2] Dotted for omission; *per* added above.
[3] *dominum* added above line.
[4] Text partially part.

385 POSTCOMMVNIO. Da nobis quesumus domine deus noster, ut qui natiuitatem domini nostri ihesu christi nos frequentare gaudemus, dignis conuersationibus ad eius mereamur pertinere consortium. Per eundem[1].

KL. IANR. OCTABAS DOMINI AD SANCTAM MARIAM

386 [2]Deus qui nobis nati saluatoris diem celebrare concedis octauum, fac nos quesumus eius perpetua diuinitate muniri, cuius sumus carnali commertio reparati. Per[3].

387 SECRETA. Praesta quesumus domine ut per haec munera quae domini nostri ihesu christi archanę natiuitatis mysterio gerimus, purificate mentis intelligentiam consequamur. Per[4].

388 / [5]A. Vultus tuus. PS. Eructauit. R. Diffusa est. V. Propter ueritatem. AL. /f. 70r
Adducentur. OF. Offerentur. CO. Simile est.

389 [6]PRAEFATIO. VD per christum dominum nostrum. Cuius hodie circumcisionis diem et natiuitatis octauum celebrantes, tua domine mirabilia ueneramur. Quia quae peperit et mater et uirgo est, qui natus est et infans et deus est. Merito caeli locuti sunt, angeli gratulati, pastores laetati, magi mutati, reges turbati, paruuli gloriosa passione coronati.
Et ideo cum angelis.

390 BENEDICTIO. Omnipotens deus, cuius unigenitus hodierna die ne legem solueret quam adimplere uenerat corporalem suscepit circumcisiónem, spiritali circumcisione mentes uestras ab omnibus uiciorum íncentiuis expurget, et suam in uos infundat benedictionem. Amen.
Et qui legem per moysen dedit ut per mediatorum nostrum

---

[1] *qui tecum* added above by an Exeter scribe.
[2] **386*** In the left margin Exeter scribe 1 gives: *Puer natus est, ut supra. Epla. Karissime apparuit gratia. Eug. Postquam consummati sunt.*
[3] *qui tecum* added by an Exeter scribe.
[4] *eundem* added by an Exeter scribe.
[5] Cues in right margin beside preface. Offertory neumed.
[6] Text partially neumed.

benedictionem daret, exuat uos mortificatione uiciorum, et faciat perseuerare in nouitate uirtutum. Amen.

Quo sic in senarii numeri perfectione in hoc saeculo uiuatis, et in septenario inter beatorum spirituum agmina requiescatis, quatinus in octauo¹ resurrectione / renouatum iubelei remissione ditati, ad /f. 70v gaudia sine fine mansura perueniatis. Amen. Quod ipse.

391 AD COMPLENDVM. Praesta quesumus domine, ut quod saluatoris nostri iterata solemnitate percepimus, perpetuae nobis redemptionis conferat medicinam. Per eundem.

DOMINICA II POST NATALE DOMINI
392 Omnipotens sempiterne deus, dirige actus nostros in beneplacito tuo, ut in nomine dilecti filii tui, mereamur bonis operibus habundare. Per eundem².

393 SECRETA. Concede quesumus domine, ut oculis tuae maiestatis munus oblatum, et gratiam nobis deuotionis optineat, et effectum beatę perhennitatis adquirat. Per dominum nostrum.

394 ³PRAEFATIO. VD per christum dominum nostrum. Qui peccato primi parentis hominem a salutis finibus exultantem, pietatis indulgentia ad ueniam uitamque reuocasti, mittendo nobis unigenitum filium tuum dominum et saluatorem nostrum. Per quem maiestatem.

395 AD COMPLENDVM. Per huius domine operationem mysterii, et uitia nostra purgentur, et iusta desideria compleantur. Per.

NON. IAN. VIGILIA EPIPHANIAE
396 / ⁴A. Lux fulgebit. PS. Dominus regnauit decorem. R. Benedictus. V. A /f. 71r domino factum. OF. Lętentur. CO. Exulta.

---

¹ Corrected to *octaua*.
² `qui tecum` added by Exeter scribe.
³ Text partially neumed.
⁴ Cues in right margin beside collect. **396*** Exeter scribe 1 appends: `Epl. Apparuit gratia dei. Eug. Defuncto herode.`

397 Corda nostra quesumus domine, uenturae festiuitatis splendor inlustret[1], quo mundi huius tenebris carere ualeamus, et perueniamus ad patriam claritatis aeternae. Per.

398 SECRETA. Tribue quesumus domine ut eum praesentibus immolemus sacrificiis et sumamus, quem uenturae sollempnitatis pia munera praeloquuntur. Per.

399 AD COMPLENDVM. Inlumina quesumus domine populum tuum, et splendore gratiae tuae cor eius semper accende, ut saluatoris mundi stella famulante manifestata natiuitas, mentibus eorum et reueletur semper et crescat. Per[2].

VIIII ID. IANR. EPYPHANIA DOMINI AD SANCTVM
PETRVM

400 [3]A. Ecce aduenit. PS. Deum iudicium. R. Omnes de Saba. V. Surge. AL. Vidimus. OF. Reges Tharsis. CO. Vidimus.

401 *DEVS QVI HODIERNA DIE VNIGENI*tum tuum gentibus stella duce reuelasti, concede propitius, ut qui iam te ex fide cognouimus, usque ad contemplandam speciem tuae celsitudinis perducemur. Per eundem dominum.

402 SECRETA. Aecclesiae tuae quesumus domine dona propitius intuere, quibus non iam aurem, thus et myrra / profertur, sed quod eisdem muneribus declaratur, immolatur, et sumitur. Per.   /f. 71v

403 [4]PRAEFATIO. VD aeterne deus. Quia cum unigenitus tuus in substantia nostrae mortalitatis apparuit, in noua nos immortalitatis suae luce reparauit. Et ideo cum angelis.

404 INFRA ACTIONEM. Communicantes et diem sacratissimum celebrantes, quo unigenitus tuus in tua tecum gloria coaeternus, in ueritate carnis nostrae uisibiliter corporalis apparuit. Sed et memoriam.

---

[1] Changed to *illustret* by a later scribe.
[2] *eundem* added by a later scribe.
[3] Cues in right margin beside collect. **400*** Exeter scribe 1 appends: L. Surge illuminare. Eug. Cum natus esset ihesus.
[4] Text partially neumed.

113

405 BENEDICTIO. Deus lumen uerum qui unigenitum suum hodierna die stella duce gentibus uoluit reuelare, sua uos dignetur benedictione ditare. Amen.

Quo exemplo magorum mystica domino ihesu christo munera offerentes, spreto antiquo hoste spretisque contagiis uitiorum, ad aeternam patriam redire ualeatis per uiam uirtutum. Amen.

Detque uobis ueram mentium innocentiam qui super unigenitum suum spiritum sanctum demontrari uoluit in columbam, aquae uirtute / mentes uestrae exerceantur ad intelligenda diuine legis archana, qua in chana galileę lympha est in uinum conuersa. Amen. Quod ipse. /f. 72r

406 AD COMPLENDVM. Praesta quesumus omnipotens deus, ut quae sollemni celebramus officio, purificate mentis intelligentia consequamur. Per.

407 AD POPVLVM. Deus inluminator[1] omnium gentium, da populis tuis perpetua pace gaudere, et illud lumen splendidum infunde cordibus nostris, quod trium magorum mentibus aspirasti. Per[2] dominum nostrum.

408 ALIA ORATIO. Omnipotens sempiterne deus fidelium splendor animarum, qui hanc solemnitatem electionis gentium primitiis consecrasti, imple mundum gloria tua, et subditis tibi populis, per luminis tui appare claritatem. Per.

409 ALIA. Concede nobis omnipotens deus, ut salutare tuum noua cęlorum luce mirabili, quod ad salutem mundi hodierna festiuitate processit, nostris semper innouandis cordibus oriatur. Per.

410 ALIA. Da nobis quesumus domine digne celebrare mysterium, / quod in nostri saluatoris infantia miraculis coruscantibus declaratur, et corporalibus incrementis manifesta designatur humanitas. Per eundem. /f. 72v

411 ALIA. Praesta quesumus omnipotens deus, ut saluatoris mundi

[1] l for *illuminator* added above by a later scribe.
[2] *Per* marked for omission.

stella duce manifestata natiuitas, mentibus nostris reueletur semper et crescat. Per eundem.

IN OCTAVAS THEOPHANIA

412 ¹Deus cuius unigenitus in substantia nostrae carnis apparuit, praesta quesumus, ut per eum quem similem nobis foris agnouimus, intus reformari mereamur. Per eundem².

413 SECRETA. Hostias tibi domine pro nati tui filii apparitione deferimus, suppliciter exorantes, ut sicut ipse nostrorum auctor est munerum, ipse sit misericors et susceptor, ihesus christus dominus noster. Qui tecum.

414 AD COMPLENDVM. Caelesti lumine quesumus domine semper et ubique nos praeueni, ut mysterium cuius nos participes esse uoluisti, et puro cernamus intuitu, et digno percipiamus effectu. Per.

415 AD POPVLVM. Inlumina³ domine quesumus populum tuum, et splendore gloriae tuae cor eius semper / accende, ut saluatorem /f. 73r suum et incessanter agnoscat, et ueraciter adprehendat⁴. Per.

DOMINICA I POST EPHYPHANIA DOMINI

416 ⁵A. In excelso throno. PS. Iubilate deo. R. Benedictus. V. Suscipiant. AL. Iubilate. OF. Iubilate deo omnis terra. CO. Fili quid fecisti.

417 Vota quesumus domine supplicantis populi caelesti pietate prosequere, ut et quae agenda sunt uideant, et ad implenda quae uiderint conualescant. Per dominum.

---

¹ **412*** In the left margin Exeter scribe 1 gives: *Ecce aduenit, ut supra. L. Domine deus meus. Eu. Vidit iohannes.*
² *qui tecum* added above by an Exeter scribe.
³ *l* for *illumina* added above by a later scribe.
⁴ *p* for *apprehendat* added above by a later scribe.
⁵ Cues in right margin beside collect. **416*** Exeter scribe 1 appends: *Epla. Obsecro uos per misericordiam. Eug. Cum factus esset ihesu.*

418 SECRETA. Oblatum tibi domine sacrificium, uiuificet nos semper et muniat. Per dominum.

419 PRAEFATIO. VD aeterne deus. Quia notam fecisti impopulis misericordiam tuam, et salutare tuum cunctis gentibus declarasti. Hodiernum eligens diem, in quo ad adorandam ueri regis infantiam, excitatos de remotis partibus magos, clarior ceteris sideribus stella perduceret, et caeli ac terrae dominum corporaliter natum, radio suae lucis ostenderet. Et ideo.

420 AD COMPLENDVM. Supplices te rogamus omnipotens deus, ut quos tuis reficis sacramentis, tibi etiam placitis moribus dignanter deseruire concedas. Per dominum nostrum.

DOMINICA II POST EPYPHANIA DOMINI

421 / ¹Omnipotens sempiterne deus, qui caelestia simul et terrena /f. 73v
moderaris, supplicationes populi tui clementer exaudi, et pacem tuam nostris concede temporibus. Per dominum nostrum.

422 SVPER OBLATA. Oblata domine munera sanctifica, nosque per haec a peccatorum nostrorum maculis emunda. Per.

423 PRAEFATIO. VD aeterne deus. Semperque uirtutes et laudes tuas, labiis exultationis effari, qui nobis ad releuandos istius uitae labores, diuersa donorum tuorum solatia et munerum salutarium gaudia contulisti, mittendo nobis ihesum christum filium tuum dominum nostrum. Per quem maiestatem.

424 AD COMPLENDVM. Augeatur in nobis domine quesumus tuae uirtutis operatio, ut diuinis uegetati sacramentis, ad eorum promissa capienda, tuo munere preparemur. Per.

425 AD POPVLVM. Auxiliare domine populo tuo, ut sacrę deuotionis proficiens incrementis, et tuo semper munere gubernetur, et ad redemptionis aeterne pertineat, te ducente consortium. Per.

---

¹ **421*** In the left margin Exeter scribe 1 gives the cue: *Omnis terra*.

116

DOMINICA III POST EPYPHANIA DOMINI

426 [1]Omnipotens sempiterne deus, infirmitatem nostram / propitius respice, atque ad protegendum nos, dexteram tuae maiestatis extende. Per. /f. 74r

427 [2]A. Omnis terra. PS. Iubilate deo uniuersa. R. Misit dominus. V. Confiteantur. AL. Laudate dominum. OF. Iubilate deo uniuersa. CO. Dicit dominus.

428 SECRETA. Haec hostia domine quesumus emundet nostra delicta, et sacrificium celebrandum, subditorum tibi corpora mentesque sanctificet. Per.

429 PRAEFATIO. VD aeterne deus. Et te in omni tempore conlaudare et benedicere, quia in te uiuimus, mouemur et sumus. Et nullum tempus nullumque momentum est, quod a beneficiis pietatis tuae uacuum transigamus. Variis etenim sollemnitatum causis, salutarium nobis operum tuorum et munerum memoria, presentis uite tempora exornant. Vnde et nos uel innouante laetitia preteriti gaudii, uel per manentis boni tempus agnoscentes, indefessas maiestati tuae grates exsoluimus. Per christum.

430 AD COMPLENDVM. Quos tantis domine largiris uti mysteriis, quesumus ut effectibus eorum, ueraciter aptare digneris. Per dominum nostrum.

431 AD POPVLVM. Adsit domine quesumus propitiatio tua populo supplicanti, ut quod te inspirante expleuit, tua celeri / largitate percipiat. Per. /f. 74v

DOMINICA IIII POST EPYPHANIA DOMINI

432 Deus qui nos in tantis periculis constitutos, pro humana scis fragilitate non posse subsistere, da nobis salutem mentis et corporis, ut ea quae pro peccatis nostris patimur, te adiuuante uincamus. Per dominum nostrum.

---

[1] **426*** In the right margin Exeter scribe 1 gives the cue: *Adorate deum.*
[2] Cues in right margin beside secret. **427*** Exeter scribe 1 appends: *Epla. Habentes donationes. Eug. Nuptię factę sunt.*

117

433 SVPER OBLATA. Concede quesumus omnipotens deus, ut huius sacrificii munus oblatum, fragilitatem nostram ab omni malo purget semper et muniat. Per.

434 PRAEFATIO. VD aeterne deus. Qui genus humanum praeuaricatione sua in ipsius originis radice dampnatum, per florem uirginalis uteri reddere dignatus es absolutum. Et hominem quem unicum creaueras, per filium tuum deum et hominem recreares. Vt diabolus qui adam in fragili carne deuicerat, conseruata iustitia, a deo carne uinceretur assumpta. Per quem.

435 AD COMPLENDVM. Munera tua deus[1] a delectationibus terrenis expediant, et caelestibus semper instruant alimentis. Per.

436 AD POPVLVM. Porrige dexteram tuam quesumus domine plebi tuę, tuam misericordiam postulanti, per quam et errores / declinet /f. 75r humanos, et solatia uitę mortalis accipiat, et sempiterna gaudia comprehendat. Per.

DOMINICA V POST EPYPHANIA DOMINI
437 [2]A. Adorate deum. PS. Dominus regnauit exultet. R. Timebunt gentes. V. Quoniam ędificauit. AL. Dominus regnauit exultet. OF. Dextera domini. CO. Mirabantur.

438 Familiam tuam quesumus domine continua pietate custodi, ut quae in sola spe gratiae caelestis innititur, tua semper protectione muniatur. Per.

439 SECRETA. Hostias tibi domine placationis offerimus, ut et delicta nostra miseratus absoluas, et nutantia corda tu dirigas. Per dominum.

440 PRAEFATIO. VD aeterne deus. Et tibi hanc immolationis hostiam offerre, quę est salutifera, et ineffabile diuinę gratiae sacramentum. Quae offertur a plurimis, et unum christi corpus, sancti spiritus infusione perficitur. Singuli accipiunt christum dominum,

---

[1] *nos* added above the line by the original scribe.
[2] Cues in right margin beside collect. **437*** Exeter scribe 1 appends: *Epla. Nolite esse prudentes. Eug. Cum descendisset ihesus.*

118

et in singulis portionibus totus est, nec per singulos minuitur, sed integrum se prebet in singulis. Propterea ipsi qui sumimus communionem huius sancti panis et calicis, unum christi corpus efficimur. Per ipsius itaque maiestatem te supplices exoramus, ut nos ab omnibus emundes contagiis uetustatis, et in nouitate uitę perseuerare concedas. Per christum.

441 / <AD COMPLENDVM>. Quesumus omnipotens deus ut illius /f. 75v salutaris capiamus effectum, cuius per hęc mysteria pignus accepimus. Per.

442 AD POPVLVM. Adesto domine populis tuis in tua protectione confidentibus, et tuae se dexterę suppliciter inclinantes, perpetua defensione conserua. Per.

DOMINICA VI POST EPYPHANIA
443 Conserua populum tuum deus, et tuo nomini fac deuotum, ut diuinis subiectus officiis, et temporalia uiriliter et aeterna dona percipiat. Per dominum nostrum ihesum christum.

444 SECRETA. Haec nos oblatio deus mundet quesumus et renouet, et gubernet et protegat. Per dominum.

445 PRAEFATIO. VD aeterne deus. Ad cuius immensam pertinet gloriam, ut non solum mortalibus tua pietate succurreres, sed de ipsa etiam mortalitate nostra, nobis remedium prouideres, et perditos quosque unde perierant inde saluares. Per christum.

446 AD COMPLENDVM. Caelestibus[1] pasti deliciis, quesumus ut semper eadem per quae ueraciter uiuimus, appetamus. Per.

447 AD POPVLVM. Adesto domine fidelibus tuis, et quibus suppli-candi tribuis miseratus affectum. Concede / benignissime con- /f. 76r solationis auxilium. Per.

IN VIG<ILII>S FESTIVITATVM SANCTĘ MARIĘ
448 Praesta quesumus omnipotens deus, ut beatę mariae semper

---

[1] *domine* added above by a later scribe.

uirginis frequentata sollemnitas, et prẹsentis uitẹ remedia conferat, et premia nobis aeterna concedat. Per.

449 SVPER OBLATA. Grata tibi sint domine munera quibus beatẹ mariae semper uirginis superuenientem praeuenimus festiuitatem. Per.

450 AD COMPLENDVM. Da nobis quesumus misericors deus, ipsius superueniente festiuitate uegetari, cuius integra uirginitate salutis nostrae auctorem suscepimus. Qui tecum.

IIII NON. FEBR. PVRIFICATIO SANCTAE MARIAE
451 COLLECTA AD SANCTVM ADRIANVM. Erudi quesumus domine plebem tuam, et quae extrinsecus annua tribuis deuotione uenerari, interius assequi gratiae tuae luce concede. Per dominum.

452 ¹STATIO AD SANCTAM MARIAM MAIOREM. *OMNI-POTENS SEMPITERNE DEVS, MAIESTA*tem tuam supplices exoramus, ut sicut unigenitus filius tuus hodierna die / cum /f. 76v nostrae carnis substantia in templo est praesentatus, ita nos facias purificatis tibi mentibus praesentari. Per eundem.

453 ²SECRETA. Exaudi domine preces nostras et ut digna sint munera quae oculis tuae maiestatis offerimus, subsidium nobis tuae maiestatis impende. Per.

454 PRAEFATIO. VD aeterne deus. Quia cum unigenitus tuus³ in substantia nostrae mortalitatis apparuit, in noua nos inmortalitatis suae luce reparauit. Et ideo cum angelis.

455 BENEDICTIO. Omnipotens deus qui unigentum suum hodierna

---

¹ **452*** In the right margin Exeter scribe 1 gives: *Suscepimus deus. Ps. Magnus dominus. Gr. Suscepimus. V. Sicut audiuimus. Al. Aue maria. Tr. Gaude maria. Of. Aue maria. Com. Responsum*. All but the offertory and communion neumed.
² **452**** In the left margin Exeter scribe 1 gives: *Epla. Ego quasi uitis. Eug. Postquam impleti sunt.*
³ **454*** Exeter scribe 1 supplies interlinearly: *uel Quia per incarnati uerbi misterium.*

die in assumpta carne in templo uoluit praesentari, benedictionis suae uos munere fultos, bonis operibus faciat exornari. Amen. Et qui eum ut legem adimpleret ministrum uoluit effici legis, mentes uestras instruat legis spiritalibus documentis. Amen. Quo ei et pro turturibus castitatis seu caritatis munera offerre ualeatis, et pro pullis columbarum spiritus sancti donis exuberetis. Amen. Quod ipse praestare dignetur.

456 AD COMPLENDVM. / Quesumus domine deus noster, ut sacro- /f. 77r
sancta mysteria quae pro reparationis nostrae munimine contulisti, intercedente beata semper uirgine maria, et praesens nobis
remedium esse facias et futurum. Per dominum nostrum.

457 AD POPVLVM. Perfice in nobis quesumus domine gratiam tuam qui iusti symeonis expectationem implesti, ut sicut ille mortem non uidit priusquam christum dominum nostrum uidere merere-tur. Ita et nos uitam obtineamus aeternam. Per eundem.

VIII KL. APRIL. ADNVNTIATIO SANCTAE MARIAE
458 COLLECTA. Deus qui beatae uirginis utero uerbum tuum angelo nuntiante carnem suscipere uoluisti, praesta supplicibus tuis, ut qui uere eam genetricem dei credimus, eius apud te inter-cessionibus adiuuemur. Per eundem.

459 [1]AD MISSAM. *DEVS QVI HODIERNA DIE VERBVM TVVM* beatae uirginis aluo coadunare uoluisti, fac nos ita conceptionis ipsius sacramenta peragere, ut tibi placere ualeamus. Per eundem.

460 /[2]A. Rorate celi. PS. Celi enarrent[3]. R. Diffusa est. V. Propter ueritatem[4]. /f. 77v
TRC. Qui regis. V. Qui sedes super. V. Beniamin. V. Excita domine. OF.
Aue maria. CO. Ecce uirgo.

---

[1] **460*** In the margin Exeter scribe 1 writes: *Of. Rorate cẹli. V. Celi enarrent. L. Locutus est dominus ad achaz. Gr. Qui sedes domine. Tr. Aue maria. Eugl. Missus est angelus gabriel. Of. Aue maria gratia. Com. Ecce uirgo.*
[2] Cues in left margin beside secret.
[3] **460**** Exeter scribe 1 adds: *uel Qui sedes domine.*
[4] **460***** Exeter scribe 1 adds: *uel Aue maria.*

461 SECRETA. In mentibus nostris domine uere fidei sacramenta confirma, ut qui conceptum de uirgine deum uerum et hominem confitemur, per eius salutifere resurrectionis potentiam, ad aeternam mereamur peruenire laetitiam. Per eundem.

462 PRAEFATIO. VD aeterne deus. Qui per beatę marie uirginis partum ęcclesiae tuae tribuisti celebrare mirabile mysterium, et inenarrabile sacramentum. In qua manet intacta castitas, pudor integer, firma constantia. Quae laetatur quod uirgo concepit, quod caeli dominum castis portauit uisceribus quod uirgo edidit partum. O admirandum diuinae dispensationis operationem, quae uirum non cognouit, et mater est, et post filium uirgo est. Duobus enim gauisa est muneribus, miratur quod uirgo peperit, laetatur quod redemptorem mundi edidit, ihesum christum dominum nostrum. Per quem.

463 AD COMPLENDVM. Gratiam tuam domine mentibus nostris infunde, ut qui angelo nuntiante christi filii tui incarnationem cognouimus, per passionem eius et crucem, / ad resurrectionis gloriam perducamur. Per eundem. /f. 78r

464 AD POPVLVM. Protege domine famulos tuos subsidiis pacis, et beatę mariae patrociniis confidentes, a cunctis hostibus redde securos. Per.

465 ALIA. Beatae et gloriosę semperque uirginis dei genetricis mariae nos domine quesumus merita prosequantur, et tuam nobis indulgentiam semper implorent. Per eundem dominum nostrum.

466 ALIA. Porrige nobis deus dexteram tuam et per intercessionem beatae et gloriosę semperque uirginis mariae, auxilium nobis superne uirtutis impende. Per eundem.

DOMINICA IN SEPTVAGESIMA AD SANCTVM LAVRENTIVM

467 [1]A. Circumdederunt. PS. Diligam te domine. R. Adiutor in

---

[1] Cues in right margin beside collect. **467*** Exeter scribe 1 appends: Epla. Nescitis quod hii qui in stadio. Eug. Simile est regum cęlorum.

opportunitatibus. V. Quoniam non in finem. TRC. De profundis. V. Fiant
aures. V. Si iniquitates. V. Quia apud te. OF. Bonum est confiteri. CO.
Inlumina faciem.

468 *PRAECES POPVLI TVI QVESVMVS DOMINE CLE*menter
exaudi, ut qui iuste pro peccatis nostris affligimur, pro tui nominis
gloria, misericorditer liberemur. Per dominum nostrum ihesum
christum.

469 SVPER OBLATA. Muneribus nostris quesumus domine precibusque susceptis, et caelestibus nos munda mysteriis, et clementer
exaudi. Per.

470 PRAEFATIO. / VD aeterne deus. Quia per ea conspiciuntur /f. 78v
instruimur, quibus modis ad inuisibilia tendere debeamus. Denique
commonemur anni ducente successu, de praeteritis ad futura, de
uetustate in nouitatem uitę transire. Vt terrenis sustentationibus
expediti, caelestis doni capiamus desiderabilius ubertatem. Et per
cybum qui beneficiis pręrogatur alternis, perueniamus ad uictum
sine fine mansurum, ihesum christum dominum nostrum. Per
quem maiestatem tuam.

471 AD COMPLENDVM. Fideles tui deus perpetuo dono[1] firmentur,
ut eadem et percipiendo requirant, et quaerendo sine fine percipiant. Per dominum.

472 AD POPVLVM. Deus qui per ineffabilem obseruantiam sacramenti famulorum tuorum praeparas uoluntates, donis gratiae tuae
corda nostra purifica, ut quod sancta est deuotione tractandum,
sinceris mentibus exsequamur. Per.

DOMINICA IN SEXAGESIMA AD SANCTVM PAVLVM
473 Deus qui conspicis quia ex nulla nostra actione confidimus.
Concede propitius ut contra aduersa omnia doctoris gentium
protectione / muniamur. Per dominum nostrum. /f. 79r

---

[1] *per tua dona* added above by an Exeter scribe.

474 ¹A. Exurge quare. PS. Deus auribus. R. Sciant gentes. V. Deus meus pone. TRC. Commouisti. V. Sana contritiones. V. Vt fugiant. OF. Perfice. CO. Introibo.

475 SECRETA. Oblatum tibi domine sacrificium, uiuificet nos semper et muniat. Per dominum.

476 PRAEFATIO. VD aeterne deus. Qui rationabilem creaturam ne temporalibus dedita bonis, ad praemia sempiterna non tendat. Ea dispensatione dignaris erudire ut nec castigatione deficiat, nec prosperitatibus insolescat. Sed hoc potius fiat eius gloriosa deuotio, quod nullis aduersitatibus obruta superetur. Per christum dominum nostrum.

477 AD COMPLENDVM. Supplices te rogamus omnipotens deus, ut quos tuis reficis sacramentis, tibi etiam placitis moribus dignanter deseruire concedas. Per.

478 AD POPVLVM. Rege quesumus domine populum tuum, et gratiae tuae in eo dona multiplica, ut ab omnibus liber offensis, et temporalibus non destituatur auxiliis, et sempiternis gaudeat institutis. Per.

DOMINICA IN QVINQVAGESIMA AD SANCTVM PETRVM

479 Praeces nostras quesumus domine clementer exaudi, atque a peccatorum uinculis absolutos, ab omni nos aduersitate custodi. Per.

480 SVPER OBLATA. / Haec hostia domine quesumus emundet /f. 79v nostra delicta, et \<ad\> sacrificium celebrandum, subditorum tibi corpora mentesque sanctificet. Per dominum.

481 ²A. Esto mihi. PS. In te domine. R. Tu es deus qui facis. V. Liberasti.

---

¹ Cues in right margin beside secret. **474*** Exeter scribe 1 appends: `Epla. Libenter suffertis insipientes. Eug. Cum turba plurima.`
² Cues in left margin beside secret. **481*** Exeter scribe 1 appends: `Epla. Si linguis hominum loquar. Eug. Assumpsit ihesus .xii.`

TRC. Iubilate. V. Intrate. V. Ipse fecit. OF. Benedictus. CO. Manducauerunt.

482 PRAEFATIO. VD aeterne deus. Et maiestatem tuam cernua deuotione exorare, ut modulum terrenę fragilitatis aspiciens, non in ira tua pro nostra prauitate nos arguas, sed inmensa clementia purifices, erudias consoleris. Qui cum sine te nihil possumus facere quod tibi sit placitum, tua nobis gratia sola praestabit, ut salubri conuersatione uiuamus. Per christum dominum.

483 AD COMPLENDVM. Quesumus omnipotens deus, ut qui caelestia alimenta percepimus, per haec contra omnia aduersa muniamur. Per dominum.

484 AD POPVLVM. De multitudine misericordiae tuae domine populum tibi protege confidentem, et corporaliter gubernatum, pię mentis affectum, tuis muneribus assequendis effice promtiorem. Per.

FERIA IIII CAPVT IEIVNII AD SANCTAM ANASTASIAM
485 *Ordo agentibus publicam penitentiam, suscipis eum .iiii. feria mane / et cooperis eum cilicio, oresque pro eo et incluadis eum usque in coena domini.* /f. 80r

ORATIONES ET PRECES SVPER PENITENTEM
486 Exaudi domine preces nostras, et confitentium tibi parce peccatis, ut quos conscientia reatus accusat, indulgentiae tuae miserationis absoluat. Per dominum.

487 ALIA. Praeueniat hunc famulum tuum domine quesumus .ill. misericordia tua, ut omnes iniquitates eius celeri indulgentia deleantur. Per.

488 ALIA. Adesto domine supplicationibus nostris, nec sit ab hoc famulo tuo .ill. clementiae tuae longinqua miseratio, sana uulnera, eiusque remitte peccata, ut nullis a te iniquitatibus separatus, tibi semper domino ualeat adherere. Per.

489 ALIA. Domine deus noster qui offensione nostra non uinceris, sed satisfactione placaris, respice quesumus ad hunc famulum tuum .ill. qui se tibi peccasse grauiter confitetur, tuum est ablutionem criminum dare, et ueniam praestare peccantibus, qui dixisti pęnitentiam te malle peccatorum quam mortem, / concede ergo domine hoc ut tibi paenitentiae excubias celebret, et correctis actibus suis, conferri sibi a te sempiterna gaudia gratuletur. Per.

/f. 80v

490 *Tunc iubeat sacerdos penitentem surgere secum, et fixis genibus decantent istos psalmos*: Domine ne in ira tua .ii. Benedic anima mea .i. usque renouabitur sicut aquile iuuentus tua. Miserere mei deus .i. Deus in nomine tuo. Quid gloriaris usque uidebunt iusti et timebunt. *Deinde kyrrie eleison*. Pater noster. Ego dixi domine miserere. Conuertere domine. Fiat misericordia tua. Inlustra faciem tuam. Delicta iuuentutis meae. Secundum misericordia<m> tuam. Saluum fac seruum tuum .ill. Mitte ei domine auxilium. Domine exaudi orationem meam.

491 OREMVS. Deus cuius indulgentia nemo non indiget, memento famuli tui .ill. et qui lubrica terrenaque corporis fragilitate nudatus[1] in multis deliquid, quesumus ut des ueniam confitenti parce supplici, ut qui nostris meritis accusamur tua miseratione, saluemur. Per.

492 / *Et sacerdos benedicat oret et dicat*: Omnipotens deus qui dixit, qui me confessus fuerit coram hominibus confitebor et ego illum coram patre meo, ille te benedicat et custodiat semper, detque tibi remissionem omnium peccatorum tuorum et uitam aeternam. R. Amen.

/f. 81r

493 *Et si homo intellectuosus est, da ei consilium ut ueniat ad te statuto tempore, aut ad alium sacerdotem in caena domini, ut reconcilietur ab eo, quia quod manens in corpore, consecutus non fuerit hoc est reconciliationem, exutus carne consequi non poterit.*

FERIA IIII

494 COLLECTA AD SANCTAM ANASTASIAM. Concede nobis domine quesumus praesidia militiae christianae sanctis inchoare

---

[1] *g* for *nugatus* added above by a later scribe.

ieiuniis, ut contra spiritales nequitias pugnaturi, continentiae muniamur auxiliis. Per.

495 [1]A. Misereris. PS. Miserere ii. R. Miserere. V. Misit de celo. OF. Exaltabo te. CO. Qui meditabitur.

496 AD MISSAM AD SANCTAM SAVINAM. Pręsta domine fidelibus tuis, ut ieiuniorum ueneranda sollemnia, et congrua pietate suscipiant, et secura deuotione percurrant. Per dominum nostrum.

497 SVPER OBLATA. / Fac nos domine quesumus his muneribus offerendis conuenienter aptari, quibus ipsius uenerabilis sacramenti, uenturum celebramus exordium. Per. /f. 81v

498 PRAEFATIO. VD aeterne deus. Qui corporali ieiunio uitia comprimis, mentem eleuas, uirtutem largiris et premia. Per christum dominum.

499 AD COMPLENDVM. Percepta nobis domine prebeant sacramenta subsidium, ut et tibi grata sint nostra ieiunia, et nobis proficiant ad medelam. Per.

500 AD POPVLVM. Inclinantes se domine maiestati tuae propitiatus intende, ut qui diuino munere sunt refecti, caelestibus semper nutriantur auxiliis. Per dominum nostrum.

FERIA V AD SANCTVM GEORGIVM
501 [2]A. Dum clamarem. PS. Exaudi orationem. R. Iacta cogitatum. V. Dum clamarem. OF. Ad te domine. CO. Acceptabis.

502 Deus qui culpa offenderis paenitentia placaris, preces populi tui supplicantis propitiatus respice, et flagella tuae iracundiae quae pro peccatis nostris meremur auerte. Per.

---

[1] Cues in right margin beside second collect. **495*** Exeter scribe 1 appends: L. Conuertimini ad me. Eug. Cum ieiunatis.
[2] Cues in left margin beside collect. **501*** Exeter scribe 1 appends: L. Egrotauit. ezechias. Eug. Cum introisset ihesus capharnum.

503 SECRETA. Sacrificiis praesentibus domine quesumus intende placatus, ut et deuotioni nostrae proficiant et saluti. Per dominum.

504 AD COMPLENDVM. / Caelestis doni benedictione percepta /f. 82r supplices te domine deprecamur, ut hoc idem nobis et sacramenti causa sit et salutis. Per.

505 AD POPVLVM. Parce domine parce populo tuo, ut dignis flagellationibus castigatus, in tua miseratione respiret. Per.

FER. VI AD SANCTOS IOHANNEM ET PAVLVM
506 [1]A. Audiuit dominus. V. Exaltabo te domine. R. Vnam petiit. V. Vt uideam. OF. Domine uiuifica. CO. Seruite domino.

507 Inchoata ieiunia quesumus domine benigno fauore prosequere, ut obseruantiam quam corporaliter exhibemus, mentibus etiam sinceris exercere ualeamus. Per dominum nostrum.

508 SECRETA. Sacrificium domine obseruantiae quadragesimalis offerimus, praesta quesumus ut tibi et mentes nostras reddat acceptas, et continentiae promptioris nobis tribuat facultatem. Per.

509 AD COMPLENDVM. Tribue nobis quesumus omnipotens deus ut dona caelestia quę debito frequentamus obsequio, salutaria nobis iugiter sentiamus. Per.

510 SVPER POPVLVM. Tuere domine populum tuum, et ab omnibus peccatis clementer emunda, quia nulla ei nocebit aduersitas, si nulla dominetur iniquitas. Per dominum nostrum.

SABBATO
511 / [2]A. Dum clamarem. R. supra[3]. /f. 82v

512 Adesto domine supplicationibus nostris, et concede ut hoc

---

[1] Cues in right margin beside collect. All neumed. **506*** Exeter scribe 1 appends: *L. Clama ne cessas. Eug. Audistis quia dictum est.*
[2] Cues in left margin beside collect.
[3] **511*** Exeter scribe 1 adds: *uel Audiuit dominus, ut supra, uel Si abstuleris de medio tuo. Eug. Cum sero factum esset.*

sollemne ieiunium quod animis corporibusque curandis salubriter
institutum est, deuoto seruitio celebremus. Per dominum.

513 SECRETA. Suscipe domine sacrificium cuius te uoluisti dignanter immolatione placari, praesta quesumus ut huius operatione
mundati, beneplacitum tibi nostrae mentis offeramus affectum.
Per dominum nostrum.

514 AD COMPLENDVM. Caelestis uitę munere uegetati quesumus
domine, ut quod est nobis impresenti uita mysterium, fiat aeternitatis auxilium. Per dominum.

515 SVPER POPVLVM. Da populo tuo quesumus omnipotens deus,
et aeterne promissionis gaudia quaerere, et quaesita citius
inuenire. Per.

DOMINICA INITIVM QVADRAGESIMAE AD SANCTVM
IOHANNEM IN LATERANIS

516 [1]A. Inuocauit me. PS. Qui habitat. R. Angelis suis. V. In manibus
portabunt. TRC. Qui habitat. V. Dicet domino. V. Quoniam ipse liberauit.
V. Scapulis suis. V. Scuto circumdedit. V. A sagitta uolante. V. Cadent a
latere. [2]V. Quoniam angelis suis. V. In manibus portabunt. V. Super
aspidem. V. Quoniam in me sperauit. V. Inuocauit me eripiam. OF.
Scapulis suis. CO. Scapulis suis.

517 *DEVS QVI ECCLESIAM TVAM ANNVA* quadragesimali obseruatione purificas, praesta familiae tuae ut quod a te optinere
abstinendo nititur, hoc bonis operibus exsequatur. Per dominum.

518 SVPER OBLATA. Sacrificium quadragesimalis initii sollemniter
/ immolamus, te domine deprecantes, ut cum epularum restric- /f. 83r
tione carnalium, a noxiis quoque uoluptatibus temperemus. Per
dominum.

---

[1] Cues begin in left margin beside collect. All neumed. **516*** Exeter scribe 1
prefixes: L. Hortamur uos. Eug. Ductus est ihesus.
[2] Cues continue down the right margin of fol. 83r.

519 PRAEFATIO. VD per christum dominum nostrum. Qui continuatis quadraginta diebus et noctibus, hoc ieiunium non ęsuriens dedicauit. Postea enim esuriit, non tam cybum hominum quam salutem. Nec aescarum saecularium ępulas concupiuit, sed animarum desiderauit potius sanctitatem. Cybus namque eius est redemptio populorum, cybus eius est totius bone uoluntatis affectus. Qui nos docuit operari non solum cybum qui terrenis dapibus apparatur, sed etiam eum qui diuinarum scripturarum lectione percipitur. Per quem.

520 AD COMPLENDVM. Tui nos domine sacramenti libatio sancta restauret, et a uetustate purgatos, in mysterii salutaris, faciat transire consortium. Per.

521 AD POPVLVM. Adesto domine supplicationibus nostris, et in tua misericordia confidentes, ab omni nos aduersitate custodi. Per.

522 BENEDICTIO. Benedicat uobis omnipotens deus, qui quadrage/ /f. 83v
narium numerum in moysi et heliae, necnon et mediatoris nostri ieiunio consecrauit, concedatque uobis ita transigere presentis uitę dispensationem, ut accepto a patre familias remunerationis denario, perueniatis ad peccatorum omnium remissionem, et ad gloriosam cum sanctis omnibus resurrectionem. Amen.
Detque uobis spiritalium uirtutum inuictricia arma, quibus exemplo domini deuincere ualeatis antiqui hostis sagacissima temptamenta. Amen.
Qui non in solo pane uiuit homo, sed in omni uerbo quod de ore eius procedit spiritalem sumentes alimoniam, per ieiuniorum obseruationem et ceterorum bonorum operum exhibitionem, percipere mereamini inmarcescibilem gloriae coronam. Amen.
Quod ipse praestare.

523 AD VESPEROS. Da nobis quesumus omnipotens deus, et aeterna promissionis gaudia quęrere, et quęsita citius inuenire. Per.

FERIA II AD SANCTVM PETRVM
524 Conuerte nos deus salutaris noster, et ut nobis ieiunium quadragesimale proficiat / mentes nostras caelestibus instruę disci- /f. 84r
plinis. Per.

525 [1]A. Sicut oculi seruorum. PS. Ad te leuaui oculos. R. Protector noster. V. Domine deus uirtutum. OF. Leuabo oculos. CO. Voce mea.

526 SVPER OBLATA. Munera domine oblata sanctifica, nosque per hęc a peccatorum nostrorum maculis emunda. Per dominum.

527 PRAEFATIO. VD aeterne deus. Qui das aescam omni carni, et nos non solum carnalibus sed etiam spiritalibus escis reficis, ut non in solo pane uiuamus, sed in omni uerbo tuo uitalem habeamus alimoniam. Nec tantum epulando, sed etiam ieiunando pascamur. Nam ut dapibus et poculis corpora, sic ieiuniis et uirtutibus animę saginantur. Magnam in hoc munere salubritatem mentis ac corporis contulisti, quia ieiunium nobis uenerabile dedicasti, ut ad paradysum de quo non abstinendo cecidimus, ieiunando sollemnius redeamus. Per christum.

528 AD COMPLENDVM. Salutaris tui domine munere satiati supplices exoramus, ut cuius laetamur gustu, renouemur effectu. Per.

529 AD POPVLVM. Absolue quesumus domine nostrorum uincula peccatorum, et quicquid pro eis meremur, propitiatus auerte. Per dominum nostrum.

/ FERIA III AD SANCTAM ANASTASIAM /f. 84v

530 [2]A. Domine refugium. PS. Priusquam. R. Dirigatur. V. Eleuatio. OF. In te speraui. CO. Cum inuocarem.

531 Respice domine familiam tuam, et presta ut apud te mens nostra tuo desiderio fulgeat, quae se carnis maceratione castigat. Per.

532 SECRETA. Oblatis domine quesumus placare muneribus, et a cunctis nos defende periculis. Per.

---

[1] Cues in right margin beside collect. Introit and gradual verse neumed. **525*** Exeter scribe 1 appends: *L. Ecce ego ipse requiram. Eug. Cum uenerit filius hominis.*
[2] Cues in left margin beside the collect, some rewritten in the late tenth century. **530*** Exeter scribe 1 appends: *L. Locutus est isaias propheta. Eug. Cum intrasset ihesus iherosolimam.*

533 PRAEFATIO. VD per christum dominum nostrum. In quo ieiunantium fides additur, spes prouehitur, caritas roboratur. Ipse est enim panis uiuus et uerus, qui substantia aeternitatis et ęsca uirtutis est. Verbum enim tuum per quod facta sunt omnia, non solum humanarum mentium, sed ipse panis est angelorum. Hunc panem ministrare nobis non desinis, et ut eum indesinenter esuriamus hortaris. Cuius carne dum pascimur roboramur, et sanguine dum potamur abluimur. Per quem.

534 AD COMPLENDVM. Quesumus omnipotens deus, ut illius salutaris capiamus effectum, cuius per hęc mysterium[1] pignus accepimus. Per.

535 SVPER POPVLVM. Ascendant ad te domine preces nostrae, et ab ecclesia tua cunctam repelle nequitiam. Per dominum.

/ FERIA IIII AD SANCTAM MARIAM MAIOREM /f. 85r

536 [2]A. Reminiscere. PS. Ad te domine leuaui. R. Tribulationes. V. Vide humilitatem. TRC. De necessitatibus. V. Ad te domine leuaui. V. Etenim uniuersi. OF. Meditabor. CO. Intellige.

537 Pręces nostras quesumus domine clementer exaudi, et contra cuncta nobis aduersantia, dexteram tuae maiestatis extende. Per.

538 ALIA. Deuotionem populi tui quesumus domine benignus intende, et qui per abstinentiam macerantur in corpore, per fructum boni operis reficiantur in mente. Per dominum nostrum.

539 SECRETA. Hostias tibi domine placationis offerimus, ut et delicta nostra miseratus absoluas, et nutantia corda tu dirigas. Per dominum.

540 PRAEFATIO. VD aeterne deus. Qui in alimentum corporis humanarum frugum copiam producere iussisti, et in alimentum animarum ieiunii nobis medicinam indidisti. Te itaque supplices

---

[1] Corrected to *mysteria* by a later scribe.
[2] Original cues erased and rewritten in the late tenth century. **536*** Exeter scribe 1 appends: L. Dixit dominus ad moysen. Item alia. Venit helias. Eug. Accesserunt ad ihesum scribę.

exoramus, ut tibi sit acceptabile ieiunium nostrum, et nos a cibis ieiunantes a peccatis absoluas. Per christum.

541 AD COMPLENDVM. Tui domine perceptione sacramenti, et a nostris mundemur occultis, et ab hostium liberemur insidiis. Per dominum.

542 SVPER POPVLVM. Mentes nostras quesumus domine lumine tuę claritatis inlustra, / ut uidere possimus quę agenda sunt, et quae recta sunt agere ualeamus. Per dominum. /f. 85v

FERIA V AD SANCTVM LAVRENTIVM FORIS MVRVM
543 [1]A. Confessio. PS. Cantate. R. Custodi me. V. De uultu tuo. OF. Inmittit. CO. Panis quem.

544 Deuotionem populi tui quesumus domine benignus intende, ut qui per abstinentiam macerantur in corpore, per fructum boni operis reficiantur in mente. Per.

545 SECRETA. Sacrificia domine quesumus propitius ista nos saluent, quę medicinalibus sunt instituta ieiuniis. Per.

546 PRAEFATIO. VD aeterne deus. Quia conpetenter atque salubriter religiosa sunt nobis instituta ieiunia, ut corporeae iucunditatis inmoderatas coherceamus inlecebras. Et terrenę delectationis insolentia refrenata, purior atque tranquillior appetitus ad caelestia contemplanda mysteria, fidelium reddatur animarum. Per christum.

547 AD COMPLENDVM. Tuorum nos domine largitate donorum, et temporalibus adtolle praesidiis, et renoua sempiternis. Per.

548 [2]AD POPVLVM. Da quesumus domine populis christianis, et quae profitentur agnoscere, et caelestę munus / diligere quod frequentant. Per. /f. 86r

---

[1] Cues in left margin beside collect. Gradual neumed. **543*** Exeter scribe 1 appends: *L. Factus est sermo domini. Eug. Dicebat ihesus ad eos.*

[2] *precamur* written in margin opposite by an Exeter scribe.

FERIA VI AD SANCTOS APOSTOLOS

549 ¹A. De necessitatibus. PS. Ad te domine leuaui. R. Saluum fac seruum. V. Auribus percipe. OF. Benedic anima. CO. Erubescant et conturbentur.

550 Esto domine propitius plebi tuae, et quam tibi facis esse deuotam, benigno refoue miseratus auxilio. Per.

551 SECRETA. Suscipe quesumus domine nostris oblata seruitiis, et tua propitius dona sanctifica. Per.

552 PRAEFATIO. VD aeterne deus. Qui ieiunii obseruatione et elemosinarum gratissima largitione, nos docuisti nostrorum consequi remedia peccatorum. Vnde tuam imploramus clementiam, ut his obseruationibus et ceteris bonorum operum exhibitionibus muniti, ea operemur quibus ad aeterna gaudia consequanda, et spes nobis suppetat et facultas. Per christum.

553 AD COMPLENDVM. Per huius domine operationem mysterii, et uitia nostra purgentur, et iusta desideria impleantur. Per dominum.

554 SVPER POPVLVM. Exaudi nos misericors deus, et mentibus nostris gratię tuae lumen ostende. Per.

SABBATO / IN XII LECTIONIBVS AD SANCTVM PETRVM   /f. 86v

555 ²A. Intret oratio. PS. Domine deus salutis. R. Iacta cogitatum. V. Dum clamarem. R. Ad dominum. V. Domine libera. R. Propitius. V. Adiuua nos. R. Protector. V. Domine deus uirtutum. *Benedictus es.* Benedicite omnia opera. Benedicite caeli domino. Benedicite angeli domini. *Ymnum dicite.* Benedicite aquae. Benedicite omnes uirtutes. Benedicite sol et luna domino. *Ymnum dicite.* Benedicite stellae caeli. Benedicite ymber et ros. Benedicite omnis spiritus domino. *Ymnum dicite.* Benedicite ignis et estus. Benedicite noctes et dies. Benedicite tenebre. *Ymnum dicite.* Benedicite frigus et cauma. Benedicite pruina et niues. Benedicite fulgura et nubes. *Ymnum dicite.* Benedicat terra domino. Benedicite montes et

---

¹ Cues in right margin beside collect. Gradual neumed. **549*** Exeter scribe 1 appends: L. Hec dicit dominus anima quę peccauerit. <Eug>. Erat dies festus iudeorum.
² Cues run down left margin of fol. 86v and down the right of fol. 87r. First gradual and last gradual verse neumed.

colles. Benedicite omnia nascentia. *Ymnum dicite.* Benedicite maria et
flumina. Benedicite fontes domino. Benedicite omnia que mouentur in
aquis domino. *Ymnum dicite.* Benedicite uolucres celi domino. Benedicite
uniuersa pecora. Benedicite filii hominum domino. *Ymnum dicite.*
Benedicat israel domino. Benedicite sacerdotes domini domino. Benedicite serui domini domino. *Ymnum dicite.* Benedicite spiritus et animae
iustorum. Benedicite sancti et humiles corde. *Ymnum dicite.* Benedicite
ananias azarias misael. *Ymnum dicite.* TRC. Laudate dominum. V.
Quoniam confirmata. OF. Domine deus salutis meae. CO. Domine deus
meus in te.

556   Populum tuum domine quesumus propitius respice, atque ab eo
flagella tuae iracundiae clementer auerte. Per dominum.

557   ALIA. Deus qui nos in tantis periculis consitutos, pro humana scis
fragilitate non posse subsistere, da nobis salutem mentis et
corporis, ut ea quae pro peccatis nostris patimur, te adiuuante
uincamus. Per.

558   ALIA. Protector noster aspice deus, ut qui malorum nostrorum
pondere premimur, percepta misericordia, libera tibi mente famulemur. Per.

559   ALIA. Adesto domine quesumus supplicationibus nostris, ut esse
te largiente mereamur et inter prospera humiles, et inter aduersa
securi. Per.

560   ALIA. Actiones nostras quesumus domine et aspirando praeueni
et ad iuuando prosequere, ut cuncta nostra operatio, et a te semper
incipiat, et per te cepta finiatur. Per dominum.

561   AD MISSAM. Deus qui tribus pueris mitigasti flammas ignium, /   /f. 87r
concede propitius ut nos famulos tuos, non exurat flamma
uitiorum. Per.

562   SECRETA. Presentibus sacrificiis domine ieiunia nostra sanctifica, ut quod obseruantia nostra profitetur extrinsecus, interius
operetur. Per dominum.

563   PRAEFATIO. VD aeterne deus. Et tuam iugiter exorare clemen-

tiam, ut mentes nostras quas conspicis terrenis affectibus prae-
grauari, medicinalibus tribuas ieiuniis exonerari, et per afflictionem
corporum, proueniat nobis robur animarum. Per christum.

564 AD COMPLENDVM. Sanctificationibus tuis omnipotens deus, et
uitia nostra curentur, et remedia nobis aeterna proueniant. Per.

565 AD POPVLVM. Ab omnibus nos quesumus domine peccatis
propitiatus absolue, ut percepta uenia peccatorum, liberis tibi
mentibus seruiamus. Per.

DOMINICA VACAT

566 ¹A. Sperent in te domine. PS. Confitebor tibi domine. R. Iustus es domine et
rectus. V. Gressus meos dirige. TRC. Confitemini domino. V. Quis
loquetur. V. Beati qui custodiunt. OF. Domine deus meus in te operaui.
CO. Custodi me domine ut.

567 Deus qui conspicis omni nos uirtute destitui, interius exteriusque
custodi, ut et ab omnibus aduersitatibus muniamur in corpore, et a
prauis cogitationibus mundemur in mente. Per.

568 SECRETA. Sacrificiis quesumus domine presentibus intende
placatus, / ut et deuotioni nostrae proficiant et saluti. Per. /f. 87v

569 PRAEFATIO. VD aeterne deus. Et maiestatem tuam suppliciter
exorare, ut mentibus nostris medicinalis obseruantiae munus
infundas. Et qui negligentibus etiam subsidium ferre non desinis,
beneficia prebeas potiora deuotis. Per christum.

570 BENEDICTIO. Omnipotens deus ieiunii ceterarumque uirtutum
dedicator atque amator, sua uos benedictione sanctificet. Amen.
Accendat in uobis pie deuotionis affectum, et prebeat supplicantibus suum benignus auditum. Amen.
Quatinus mentes uestrae sinceris purgatę ieiuniis, bonorum
omnium exuberent incrementis. Amen.
Quod ipse.

---

¹ Original cues rewritten in the late tenth century. **566*** Exeter scribe 1 adds on fol.
87v: *Epla. Fratres rogamus uos et obsecramus. Eug.
Egressus ihesus secessit.*

571 AD COMPLENDVM. Supplices te rogamus omnipotens deus, ut quos tuis reficis sacramentis, tibi etiam placitis moribus deseruire concedas. Per.

572 AD POPVLVM. Familiam tuam quesumus domine propitiatus inlustra, ut beneplacitis inherendo, cuncta quae bona sunt mereatur accipere. Per.

FERIA II AD SANCTVM CLEMENTEM

573 Praesta quesumus omnipotens deus, ut familia tua quę se / /f. 88r affligendo carne ab alimentis abstinet, sectando iustitiam a culpa ieiunet. Per.

574 [1]A. Redime me domine. PS. Iudica me domine. R. Adiutor meus. V. Confundantur. OF. Benedicam dominum. CO. Domine dominus noster.

575 SECRETA. Haec hostia domine placationis et laudis, tua nos propitiatione dignos efficiat. Per.

576 PRAEFATIO. VD aeterne deus. Et maiestatem tuam supplici deuotione deposcere, ut ieiunii nostri oblatione placatus, et peccatorum nobis concedas ueniam, et nos a noxiis liberes insidiis. Per christum.

577 AD COMPLENDVM. Haec nos communio domine purget a crimine, et caelestis remedii faciat esse consortes. Per dominum.

578 [2]AD POPVLVM. Ad esto supplicationibus nostris omnipotens deus, et quibus fidutiam sperande pietatis indulges, consuete misericordiae tribue benignus effectum. Per.

FERIA III AD SANCTAM BALBINAM

579 [3]A. Tibi dixit cor. PS. Dominus inluminatio. R. Iacta cogitatum. V. Dum clamarem. OF. Miserere mihi. CO. Narrabo omnia.

---

[1] Cues in right margin beside secret. **574*** Exeter scribe 1 appends: L. Orauit danihel ad dominum. Eug. Ego uado et queritis me.

[2] **578*** In the margin Exeter scribe 1 gives the cue: Populum.

[3] Cues in left margin beside collect. **579*** Exeter scribe 1 appends: L. Factus est sermo domini. Eug. Locutus est ihesus.

580 Perfice quesumus domine benignus in nobis obseruantiae sanctae subsidium, ut quae te auctore facienda cognouimus, te operante impleamus. Per.

581 SECRETA. Sanctificationem tuam nobis domine his mysteriis placatus operare, quae nos et a terrenis purget uitiis, et ad cęlestia dona perducat. Per.

582 PRAEFATIO. / VD aeterne deus. Qui ob animarum medelam /f. 88v ieiunii deuotione castigari corpora precepisti. Praesta quesumus ut corda nostra, ita pietatis tuae ualeant exercere mandata, ut ad tua mereamur te opitulante, peruenire promissa. Per christum.

583 AD COMPLENDVM. Vt sacris domine reddamur digni muneribus, fac nos tuis quesumus oboedire mandatis. Per.

584 AD POPVLVM. Propitiare domine supplicationibus nostris, et animarum nostrarum medere languoribus, ut remissione percepta, in tua semper benedictione laetemur. Per dominum.

FERIA IIII AD SANCTAM CECILIAM

585 [1]A. Ne derelinquas. PS. Domine ne in tuo. R. Saluum fac populum. V. Ad te domine clamaui. OF. Ad te domine. CO. Iustus dominus.

586 Populum tuum domine propitius respice, et quos ab aescis carnalibus precipis abstinere, a noxiis quoque uitiis cessare concede. Per.

587 SECRETA. Hostias domine quas tibi offerimus, propitius respice, et per haec sancta commertia, uincula peccatorum nostrorum absolue. Per.

588 PRAEFATIO. VD per christum dominum nostrum. Per quem humani generis reconciliationem, mirabili dispensatione operatus es. Pręsta quesumus ut sancto purificati ieiunio, / et tibi toto corde /f. 89r

---

[1] Cues in left margin beside collect. Gradual neumed. **585*** Exeter scribe 1 appends: L. Orauit hester ad dominum. Eug. Ascendens ihesus hierosolymam.

simus subiecti, et inter mundane prauitatis insidias, te miserante perseueremus inlesi. Per quem maiestatem.

589 AD COMPLENDVM. Sumptis domine sacramentis, ad redemptionis aeterne quesumus proficiamus augmentum. Per.

590 AD POPVLVM. Deus innocentiae restitutor et amator, dirige ad te tuorum corda seruorum, ut spiritus tui feruore concepto, et in fide inueniantur stabiles, et in opere efficaces. Per dominum nostrum.

FERIA V AD SANCTAM MARIAM TRANS TIBERIM

591 [1]A. Deus in adiutorium. PS. Auertantur. R. Propitius. V. Adiuua nos. OF. Precatus est. CO. Qui manducat.

592 Praesta nobis domine quesumus auxilium gratiae tuae, ut ieiuniis et orationibus conuenienter intenti, liberemur ab hostibus mentis et corporis. Per.

593 SECRETA. Praesenti sacrificio nomini tuo nos domine ieiunia dicanda sanctificent, ut quod obseruantia nostra profitetur exterius, interius operetur effectum. Per dominum.

594 PRAEFATIO. VD aeterne deus. Et tuam cum celebratione ieiunii pietatem deuotis mentibus obsecrare, ut qui peccatis ingruentibus malorum pondere premimur, / et a peccatis omnibus liberemur, et libera tibi mente famulemur. Per christum.   /f. 89v

595 AD COMPLENDVM. Gratia tua nos quesumus domine non derelinquat, quae nobis opem semper adquirat. Per.

596 AD POPVLVM. Adesto domine famulis tuis, et perpetuam benignitatem largire poscentibus, ut his qui te auctore et gubernatore gloriantur et congregata restaures, et restaurata conserues. Per.

---

[1] Cues in left margin beside collect. **591*** Exeter scribe 1 appends: *L. Maledictus homo. Eug. Homo quidam erat diues.*

FERIA VI AD SANCTVM VITALEM

597 [1]A. Ego autem cum. PS. Exaudi domine iustitiam. R. Ad dominum dum. V. Domine libera. OF. Domine in auxilium. COM. Tu domine seruabis.

598 Da quesumus omnipotens deus, ut sacro nos purificante ieiunio, sinceris mentibus ad sancta uentura facias peruenire. Per dominum.

599 SECRETA. Haec in nobis sacrificia deus, et actione permaneant, et operatione firmentur. Per.

600 PRAEFATIO. VD aeterne deus. Qui delinquentes perire non pateris, sed ut ad te conuertantur et uiuant hortaris. Poscimus itaque pietatem tuam, ut a peccatis nostris tuae seueritatis suspendas uindictam, et nobis optatam misericorditer tribuas ueniam. Nec iniquitatum nostrarum moleste / prouocet ad ultionem, sed /f. 90r ieiunii obseruatio et morum emendatio, te flectat ad peccatorum nostrorum remissionem. Per christum.

601 AD COMPLENDVM. Fac nos domine quesumus accepto pignore salutis aeterne sic tendere congruenter, ut ad eam peruenire possimus. Per dominum nostrum.

602 SVPER POPVLVM. Da quesumus domine populo tuo salutem mentis et corporis, ut bonis operibus inherendo, tuae semper uirtutis mereatur protectione defendi. Per.

SABBATO STATIO AD SANCTOS MARCELLINVM ET PAVLVM

603 [2]A. Lex domini inreprehensibilis. PS. Caeli enarrant. R. Bonum est confiteri. V. Ad adnuntiandum. OF. Inlumina. CO. Oportet te fili.

604 Da quesumus domine nostris effectum ieiuniis salutarem, ut castigatio carnis assumpta, ad nostrarum uegetationem transeat animarum. Per.

---

[1] Cues in left margin beside collect. **597*** Exeter scribe 1 appends: `L. Dixit ioseph fratribus suis. Eug. Dixit ihesus discipulis suis et turbis iudeorum homo quidam.`
[2] Cues in right margin beside collect. Gradual neumed. **603*** Exeter scribe 1 appends: `L. Dixit rebecca filio suo. Eug. Homo quidem habuit duos filios.`

605 SECRETA. His sacrificiis domine concede placatus, ut qui propriis oramus absolui delictis, non grauemur externis. Per.

606 PRAEFATIO. VD aeterne deus. Inluminator et redemptor animarum nostrarum, qui nos per primum adam abstinentiae lege uiolata paradyso eiectos, fortioris ieiunii remedio ad antique patrie beatitudinem per gratiam reuocasti. Nosque / pia institutione docuisti quibus obseruationibus a peccatis omnibus liberemur. Per christum.

/f. 90v

607 AD COMPLENDVM. Sacramenti tui domine diuina libatio penetrabilia nostri cordis infundat, et sui participes potenter efficiat. Per dominum.

608 [1]SVPER POPVLVM. Familiam tuam quesumus domine continua pietate custodi, ut quae in sola spe gratiae caelestis innititur caelesti etiam protectione muniatur. Per.

DOMINICA III AD SANCTVM LAVRENTIVM FORIS MVRVM

609 [2]A. Oculi mei. PS. Ad te domine. R. Exurge domine. V. In conuertendo. TRC. Ad te leuaui. V. Ecce sicut oculi seruorum. V. Et sicut oculi ancillae. V. Ita oculi nostri. V. Miserere. OF. Iustitiae domini. CO. Passer inuenit.

610 Quesumus omnipotens deus uota humilium respice, atque ad defensionem nostram, dexteram tuae maiestatis extende. Per.

611 SVPER OBLATA. Haec hostia domine quesumus mundet nostra delicta, et sacrificium cęlebrandum subditorum tibi corpora mentesque sanctificet. Per dominum.

612 PRAEFATIO. VD aeterne deus. Et te suppliciter exorare, ut cum abstinentia corporali mens quoque nostra sensus declinet inlicitos. Et quae terrena delectatione carnalibus epulis abnegamus, humanę

---

[1] **608*** In the margin an Exeter scribe gives the cue: *Imploramus*.
[2] Cues in left margin beside collect. Gradual neumed. **609*** Exeter scribe 1 appends: *Epla. Estote imitatores dei. Eug. Erat ihesus eiiciens doemonium.*

uoluntatis, prauis intentionibus amputemus. Quatinus ad sancta sanctorum fideliter salubriterque / capienda, competenti ieiunio ualeamus aptari. Tanto nobis certi propensius iugiter adfutura, quanto fuerimus eorum institutionibus gratiores. Per christum dominum nostrum. /f. 91r

613 BENEDICTIO. Omnipotens deus ieiuniorum uestrorum uictimas clementer accipiat, et sua uos benedictione dignos efficiat. Amen. Mentes uestras ita parsimonię bono contra uitia muniat, preceptorum suorum doctrinis erudiat, caritatis dono repleat, ut uos in omnibus sibi placere concedat. Amen. Quatinus pręsentis quadragesimę dies[1] deuotissime celebretis, et ad paschalia festa purificatis cordibus accedere ualeatis. Amen. Quod ipse pręstare.

614 AD COMPLENDVM. Cunctis nos domine reatibus et periculis propitiatus absolue, quos tanti mysterii tribuis esse participes. Per dominum nostrum.

615 SVPER POPVLVM. Subiectum tibi populum quesumus domine propitiatio caelestis amplificet, et tuis semper faciat seruire mandatis. Per.

FERIA II AD SANCTVM MARCVM

616 Cordibus nostris quesumus domine gratiam tuam benignus / infunde, ut sicut ab escis carnalibus abstinemus ita quoque sensus nostros a noxiis retrahamus excessibus. Per. /f. 91v

617 [2]A. In deo laudabo. PS. Miserere mihi. R. Deus uitam meam. V. Miserere mei. OF. Exaudi deus orationem. CO. Quis dabit ex.

618 SECRETA. Munus quod tibi domine, [3]seruitutis offerimus, tu salutare nobis perfice sacramentum. Per.

619 PRAEFATIO. VD aeterne deus. Et clementiam tuam cum omni

---

[1] Originally *diebus.*
[2] Cues in left margin beside secret. **617*** Exeter scribe 1 appends: *L. In diebus illis naamam princeps. Eug. Dixerunt pharisei ad ihesum.*
[3] *nostrae* added above by a later scribe.

142

supplicatione pręcari, ut per hanc ieiuniorum obseruantiam crescat nostrae deuotionis aeffectus, et nostras actiones religiosus exornet effectus. Quatinus te auxiliante et ab humanis semper retrahamur excessibus, et monitis inherere ualeamus te largiente caelestibus. Per christum.

620 ¹POSTCOMMVNIO. Praesta quesumus omnipotens et misericors deus, ut quę ore contigimus, pura mente capiamus. Per.

621 ²AD POPVLVM. Subueniat nobis domine misericordia tua, ut ab imminentibus peccatorum nostrorum periculis, te mereamur protegente saluari. Per.

FERIA III AD SANCTAM POTENTIANAM

622 Exaudi nos omnipotens et misericors deus, et continentiae salutaris, propitius nobis dona concede. Per dominum nostrum.

623 SECRETA. Per haec ueniat quesumus domine sacramenta nostrae / redemptionis effectus, qui nos et ab humanis semper retrahat /f. 92r excessibus, et ad salutaria cuncta perducat. Per dominum.

624 ³A. Ego clamaui. PS. Conserua me. R. Ab occultis meis. V. Si mei non fuerint. OF. Dextera domini. CO. Domine quis habitabit.

625 PRAEFATIO. VD aeterne deus. Qui peccantium non uis animas perire sed culpas, et peccantes non semper continuo iudicas, sed ad paenitentiam prouocatos expectas. Auerte quesumus a nobis quam meremur iram, et quam optamus super nos effunde clementiam. Vt sacro purificati ieiunio, electorum tuorum adscisci mereamur collegio. Per christum dominum nostrum.

626 POSTCOMMVNIO. Sacris domine mysteriis expiati, et ueniam consequamur et gratiam. Per.

---

¹ **620*** In the margin an Exeter scribe gives the cue: `Quos iei<unio>`.
² **621*** In the margin an Exeter scribe gives the cue: `Gratias tibi`.
³ Cues in left margin beside secret. Introit neumed. **624*** Exeter scribe 1 appends: `L. Mulier quędam clamabat. Eug. Respiciens ihesus discipulos suos.`

627 ¹SVPER POPVLVM. Tua nos domine protectione defende, et ab omni semper iniquitate custodi. Per dominum.

FERIA IIII AD SANCTVM SYXTVM

628 ²A. Ego autem in domino speraui. PS. In te domine speraui. R. Miserere mihi. V. Conturbata sunt. OF. Domine fac mecum. CO. Notas mihi fecisti.

629 Praesta nobis domine quesumus, ut salutaribus ieiuniis eruditi, a noxiis quoque uitiis abstinentes, propitiationem tuam facilius impetremus. Per.

630 SECRETA. Suscipe quesumus domine preces populi tui cum oblationibus hostiarum, et tua mysteria / celebrantes, ab omnibus /f. 92v nos defende periculis. Per.

631 PRAEFATIO. VD aeterne deus. Tuamque misericordiam suppliciter exorare, ut ieiuniorum nostrorum sacrosancta mysteria tuae sint pietati semper accepta. Concedasque ut quorum corpora abstinentiae obseruatione macerantur, mentes quoque uirtutibus et caelestibus institutis exornentur. Per christum dominum nostrum.

632 AD COMPLENDVM. Sanctificet nos domine qua pasti sumus mensę³ caelestis, et a cunctis erroribus expiatos, supernis promissionibus reddat acceptos. Per.

633 ⁴SVPER POPVLVM. Concede quesumus omnipotens deus, ut qui protectionis tuae gratiam quaerimus, liberati a malis omnibus, secura tibi mente seruiamus. Per dominum.

---

¹ **627*** In the margin an Exeter scribe gives the cue: Concede.
² Cues in right margin beside collect. Introit and gradual neumed. **628*** Exeter scribe 1 appends: L. Hęc dicit dominus deus honora patrem. Eug. Accesserunt ad ihesum ab hierosolymis.
³ Corr. to *mensa*.
⁴ **633*** In the margin an Exeter scribe gives the cue: Deus qui nos for<masti>.

FERIA V AD SANCTOS COSMAM ET DAMIANVM

634 [1]A. Salus populi. PS. Adtendite. R. Oculi omnium. V. Aperis tu. OF. Si ambulauero. CO. Tu mandasti.

635 Afflictionem familiae tuae quesumus domine intende placatus, ut indulta uenia peccatorum, de tuis semper beneficiis gloriemur. Per.

636 [2]SECRETA. Concede quesumus omnipotens deus, ut oculis tuae maiestatis munus oblatum, et gratiam nobis deuotionis obtineat, et effectum beatę perennitatis adquirat. Per.

637 / PRAEFATIO. VD aeterne deus. Et tuam inmensam clementiam /f. 93r supplici uoto deposcere, ut nos famulos tuos, et ieiunii maceratione castigatos, et ceteris bonorum exhibitionibus eruditos, in mandatis tuis facias perseuerare sinceros, et ad paschalia festa peruenire inlaesos. Sicque presentibus gaudiis consolemur, quatinus ad aeterna gaudia pertingere mereamur. Per christum.

638 AD COMPLENDVM. Sumentes domine dona caelestia, suppliciter deprecamur, ut quae sedula seruitute donante te gerimus, dignis sensibus tuo munere capiamus. Per.

639 AD POPVLVM. Subiectum tibi populum quesumus domine propitiatio caelestis amplificet, et tuis semper faciat seruire mandatis. Per dominum nostrum.

FERIA VI AD SANCTVM LAVRENTIVM IN LVCINĘ

640 [3]A. Fac mecum domine. PS. Inclina domine. R. In deo sperauit. V. Ad te domine clamaui. OF. Intende uoci. CO. Qui biberit aquam.

641 Ieiunia nostra quesumus domine benigno fauore prosequere, ut

---

[1] Cues in left margin beside collect. **634*** Exeter scribe 1 appends: *L. In diebus illis factum est uerbum domini. Eug. Surgens ihesus de synagoga.*
[2] **636*** In the margin below an Exeter scribe gives the cue: *Deus cuius gratia.*
[3] Cues in right margin beside collect. **640*** Exeter scribe 1 appends: *L. In diebus illis conuenerunt filii israel. Eug. Venit ihesus in ciuitatem samarię.*

sicut ab alimentis in corpore, ita uitiis ieiunemus in mente. Per dominum.

642 SECRETA. Respice domine propitius ad munera quę sacramus, ut et tibi grata sint, et nobis salutaria semper existant. Per.

643 PRAEFATIO. VD per christum dominum nostrum. Qui ad insinuandum / humilitatis suae mysterium, fatigatus resedit ad /f. 93v puteum, qui a muliere samaritana aquę sibi petiit porrigi potum, qui in ea creauerat fidei donum. Et ita eius sitire dignatus est fidem, ut dum ab ea aquam peteret, in ea ignem diuini amoris accenderet. Inploramus itaque tuam inmensam clementiam, ut contempnentes tenebrosam profunditatem uitiorum, et relinquentes noxiarum hydriam cupiditatum, et te qui fons uitę et origo bonitatis es semper sitiamus, et ieiuniorum nostrorum obseruatione tibi placeamus. Per quem.

644 AD COMPLENDVM. Huius nos domine perceptio sacramenti mundet a crimine, et ad caelestia regna perducat. Per.

645 AD POPVLVM. Praesta quesumus omnipotens deus, ut qui in tua protectione confidimus, cuncta nobis aduersantia te adiuuante uincamus. Per dominum nostrum.

SABBATO AD SANCTAM SVSANNAM

646 Praesta quesumus omnipotens deus, ut qui se affligendo carne ab alimentis abstinent, sectando iustitiam a culpa ieiunent. Per dominum.

647 SECRETA. Concede quesumus omnipotens deus, ut huius sacrificii / munus oblatum, fragilitatem nostram ab omni malo purget /f. 94r semper et muniat. Per.

648 [1]A. Verba mea auribus. PS. Rex meus et deus meus. R. Si ambulem. V. Virga tua. OF. Gressus meos. CO. Nemo te condemnauit.

649 PRAEFATIO. VD aeterne deus. Qui ieiunii quadragesimalis

---

[1] Cues in right margin beside secret. **648*** Exeter scribe 1 appends: L. Erat uir in babilone. Eugl. Perrexit ihesus in montem.

obseruantiam in moyse et helia dedicasti, et in unigenito filio tuo legis et prophetarum, nostrorumque omnium domino exornasti. Tuam igitur inmensam bonitatem supplices exposcimus, ut quod ille iugi compleuit ieiuniorum continuatione, nos adimplere ualeamus illius adiuti largissima miseratione. Et adimplentes ea quae precepit, dona percipere mereamur quae promisit. Per quem maiestatem.

650 AD COMPLENDVM. Quesumus omnipotens deus, ut inter eius membra numeremur, cuius corpori communicamus et sanguini. Per.

651 AD POPVLVM. Pretende domine fidelibus tuis dexteram caelestis auxilii, ut te toto corde perquirant, et quae digne postulant, consequi mereantur. Per.

DOMINICA IIII STATIO AD HIERVSALEM

652 *CONCEDE QVESVMVS OMNIPOTENS DEVS*, ut qui ex merito nostrae actionis affligimur, tuae gratiae consolatione respiremus. Per.

653 / [1]A. Laetare hierusalem. PS. Laetatus sum. R. Laetatus sum. V. Fiat pax.   /f. 94v
TRC. Qui confidunt. V. Montes in. V. Circuitu eius. OF. Laudate dominum quia. CO. Herusalem que.

654 SECRETA. Sacrificiis presentibus domine quesumus intende placatus, ut et deuotioni nostrae proficiant et saluti. Per.

655 PRAEFATIO. VD aeterne deus. Et te creatorem omnium de preteritis fructibus glorificare, et de uenturis suppliciter exorare. Vt cum de perceptis non inuenimur ingrati, de percipiendis non iudicemur indigni. Sed exhibita totiens sollemni deuotione ieiunia, cum subsidiis corporalibus profectum quoque capiamus animarum. Per christum.

656 AD COMPLENDVM. Da nobis misericors deus, ut sancta tua

---

[1] Cues in left margin beside secret. Introit, offertory and communion neumed. **653*** Exeter scribe 1 appends: L. *Scriptum est quoniam abraham. Eug. Abiit ihesus trans mare galileae.*

147

quibus incessanter explemur, sinceris tractemus obsequiis, et semper fideli mente sumamus. Per.

657 AD POPVLVM. Deus qui in deserti regione multitudinem populi tua uirtute satiasti. In huius quoque saeculi transeuntis excursu, uictum nobis spiritalem ne deficiamus impende. Per dominum nostrum.

658 BENEDICTIO. Deus qui uos ad presentium quadragesimalium dierum medietatem dignatus est perducere, ipse uos sua miseratione dignetur benedicere. Amen.
Abstinentiam uestram preteritam acceptet, futuram ita sibi placitam reddat, ut sicut ab inlicitis cibis / ita uos etiam a uitiis /f. 95r omnibus abstinere concedat. Amen.
Quo[1] de preteritis et de futuris spiritalium carismatum frugibus ei grates persoluentes, ad sanctum pascha peruenire possitis indempnes. Amen.
Quod ipse praestare dignetur.

FERIA II AD SANCTOS IIII^OR CORONATORVM
659 [2]A. Deus in nomine tuo. PS. Auribus percipe domine. R. Esto mihi in deum. V. Deus in te speraui. OF. Iubilate deo omnis terra. CO. Ab occultis meis.

660 Praesta quesumus omnipotens deus, ut obseruationes sacras annua deuotione recolentes, et corpore tibi placeamus et mente. Per dominum.

661 SECRETA. Oblatum tibi domine sacrificium, uiuificet nos semper et muniat. Per dominum.

662 PRAEFATIO. VD aeterne deus. Et tuam suppliciter misericordiam implorare, ut exercitatio ueneranda ieiunii salutaris, nos a peccatorum nostrorum maculis purgatos reddat, et ad supernorum ciuium societatem perducat. Vt et hic deuotorum actuum sumamus

---

[1] *Quod* before erasure.
[2] Cues in right margin beside collect. Offertory neumed. **659*** Exeter scribe 1 appends: *L. Venerunt due mulieres. Eug. Prope erat pascha.*

augmentum, et illic aeterne beatitudinis percipiamus emolumentum. Per christum.

663 AD COMPLENDVM. Sumptis domine salutaribus sacramentis, ad redemptionis aeterne, quesumus proficiamus augmentum. Per.

664 AD POPVLVM. Deprecationem nostram quesumus domine benignus exaudi, et / quibus supplicandi praestas affectum, tribue defensionis auxilium. Per dominum nostrum. /f. 95v

FERIA III AD SANCTVM LAVRENTIVM IN DAMASCVM

665 [1]A. Exaudi deus orationem. PS. Contristatus. R. Exurge deus fer. V. Deus auribus nostris. OF. Expectans. CO. Letabimur.

666 Sacre nobis quesumus domine obseruationis ieiunia, et pie conuersationis augmentum, et tuae propitiationis continuum praestent auxilium. Per.

667 SECRETA. Haec hostia domine quesumus emundet nostra delicta, et sacrificium celebrandum, subditorum tibi corpora mentesque sanctificet. Per dominum.

668 PRAEFATIO. VD aeterne deus. Per mediatorem dei et hominum ihesum christum dominum nostrum, qui mediante die festo accendit in templum docere, qui de caelo descendit, mundum ab ignorantiae tenebris liberare. Cuius descensus, genus humanum doctrina salutari instruit, mors a perpetua morte redemit, ascensio, ad caelestia regna perducit. Per quem te summe pater poscimus ut eius institutione edocti, salutaris parsimoniae deuotione purificati, ad tuae perueniamus promissa securi. Per quem maiestatem.

669 AD COMPLENDVM. Huius nos domine perceptio sacramenti mundet / a crimine, et ad caelestia regna perducat. Per. /f. 96r

670 AD POPVLVM. Miserere domine populo tuo, et continuis tribulationibus laborantem, propitius respirare concede. Per.

---

[1] Cues in left margin beside collect. **665*** Exeter scribe 1 appends: L. Locutus est dominus ad moysen. Eug. Iam die festo mediante.

FERIA IIII AD SANCTVM PAVLVM

671 [1]A. Dum sanctificatus. PS. Benedicam dominum. R. Venite filii audite. V. Accendite ad eum. ITEM. Beata gens cuius. V. Verbo domini caeli. OF. Benedicite gentes. CO. Lutum fecit ex puto.

672 Deus qui et iustis premia meritorum, et peccatoribus per ieiunium ueniam prebes, miserere supplicibus tuis, ut reatus nostri confessio indulgentiam ualeat percipere delictorum. Per.

673 ALIA. Praesta quesumus omnipotens deus, ut quos ieiunia uotiua castigant, ipsa quoque deuotio sancta laetificet, ut terrenis affectibus mitigatis, facilius caelestia capiamus. Per dominum nostrum.

674 SECRETA. Supplices te rogamus omnipotens deus, ut his sacrificiis peccata nostra mundentur, quia tunc ueram nobis tribuis et mentis et corporis sanitatem. Per.

675 PRAEFATIO. VD per christum dominum nostrum. Qui inluminatione suae fidei tenebras expulit mundi, et genus humanum quod primę matris uterus profuderat caecum, incarnationis suę mysterio reddidit inluminatum. Fecitque filios adoptionis, qui tenebantur uinculis iustę dampnationis. / Per ipsum te petimus ut tales /f. 96v inueniamur in eius iustissima examinatione, quales facti sumus in lauacri salutaris felicissima regeneratione. Vt eius incarnationis medicamine imbuti, sacrosancti lauacri ablutione loti, parsimonię deuotione ornati, ad ęterna gaudia perueniamus inlęsi. Per quem.

676 AD COMPLENDVM. Sacramenta quę sumpsimus domine deus noster, et spiritalibus nos repleant alimentis, et corporalibus tueantur auxiliis. Per.

677 SVPER POPVLVM. Pateant aures misericordiae tuae domine pręcibus supplicantium, et ut petentibus desiderata concedas, fac eos quę tibi sunt placita postulare. Per.

---

[1] Cues in right margin beside collect. **671*** Exeter scribe 1 appends: L. i. Sanctificabo nomen meum. L. ii. Lauamini mundi estote. Eug. Preteriens ihesus.

FERIA V AD SANCTVM SILVESTRVM

678 [1]A. Letetur cor. PS. Confitemini. R. Respice domine. V. Exurge domine.
OF. Domine adiuuandum. COM. Domine memorabor.

679 Praesta quesumus omnipotens deus, ut quos uotiua ieiunia castigant, ipsa quoque deuotio sancta laetificet, ut terrenis affectibus
mitigati, facilius caelestia capiamus. Per dominum nostrum.

680 SECRETA. Purifica nos misericors deus, ut ecclesiae tuae preces
quae tibi gratę sunt pia munera deferentes, fiant expiatis mentibus
gratiores. Per.

681 PRAEFATIO. VD aeterne deus. Cuius bonitas hominem condidit,
iusti/tia damnauit, misericordia redemit. Te humiliter exoramus, /f. 97r
ut sicut per inlicitos appetitus a beata regione decidimus, sic ad
aeternam patriam per abstinentiam redeamus. Sicque moderetur
tua miseratione nostra fragilitas, ut et transitoriis subsidiis nostra
sustentetur mortalitas, et per bonorum operum incrementa, beata
adquiratur inmortalitas. Per christum dominum nostrum.

682 AD COMPLENDVM. Caelestia dona capientes quesumus domine,
ut non ad iudicium peruenire patiaris, quod fidelibus tuis ad
remedium prouidisti. Per.

683 AD POPVLVM. Populi tui deus institutor et rector peccata quibus
aduersantur expelle, ut semper tibi placitus, et tuo munimine sit
securus. Per dominum.

FERIA VI AD SANCTVM EVSEBIVM

684 [2]A. Meditatio. PS. Caeli enarrant. R. Bonum est confiteri. V. Bonum est
sperare. OF. Populum humilem. CO. Videns dominus flentes.

685 Deus qui ineffabilibus mundum renouas sacramentis, praesta
quesumus ut ecclesia tua aeternis proficiat institutis, et temporalibus non destituatur auxiliis. Per dominum nostrum.

---

[1] Cues in left margin beside collect. **678*** Exeter scribe 1 appends: *L. Venit mulier sunamitis. Eugl. Ibat ihesus.*
[2] Cues in right margin beside collect. **684*** Exeter scribe 1 appends: *L. Egrotauit filius mulieris. Eug. Erat quidam languens lazarus.*

686 SVPER OBLATA. Munera nos domine quesumus oblata purificent, et te nobis iugiter faciant esse placatum. Per.

687 / PRAEFATIO. VD per dominum nostrum. Qui est dies aeternus, /f. 97v lux indeficiens, claritas sempiterna. Qui sic sequaces suos in luce precepit ambulare, ut noctis aeterne ualeant caliginem euadere, et ad lucis patriam feliciter peruenire. Qui per humilitatem assumpte humanitatis lazarum fleuit, per diuinitatis potentiam uitę reddidit, genusque humanum quadrifica peccatorum mole obrutum ad uitam reducit. Per quem petimus ieiunii obseruatione a peccatorum nostrorum nexibus solui, aeternę uitae felicitati reddi, et sanctorum coetibus connumerari. Per quem maiestatem.

688 AD COMPLENDVM. Haec nos quesumus domine participatio sacramenti, et propriis reatibus indesinenter expediat, et ab omnibus tueantur aduersis. Per.

689 AD POPVLVM. Da quesumus omnipotens deus, ut qui infirmitatis nostrae conscii de tua uirtute confidimus, sub tua semper pietate gaudeamus. Per dominum nostrum.

SABBATO AD SANCTVM LAVRENTIVM FORIS MVRVM
690 Fiat domine quesumus per gratiam tuam fructuosus nostrae deuotionis affectus, quia tunc nobis proderunt / suscepta ieiunia, /f. 98r si tuae sint placita pietati. Per.

691 ¹A. Sitientes uenite. PS. Adtendite. R. Tibi domine derelictus. V. Vt qui domine. OF. Factus est dominus. CO. Dominus regit me et.

692 SECRETA. Oblationibus quesumus domine placare susceptis, et ad te nostras etiam rebelles compelle propitius uoluntates. Per dominum.

693 PRAEFATIO. VD aeterne deus. Misericordiae dator, et totius bonitatis auctor, qui ieiuniis, orationibus et elemosinis, peccatorum remedia et uirtutum omnium tribuis incrementa. Te humili

---

¹ Cues in right margin beside collect. **691*** Exeter scribe 1 appends: L. In tempore placito. Eug. Dicebat ihesus turbis iudeorum ego sum lux.

deuotione precamur, ut qui ad haec agenda saluberrimam dedisti doctrinam, ad complendum indefessam tribuas efficatiam. Vt oboedienter tua exequentes precepta, feliciter tua capiamus promissa. Per christum.

694 AD COMPLENDVM. Tua nos quesumus domine sancta purificent, et operationis suae[1] perficiant esse placatos. Per.

695 SVPER POPVLVM. Deus qui sperantibus in te misereri potius eligis quam irasci, da nobis digne flere mala quae fecimus, ut tuae consolationis gratiam inuenire ualeamus. Per.

DOMINICA V DE PASSIONE DOMINI AD SANCTVM PETRVM

696 Quesumus omnipotens deus, familiam tuam propitius respice, ut te largiente regatur in / corpore, et te seruante custodiatur in mente. Per. /f. 98v

697 [2]A. Iudica me deus. PS. Emitte lucem. R. Eripe me domine. V. Liberator meus. TRC. Sepe expugnauerunt. V. Dicat nunc israel. V. Etenim non potuerunt. V. Prolongauerunt. OFF. Confitebor tibi. CO. Hoc corpus quod.

698 SECRETA. Haec munera domine quesumus et uincula nostrae prauitatis absoluant, et tuae nobis misericordiae dona concilient. Per dominum nostrum.

699 PRAEFATIO. VD aeterne deus. Maiestatem tuam propensius implorantes, ut quanto magis dies salutifere festiuitatis accedit, tanto deuotius ad eius digne celebrandum proficiamus paschale mysterium. Per christum dominum nostrum.

700 BENEDICTIO. Accendat in uobis dominus uim sui amoris, et per ieiuniorum obseruantiam, infundat in uobis donum suae benedictionis. Amen.

---

[1] *remedio* added in margin by an Exeter scribe.
[2] Cues in left margin beside collect. **697*** Exeter scribe 1 appends: *Epla. Christus assistens. Eug. In illo. Dicebat ihesus turbis.*

Sic ei parsimoniae uictimas offeratis, ut contriti ei cordis et humiliati sacrificio placeatis. Amen.

Quatinus oratio uestra, ieiunii et elemosinę alis subuecta, ita ad aures uestri conditoris ascendat, ut uos aeterne beatitudinis heredes, et supernorum ciuium consortes efficiat. Amen. Quod ipse praestare.

701 AD COMPLENDVM. Adesto nobis domine deus noster, et quos tuis mysteriis recreasti, perpetuis defende presidiis. Per dominum nostrum.

702 SVPER POPVLVM. / Da nobis domine quesumus perseuerantem /f. 99r in tua uoluntate famulatum, ut in diebus nostris et merito et numero populus tibi seruiens augeatur. Per dominum.

FERIA II AD SANCTVM CHRISSOGONVM

703 ¹A. Miserere mihi. PS. Ab altitudine. R. Deus exaudi orationem. V. Deus in nomine tuo. OF. Domine conuertere. CO. Dominus uirtutum ipse.

704 Sanctifica quesumus domine nostra ieiunia, et cunctarum nobis propitius, indulgentiam largire culparum. Per dominum nostrum.

705 SVPER OBLATA. Concede nobis domine deus noster, ut haec hostia salutaris, et nostrorum fiat purgatio delictorum, et tuae propitiatio maiestatis. Per.

706 PRAEFATIO. VD aeterne deus. Te suppliciter exorantes, ut sic nostra sanctificentur ieiunia, quo cunctorum nobis peccatorum proueniat indulgentia. Quatinus adpropinquante unigeniti filii tui passione, bonorum operum tibi placere ualeamus exhibitione. Per quem maiestatem.

707 AD COMPLENDVM. Sacramenti tui domine quesumus participatio salutaris, et purificationem nobis prebeat et medelam. Per.

708 AD POPVLVM. Da quesumus domine populo tuo salutem mentis

---

¹ Cues in right margin beside collect. Introit neumed. **703*** Exeter scribe 1 appends: L. *Factum est uerbum ad ionam. Eug. Miserunt principes et pharisei.*

et corporis, ut bonis operibus inherendo tua semper mereatur protectione defendi. Per.

/ FERIA III AD SANCTVM CYRIACVM /f. 99v

709 [1]A. Expecta dominum. PS. Dominus inluminatio. R. Discernere causam. V. Emitte lucem. OF. Sperent in te. CO. Redime nos[2] deus.

710 Nostra tibi quesumus domine sint accepta ieiunia, quae nos et expiando gratiae tuae dignos efficiant, et ad remedia aeterna perducant. Per.

711 SECRETA. Hostias tibi domine deferimus immolandas, quae temporalem consolationem significent, ut promissa certius non desperemus aeterna. Per.

712 PRAEFATIO. VD aeterne deus. Et te deuotis mentibus supplicare, ut nos interius exteriusque restaures, et parsimonia salutari a peccatorum sordibus purges. Et quos inlecebrosis delectationibus non uis inpediri, spiritalium uirtutum facias uigore muniri. Et sic in rebus transitoriis foueas, ut perpetuis inherere concedas. Per christum dominum nostrum.

713 AD COMPLENDVM. Da quesumus omnipotens deus, ut quae diuina sunt iugiter exsequentes, donis mereamur caelestibus propinquare. Per dominum nostrum.

714 AD POPVLVM. Da nobis domine quesumus perseuerantem in tua uoluntate famulatum, ut in diebus nostris et merito et numero, populus tibi seruiens augeatur. Per.

/ FERIA IIII AD SANCTVM MARCELLINVM /f. 100r

715 [3]A. Liberator meus. PS. Diligam te domine. R. Exaltabo te domine. V.

---

[1] Cues in left margin beside collect. **709*** Exeter scribe 1 appends: L. Congregati sunt babilonii. Eug. Ambulabat ihesus in galileam.
[2] me added above.
[3] Cues in right margin beside collect. Gradual and offertory neumed. **715*** Exeter scribe 1 appends: L. Locutus est dominus ad moysen. Eug. Facta sunt encenia.

Domine deus meus clamaui. OF. Eripe me de inimicis. CO. Lauabo inter.

716 Sanctificato hoc ieiunio deus, tuorum corda fidelium miserator illustra, et quibus deuotionis praestas affectum, praebe supplicantibus pium benignus auditum. Per.

717 SVPER OBLATA. Annuae misericors deus, ut hostias placationis et laudis, sincero tibi deferamus obsequio. Per.

718 PRAEFATIO. VD per christum dominum nostrum. Et te supplici deuotione exorare, ut per ieiunia quae sacris institutis exequimur, a cunctis reatibus emundari mereamur. Tuamque percipere ualeamus propitiationem, qui praeparamur ad celebrandum unigenti filii tui passionem. Per quem.

719 AD COMPLENDVM. Caelestis doni benedictione percepta, supplices te deus omnipotens deprecamur, ut hoc idem nobis et sacramenti causa sit et salutis. Per.

720 AD POPVLVM. Adesto supplicationibus nostris omnipotens deus, et quibus fidutiam sperande pietatis indulges, consuetę misęricordię, tribue benignus effectum. Per.

FERIA V AD SANCTVM APOLLONAREM

721 Praesta quesumus omnipotens deus, ut dignitas conditionis / humanę per inmoderantiam sauciata, medicinalis parsimonię studio reformetur. Per. /f. 100

722 [1]A. Omnia que fecisti. PS. Magnus dominus. R. Tollite hostias. V. Reuelabit. OF. Super flumina. CO. Memento uerbi.

723 SECRETA. Domine deus noster qui in his potius creaturis quas ad fragilitatis nostrae subsidium condidisti, tuoque nomini munera iussisti dicanda constitui[2], tribuę quesumus ut et uitę nobis

---

[1] Cues in left margin beside collect. **722*** Exeter scribe 1 appends: *Epl. Orauit daniel ad dominum dicens. Eug. Rogabat ihesum quidam.*

[2] *constitui* written later over an erasure.

presentis auxilium, et aeternitatis efficiant sacramentum. Per dominum.

724 [1]PRAEFATIO. VD aeterne deus. Qui sic nos tribuis sollemne tibi deferre ieiunium, ut tuae indulgentiae speremus nos percipere subsidium. Sic nos institutis ad caelebranda paschalia festa, ut per haec adquiramus gaudia sempiterna. Per christum.

725 AD COMPLENDVM. Quod ore sumpsimus domine mente capiamus, et de munere temporali, fiat nobis remedium sempiternum. Per dominum nostrum.

726 SVPER POPVLVM. Esto quesumus domine propitius plebi tuae, ut quae tibi non placent respuens[2] tuorum potius repleatur[3] delecatationibus mandatorum. Per dominum.

FERIA VI AD SANCTVM STEPHANVM
727 Cordibus nostris domine gratiam tuam benignus infunde, ut peccata nostra castigatione uolun/taria cohibentes, temporaliter   /f. 101r potius maceremur, quam suppliciis deputemur aeternis. Per.

728 [4]A. Miserere mihi domine quoniam tribulor. PS. In te domine speraui. R. Pacifice loquebantur. V. Vidisti domine ne sileas. OF. Benedictus es domine et non tradas. CO. Ne tradideris me.

729 SECRETA. Praesta nobis misericors deus, ut digne tuis seruire semper altaribus mereamur, et eorum perpetua participatione saluari. Per.

730 PRAEFATIO. VD per christum dominum nostrum. Cuius nos misericordia praeuenit, ut bene agamus, subsequitur, ne frustra agamus, accendit intentionem[5], qua ad opera bona peragenda inardescamus, tribuit efficaciam, qua haec ad perfectum perducere ualeamus. Tuam ergo clementiam indefessis uicibus obse-

---

[1] Text partially neumed.
[2] *respuentes* before erasure.
[3] *repleantur* before erasure.
[4] Cues in right margin beside collect. Introit neumed. **728*** Exeter scribe 1 appends: L. Dixit hieremias. Eug. Collegerunt pontifices.
[5] A small erasure follows.

cramus, ut nos ieiunii uictimis a peccatis mundatos, ad celebrandum unigeniti filii tui domini nostri passionem facias esse
deuotos. Per quem.

731 AD COMPLENDVM. Sumpti sacrificii domine perpetua nos
tuitio non relinquat, et noxia semper a nobis cuncta depellat. Per
dominum.

732 SVPER POPVLVM. Concede quesumus omnipotens deus, ut qui
protectionis tuae gratiam quęrimus, liberati a malis omnibus
secura tibi mente seruiamus. Per dominum.

SABBATO AD SANCTVM PETRVM QVANDO
ELEMOSINA DATVR

733 / ¹A. Sitientes. PS. Adtendite. R. Tibi domine. V. Vt quid domine. OF.   /f. 101ᵛ
Factus est deus. CO. Dominus reget me.

734 Proficiat domine quesumus plebs tibi dicata piae deuotionis
affectu, ut sacris actionibus erudita, quanto maiestati tuae sit
gratior, tanto donis potioribus augeatur. Per.

735 SECRETA. Cunctis nos domine quesumus reatibus et periculis
propitiatus absolue, quos tanti mysterii tribuis esse consortes. Per
dominum nostrum.

736 PRAEFATIO. VD aeterne deus. Cuius nos fides excitat, spes
erigit, caritas iungit. Cuius miseratio gratuita purificat, quos conscientiae reatus accusat. Te igitur cum interno rugitu deprecamur,
ut carnalis alimoniae refrenatione castigari, ad celebrandum
paschale mysterium inueniamur idonei. Per christum dominum
nostrum.

737 AD COMPLENDVM. Diuini muneris largitate satiati, quesumus
domine deus noster, ut huius semper participatione uiuamus. Per.

738 SVPER POPVLVM. Tueatur quesumus domine dextera tua

---

¹ Cues in left margin beside collect. **733*** Exeter scribe 1 appends: L.
Dixerunt impii iudei. Eug. Amen amen dicto uobis nisi
manducaueritis.

populum tuum deprecantem, et purificatum dignanter erudiat, ut consolatione presenti, ad futura bona proficiat. Per.

DOMINICA IN PALMIS AD SANCTVM IOHANNEM IN LATERANIS

739 / BENEDICTIO PALMARVM SIVE FLORVM. Deus qui dis- /f. 102r
persa congregas et congregata conseruas, qui populis obuiam
ihesu ramos portantibus benedixisti, benedic[1] etiam hos ramos
palmę et oliuę, siue et ramos arborum, quos tui famuli ad nominis
tui benedictionem deferunt, ut omni aduersa ualetudine depulsa,
dextera tua protegat quos redemit. Per.

740 [2]A. Domine ne longe facias. PS. Deus deus meus respice. R. Tenuisti
manum. V. Quam bonus israel. TRC. Deus deus meus respice. V. Longe a
salute. V. Deus meus clamabo. V. Tu autem in sancto habitas. V. Ad te
clamauerunt. V. Ego autem sum uermis. V. Omnes qui uidebant. V.
Sperauit in domino. V. Ipsi uero considerauerunt. V. Libera me de ore. V.
Qui timetis dominum. V. Adnunciabitur. V. Populo qui nascetur. OF.
Improperium. CO. Pater si non potest.

741 STATIO AD SANCTVM IOHANNEM. *OMNIPOTENS SEMPI-
TERNE DEVS*, qui humano generi ad imitandum humilitatis
exemplum, saluatorem nostrum carnem sumere et crucem subire
fecisti, concede propitius, ut et patientiae ipsius habere documenta,
et resurrectionis consortia mereamur. Per eundem dominum.

742 SVPER OBLATA. Concede quesumus domine, ut oculis tuae
maiestatis munus oblatum, et gratiam nobis deuotionis obtineat, et
effectum beatę perhennitatis adquirat. Per dominum nostrum.

743 PRAEFATIO. VD per christum dominum nostrum. Per quem
nobis indulgen/tia largitur, et pax per omne saeculum predicatur. /f. 102v
Traditur cunctis credentibus disciplina, ut sanctificatos nos possit
dies uenturus excipere. Et ideo cum angelis.

---

[1] Interlinear cross in red by the original scribe.
[2] Cues in right margin beside collect. **740*** Exeter scribe 1 prefixes: `Epla. Hoc
sentite. Passio. Scitis quia.`

744 AD COMPLENDVM. Per huius domine operationem mysterii, et uitia nostra purgentur, et iusta desideria compleantur. Per.

745 SVPER POPVLVM. Purifica quesumus domine familiam tuam, et ab omnibus contagiis prauitatis emunda, ut redempta uasa sui domini passione, non spiritus inmundus rursus inficiat, sed saluatio sempiterna possideat. Per eundem.

746 BENEDICTIO. Benedicat uobis omnipotens deus, cui et ieiunii maceratione, et presentium dierum obseruatione placere studetis. Amen.
Concedatque uobis ut sicut ei cum ramis palmarum ceterarumue frondium praesentari studuistis, ita cum palma uictoriae et fructu bonorum operum ei post obitum apparere ualeatis. Amen.
Quique unigeniti filii eius passionem, puro corde creditis, mente deuota uenerari studetis, ad resurrectionis eius festa, et uestrae / remunerationis premia, ipsius fulti munimine ueniatis. Amen. Quod ipse. /f. 103r

FERIA II AD SANCTAM PRAXIDEM

747 [1]A. Iudica domine nocentes. PS. Effunde frameam. R. Exurge domine et intende. V. Effunde frameam. OF. Eripe me de inimicis. CO. Erubescant et reuereantur.

748 Da quesumus omnipotens deus, ut qui in tot aduersis ex nostra infirmitate deficimus, intercedente unigeniti filii tui passione respiremus. Per eundem.

749 SECRETA. Haec sacrificia nos omnipotens deus, potenti uirtute mundatos, ad suum faciant puriores uenire principium. Per dominum.

750 PRAEFATIO. VD per christum dominum nostrum. Cuius nos humanitas colligit, humilitas erigit, traditio absoluit, poena redemit,

---

[1] Cues in right margin beside collect. Psalm, gradual, gradual verse and offertory neumed. **747*** Exeter scribe 1 appends: L. *Dixit isaias domine deus aperuit mihi. Eug. Ante sex dies pasche.*

crux saluificat, sanguis emaculat, caro saginat. Per quem te summe pater cum ieiuniorum obsequiis obsecramus, ut ad eius celebrandam passionem purificatis mentibus accedamus. Per quem maiestatem.

751 AD COMPLENDVM. Prebeant nobis domine diuinum tua sancta feruorem, quo eorum pariter et actu delectemur et fructu. Per dominum nostrum.

752 SVPER POPVLVM. Adiuua nos deus salutaris noster, et ad beneficia recolenda quibus nos instaurare dignatus es, / tribue uenire gaudentes. Per dominum. /f. 103v

FERIA III AD SANCTAM PRISCAM
753 [1]A. Nos autem. PS. Deus misereatur. R. Ego autem dum. V. Iudica domine. OF. Custodi me domine. CO. Aduersum me.

754 Omnipotens sempiterne deus, da nobis ita dominicę passionis sacramenta peragere, ut indulgentiam percipere mereamur. Per eundem.

755 SECRETA. Sacrificia nos quesumus domine propensius ista restaurent, quę medicinalibus sunt instituta ieiuniis. Per.

756 PRAEFATIO. VD per christum dominum nostrum. Cuius salutifere passionis et gloriosae resurrectionis dies adpropinquare noscuntur, in quibus et antiqui hostis superbia triumphatur, et nostrae redemptionis mysterium celebratur. Vnde poscimus tuam inmensam clementiam, ut sicut in eo solo consistit totius nostrae saluationis summa, ita per eum tibi sit ieiuniorum et actuum nostrorum semper uictima grata. Per quem maiestatem.

757 AD COMPLENDVM. Sanctificationibus tuis omnipotens deus, et uitia nostra curentur, et remedia nobis aeterna proueniant. Per.

---

[1] Cues in left margin beside collect. Offertory neumed. **753*** Exeter scribe 1 appends: L. Dixit hieremias domine demonstrasti. Eug. Amen amen dico uobis nisi granum, uel Passio. Erat pascha, quod rectius est.

758 AD POPVLVM. Tua nos misericordia deus, et ab omni subreptione uetustatis expurget, et capaces sanctae nouitatis efficiat. Per dominum nostrum.

/ FERIA IIII AD SANCTAM MARIAM MAIOREM /f. 104r

759 [1]A. In nomine domine omne. PS. Domine exaudi orationem. R. Ne auertas faciem. V. Saluum me fac deus. TRC. Domine exaudi orationem. V. Ne auertas faciem. V. In quacumque die. V. Quia defecerunt. V. Tu exurgens domine. V. Percussus sum sicut. OF. Domine exaudi orationem. CO. Potum meum cum fletu.

760 Praesta quesumus omnipotens deus, ut qui nostris excessibus incessanter affligimur, per unigeniti tui passionem liberemur. Qui tecum uiuit.

761 ALIA. Deus qui pro nobis filium tuum crucis patibulum subire uoluisti, ut inimici a nobis expelleres potestatem, concede nobis famulis tuis, ut resurrectionis gratiam consequamur. Per eundem.

762 SECRETA. Purifica nos misericors deus, et ecclesiae tuae preces quae tibi gratae sunt pia munera deferentes, fiant expiatis mentibus gratiores. Per.

763 PRAEFATIO. VD per christum dominum nostrum. Qui innocens pro impiis uoluit pati, et pro sceleratis indebite condempnari. Cuius mors delicta nostra detersit, et resurrectio iustificationem nobis exhibuit. Per quem tuam pietatem supplices exoramus, ut sic nos[2] hodie a peccatis emacules, ut cras uenerabilis caenę dapibus saties. Hodie acceptes confessionem nostrorum peccaminum, et cras tribuas spiritalium incrementa donorum. Hodie ieiuniorum nostrorum uota suscipias, et cras nos ad sacratissimę / /f. 104▾ caenę conuiuium introducas. Per quem.

764 AD COMPLENDVM. Largire sensibus nostris omnipotens deus, ut per temporalem filii tui mortem quam mysteria ueneranda

---

[1] Cues in right margin beside collect. **759*** Exeter scribe 1 appends: *L. Hęc dicit dominus deus dicite filię syon. Alia. Dixit isaias domine quis credidit. Passio. Appropinquabat.*
[2] *nobis* before erasure.

testantur, uitam nobis dedisse perpetuam confidamus. Per eundem dominum.

765 AD POPVLVM. Respice domine quesumus super hanc familiam tuam, pro qua dominus noster ihesus christus non dubitauit manibus tradi nocentium, et crucis subire tormentum. Qui tecum.

FERIA V QVAE EST CAENE DOMINI

766 *Praesentatur paenitens in gremio ecclesię et prostrato omni corpore in terra, dat orationem sacerdos ad reconciliandum ita*: AN. Cor mundum crea in me deus, spiritum rectum innoua in uisceribus meis. PS. Miserere mei deus, *et kyrie eleyson.* Pater noster. V. Saluum fac seruum tuum.[1] Conuertere domine aliquantum. Mittat tibi[2] dominus auxilium de sancto. Inlustra faciem tuam super seruum tuum.[1] Vide domine humilitatem meam et laborem. Exaudi me domine quoniam benigna est misericordia. Ne memineris domine iniquitatum. Adiuua deus salutaris noster. Domine exaudi orationem.

767 OREMVS. Adesto domine supplicationibus nostris, et me qui etiam misericordia tua[3] primus indigeo clementer exaudi, mihique quem non electione meriti, sed / dono gratiae tuae constituisti /f. 105r huius operis ministrum, da fiduciam tui muneris exsequendi, et ipse in nostro ministerio quod tuę pietatis est operare.

768 [4]ALIA. Praesta quesumus domine huic famulo[5] tuo .ill., dignum paenitentiae fructum, ut ecclesiae tuę sanctae reconciliatus a cuius integritate deuiarat peccando, admissorum reddatur innoxius ueniam consequendo.

769 [6]ALIA. Deus humani generis benignissime conditor et misericordissime reformator, qui hominem inuidia diaboli ab aeternitate deiectum, unicii filii tui sanguine redemisti, uiuifica hunc

---

1 Plural forms given interlinearly throughout.
2 *uobis* added above.
3 *misericordiam tuam* before erasure.
4 Plural forms given interlinearly throughout.
5 *uel populo* added above.
6 Plural forms given interlinearly throughout.

famulum[1] tuum .ill. quem tibi nullatenus mori desideras, et qui
non derelinquis deuium, assume correptum. Moueant pietatem
tuam domine quesumus huius famuli[2] tui lacrimosa suspiria, tu
eius medere uulneribus, tu iacenti manum porrige salutarem, ne
ecclesia tua aliqua sui corporis portione uastetur, ne grex tuus
detrimentum sustineat, ne de familiae tuae dampno inimicus
exultet, ne renatum lauacro salutari mors secunda possideat, tibi
ergo domine supplices preces, tibi fletum cordis effundimus, tu
parce confitenti, ut sic in hac mortalitate peccata sua te adiuuante
defleat / qualiter in tremendi iudicii die sententiam dampnationis   /f. 105v
euadat, et nesciat quod terret in tenebris, quod stridet in flammis,
atque ab erroris uia ad iter reuersus iustitiae, nequaquam ultra
uulneribus saucietur, sed integrum sit ei atque perpetuum, et quod
gratia contulit, et quod misericordia reformauit. Per eundem.[3]

BENEDICTIO IN CAENA DOMINI FERIA V

770 Benedicat uos deus, qui per unigenitii filii sui passionem, uetus
pascha in nouum uoluit conuerti, concedatque uobis, ut expurgato
ueteris fermenti contagio, noua in uobis perseueret conspersio.
Amen.

Et qui ad celebrandam redemptoris nostri caenam mente deuota
conuenistis, aeternarum dapium uobiscum aepulas reportetis.
Amen.

Ipsius quoque opitulante clementia mundemini a sordibus peccatorum, qui ad insinuandum humilitatis exemplum, pedes uoluit
lauare discipulorum. Amen.

Quod ipse praestare dignetur, cuius regnum et imperium sine fine
fine[4] permanet in saecula saeculorum. Amen.

/ FERIA V STATIO AD MISSAM   /f. 106r

771 [5]A. Nos autem gloriari. PS. Deus misereatur. *Gloria in excelsis.* R.
Christus factus est. V. Propter quod. OF. Dextera domini. CO. Dominus
ihesus postquam.

---

[1] *uel populum* added above.
[2] *uel populi* added above.
[3] **769*** `Exurge qui dormis exurge a mortuis et illuminabit`
`te christus` added below by Exeter scribe 1.
[4] Dotted for omission.
[5] Cues in right margin beside collect. **771*** Exeter scribe 1 appends: `Epla.`
`Conuenientibus. Eug. Ante diem festum paschę.`

772 *DEVS A QVO ET IVDAS REATVS* sui poenam et confessionis suae latro premium sumpsit. Conce<de>[1] nobis tuae propitiationis effectum, ut sicut in passione sua ihesus christus dominus noster diuersa utrisque intulit stipendia meritorum, ita nobis ablato uetustatis errore, resurrectionis suae gratiam largiatur. Qui tecum uiuit.

773 SECRETA. Ipse tibi quesumus domine sancte pater omnipotens aeterne deus sacrificium nostrum reddat acceptum, qui discipulis suis in sui commemoratione hoc fieri hodierna traditione monstrauit, ihesus christus dominus noster. Qui tecum uiuit et regnat.

774 PRAEFATIO. VD aeterne deus. Et clementiam tuam suppliciter obsecrare, ut spiritalis lauacri baptismo renouandis creaturam chrismatis in sacramentum perfectę salutis uitaeque confirmes. Vt sanctificatione unctionis infusa, corruptione primę natiuitatis obsorbta, sanctum uniuscuiusque templum, acceptabilis uitae innocens odor / redolescat. Vt secundum constitutionis tuae /f. 106v sacramentum, regio et sacerdotali propheticoque honore perfusi, uestimento incorrupti muneris induantur. Per christum.

775 ITEM. VD per christum dominum nostrum. Quem in hac nocte inter sacras epulas increpantem, mens sibi conscia traditoris ferre non potuit, sed apostolorum relicto consortio sanguinis prętium a iudeis accepit, ut uitam perderet quam distraxit. Caenauit igitur hodie proditor mortem suam, et cruentis manibus panem de manu saluatoris[2] accepit ut saginato[3] cybo maior poena constringeret, quem nec sacrati cybi conlatio ab scelere reuocaret. Patitur itaque dominus noster ihesus christus filius tuus cum hoste nouissimum participare conuiuium, a quo se nouerat continuo esse tradendum. Vt exemplum innocentiae mundo relinqueret, et passionem suam pro sęculi redemptione suppleret. Pascit igitur mitis deus inmitem iudam, et sustinet prius crudelem conuiuam. Qui merito laqueo suo periturus erat, quia de magistri / sanguine cogitarat. O /f. 107r dominum per omnia patientem, o agnum[4] inter suas aepulas

---

[1] *de* added above by an Exeter scribe.
[2] *exiturus* added above by original scribe.
[3] *um* for *saginatum* added above by a later scribe.
[4] *magnum* before erasure.

mitem. Cybum eius iudas in ore ferebat, et quibus eum traderet persecutores aduocabat. Sed filius tuus dominus noster tanquam pia hostia, et immolari se tibi pro nobis pacienter permisit, et peccatum quod mundus commiserat relaxauit. Per quem.

776 INFRA ACTIONEM. Communicantes et diem sacratissimum celebrantes, quo dominus noster ihesus christus pro nobis est traditus. Sed et memoriam uenerantes.

777 ALIA. Hanc igitur oblationem seruitutis nostrae, sed et cunctę familiae tuae quam tibi offerimus, ob diem in qua dominus noster ihesus christus tradidit discipulis suis, corporis et sanguinis sui mysteria cęlebranda. Quesumus domine ut placatus accipias.

778 ALIA. Qui pridie quam pro nostra omniumque salute pateretur, hoc est hodie, accepit panem in sanctas ac uenerabiles manus suas. Eleuatis.

779 AD COMPLENDVM. Refecti uitalibus alimentis quesumus domine deus noster, ut quod tempore nostrae mortalitatis exequimur, inmortalitatis tuę munere consequamur. Per dominum.

/ INCIPIT ORDO FERIA VI PASSIONIS DOMINI /f. 107v
780 *Hora nona procedant omnes ad ecclesiam, et egreditur sacerdos de sacrario cum sacris ordinibus nihil canentes, et ueniunt ante altare, postulet pro se orare dicens*: OREMVS, *et adnuntiat diaconus*: FLECTAMVS GENVA, *et post paululum*: LEVATE, *et dat orationem hanc*:

781 Deus a quo et iudas reatus sui poenam et confessionis suae latro premium sumpsit, ut supra.

782 *Hac oratione expleta legitur lectio*: EP. In tribulatione sua mane consurgent. *Sequitur responsorium*: R. Domine audiui audiui, cum uersibus suis. *Item dicit sacerdos*: OREMVS. *Et diaconus*: FLECTAMVS GENVA. LEVATE.

783 Deus qui peccati ueteris hereditariam mortem in qua posteritatis genus omne successerat christi tui domini nostri passione soluisti, da ut conformes eidem facto, sicut imaginem terreni naturae necessitate portauimus, ita imaginem unigeniti filii tui domini nostri ihesu christi celestis gratiae sanctificatione portemus. Qui tecum uiuit.[1]

784 *Item alia lectio.* EP. Dixit dominus ad moysen. TRACTVS. Eripe me domine. *Inde uero legitur passio domini.* / *Deinde sequuntur orationes sollemnes.* /f. 108r

785 *OREMVS,* dilectissimi nobis pro ęcclesia sancta dei, ut eam deus et dominus noster pacificare, et custodire dignetur toto orbe terrarum, subiciens ei principatus et potestates, detque nobis quietam et tranquillam uitam degentibus glorificare deum patrem omnipotentem.

OREMVS. FLECTAMVS.

786 Omnipotens sempiterne deus, qui gloriam tuam omnibus in christo gentibus reuelasti, custodi opera misericordiae tuae, ut ęcclesia toto orbe diffusa, stabili fide in confesione tui nominis perseueret. Per eundem dominum nostrum ihesum christum filium.

787 *OREMVS,* et pro beatissimo papa nostro .illo., ut deus et dominus noster qui elegit eum in ordinem episcopatus, saluum atque incolumen custodiat ecclesiae suae sanctae, ad regendum populum sanctum dei.

OREMVS. FLECTAMVS.

788 Omnipotens sempiterne deus, cuius aeterno iudicio uniuersa fundantur, respice propitius ad preces nostras, et electum nobis antistitem tua pietate conserua, ut christiana plebs quae tali guber/natur auctore, sub tanto pontifice credulitatis suae meritis augeatur. Per dominum nostrum. /f. 108v

789 *OREMVS,* et pro omnibus episcopis, presbiteris, diaconibus, subdiaconibus, acolitis, exorcistis, lectoribus, hostiariis, confessoribus, uirginibus, uiduis, et pro omni populo sancto dei.

[1] Written over an erasure by a late-tenth-century scribe in script imitative of the original.

OREMVS. FLECTAMVS.

790 Omnipotens sempiterne deus, cuius spiritu totum corpus ęcclesiae sanctificatur et regitur, exaudi nos pro uniuersis ordinibus supplicantes, ut gratiae tuae munere ab omnibus tibi gradibus fideliter seruiatur. Per dominum nostrum ihesum christum.

791 *OREMVS*, et pro christianissimo[1] imperatore nostro ill., ut deus et dominus noster subditas illi faciat omnes barbaras nationes, ad nostram perpetuam pacem.

OREMVS. FLECTAMVS.

792 Omnipotens sempiterne deus, in cuius manu sunt omnium potestates et omnia iura regnorum, respice ad christianum benignus imperium, ut gentes quę in sua feritate confidunt, potentiae tuae dextera[2] comprimantur. Per dominum nostrum.

793 *OREMVS*, et pro catecuminis nostris, ut deus et dominus noster adaperiat aures precordiorum ipsorum, / ianuamque misericor-   /f. 109r
diae, ut per lauacrum regenerationis accepta remissione omnium peccatorum et ipsi inueniantur in christo ihesu domino nostro.

OREMVS. FLECTAMVS.

794 Omnipotens sempiterne deus, qui ecclesiam tuam noua semper prole fecundas, auge fidem et intellectum catecuminis nostris, ut renati fonte baptismatis, adoptionis tuę filiis adgregentur. Per.

795 *OREMVS*, dilectissimi nobis deum patrem omnipotentem, ut cunctis mundum purget erroribus, morbos auferat, famem depellat, aperiat carceres, uincula dissoluat, peregrinantibus reditum, infirmantibus sanitatem, nauigantibus portum salutis indulgeat.

OREMVS. FLECTAMVS.

796 Omnipotens sempiterne deus męstorum consolatio laborantium fortitudo, perueniant ad te preces de quacumque tribulatione clamantium, ut omnes sibi in necessitatibus suis misericordiam tuam gaudeant adfuisse. Per.

---

[1] *uel christiano* written above by the original scribe.
[2] A small erasure follows.

797 *OREMVS*, et pro hereticis et schismaticis, ut deus ac dominus noster eruat eos ab erroribus uniuersis, / et ad sanctam matrem ęcclesiam catholicam atque apostolicam reuocare dignetur. /f. 109v

OREMVS. FLECTAMVS.

798 Omnipotens sempiterne deus, qui saluas omnes et neminem uis perire, respice ad animas diabolica fraude deceptas, ut omni heretica prauitate deposita errantium corda resipiscant, et ad ueritatis tuae redeant unitatem. Per dominum nostrum.

799 *OREMVS*, et pro perfidis iudęis, ut deus et dominus noster auferat uelamen de cordibus eorum, ut et ipsi agnoscant ihesum christum dominum nostrum.

OREMVS. *Hic non flectuntur genua.*

800 Omnipotens sempiterne deus, qui etiam iudicam perfidiam a tua misericordia non repellis, exaudi preces nostras quas pro illius populi obcecatione deferimus, ut agnita ueritatis tuae luce quę christus est a suis tenebris eruantur. Per eundem.

801 *OREMVS*, et pro paganis, ut deus omnipotens auferat iniquitatem a cordibus eorum, et relictis idolis suis conuertantur ad deum uiuum et uerum, et unicum filium eius ihesum christum deum et dominum nostrum, cum quo uiuit et regnat cum spiritu sancto deus, per omnia secula seculorum. Amen.

OREMVS.

802 / Omnipotens sempiterne deus, qui non mortem peccatorum sed uitam semper inquiris, suscipe propitius orationem nostram, et libera eos ab idolorum cultura, et adgrega ecclesiae tuae sanctae, ad laudem et gloriam nominis tui. Per dominum. /f. 110r

803 *Istas orationes expletas*[1], *ingrediuntur diaconi in sacrario, et procedunt cum corpore domini sine uino consecrato quod altera die remansit, et ponunt super altare et dicit sacerdos*: OREMVS. Preceptis salutaribus moniti et diuina institutione formati audemus dicere. Pater noster, ut supra, *et adorata cruce, communicent omnes*.

---

[1] *his expletis* indicated above line by a later scribe.

BENEDICTIO CAEREI IN SABBATO SANCTO

804 ¹*EXVLTET IAM ANGELICA TVRBA* caelorum, exultent diuina mysteria et pro tanti regis uictoria tuba intonet salutaris. Gaudeat se tellus tantis inradiatam fulgoribus, et aeterni regis splendore lustrata totius orbis se sentiat amisisse caliginem. Laetetur et mater ecclesia tanti luminis adornata fulgoribus, et magnis populorum / uocibus haec aula resultet. Quapropter adstantibus uobis /f. 110v fratres carissimi ad tam miram sancti huius luminis claritatem, una mecum quęso dei omnipotentis misericordiam inuocate. Vt qui me non meis meritis intra leuitarum numerum dignatus est adgregare, luminis sui gratia infundente caerei huius laudem implere precipiat. Ihesus christus dominus noster, qui uiuit et regnat cum deo patre in unitate spiritus sancti deus, per omnia secula seculorum. Amen.

805 *Dominus vobiscum.* R. *et cum spiritu sancto.*
Sursum corda. R. habemus ad dominum.
Gratias agamus domino deo nostro. R. *dignum et iustum est.*
Vere² quia dignum et iustum est, inuisibilem deum omnipotentem patrem, filiumque eius unigenitum dominum nostrum ihesum christum, cum spiritu sancto, toto cordis ac mentis affectu, et uocis mynisterio personare.³ Qui pro nobis aeterno patri adae debitum soluit, et ueteris piaculi cautionem, pio cruore detersit. Haec sunt enim festa paschalia, in quibus uerus ille agnus occiditur, / eiusque sanguine postes consecrantur. Haec nox est, in /f. 111r qua primum patres nostros filios israhel eductos de aegypto, quos postea mare rubrum sicco uestigio transire fecisti. Haec igitur nox est, quae peccatorum tenebras columnę inluminatione purgauit. Haec nox est, quae hodie per uniuersum mundum in christum credentes, a uitiis saeculi segregatos et caligine peccatorum, reddit gratiae, sociatque sanctitati. Haec nox est, in qua destructis uinculis mortis, christus ab inferis uictor ascendit. Nihil enim nobis nasci profuit, nisi redimi profuisset. O mira circa nos, tuae pietatis dignatio. O inaestimabilis dilectio caritatis, ut seruum redimeres, filium tradidisti. O certe necessarium adae peccatum et

---

¹ Text of nos 804 and 805 neumed throughout.
² A small erasure follows.
³ In the left margin a late-tenth-century scribe gives: *Per christum dominum nostrum. Et ideo cum angelis.*

nostrum, quod christi morte deletum est. O felix culpa, quae talem
ac tantum meruit habere redemptorem. O beata nox, quae sola
meruit scire tempus et horam, in qua christus ab inferis resurrexit.
Haec nox est, de qua / scriptum est et nox ut dies inluminabitur, et /f. 111v
nox inluminatio mea in deliciis meis. Huius igitur sanctificatio
noctis, fugat scelera, culpas lauat, et reddit innocentiam lapsis, et
maestis laetitiam. Fugat odia, concordiam parat, et curuat imperia.
In huius igitur noctis gratia suscipe sancte pater, incensi huius
sacrificium uespertinum, quod tibi in hac cerei oblatione sollemni
per ministrorum manus, de operibus apum, sacrosancta reddit
ecclesia. Sed iam columne huius preconia nouimus, quam in
honorem dei rutilans ignis accendit. Qui licet diuisus in partes,
mutuati luminis detrimenta non nouit. Alitur liquantibus cęris, quas
in substantiam pretiosę huius lampadis apes mater eduxit. Apes
ceteris quae subiecta sunt homini animantibus antecellit, cum sit
minima corporis paruitate. Ingentes animos angusto uersat in
pectore, uiribus imbecillis, sed fortis ingenio. O uere beata et
mirabilis apes, cuius nec sexum masculi uiolant, fetus non quassant,
nec filii destruunt castitatem. Sicut sancta concepit uirgo maria,
uirgo peperit et uirgo permansit. O uere beata nox, quae expoliauit
aegyptos, ditauit hebreos, nox in qua terrenis cęlestia iunguntur.
Oramus te domine, ut cęreus iste in honorem nominis tui consecratus ad noctis huius caliginem destruendam indeficiens perseueret[1].
/ In odorem suauitatis acceptus supernis luminaribus mysceatur. /f. 112r
Flammas eius lucifer matutinus inueniat. Ille inquam lucifer qui
nescit occasum, ille qui regressus ab inferis humano generi
serenus inluxit, *hic quasi collecta*: Precamur ergo te domine, ut
nos famulos tuos, omnemque clerum et deuotissimum populum,
una cum papa nostro, et archi episcopo nostro atque rege nostro[2],
quietae temporum concessa, in his paschalibus festis conseruare
digneris. Per dominum nostrum.

ORATIO POST BENEDICTIONEM CAEREI DICENDA, ANTEQVAM LEGATVR PRIMA LECTIO GENESIS: IN PRINCIPIO.

806 Deus qui diuitias misericordiae tuae in hac precipuae nocte
largiris, propitiare uniuerso ordini sacerdotalis officii, et omnes

---

[1] Written by a tenth-century scribe over an erasure.
[2] Written by a tenth-century scribe over a larger erasure.

gradus famulatus nostri perfecta delictorum remissione sanctifica, ut mynistraturos regeneratrici gratiae tuae nulli esse obnoxios patiaris offensę. Per dominum.

807 / ¹LECTIO I. IN PRINCIPIO. SEQVATVR ORATIO. /f. 112v

808 ²OREMVS. Deus qui mirabiliter creasti hominem et mirabilius redemisti, da nobis quesumus contra oblectamenta peccati mentis ratione persistere, ut mereamur ad gaudia aeterna peruenire. Per.

809 LECTIO II. NOE VERO.

810 ³OREMVS. Deus incommutabilis uirtus, lumen aeternum, respice propitius ad totius ęcclesiae tuae mirabile sacramentum, et opus salutis humanę perpetuae dispositionis effectu tranquillus operare, totusque mundus experiatur et uideat deiecta erigi, inueterata nouari, et per ipsum redire omnia in integrum, a quo sumpsere principium. Per.

811 ⁴LECTIO III. TEMPTAVIT DEVS.

812 OREMVS. Deus fidelium pater summe, qui in toto orbe terrarum promissionis tuae filios diffusa adoptione multiplicas, et per paschale sacramentum, abraham puerum tuum uniuersarum sicut iurasti gentium efficis patrem, da populis tuis digne ad gratiam tuae uocationis intrare. Per.

813 ⁵LECTIO IIII. FACTVM EST. CVM CANTICO: Cantemus domino.

814 / ⁶Deus cuius antiqua miracula etiam nostris saeculis coruscare /f. 113r sentimus, dum quod uni populo a persecutione aegyptia liberando

---

¹ **807*** In the margin Exeter scribe 1 gives the cue: *L. i. In principio.*
² **808*** In the margin Exeter scribe 1 gives: *.i.* and further down: *.ii. Coll. Deus qui mirabiliter creasti hominem.*
³ **809*** In the margin Exeter scribe 1 gives: *L. ii. Factum est in uigilia matutina. TR. Cantemus. Coll. Deus cuius antiqua miracula.*
⁴ **811*** In the margin Exeter scribe 1 gives: *L. iii. Apprehendent. TR. Vinea. Coll. Deus qui nos ad celebrandum.*
⁵ **813*** In the margin Exeter scribe 1 gives: *L. iiii. Hęc est hereditas. TRAC. Attende celum. Coll. Deus qui ecclesiam.*
⁶ **814*** In the margin Exeter scribe 1 gives: *.ii. TR. Sicut ceruus. Coll. Omnipotens. ALIA. Concede quesumus.*

dexterę tuę potentia contulisti, id in salutem gentium per aquam regenerationis operaris, praesta ut in abrahae filios et in israheliti- cam dignitatem totius mundi transeat plenitudo. Per.

815 LECTIO V. HAEC EST HEREDITAS.

816 OREMVS. Omnipotens sempiterne deus, multiplica in honorem nominis tui quod patrum fidei spopondisti, et promissionis filios sacra adoptione dilata, ut quod priores sancti non dubitauerunt futurum, ecclesia tua magna iam ex parte cognoscat impletum. Per.

817 [1]LECTIO VI. AVDI ISRAHEL.

818 OREMVS. Deus qui ęcclesiam tuam semper gentium uocatione multiplicas, concede propitius ut quos aqua baptismatis abluis, continua protectione tuearis. Per.

819 [2]LECTIO VII. FACTA EST SVPER ME.

820 OREMVS. Deus qui nos ad celebrandum paschale sacramentum utriusque testamenti paginis imbuisti, da nobis intelligere miseri- cordiam tuam[3], ut ex per/ceptione pręsentium munerum firma sit   /f. 113v expectatio futurorum. Per dominum nostrum.

821 LECTIO VIII. ADPREDENDERENT VII MVLIERES. CVM CANTICO: Vinea facta.

822 <OREMVS.> Deus qui omnibus ęcclesiae tuę filiis sanctorum prophetarum uoce manifestasti in omni loco dominationis tuae satorem te bonorum seminum, et electorum palmitum esse cultorem, tribue quesumus populis tuis, qui et uinearum apud te nomine censetur et segetum, ut spinarum et tribulorum squalore resecato, digni efficiantur fruge fecunda. Per.

823 LECTIO VIIII. DIXIT DOMINVS AD MOYSEN.

824 Omnipotens sempiterne deus, qui in omnium operum tuorum dispensatione es mirabilis, da ut intelligant[4] redempti tui non

---

[1] In the margin Exeter scribe 1 notes: *.iiii.*
[2] Exeter scribe 1 notes: *.iii.*
[3] Small erasures follow *misericordiam* and *tuam.*
[4] *es mirabilis, da ut inte* rewritten in the late tenth century.

fuisse excellentius quod in initio factus est mundus, quam quod in fine sęculorum pascha nostrum immolatus est christus. Qui tecum.

825 LECTIO X. FACTVS EST SERMO DOMINI AD IONAM.

826 Deus qui diuersitatem omnium gentium in confessione tui nominis adunasti, da nobis et uelle et posse quod precipis, ut populo ad aeternitatem uocato, una sit fides mentium et pietas actionum. Per.

827 LECTIO XI. SCRIPSIT MOYSES. CVM CANTICO: Adtende celum.

828 / Deus celsitudo humilium et fortitudo rectorum qui per sanctum /f. 114r moysen puerum tuum ita erudire populos tuos sacri carminis tui decantatione uoluisti, ut illa legis iteratio fieret etiam nostra directio, excita in omnem iustificaturum gentium plenitudinem potentiam tuam, et da laetitiam mitigando terrorem, ut omnium peccatis tua remissione deletis quod denuntiandum est in ultionem, transeat in salutem. Per.

829 LECTIO XII. NABVCHODONOSOR.

830 Omnipotens sempiterne deus, spes unica mundi, qui prophetarum tuorum pręconio praesentium temporum declarasti mysteria, auge populi tui uota placatus, quia in nullo fidelium nisi ex tua inspiratione proueniunt quarumlibet incrementa uirtutum. Per.

831 ¹*Benedictus es.* Benedicite omnia opera domino. Benedicite caeli domino. Benedicite angeli domini domino. Ymnum dicite, ut supra.

832 CANTICVM: Sicut ceruus desiderat.

833 Omnipotens sempiterne deus, respice propitius ad deuotionem populi renascentis, qui sicut ceruus aquarum expetit fontem, et concede propitius ut fidei ipsius sitis baptismatis mysterio, animam corpusque sanctificet. Per.

834 INDE VERO DESCENDES CVM LAETANIA AD FONTES.

---

¹ Cues in right margin beside collect.

835 / ¹ORATIO IN SABBATO SANCTO AD MISSAM. *DEVS QVI* /f. 114v
HANC SACRATISSIMAM noctem gloria dominicae resurrectionis
inlustras, conserua in noua familiae tuae progeniae adoptionis
spiritum quem dedisti, ut corpore et mente renouati puram tibi
exhibeant seruitutem. Per.

836 ²SVPER OBLATA. Suscipe domine quesumus preces populi tui
cum oblationibus hostiarum, ut paschalibus initiatae mysteriis ad
aeternitatis nobis medelam te operante proficiant. Per dominum.

837 PRAEFATIO. VD aequum et salutare. Te quidem in omni
tempore, sed in hac potissimum nocte gloriosius predicare, cum
pascha nostrum immolatus est christus. Ipse enim uerus est agnus,
qui abstulit peccata mundi. Qui mortem nostram moriendo
destruxit, et uitam resurgendo reparauit. Et ideo cum angelis.

838 INFRA ACTIONEM. Communicantes et noctem sacratissimam
celebrantes, resurrectionis domini dei nostri ihesu christi secundum
carnem. Sed et memoriam / uenerantes inprimis gloriose semper /f. 115r
uirginis mariae genetricis eiusdem dei et domini nostri ihesu
christi. Sed et beatorum apostolorum.

839 ALIA. Hanc igitur oblationem seruitutis nostrae, sed et cunctę
familiae tuae quam tibi offerimus, pro his quoque quos regenerare
dignatus es ex aqua et spiritu sancto, tribuens eis remissionem
omnium peccatorum. Quesumus domine ut placatus.

840 BENEDICTIO. Deus qui ecclesiae suae intemerato utero nouos
populos producens, eam uirginitate manente, noua semper prole
fecundat, fidei, spei, et caritatis uos munere repleat, et suae in uos
benedictionis³ infundat. Amen.

---

¹ **835*** In the margin Exeter scribe 1 gives: L. *Si conresurrexistis.*
Eug. Vespere.
² **836*** A later (Exeter?) scribe writes in the margin: A. *Letania maior.*
Gloria in excelsis. AL. Confitemini. TR. Laudate deum. V.
Quoniam confirmata. In hac nocte non cantatur offerenda
nec agnus dei.
³ *munus* added above by a later scribe.

Et qui hanc sacratissimam noctem redemptoris nostri resurrectione uoluit inlustrare, mentes uestras peccatorum tenebris mun-
datas, uirtutum copiis faciat coruscare. Amen.

Quo eorum qui modo renati sunt innocentiam imitari certetis,
et uascula mentium uestrarum exemplo presentium luminum
inlustretis, ut cum bonorum operum lampadibus, / ad huius sponsi   /f. 115v
thalamum cuius resurrectionem celebratis, cum prudentibus
uirginibus intrare possitis. Amen.

Quod ipse praestare.

841 AD COMPLENDVM. Spiritum nobis domine tuae caritatis infunde, ut quos sacramentis paschalibus satiasti, tua facias pietate
concordes. Per.

ORATIO IN DOMINICA SANCTA AD MISSAM

842 [1]A. Resurrexi. PS. Domine probasti. R. Haec dies. V. Confitemini. AL.
Pascha nostrum. V. Epulemur. OF. Tremuit terra. V. Notus in iudea. V. Et
factus est. CO. Pascha nostrum.

843 DEVS QVI HODIERNA DIE PER VNIGENITVM TVVM,
AETERNItatis nobis aditum deuicta morte reserasti, uota nostra
quae praeueniendo aspiras, etiam adiuuando prosequere. Per
eundem.

844 SECRETA. Suscipe domine quesumus preces populi tui cum
oblationibus hostiarum, ut paschalibus initiatae mysteriis, ad
aeternitatis nobis medelam te operante proficiant. Per.

845 PRAEFATIO. / VD aequum et salutare. Te quidem omni tempore,   /f. 116r
sed in hac potissimum die gloriosius predicare, quo[2] pascha
nostrum immolatus est christus. Ipse enim uerus est agnus, qui
abstulit peccata mundi. Qui mortem nostram moriendo destruxit,
et uitam resurgendo reparauit. Et ideo.

---

[1] Cues in left margin beside collect. **842*** Exeter scribe 1 prefixes: *Epl.*
Expurgate. Eug. Maria magdalene.
[2] *uel cum* added above by an Exeter scribe.

846 IN FRACTIONE. Communicantes et diem sacratissimum celebrantes, resurrectionis domini dei nostri ihesu christi secundum
carnem. Sed et memoriam uenerantes, inprimis gloriosę semper
uirginis mariae genetricis eiusdem dei et domini nostri ihesu
christi. Sed et beatorum apostolorum.

847 ALIA. Hanc igitur oblationem seruitutis nostrae, sed et cunctę
familiae tuae quam tibi offerimus pro his quoque quos regenerare
dignatus es, ex aqua et spiritu sancto, tribuens eis remissionem
omnium peccatorum. Quesumus domine ut placatus.

848 BENEDICTIO. Benedicat uos omnipotens deus, hodierna interueniente paschali sollemnitate, et ab omni miseratus dignetur
defendere prauitate. Amen.
Et qui ad aeternam uitam in unigeniti sui / resurrectione uos /f. 116v
reparat, in ipsius aduentu inmortalitatis uos gaudiis uestiat. Amen.
Et qui expletis ieiuniorum siue passionis dominicę diebus, paschalis festi gaudia celebratis, ad ea festa quae non sunt annua sed
continua, ipso opitulante exultantibus animis ueniatis. Amen.
Quod ipse praestare dignetur.

849 AD COMPLENDVM. Spiritum nobis domine tuae caritatis infunde, ut quos sacramentis paschalibus satiasti, tua facias pietate
concordes. Per dominum.

850 AD VESPERVM AD SANCTVM IOHANNEM. Concede quesumus omnipotens deus, ut qui resurrectionis dominicę sollemnia
colimus, innouatione tui spiritus a morte animae resurgamus. Per.

851 AD FONTES. Praesta quesumus omnipotens deus, ut qui resurrectionis dominicae sollemnia colimus, ereptionis nostrae suscipere
laetitiam mereamur. Per.

852 AD SANCTVM ANDREAM. Praesta quesumus omnipotens
deus, ut qui gratiam dominicae resurrectionis agnouimus, ipsi per
amorem spiritus a morte animę resurgamus. Per dominum.

FERIA II IN ALBAS AD SANCTVM PETRVM
853 Deus qui sollemnitate paschali mundo remedia / contulisti, /f. 117r
populum tuum quesumus caelesti dono prosequere, ut et per-

177

fectam libertatem consequi mereatur, et ad uitam proficiat sempiternam. Per.

854 ¹A. Introduxit uos dominus. PS. Confitemini domino. R. Hec dies quam fecit. V. Dicat nunc israel. ²*ALL. Surrexit dominus.* OF. Angelus domini descendit. CO. Surrexit dominus et.

855 ³SECRETA. Suscipe quesumus domine preces populi tui cum oblationibus hostiarum, ut paschalibus initiata mysteriis, ad aeternitatis nobis medelam te operante proficiant. Per dominum.

856 PREFATIO. VD aequum et salutare. Te quidem omni tempore.

857 <COMMVNICANTES.> Communicantes et diem sacratissimum celebrantes. Vt supra.

858 <ALIA.> Hanc igitur oblationem seruitutis nostrae. Vt supra per totam ebdomadam.

859 ITEM ALIA. VD aeterne deus. Et te suppliciter exorare ut fidelibus tuis dignanter impendas, quo et paschalia capiant sacramenta, et desideranter expectent uentura. Vt in mysteriis quibus renati sunt permanentes ad nouam uitam his operantibus perducantur. Per christum.

860 AD COMPLENDVM. Impleatur in nobis quesumus domine sacramenti paschalis sancta libatio, nosque de terrenis affectibus, ad caeleste transferat institutum. Per.

861 AD VESPERVM. Concede quesumus omnipotens deus, ut qui peccatorum nostrorum / pondere premimur, a cunctis malis /f. 117v imminentibus per haec paschalia festa liberemur. Per.

---

¹ Cues in right margin beside collect. **854*** Exeter scribe 1 appends: `Epla.`
`Stans petrus. Eug. Exeuntes duo ex discipulis. Sequentia.`
`Celica resonent.`
² Alleluia rewritten and neumed by a later scribe.
³ In the margin by the second preface an Exeter scribe gives:
855* `SECR. Paschales hostias recensentes quesumus domine,`
`ut quod frequentamus actu comprendamus effectu. Per.`

862 AD FONTES. Concede quesumus omnipotens deus, ut festa paschalia quae uenerando colimus, etiam uiuendo teneamus. Per.

863 AD SANCTVM ANDREAM. Deus qui populum tuum de hostis callidi seruitute liberasti, preces eius misericorditer respice, et aduersantes eis tua uirtute prosterne. Per.

FERIA III AD SANCTVM PAVLVM

864 ¹A. Aqua sapientiae. PS. Confitemini. R. Haec dies. V. Dicant qui redempti. AL. Angelus domini. OF. Intonuit de celo. CO. Si con-resurrexistis.

865 Deus qui ęcclesiam tuam nouo semper foetu multiplicas. Concede famulis tuis ut sacramentum uiuendo teneant, quod fide perce-perunt. Per dominum.

866 SECRETA. Suscipe quesumus domine fidelium preces cum oblationibus hostiarum, ut per haec piae deuotionis officia, ad caelestem gloriam transeamus. Per.

867 PRAEFATIO. VD per dominum nostrum. Qui oblatione sui corporis remotis sacrificiorum carnalium obseruationibus, se ipsum tibi sacram hostiam agnumque inmaculatum summus sacerdos pro salute nostra immolauit. Per quem.

868 AD COMPLENDVM. Concede quesumus omnipotens deus, ut paschalis perceptio / sacramenti, continuo in nostris mentibus perseueret. Per. /f. 118r

869 AD VESPEROS. Concede quesumus omnipotens deus, ut qui paschalis festiuitatis sollemnia colimus, in tua semper sancti-ficatione uiuamus. Per.

870 AD FONTES. Praesta quesumus omnipotens deus, ut per haec paschalia festa quae colimus, deuoti in tua semper laude uiuamus. Per.

---

¹ Cues in left margin beside collect. **864*** Exeter scribe 1 appends: *Epla.*
Surgens paulus. All. Surrexit dominus uere. Eug. Stetit
dominus uere. <Sequ.>. Mater sequentiarum.

871 AD SANCTVM ANDREAM. Deus qui conspicis familiam tuam omni humana uirtute destitui, paschali interueniente festiuitate, tui eam brachii protectione custodi. Per.

FERIA IIII AD SANCTVM LAVRENTIVM FORIS MVRVM

872 ¹A. Venite benedicti. PS. Confitemini. R. Haec dies quam. V. Dextera domini. AL. In die resurrectionis. OF. Portas caeli aperuit. CO. Christus resurgens.

873 *DEVS QVI NOS RESVRRECTIONIS DO*minicę annua sollemnitate laetificas, concede propitius ut per temporalia festa quae agimus, peruenire ad gaudia aeterna mereamur. Per.

874 SVPER OBLATA. Sacrificia domine paschalibus gaudiis immolamus, quibus ecclesia mirabiliter et pascitur et nutritur. Per.

875 PRAEFATIO. VD aeterne deus. Et pietatem tuam indefessis precibus implorare, ut qui paschalis / festiuitatis sollemnia colimus, in tua semper sanctificatione uiuamus. Quo per temporalis festi obseruationem peruenire mereamur ad aeternorum gaudiorum continuationem. Per christum. /f. 118v

876 AD COMPLENDVM. Ab omni nos quesumus domine uetustate purgatos, sacramenti tui ueneranda perceptio, in nouam transferat creaturam. Per dominum.

877 AD VESPEROS. Praesta quesumus omnipotens deus, ut huius paschalis festiuitatis mirabile sacramentum, et temporalem nobis tranquillitatem tribuat, et uitam conferat sempiternam. Per.

878 AD FONTES. Deus qui nos per paschalia festa laetificas. Concede propitius ut ea quae deuote agimus, te adiuuante fideliter teneamus. Per.

879 AD SANCTVM ANDREAM. Tribuę quesumus omnipotens deus,

---

¹ Cues in right margin beside collect. **872*** Exeter scribe 1 appends: *E. Aperiens petrus. Eug. Manifestauit se. Sequentia. Claris uocibus.*

ut illuc tendat christiane deuotionis affectus, quo tecum est nostra substantia. Per.

FERIA V AD APOSTOLOS

880 ¹A. Victricem manum. PS. Confitemini domino. R. Haec dies. V. Lapidem quem. AL. Redemptionem. OF. In die sollempni. CO. Populus adquisitionis.

881 Deus qui diuersitatem gentium in confessionem tui nominis adunasti, da ut renatis fonte baptismatis, una sit fides mentium et pietas actionum. Per dominum.

882 SVPER OBLATA. Suscipe quesumus domine munera populorum tuorum propi/tius, ut confessione tui nominis et baptismate renouati, sempiternam beatitudinem consequantur. Per. /f. 119r

883 PRAEFATIO. VD per christum dominum nostrum. Qui nos per paschale mysterium edocuit uetustatem uitae relinquere, et in nouitate spiritus ambulare. A quo perpetuae mortis superatur acerbitas, et aeternę uitę fidelibus tribuitur integritas². Per quem.

884 AD COMPLENDVM. Exaudi domine preces nostras, ut redemptionis nostrae sacrosancta commercia, et uitae nobis conferant pręsentis auxilium, et gaudia sempiterna concilient. Per dominum.

885 AD VESPEROS. Deus qui nobis ad celebrandum paschale sacramentum liberiores animos praestitisti, doce nos et metuere quod irasceris, et amare quod precipis. Per.

886 AD FONTES. Da quesumus omnipotens deus, ut ęcclesia tua suorum firmitate membrorum, et noua semper fecunditate laetetur. Per.

887 AD SANCTVM ANDREAM. Multiplica quesumus domine fidem

---

¹ Cues in left margin beside collect. **880*** Exeter scribe 1 prefixes: `Epl. Angelus domini. All. Surrexit altissimus. Eug. Maria stabat,` and appends `Iustus ut palma.`
² *fidelibus tribuitur integritas* written over an erasure in the late tenth century.

populi tui, ut cuius per te sumpsit initium, per te consequatur augmentum. Per dominum.

FERIA VI AD SANCTAM MARIAM AD MARTYRES

888 / ¹A. Eduxit eos dominus. PS. Adtendite. R. Haec dies. V. Benedictus.   /f. 119v
AL. Surrexit altissimus. OF. Erit uobis. CO. Data est mihi.

889 Omnipotens sempiterne deus, qui paschale sacramentum in reconciliationis humanę foedere contulisti, da mentibus nostris ut quod professione celebramus, imitemur affectu. Per.

890 SECRETA. Hostias quesumus domine placatus assume, quas et pro renatorum expiatione peccati deferimus, et pro acceleratione caelestis auxilii. Per.

891 PRAEFATIO. VD per christum dominum nostrum. Qui secundum promissionis suae incommutabilem ueritatem caelestis pontifex factus in aeternum. Solus omnium sacerdotum peccati remissione non eguit, sed potius peccatum mundi idem uerus agnus abstersit. Per quem.

892 AD COMPLENDVM. Respice quesumus domine populum tuum, et quem aeternis dignatus es renouare mysteriis, a temporalibus culpis dignanter absolue. Per.

893 AD VESPEROS. Deus per quem nobis et redemptio uenit et pręstatur adoptio, respice in opera misericordię tuę, ut in christo renatis, et aeterna tribuatur hereditas, et uera libertas. Per eundem.

894 AD FONTES. Adesto quesumus domine deus noster, familiae tuę et dignanter / impende, ut quibus fidei gratiam contulisti, et   /f. 120r
coronam largiaris aeternam. Per.

---

¹ Cues in left margin beside collect. **888*** Exeter scribe 1 appends: *Epla.
Christus semel. All. Crucifixus. Eug. Vndecim discipuli.
Seq. Lira.*

SABBATO AD SANCTVM IOHANNEM STATIO

895 ¹A. Eduxit dominus populum. PS. Confitemini domino. AL. Haec dies quam. ITEM AL. Laudate pueri. OF. Benedictus qui uenit. CO. Omnes qui in christo.

896 Concede quesumus omnipotens deus, ut qui festa paschalia uenerando² egimus, per haec contingere ad gaudia eterna mereamur. Per.

897 SECRETA. Concede quesumus domine semper nos per haec mysteria paschalia gratulari, ut continua nostrae reparationis operatio, perpetuę nobis fiat causa laetitiae. Per.

898 PRAEFATIO. VD per christum dominum nostrum. Per quem supplices exposcimus, ut cuius muneris pignus accepimus, manifesta dona comprehendere ualeamus. Et quae nobis fideliter speranda contulit paschale sacramentum, per resurrectionis eius adtingere mereamur ineffabile misterium. Per quem.

899 AD COMPLENDVM. Redemptionis nostrae munere uegetati quesumus domine, ut per hoc perpetuae salutis auxilium, fides semper uera proficiat. Per.

900 AD VESPEROS. Deus totius conditor creaturę, famulos tuos quos fonte renouasti baptismatis, quosque gratię tuę / plenitudine solidasti, in adoptionis sorte facias dignanter adscribi. Per. /f. 120v

901 AD FONTES. Deus qui multiplicas ęcclesiam tuam in sobole renascentium, fac eam gaudere propitius, de suorum profectibus filiorum. Per.

DOMINICA DIE OCTABAS PASCHAE

902 *PRAESTA QVESVMVS OMNIPOTENS DEVS*, ut qui paschalia festa peregimus, haec te largiente, moribus et uita teneamus. Per dominum nostrum.

---

¹ Cues in right margin beside collect. Offertory neumed. **895*** Exeter scribe 1 appends: *Epl. Deponentes. Eug. Vna sabbati. Sequentia. Omnes sancti.*
² An erasure follows.

903 SVPER OBLATA. Suscipe munera quesumus domine exultantis ęcclesiae, et cui causam tanti gaudii praestitisti, perpetuum fructum concede laetitiae. Per.

904 PRAEFATIO. VD aeterne deus. Et te suppliciter obsecrare, ne nos ad illum sinas redire actum, cui iure dominatur inimicus. Sed in hac potius facias absolutione persistere, per quam diabolus exstitit filio tuo uincente capitiuus. Et ideo.

905 BENEDICTIO. Deus cuius unigenitus hodierna die discipulis suis ianuis clausis dignatus est apparere, suae uos benedictionis dono locu/pletare, et caelestis uobis regni ianuas, dignetur aperire. /f. 121r Amen.
Et qui ab eorum pectoribus adtactus sui corporis uulnus amputauit dubietatis, concedat ut per fidem qua eum resurrexisse creditis, omnium delictorum maculis careatis. Amen.
Et qui eum cum thoma deum et dominum creditis, et cernuis uocibus inuocatis, ab eo et in hoc sęculo a malis omnibus tueri, et in futuro sanctorum coetibus adscisci ualeatis. Amen.
Quod ipse praestare dignetur.

906 [1]A. Quasimodo geniti. PS. Exultate deo. [2]AL. Haec dies. ITEM. Pascha nostrum. OF. Angelus domini descendit. CO. Mitte manum.

907 AD COMPLENDVM. Quesumus domine deus noster, ut sacrosancta mysteria quae pro reparationis nostrae munimine contulisti, et praesens nobis remedium esse facias et futurum. Per.

908 AD VESPEROS. Largire quesumus domine fidelibus tuis, indulgentiam placatus et pacem, ut pariter ab omnibus mundentur offensis, et secura tibi mente deseruiant. Per dominum.

909 AD FONTES. Deus qui nos exultantibus animis pascha tuum celebrare tribuisti, fac nos quesumus et temporalibus gaudere subsidiis, et aeternitatis effectibus gratulari. Per.

---

[1] Cues in right margin beside benediction. **906*** Exeter scribe 1 appends: *Epl. Omne datum. Eug. Cum esset sero.*
[2] Alleluia and verse rewritten by a later scribe.

INCIPIVNT ALIAS ORATIONES PASCHALES

910 / Deus qui omnes in christo renatos genus regium et sacerdotale /f. 121v
fecisti, da nobis et uelle et posse quae precipis, ut populo ad
aeternitatem uocato, una sit fides cordium et pietas actionum. Per
eundem.

911 ALIA. Deus qui credentes in te fonte baptismatis innouasti, hanc
renatis in christo concede custodiam, ut nullo erroris incursu,
gratiam tuae benedictionis amittant. Per eundem.

912 ALIA. Deus qui pro salute mundi sacrificium paschale fecisti,
propitiare supplicationibus nostris, ut interpellans pro nobis pontifex summus, nos per id quod nostri est similis reconciliet, per id
quod nostri est aequalis absoluat, ihesus christus filius tuus. Qui
tecum.

913 ALIA. Deus qui ad aeternam uitam in christi resurrectione nos
reparas, erige nos ad consedendum[1] in dextera tua nostrae salutis
auctorem, ut qui propter nos iudicandus aduenit, pro nobis iudicandus adueniat, pro nobis iudicaturus adveniat, ihesus christus
filius tuus dominus noster. Qui tecum.

914 ALIA. Deus reparator innocentiae et amator, dirige ad te tuorum
corda seruorum, ut de infidelitatis / tenebris liberati, numquam a /f. 122r
tuae ueritatis luce discedant. Per dominum nostrum.

915 ALIA. Deus qui credentes in te populos, gratiae tuae largitate
multiplicas, respice propitius ad electionem tuam, ut qui sacramento baptismatis sunt renati, regni cęlestis mereantur introitum.
Per.

916 ALIA. Deus qui ad aeternam uitam in christi resurrectione nos
reparas, imple pietatis tuae ineffabile sacramentum, ut cum in
maiestate sua saluator noster aduenerit, quos fecisti baptismo
regenerari, facias beata immortalitate uestiri. Per eundem.

---

[1] Corrected to *consedentem* by a later scribe.

185

917 ALIA. Deus humani generis conditor et redemptor, da quesumus ut reparationis nostrae collata subsidia, te iugiter inspirante sectemur. Per.

918 ALIA. Deus qui nos fecisti hodierna die paschalia festa celebrare, fac nos quesumus in caelesti regno gaudere. Per dominum nostrum.

919 ALIA. Depelle domine conscriptum lege peccati cyrographum, quod in nobis paschali mysterio, per resurrectionem tui filii euacuasti. Qui tecum.

920 ALIA. / Omnipotens sempiterne deus, qui humanam naturam supra prime originis reparas dignitatem, respice pietatis tuae ineffabile sacramentum, et quos regenerationis mysterio innouare dignatus es, in his dona tua perpetua gratiae protectione conserua. Per dominum nostrum. /f. 122v

921 ALIA. Omnipotens sempiterne deus, deduc nos ad societatem caelestium gaudiorum, ut spiritu sancto renatos regnum tuum facias introire, atque eo perueniat humilitas gregis, quo precessit celsitudo pastoris. Qui tecum.

922 ALIA. Praesta nobis omnipotens et misericors deus, ut in resurrectione domini nostri ihesu christi, percipiamus ueraciter portionem. Per eundem.

923 ALIA. Concede quesumus omnipotens deus, ut ueterem cum suis rationibus[1] hominem deponentes, illius conuersatione uiuamus, ad cuius nos substantiam, paschalibus remediis transtulisti. Per eundem.

924 ALIA. Gaudeat domine plebs fidelis, et cum propriae recolit saluationis exordia, eius promoueatur augmentis. Per dominum.

925 ALIA. Fac omnipotens deus, ut qui paschalibus remediis, / /f. 12:

---

[1] c for *racionibus* added above by a later scribe.

innouati similitudinem terreni parentis euasimus[1], formam caelestis transferamus[2] auctoris. Qui tecum.

926 ALIA. Familiam tuam quesumus domine dextera tua perpetuo circumdet auxilio, ut paschali interueniente sollemnitate ab omni prauitate defensa, donis caelestibus prosequatur. Per.

SEQVVNTVR BENEDICTIONES

927 Benedicat uos omnipotens deus, qui uos gratuita miseratione creauit, et in resurrectione unigeniti sui, spem uobis resurgendi concessit. Amen.

Resuscitet uos de uitiorum sepulchris, qui eum resuscitauit a mortuis. Amen.

Vt cum eo sine fine feliciter uiuatis, quem resurrexisse a mortuis ueraciter creditis. Amen.

Quod ipse praestare.

928 ITEM ALIA. Deus qui per resurrectionem unigeniti sui, uobis contulit et donum redemptionis et decus adoptionis, suae uobis[3] conferat prẹmia benedictionis. Amen.

Et quo redimente percepistis donum perpetuae libertatis, eo largiente consortes efficiamini aeterne hereditatis. Amen.

Et cui consurrexistis in baptismate credendo, / [4]adiungi merea- /f. 123v mini in caelesti regione bene uiuendo. Amen.

Quod ipse praestare dignetur.

MISSA IN PASCHA ANNOTINA

929 Deus per cuius prouidentiam nec preteritorum momenta deficiunt, nec ulla superest expectatio futurorum, tribuẹ permanentem peractae qua recolimus sollempnitatis affectum, ut quod recorda- tione percurrimus, semper in opere teneamus. Per.

930 SECRETA. Clementiam tuam domine suppliciter exoramus, ut

---

[1] *ad* later supplied in the margin.

[2] Corrected to *transferamur* by a later scribe.

[3] Written over an erasure by a later scribe.

[4] **928*** In the margin an Exeter (?) scribe notes: *Resurrexi per totum. Et si in quadragesima evenerit. Nos autem per totum. Epla. Non cesso gratias agens. Eug. Erat homo ex phariseis.*

paschalis muneris sacramentum quod fide recolimus, et spe desideramus intenti, perpetua dilectione capiamus. Per dominum.

931 PRAEFATIO. VD aeterne deus. Et redemptionis nostrae festa recolere, quibus humana substantia uinculis preuaricationis exuta, spem resurrectionis per renouatam originis dignitatem assumpsit. Et ideo cum angelis.

932 AD COMPLENDVM. Tua nos domine quae sumsimus sancta purificent, et operationis suae remedio, nos perficiant esse placatos. Per dominum.

/ DOMINICA I POST OCTAVAS PASCHAE   /f. 124r

933 [1]A. Misericordia domini. PS. Gaudete[2] iusti. AL. Redemptionem. AL. Surrexit dominus uere. OF. Deus deus meus ad te. CO. Ego sum pastor.

934 Deus qui in filii tui humilitate iacentem mundum erexisti, fidelibus tuis perpetuam laetitiam concede, ut quos perpetuae mortis eripuisti casibus, gaudiis facias sempiternis perfrui. Per eundem.

935 SECRETA. Benedictionem domine nobis conferat salutarem sacra semper oblatio, ut quod agit mysterio uirtute perficiat. Per dominum.

936 PRAEFATIO. VD aeterne deus. Et inmensam bonitatem pietatis tuae humiliter exorare, ut ignorantiam nostrae mortalitatis adtendens, ex tua inspiratione nos facias postulare quod rectum est, et tua clementia tribuas impetrare quod poscimus. Per christum.

937 AD COMPLENDVM. Praesta nobis omnipotens deus, ut uiuificationis tuae gratiam consequentes, in tuo semper munere gloriemur. Per dominum.

938 AD POPVLVM. Concede misericors deus, ut et deuotus tibi

---

[1] Cues in right margin beside collect. **933*** Exeter scribe 1 appends: *Epl. Christus passus est. All. Lauda anima mea. All. Surrexit dominus et occurrit. Eug. Ego sum pastor.*
[2] *Exultate* added above.

populus semper existat, et de tua clementia quod ei prosit, indesinenter optineat. Per dominum.

DOMINICA II POST OCTAVAS PASCHAE

939 / [1]A. Iubilate deo omnis. PS. Dicite deo quam. AL. Lauda anima. AL. Angelus domini descendit. OF. Lauda anima. CO. Modicum et non. /f. 124v

940 Deus qui errantibus ut in uiam possint redire iustitiae ueritatis tuae lumen ostendis, da cunctis qui christiana professione censentur, et illa respuere quae huic inimica sunt nomini, et ea quae sunt apta sectari. Per.

942 SECRETA. His nobis domine mysteriis conferatur, quo terrena desideria mitigantes, discamus amare caelestia. Per dominum nostrum.

942 PRAEFATIO. VD per christum dominum nostrum. Qui de uirgine nasci dignatus, per passionem et mortem a perpetua nos morte liberauit, et resurrectione sua aeternam nobis uitam contulit. Per quem.

943 AD COMPLENDVM. Sacramenta quae sumpsimius domine quesumus, et spiritalibus nos instruant alimentis, et corporalibus tueantur auxiliis. Per.

944 AD POPVLVM. Tibi placitam deus noster populo tuo tribue uoluntatem, quia tunc illi prospera cuncta praestabis, cum tuis aptum feceris institutis. Per.

DOMINICA III POST OCTAVAS PASCHAE

945 Deus qui fidelium mentes unius efficis uoluntatis, da populis tuis id amare / quod precipis id desiderare quod promittis, ut inter mundanas uarietates ibi nostra fixa sint corda, ubi uera sunt gaudia. Per. /f. 125r

---

[1] Cues in left margin beside collect. **939*** Exeter scribe 1 appends: `Epla. Obsecro uos tamquam aduenas. All. Laudate dominum. All. Nonne cor nostrum. Eug. Modicum.`

189

946 ¹A. Cantate domino. PS. Saluabit sibi dextera. ALL. Dominus regit exultent. ALL. In die resurrectionis. OF. Iubilate deo uniuersa. CO. Dum uenerit.

947 SECRETA. Deus qui nos per huius sacrificii ueneranda commercia, unius summę diuinitatis participes effecisti, praesta quesumus ut sicut tuam cognoscimus ueritatem, sic eam dignis moribus assequamur. Per.

948 PRAEFATIO. VD aeterne deus. Et tui misericordiam muneris postulare, ut tempora quibus post resurrectionem suam dominus noster ihesus christus, cum discipulis suis corporaliter habitauit. Sic ipso opitulante pia deuotione tractemus, quatinus in his omnium uitiorum sordibus careamus. Per quem.

949 AD COMPLENDVM. Adesto quesumus domine deus noster, ut per haec quae fideliter sumpsimus, et purgemur a uitiis, et a periculis omnibus exuamur. Per dominum.

950 SVPER POPVLVM. Exaudi domine quesumus preces nostras, ut quod tui uerbi sanctificatione promissum est, euangelico ubique compleatur effectu, et plenitudo adoptionis² quod predixit testificatio ueritatis. Per dominum nostrum.

DOMINICA IIII POST OCTAVAS PASCHAE

951 / ³A. Vocem iocunditatis. PS. Iubilate deo. ALL. Iubilate deo. ALL. /f. 125 Surrexit altissimus. OF. Benedicite gentes. CO. Cantate domino alleluia.

952 Deus a quo bona cuncta procedunt largire supplicibus, ut cogitemus te inspirante quae recta sunt, et te gubernante eadem faciamus. Per dominum nostrum.

---

¹ Cues in right margin beside collect. **946*** Exeter scribe 1 appends: Epl. Omne datum. All. Oportebit. All. Surrexit dominus uester. Eug. Vado ad eum.
² obtineat added above by a later scribe.
³ Cues in left margin beside collect. Offertory neumed. **951*** Exeter scribe 1 appends: Epl. Estote factores uerbi. All. Quia posuit. All. Gauisi sunt. Eug. Amen amen dico uobis.

953 SVPER OBLATA. Suscipe quesumus domine fidelium preces cum oblationibus hostiarum, ut per haec pię deuotionis officia, ad caelestem gloriam transeamus. per.

954 PRAEFATIO. VD aeterne deus. Et maiestatem tuam indefessis precibus exorare, ut mentes nostras bonis operibus semper informes. Quia sic erimus praeclari muneris prompta sinceritate cultores, si ad meliora iugiter transeuntes, paschale mysterium studeamus habere perpetuum. Per christum.

955 AD COMPLENDVM. Tribuę nobis domine caelestis mensę uirtute satiatis, et desiderare quae recta sunt, et desiderata percipere. Per dominum.

956 AD POPVLVM. Deus qui misericordiae ianuam fidelibus patere uoluisti, respice in nos et miserere nostri, ut qui uoluntatis tue uiam donante te sequimur, a uitę numquam semitis deuiemur. Per.

MISSA IN LAETANIA MAIORE AD SANCTVM LAVRENTIVM

957 / Mentem familiae tuae quesumus domine intercedente beato laurentio martyre tuo, et munere conpunctionis aperi, et largitate pietatis exaudi. Per dominum nostrum. /f. 126r

958 AD SANCTVM VALENTINVM. Deus qui culpas delinquentium districtę feriendo percutis, fletus quoque lugentium non recuses, ut qui pondus tuae animaduersione[1] cognouimus, etiam pietatis gratiam sentiamus. Per.

959 AD PONTEM MOLBI. Parce domine quesumus parce populo tuo, et nullis iam patiaris aduersitatibus fatigari, quos precioso filii tui sanguine redemisti. Qui tecum.

960 AD CRVCEM. Deus qui culpas nostras piis uerberibus percutis, ut nos a nostris iniquitatibus emundes, da nobis et de uerbere tuo proficere, et de tua citius consolatione gaudere. Per.

---

[1] Corr. to *animaduersionis* by a later scribe.

191

961 IN ATRIO. Adesto domine supplicationibus nostris, et sperantes in tua misericordia, intercedente beato petro apostolo tuo, caelesti protege benignus auxilio. Per.

962 ITEM ALIA. Praesta quesumus omnipotens deus, ut ad te toto corde clamantes, intercedente beata maria semper uirgine, tuę pietatis indulgentiam consequamur. Per.

963 / ¹A. Exaudiuit. PS. Diligam te. AL. Confitemini. OF. Confitebor domino.   /f. 126v
CO. Petite et accipietis.

964 AD MISSAM. Praesta quesumus omnipotens deus, ut qui in afflictione nostra de tua pietate confidimus, contra aduersa omnia, tua semper protectione muniamur. Per dominum.

965 SECRETA. Haec munera domine quesumus, et uincula nostrae prauitatis absoluant, et tuae nobis misericordiae dona concilient. Per dominum nostrum.

966 PRAEFATIO. VD aeterne deus. Et te auctorem et sanctificatorem ieiunii conlaudare, per quod nos liberas a nostrorum debitis peccatorum. Ergo suscipe ieiunantium preces, atque ut nos a malis omnibus propitiatus eripias, iniquitates nostras quibus merito affligimur placatus absolue. Per christum.

967 BENEDICTIONES. Omnipotens deus, deuotionem uestram dignanter intendat, et suae uobis benedictionis dona concedat. Amen. Indulgeat uobis mala omnia quae gessistis, et tribuat ueniam quam ab eo deposcitis. Amen.
Sicque ieiunii uestri et precum uota suscipiat, ut a uobis aduersa omnia quae peccatorum retributione mereamini auertat, et donum in uos spiritus paraclyti infundat. Amen.
Quod ipse.

968 / AD COMPLENDVM. Vota nostra quesumus domine pio fauore   /f. 12⁷
prosequere, ut dum dona tua in tribulatione percepimus, de consolatione nostra in tuo amore crescamus. Per.

---

¹ Cues in left margin beside collect *ad missam*. **963*** Exeter scribe 1 appends:
Epl. Confitemini. Eug. Quis uestrum.

969 AD POPVLVM. Pretende nobis domine misericordiam tuam, ut quae uotis expetimus, conuersatione tibi placita consequamur. Per.

FERIA III AD MISSAM

970 [1]A. Exaudiuit. PS. Diligam te. ALL. Confitemini. OF. Confitebor domino. CO. Petite et accipietis.

971 Omnipotens et misericors deus, qui peccantium non uis animas perire sed culpas, continue quam meremur iram et quam precamur super nos effunde clementiam, ut de merore in gaudium per tuam misericordiam transferamur. Per.

972 SECRETA. Sacrificia domine tibi cum ecclesiae precibus immolanda quesumus corda nostra purificent, ut et indulgentiae tuae nobis dona concilient, et contra aduersa prospera sentire perficiant. Per.

973 PRAEFATIO. VD aeterne deus. Et maiestatem tuam suppliciter exorare, ut non nos nostrae malitiae, sed indulgentiae tuae preueniat semper affectus. Qui nos a noxiis uoluptatibus indesinenter expediat, et a mundanis cladibus dignanter eripiat. Per christum.

974 AD COMPLENDVM. Sit nobis domine quesumus medicina mentis et corporis, quod / de sancti altaris tui benedictione /f. 127v percepimus, ut nullis aduersitatibus turbemur, qui tanti remedii participatione munimur. Per.

975 AD POPVLVM. Omnipotens deus misericordiam tuam nobis placatus impende, ut qui te contempnando culpam incurrimus, confitendo ueniam consequamur. Per.

FERIA IIII VIGILIA ASCENSIONIS DOMINI

976 [2]A. Omnes gentes. PS. Subiecit. ALL. Omnes gentes. OF. Viri galilei. CO. Non uos relinquam.

---

[1] Cues in right margin beside collect.
[2] Cues in right margin beside collect. **976*** Exeter scribe 1 appends: *L. Pater cum essem. Epl. Multitudinis. Eug. Subleuatis.*

977 Praesta quesumus omnipotens deus, ut nostrae mentis intentio quo sollemnitate hodierna gloriosus auctor ingressus est semper intendat, et quo fide pergit, conuersatione perueniat. Per.

978 SECRETA. Sacrificium domine pro filii tui supplices uenerabili, quam nunc preuenimus ascensione deferimus, praesta quesumus, ut et nos per ipsum his commerciis sacrosanctis ad caelestia consurgamus. Per eundem.

979 PRAEFATIO. VD aeterne deus. Et in hac praecipuę die quo ihesus christus filius tuus dominus noster diuini consummato fine mysterii, dispositionis[1] munus expleuit. Vt scilicet et diabolum caelestis operis inimicum, per hominem quem subiugarat elideret, et humanam reduceret ad superna dona substantiam. Et ideo.

980 AD COMPLENDVM. / Tribue quesumus domine ut per haec   /f. 128r
sacramenta quę sumpsimus illuc tendat nostrae deuotionis affectus, quo tecum est nostra substantia, ihesus christus dominus noster. Qui tecum.

981 AD VESPEROS. Da quesumus omnipotens deus illuc subsequi tuorum membra fidelium, quo capud nostrum principiumque pręcessit, ihesus christus dominus noster, qui tecum uiuit et regnat deus.

IN ASCENSA DOMINI AD SANCTVM PETRVM
982 [2]A. Viri galilei. PS. Omnes gentes. ALL. Ascendit deus. ALL. Dominus in sinai. OF. Ascendit deus. CO. Psallite domino.

983 CONCEDE QVESVMVS OMNIPOTENS DEVS, VT QVI HODIERNA DIE VNIGENITVM TVVM redemptorem nostrum ad caelos ascendisse credimus, ipsi quoque mente in caelestibus habitemus. Per eundem dominum.

984 SVPER OBLATA. Suscipe domine munera quae pro filii tui gloriosa ascensione deferimus, et concede propitius ut a presenti-

---

[1] *antiquae* added above by original scribe.
[2] Cues in right margin beside collect. **982*** Exeter scribe 1 appends: *Epl. Primum quidam. Eug. Recumbentibus.*

bus periculis liberemur, et ad uitam perueniamus aeternam. Per eundem.

985 PRAEFATIO. VD per dominum nostrum. Qui post resurrectionem suam omnibus discipulis suis manifestus apparuit. / Et ipsis cernentibus est eleuatus in caelum, ut nos diuinitatis suae tribueret esse participes. Et ideo cum archangelis.

/f. 128v

986 INFRA ACTIONEM. Communicantes et diem sacratissimum celebrantes, quo dominus noster unigenitus filius tuus unitam sibi fragilitatis nostrae substantiam, in gloriae tuae dextera collocauit. Sed et memoriam.

987 BENEDICTIO. Benedicat uos omnipotens deus, cuius unigenitus hodierna die caelorum alta penetrauit, et uobis ubi ille est ascendendi aditum patefecit. Amen.

Concedat uobis propitius, ut sicut post resurrectionem suam discipulis uisus est manifestus, ita in iudicium ueniens uideatur placatus. Amen.

Et qui eum consedere patri in sua maiestate creditis, uobiscum manere usque in finem saeculi secundum suam promissionem sentiatis. Amen.

Quod ipse.

988 AD COMPLENDVM. Praesta nobis quesumus omnipotens et misericors deus, ut quae uisibilibus mysteriis sumenda percepimus, inuisibili consequamur effectu. Per.

ALIAE ORATIONES

989 Adesto domine supplicationibus nostris, ut sicut humani / generis saluatorem consedere tecum in tua maiestate confidimus, ita usque ad consummationem saeculi manere nobiscum, quemadmodum est pollicitus sentiamus. Qui tecum uiuit.

/f. 129r

990 ALIA. Deus cuius filius in alta caelorum potenter ascendens, captiuitatem nostram sua duxit uirtute captiuam, tribue quesumus ut dona quae suis participibus contulit, largiatur et nobis, ihesus christus dominus noster. Qui tecum.

DOMINICA POST ASCENSA DOMINI

991 [1]A. Exaudi domine uocem. PS. Dominus inluminatio. ALL. Ascendit deus. ALL. Dominus in sinai. OF. Viri galilei. CO. Pater cum esset.

992 Omnipotens sempiterne deus, fac nos tibi semper et deuotam gerere uoluntatem, et maiestati tuae sincero corde seruire. Per.

993 SECRETA. Sacrificia nos domine inmaculata purificent, et mentibus nostris, superne gratiae dent uigorem. Per dominum nostrum.

994 PRAEFATIO. VD per christum dominum nostrum. Qui generi humano nascendo subuenit, cum per mortem passionis mundum deuicit, per gloriam resurrectionis uitae aeternae aditum patefecit, et per suam ascensionem, ad caelos nobis spem ascendendi donauit. Per quem maiestatem.

995 AD COMPLENDVM. / Repleti domine muneribus sacris da quesumus, ut in gratiarum semper actione maneamus. Per.   /f. 129v

996 AD POPVLVM. Erectis sensibus et oculis cordis ad sublimia eleuantes[2] quesumus domine, ut quae in precum uota detulimus, ad impetrandi fidutiam referamus. Per.

ORATIONES PER SINGVLAS LECTIONES IN SABBATO PENTECOSTEN.

997 [3]ANTEQVAM LEGATVR PRIMA LECTIO OREMVS. Da nobis quesumus domine per gratiam spiritus sancti nouam tui paracliti spiritalis obseruantiae disciplinam, ut mentes nostrae sacro purgatae ieiunio, cunctis reddantur eius muneribus aptiores. Per dominum in unitate eiusdem spiritus sancti. Per omnia saecula.

---

[1] Cues in left margin beside collect. Introit neumed. **991*** Exeter scribe 1 appends:
Epl. Estote prudentes. Eug. Cum uenerit.
[2] Corrected to *eleuatis* by a later scribe.
[3] **997*** In the margin Exeter scribe 1 gives: *L. i. Temptauit deus. Tr. Cantemus. L. ii. Scripsit moyses. Col. Deus qui nobis per ora. L. iii. Apprehendent. Tr. Vinea. Coll. Deus qui nos ad celebrandum. L. iiii. Audi israhel. Tr. Sicut ceruus. Coll. Concede quesumus.*

998 LECTIO I. IN PRINCIPIO.

999 Omnipotens sempiterne deus indeficiens lumen, qui spiritum sanctum tuum cum super aquas in mundi creationis exordio ferretur, humanę declarasti salutis auctorem, praesta quesumus ut idem spiritus ueritatis, ecclesię tuae dona multiplicet. Per dominum. In unitate eiusdem spiritus sancti.

1000 LECTIO II. TEMPTAVIT DEVS.

1001 Deus qui in abrahę famuli tui opere, humano generi oboedentiae exempla praebuisti. Concede nobis et nostrae uoluntatis pra/uitatem frangere, et tuorum preceptorum rectitudinem in omnibus adimplere. Per.

1002 LECTIO III. FACTVM EST. Cantemus domine.

1003 Deus qui primis temporibus impleta miracula noui testamenti luce reserasti quod mare rubrum forma sacri fontis existeret, et liberata plebs ab aegyptia seruitute christiani populi sacramenta praeferret, da ut omnes gentes israhelis priuilegium merito fidei consecutae, spiritus tui participatione regenerentur. Per dominum, in unitate eiusdem spiritus sancti.

1004 LECTIO IIII. SCRIPSIT. Adtende cęlum.

1005 Deus gloriatio fidelium et uita iustorum, qui per moysen famulum tuum nos quoque modulationem sacri carminis erudisti, in uniuersis gentibus misericordiae tuae munus operare tribuendo beatitudinem auferendo terrorem, ut quod prenuntiatum est ad supplicium, in remedium transferatur aeternum. Per.

1006 LECTIO V. ADPREHENDERENT. Vinea facta est.

1007 Omnipotens sempiterne deus, qui per unicum filium tuum ecclesiae tuae demonstrasti te esse cultorem, ut omnem palmitis fructum in eodem christo tuo qui uera uitis est afferentem clementer excolens fructus afferat ampliores, fidelibus tuis quos / /f. 130v uelut uineam ex aegypto per fontem baptismi transtulisti, nullae preualeant spinę peccatorum, ut spiritus tui sanctificatione muniti, perpetua fruge ditentur. Per eundem, in unitate eiusdem spiritus sancti. Per omnia saecula.

1008 LECTIO VI. AVDI ISRAHEL.

1009 ORATIO. Deus qui nobis per prophetarum ora precepisti temporalia relinquere atque ad aeterna festinare, da famulis tuis ut quae a te iussa cognouimus, implere caelesti inspiratione ualeamus. Per dominum nostrum.

1010 CANTICVM. Sicut ceruus.

1011 SEQVITVR ORATIO. Concede quesumus omnipotens deus, ut qui sollemnitatem doni spiritus sancti colimus, caelestibus desideriis accensi, fontem uitae sitiamus, dominum nostrum ihesum christum, qui tecum et cum eodem spiritu sancto uiuit et regnat deus.

1012 INDE DESCENDES CVM LAETANIA AD FONTES.

ORATIONES AD MISSAM IN SABBATO STATIO AD
LATERANIS

1013 *PRAESTA QVESVMVS OMNIPOTENS DEVS, VT CLARI*tatis tuae super nos splendor effulgeat, et lux tuae lucis, corda eorum qui per gratiam tuam renati sunt, sancti spiritus inlustratione confirmet. Per dominum, in unitate eiusdem spiritus sancti. Per.

1014 SECRETA. Munera domine quesumus oblata sanctifica, et corda nostra sancti spiritus / inlustratione emunda. Per in unitate /f. 13▮
eiusdem.

1015 [1]*A. Laetania. Gloria in excelsis.* ALL. Confitemini domino. TRC. Laudate dominum. V. Quoniam confirmata. OF. Emitte spiritum. CO. Vltimo festiuitatis.

1016 PREFATIO. VD aeterne deus. Qui sacramentum paschale con-summans, quibus per unigeniti tui consortium filios adoptionis esse tribuisti, per sanctum spiritum largiris dona gratiarum, et sui coheredibus redemptoris iam nunc superne pignus hereditatis impendis. Vt tanto[2] certius ad eum confidant esse uenturos, quanto se sciunt ab eo redemptos, et sancti spiritus infusione ditatos. Et ideo cum angelis.

---

[1] Cues in right margin beside preface. Alleluia neumed. **1015*** Exeter scribe 1 appends: *Epl. Factum est cum. Eug. Si diligitis.*
[2] *se* added above by a later scribe.

1017 IN FRACTIONE. Communicantes et diem sacratissimum pentecosten preuenientes, quo spiritus sanctus apostolos plebemque
credentium presentia suę maiestatis impleuit. Sed et memoriam.

1018 ALIA. Hanc igitur oblationem seruitutis nostrę sed et cunctę
familę tuę quam tibi offerimus, pro his quoque quos regenerare
dignatus es ex aqua et spiritu sancto, tribuens eis remissionem
omnium peccatorum. Quesumus domine ut placatus accipias.

1019 BENEDICTIO. Benedicat uobis omnipotens deus, ob cuius
paraclyti spiritus aduentum, mentes uestras ieiunii obseruantia
preparatis, et presentem diem sollemnibus laudibus honoratis.
Amen.
Instar modo renatorum infantium talem innocentiam habeatis, / ut /f. 131v
templum sancti spiritus ipso tribuente esse possitis. Amen.
Atque idem spiritus sanctus ita uos hodie sua habitatione dignos
efficiat, ut cras se uestris mentibus uobiscum perpetim habiturus
infundat, et peracto presentis uitae curriculo, uos ad caelestia
regna perducat. Amen.
Quod ipse prestare dignetur.

1020 AD COMPLENDVM. Sancti spiritus domine corda nostra mundet
infusio, et sui roris intima aspersione fecundet. Per eiusdem.

1021 AD POPVLVM. Presta quesumus omnipotens deus, ut spiritus
sanctus adueniens, maiestatem nobis filii tui manifestando clari-
ficet. Per eiusdem.

DOMINICA PENTECOSTEN STATIO AD SANCTVM
PETRVM
1022 DEVS QVI HODIERNA DIE CORDA FIDELIVM, SANCTI
SPIRITVS INLVStratione docuisti, da nobis in eodem spiritu recta
sapere, et de eius semper consolatione gaudere. Per dominum in
unitate eiusdem dei.

1023 SECRETA. Munera domine quesumus oblata sanctifica, et corda
nostra / sancti spiritus inlustratione emunda. Per eiusdem. /f. 132r

1024 ¹A. Spiritus domini repleuit. PS. Exurgat deus. ALL. Emitte spiritum. ALL. Spiritus domini repleuit. OF. Confirma hoc. CO. Factus est repente.

1025 PRAEFATIO. VD per christum dominum nostrum. Qui ascendens super omnes caelos, sedensque ad dexteram tuam, promissum spiritum sanctum hodierna die in filios adoptionis effudit. Quapropter profusis gaudiis, totus in orbe terrarum mundus exultat. Sed et superne uirtutes atque angelicę potestates, ymnum gloriae tuae concinunt, sine fine dicentes: Sanctus.

1026 IN FRACTIONE. Communicantes et diem sacratissimum, pentecosten celebrantes, quo spiritus sanctus apostolis innumeris linguis apparuit. Sed et memoriam.

1027 ALIA. Hanc igitur oblationem seruitutis nostrae. Require in uigilia.

1028 BENEDICTIO. Deus qui hodierna die discipulorum mentes spiritus parracliti infusione dignatus est inlustrare, faciat uos sua benedictione repleri, et eiusdem spiritus donis exuberare. Amen.
Ille ignis qui super discipulos apparuit peccatorum uestrorum sordes expurget, et sui luminis infusione perlustret. Amen.
Quique dignatus est diuersitatem linguarum in unius fidei confessione adunare, in eadem uos faciat fide perseuerare² / et per /f. 132v
hanc ab spe, ad speciem peruenire. Amen.
Quod ipse praestare.

1029 AD COMPLENDVM. Sancti spiritus domine corda nostra mundet infusio, et sui roris aspersione fecundet. Per in unitate eiusdem.

1030 AD POPVLVM. Praesta quesumus domine, ut a nostris mentibus et carnales ammoueat spiritus sanctus affectus, et spiritalia dona

---

¹ Cues in right margin beside secret. **1024*** Exeter scribe 1 appends: *Epl. Cum complerentur. All. Verbo domini. All. Paraclytus. Eug. Si quis diligit.*
² *seuerare* supplied by a later scribe.

nobis potenter infundat. Qui tecum, in unitate eiusdem spiritus sanctus, per omnia secula seculorum[1].

FERIA II AD VINCVLA

1031 [2]A. Cibauit eos. PS. Exultate deo. ALL. Emitte spiritum. OF. Intonuit. CO. Spiritus sanctus docebit nos.

1032 Deus qui apostolis tuis sanctum dedisti spiritum, concede plebi tuae piae petitionis effectum, ut quibus dedisti fidem, largiaris et pacem. Per dominum, in unitate eiusdem spiritus sancti.

1033 SECRETA. Propitius domine quesumus haec dona sanctifica, et hostiae spiritalis oblatione suscepta, nosmetipsos tibi perfice munus aeternum. Per.

1034 PRAEFATIO. VD per christum dominum nostrum. Qui promissum spiritum paraclytum super discipulos misit, qui in principio nascentis ecclesiae cunctis gentibus imbuendis, et deitatis scientiam inderet, et linguarum diuersitatem in unius fidei confessione sociaret. / Per quem tuam maiestatem supplices exoramus, ut /f. 133r cuius celebramus aduentum, eius multimodę gratiae capiamus effectum. Per quem.

1035 AD COMPLENDVM. Adesto domine quesumus populo tuo, et quem mysteriis caelestibus imbuisti, ab hostium furore defende. Per.

FERIA III AD SANCTAM ANASTASIAM

1036 [3]A. Accipite iucunditatem. PS. Adtendite. AL. Spiritus domini repleuit. OF. Portas caeli. COM. Spiritus qui a patre.

---

[1] *Per dominum nostrum ihesum christum filium tuum* added above by an Exeter scribe.

[2] Cues in left margin beside collect. **1031*** Exeter scribe 1 appends: *Epl. Aperiens petrus os. All. Emitte spiritum. Eug. Sic deus dilexit.*

[3] Cues in right margin beside collect. **1036*** Exeter scribe 1 appends: *Epl. Cum audissent apostoli. Eug. Amen amen dico uobis.*

1037 Adsit nobis domine quesumus uirtus spiritus sancti, quae et corda nostra clementer expurget, et ab omnibus tueatur aduersis. Per, eiusdem spiritus sancti.

1038 SECRETA. Purificet nos domine quesumus muneris pręsentis oblatio, et dignos sacra participatione perficiat. Per.

1039 PRĘFATIO. VD per christum dominum nostrum. Qui spiritus sancti infusione repleuit corda fidelium, qui sua admirabili operatione et sui amoris in eis ignem accenderet, et per diuersitatem linguarum gentes in unitate fidei solidaret. Cuius dono petimus, et inlecebrosas a nobis excludi uoluptates, et spiritales in nobis extrui plantarique uirtutes. Per quem.

1040 AD COMPLENDVM. Mentes nostras quesumus domine, spiritus sanctus diuinis reparet sacramentis, quia ipse est remissio omnium peccatorum. Per, in unitate eiusdem spiritus sancti. Per

/ FERIA IIII MENSIS QVARTI AD SANCTAM MARIAM   /f. 133v
1041 [1]A. Deus dum egrederetur. PS. Exurgat deus. R. Dirigatur. V. Eleuatio manuum. R. Saluum fac populum. V. Ad te domine clamaui. OF. Meditabor. CO. Pacem meam.

1042 Mentes nostras quesumus domine paraclytus qui a te procedit inluminet, et inducat in omnem sicut tuus promisit filius ueritatem. Qui tecum, eiusdem.

1043 ALIA. Praesta quesumus omnipotens et misericors deus, ut spiritus sanctus adueniens, templum nos gloriae suae dignanter habitando perficiat. Per, in unitate eiusdem.

1044 SECRETA. Accipe quesumus domine munus oblatum et dignanter operare, ut quod mysteriis agimus, piis affectibus celebremus. Per dominum nostrum.

1045 PREFATIO. VD per christum dominum nostrum. Per quem

---

[1] Cues in left margin beside collect. Second gradual neumed. **1041*** Exeter scribe 1 appends: *L. Stans petrus. All. Emitte. Epl. Per manus apostolorum. All. Spiritus domini. Eug. Nemo potest.*

discipulis spiritus sanctus in terra datur ob dilectionem proximi, et de cęlo mittitur propter dilectionem tui. Cuius infusione petimus ut in nobis peccatorum sordes exurat, tui amoris ignem nutriat, et nos ad amorem fraternitatis accendat. Per quem.

1046 AD COMPLENDVM. Sumentes domine caelestia sacramenta quesumus clementiam tuam, ut quod temporaliter gerimus aeternis gaudiis consequamur. Per dominum.

FERIA V
1047 Concede quesumus omnipotens deus, ut qui sollemnitatem doni spiritus sancti colimus, / caelestibus desideriis accensi, fontem uitę sitiamus, dominum nostrum ihesum christum filium tuum. Qui tecum. /f. 134r

1048 ¹A. Spiritus domini repleuit. PS. Exurgat. AL. Emitte spiritum. OF. Confirma hoc. CO. Factus est.

1049 SECRETA. Virtute spiritus sancti domine munera nostra continge, ut quod sollemnitate presenti tuo nomini dedicauit, et intelligibile nobis faciat et aeternum. Per eiusdem.

1050 PRAEFATIO. VD per christum dominum nostrum. Per quem pietatem tuam suppliciter petimus, ut spiritus sanctus clementer corda nostra expurget, et sui luminis inradiatione perlustret. Vt in eo qui gratiarum largitor est recta sapiamus, et de eius consolatione imperpetuum gaudeamus. Per quem.

1051 AD COMPLENDVM. Sacris caelestibus domine operante sancto spiritu uitia nostra purgentur, ut muneribus tuis possimus semper aptari. Per, in unitate eiusdem.

FERIA VI AD APOSTOLOS
1052 ²A. Repleatur os meum. PS. In te domine speraui. R. Conuertere domine.

---

¹ Cues in right margin beside collect. **1048*** Exeter scribe 1 appends: `Epl. Philippus. Eug. Conuocatis.`
² Cues in right margin beside collect. Introit and gradual verse neumed. **1052*** Exeter scribe 1 appends: `Epl. Aperiens petrus. All. Veni sancte. Eug. Factum est in mea.`

V. Domine refugium. OF. Lauda anima mea. CO. Spiritus ubi uult spirat.

1053 Da quesumus ecclesiae tuae misericors deus, ut sancto spiritu congregata, hostili nullatenus incursione turbetur. Per. In unitate eiusdem.

1054 SECRETA. Sacrificia domine tuis oblata conspectibus ignis ille diuinis assumat, qui discipulorum christi tui per sanctum spiritum corda succendit. Per, eiusdem.

1055 PRAEFATIO. VD aeterne deus. Et maiestatem tuam suppliciter / exorare, ut spiritus paraclytus ad nos ueniat, et nos inhabitando templum suae maiestatis efficiat. Quod cum unigenito filio tuo clementi respectu semper digneris inuisere, et tuae inhabitationis fulgore imperpetuum perlustrare. Per quem. /f. 134v

1056 AD COMPLENDVM. Sumpsimus domine sacri dona mysterii humiliter deprecantes, ut quae in tui commemoratione nos facere precepisti, in nostrae proficiant infirmitatis auxilium. Per.

SABBATO IN XII LECTIONIBVS AD SANCTVM PETRVM
1057 Mentibus nostris domine, spiritum sanctum benignus infunde, cuius et sapientia conditi sumus, et prouidentia gubernamur. Per, in unitate eiusdem.

1058 ALIA. Illo nos igne quesumus domine spiritus sanctus inflammet, quem dominus noster ihesus christus misit in terram, et uoluit uehementer accendi. Qui tecum uiuit et regit deus, eiusdem.

1059 ALIA. Deus qui ad animarum medelam ieiunii deuotione castigari corpora precepisti, concede nobis propitius, et mente et corpore semper tibi esse deuotos. Per dominum nostrum.

1060 ALIA. Praesta quesumus omnipotens deus, ut salutaribus ieiuniis eruditi, ab omnibus etiam uitiis abstinentes, propi/ciationem tuam facilius impetremus. Per. /f. 135

1061 ALIA. Presta quesumus omnipotens deus, sic nos ab aepulis abstinere carnalibus, ut a uitiis irruentibus pariter ieiunemus. Per dominum.

1062 [1]A. Caritas dei. PS. Domine deus salutis. R. Iacta cogitationem. V. Dum clamarem. R. Ad dominum dum. V. Domine libera. R. Propitius. V. Adiuua nos. R. Protector noster. V. Domine deus uirtutum. BEN. Benedictus es. V. Benedicite omnia opera domini. V. Benedicite caeli domino. V. Benedicite angeli domini domino. Ymnum dicite. Vt supra. TRC. Laudate dominum. V. Quoniam confirmata. OF. Domine deus salutis. CO. Non uos relinquam.

1063 AD MISSAM. Deus qui tribus pueris mitigasti flammas ignium, concede propitius, ut nos famulos tuos non exurat flamma uitiorum. Per.

1064 SECRETA. Vt accepta tibi sint domine nostra ieiunia, praesta nobis quesumus huius munere sacramenti, purificatum tibi pectus offerre. Per dominum nostrum.

1065 PRAEFATIO. VD aeterne deus. Et tuam omnipotentiam deuotis precibus implorare, ut nos spiritus tui lumen infundat, cuius sapientia creat, pietas recreat, et prouidentia gubernat. Qui cum a tua substantia nullomodo sit diuersus, sed tibi et unigenito tuo consubstantialis et coaeternus, diuersitate tamen donorum replet tuorum corda fidelium. Per quem maiestatem.

1066 AD COMPLENDVM. Prebeant nobis domine diuinum tua sancta feruorem, quo eorum pariter, et actu delectemur et fructu. Per dominum nostrum.

/ DOMINICA OCTAVIS PENTECOSTES /f. 135v

1067 [2]*OMNIPOTENS ET MISERICORS DEVS*, ad cuius beatitudinem sempiternam, non fragilitate carnis sed alacritate mentis ascenditur, fac nos atria supernę ciuitatis et te inspirante semper ambire, et tua indulgentia fideliter introire. Per.

---

[1] Cues in right margin beside collect. **1062*** Exeter scribe 1 appends: `All. Emitte. All. Factus est repente. All. Verbo domini. All. Spiritus domini. All. Veni. All. Paraclitus. Epl. Conuenit. Eug. Surgens ihesus.`

[2] Illegible note in margin to left ending *ut supra*.

1068 SECRETA. Remotis obumbrantibus carnalium uictimarum, spiritalem tibi summe pater hostiam supplici seruitute deferimus, quae miro ineffabilique mysterio, et immolatur semper, et eadem semper offertur, pariterque et deuotorum munus, et remunerantis est premium. Per.

1069 ¹*Infra ebdomadam.* A. Benedicta sit sancta trinitas. PS. Benedicamus patrem. R. Benedictus es domine. V. Benedicite deum caeli. ALL. Benedictus es domine deus. OF. Benedictus sit deus. CO. Benedicimus deum celi.

1070 PRAEFATIO. VD aeterne deus. Qui cum unigenito filio tuo et spiritu sancto unus es deus unus es dominus. Non in unius singularitate persone, sed in unius trinitate substantiae. Quod enim de tua gloria reuelante te credimus, hoc de filio tuo, hoc de spiritu sancto, sine differentiae discretione sentimus. Vt in confessione uere sempiterneque deitatis, et in personis proprietas, et in essentia unitas, et in / maiestate adoretur aequalitas. Quem laudant angeli. /f. 136r

1071 AD COMPLENDVM. Laetificet nos domine quesumus sacramenti ueneranda sollemnitas, pariterque mentes nostras et corpora, spiritali sanctificatione fecundet, et castis gaudiis semper exerceat. Per.

1072 AD POPVLVM. Ecclesia tua domine caelesti gratia repleatur et crescat, atque ab omnibus uitiis expiata, percipiat sempiterne redemptionis augmentum, ut quod in membris suis copiosa temporum prerogatione ueneratur, spiritali capiat largitate donorum. Per.

DOMINICA II POST PENTECOSTEN

1073 ²A. Domine in tua misericordia. PS. Vsquequo domine. R. Ego dixi domine. V. Beatus qui intelligit. ALL. Deus in dextera. OF. Intende uoci. CO. Narrabo omnia.

---

¹ Cues in left margin beside secret.
² Cues in right margin beside collect. **1073*** Exeter scribe 1 appends: *Epl. Deus caritas est. Eug. Homo quidam erit.*

1074 Deus in te sperantium fortitudo, adesto propitius inuocationibus nostris, et quia sine te nihil potest mortalis infirmitas, praesta auxilium gratiae tuae, ut in exequendis mandatis tuis, et uoluntate tibi et actione placeamus. Per.

1075 SVPER OBLATA. Hostias nostras domine tibi[1] placatus assume, et ad perpetuum nobis tribue, prouenire subsidium. Per.

1076 PRĘFATIO. VD aeterne deus. Qui ecclesiae tuę filios sicut non cessas erudire, ita non desinis / adiuuare. Vt et scientiam te /f. 136v miserante recta faciendi, et possibilitatem capiant exsequendi. Per christum dominum nostrum.

1077 AD COMPLENDVM. Tantis domine repleti muneribus, praesta quesumus ut et salutaria dona capiamus, et a tua numquam laude cessemus. Per dominum nostrum.

1078 AD POPVLVM. Fideles tuos domine benedictio desiderata confirmet, quae eos et a tua uoluntate numquam faciat discrepare, et tuis semper indulgeat beneficiis gratulari. Per.

DOMINICA III POST PENTECOSTEN

1079 [2]A. Factus est dominus. PS. Diligam te. R. Ad dominum dum tribularer. V. Domine libera. AL. Diligam te domine. OF. Domine conuertere. CO. Cantabo domino.

1080 Sancti nominis tui domine timorem pariter et amorem fac nos habere perpetuum, quia numquam tua gubernatione destituis, quos in soliditate tuae dilectionis instituis. Per.

1081 SECRETA. Oblatio nos domine tuo nomini dicanda purificet, et de die[3] in diem ad caelestis uitae transferat actionem. Per dominum.

1082 PRAEFATIO. VD aeterne deus. Cuius hoc mirificum opus ac salutare mysterium fuit, ut perditi dudum atque prostrati de

---

[1] *dicatas* added above by Exeter scribe.
[2] Cues in left margin beside collect. **1079*** Exeter scribe 1 appends: *Epl. Nolite mirari. Eug. Homo quidam fecit.*
[3] A small erasure follows.

207

diabolo et mortis aculeo, ad hanc gloriam uocaremur. Qua nunc /f. 137r
genus electum, / sacerdotiumque regale, populus adquisitionis, et
gens sancta uocaremur. Agentes igitur indefessas gratias, sanctamque munificentiam tuam predicantes, maiestati tuae haec sacra
deferimus, quae nobis ipse salutis nostrae auctor christus instituit.
Per quem maiestatem tuam.

1083 AD COMPLENDVM. Sumptis muneribus domine quesumus, ut
cum frequentatione mysterii, crescat nostrae salutis effectus. Per.

1084 AD POPVLVM. Proficiat quesumus domine plebs tibi dicata piae
deuotionis affectu, ut sacris actionibus erudita, quanto maiestati
tuae sit gratior, tanto donis potioribus augeatur. Per.

DOMINICA IIII POST PENTECOSTEN

1085 [1]A. Respice in me. PS. Ad te domine leuaui. R. Iacta cogitatum. V. Dum
clamarem. ALL. Domine in uirtute. OF. Sperent in te. CO. Ego et
clamaui.

1086 Deprecationem nostram quesumus domine benignus exaudi, et
quibus supplicandi praestas effectum[2], tribue defensionis auxilium.
Per.

1087 SECRETA. Munera domine oblata sanctifica, ut tui nobis unigeniti, corpus et sanguis fiant. Per eundem.

1088 PRAEFATIO. VD aeterne deus. Quoniam illa festa remeant
quibus nostrae mortalitatis procuratur immortale commercium, ac
temporali uitae subrogatur aeternitas, et de peccati poena peccata
mundantur. / Mirisque modis conficitur de perditione saluatio, ut /f. 137▾
status conditionis humanę qui per felicitatis insolentiam uenit ad
tristitiam, humilis et modestus ad aeterna gaudia redeat per
merorem. Per christum.

1089 AD COMPLENDVM. Haec nos communio domine purget a
crimine, et caelestis remedii faciat esse consortes. Per.

---

[1] Cues in right margin beside collect. Introit neumed. **1085*** Exeter scribe 1
appends: *Epl. Humiliamini. Eug. Erant appropinquantes.*
[2] *uel affectum* indicated above by a later scribe.

1090 AD POPVLVM. Tempora nostra quesumus domine pio fauore prosequere, et quibus cursum tribuis largiorem, praesta continuum benignus auditum. Per.

DOMINICA V POST PENTECOSTEN

1091 [1]A. Dominus inluminatio. PS. Si consistant. R. Propitius esto. V. Adiuua nos deus. AL. In te domine speraui. OF. Inlumina oculos. CO. Dominus firmamentum.

1092 Protector in te sperantium deus, sine quo nihil est ualidum nihil sanctum, multiplica super nos misericordiam tuam, ut te rectore te duce, sic transeamus per bona temporalia, ut non[2] amittamus aeterna. Per dominum.

1093 SVPER OBLATA. Respice domine munera supplicantis ecclesiae, et saluti credentium perpetua sanctificatione sumenda concede. Per dominum nostrum.

1094 PRAEFATIO. VD aeterne deus. Et omnipotentiam tuam iugiter implorare, ut nobis et praesentis uitae subsidium et aeterne tribuas premium sempiternum. / Quo sic mutabilia bona capiamus, ut per /f. 138r haec ad incommutabilia dona peruenire ualeamus. Sic temporalis laetitiae tempora transeant, ut eis gaudia sempiterna succedant. Per christum.

1095 AD COMPLENDVM. Sancta tua nos domine sumpta uiuificent, et misericordiae sempiternę, praeparent expiatos. Per dominum.

1096 AD POPVLVM. Propitiare domine humilitati nostrae et respice seruitutem, ut pacis tuae abundantia, tempora nostra cumulentur. Per dominum nostrum.

DOMINICA VI POST PENTECOSTEN

1097 [3]A. Exaudi domine uocem. PS. Dominus inluminatio. R. Protector noster.

---

[1] Cues in left margin beside collect. **1091*** Exeter scribe 1 appends: *Epl. Existimo enim quod non sunt. Eug. Estote ergo.*
[2] A small erasure follows.
[3] Cues in right margin beside collect. Introit and gradual neumed. **1097*** Exeter scribe 1 appends: *Epl. Omnes unanimes. Eug. Cum turbę irruerent.*

V. Domine deus uirtutum. AL. Omnes gentes. OF. Benedicam domino. CO. Vnam petii.

1098 Da nobis domine quesumus, ut et mundi cursus pacifice nobis tuo ordine dirigatur, et ecclesia tua tranquilla deuotione laetetur. Per.

1099 SECRETA. Oblationibus quesumus domine placare susceptis, et ad te nostras etiam rebelles, compelle propitius uoluntates. Per dominum nostrum.

1100 PRAEFATIO. VD aeterne deus. Maiestatem tuam suppliciter deprecantes, ut opem tuam petentibus dignanter impendas, et desiderantibus benignus tribuas profutura. Per christum.

1101 AD COMPLENDVM. Mysteria nos domine sancta purificent, et suo munere / tueantur. Per dominum nostrum.   /f. 138v

1102 AD POPVLVM. Exaudi nos deus salutaris noster, et dies nostros in tua pace dispone, ut a cunctis turbationibus liberati, tranquilla tibi seruitute famulemur. Per.

DOMINICA VII POST PENTECOSTEN
1103 [1]A. Dominus fortitudo. PS. Ad te domine clamabo. R. Conuertere. V. Domine refugium. AL. Te decet ymnus. OF. Perfice gressus. CO. Circumibo et immolabo.

1104 Deus qui diligentibus te bona inuisibilia preparasti, infunde cordibus nostris tui amoris effectum, ut te in omnibus et super omnia diligentes, promissiones tuas quae omne desiderium superant consequamur. Per.

1105 SECRETA. Propitiare domine supplicationibus nostris, et has oblationes famulorum famularumque tuarum benignus assume, ut quod singuli obtulerunt ad honorem nominis tui, cunctis proficiat ad salutem. Per.

---

[1] Cues in left margin beside collect. Gradual verse neumed. **1103*** Exeter scribe 1 appends: *Epl. Quicumque baptizati sumus. Eug. Amen dico uobis nisi habundauerit.*

210

1106 PRAEFATIO. VD per christum dominum nostrum. Verum aeternumque pontificem, et solum sine peccati macula sacerdotem. Cuius sanguine fidelium corda mundantur, cuius institutione placationis tibi hostias non solum pro delictis populi, sed etiam pro nostris offensionibus immolamus. Tuam poscentes clementiam, ut omne peccatum quod carnis fragilitate / contraximus, ipso summo pro nobis antistite interueniente soluatur. Per quem. /f. 139r

1107 AD COMPLENDVM. Quos caelesti domine dono satiasti, praesta quesumus ut a nostris mundemur occultis, et ab hostium liberemur insidiis. Per dominum nostrum.

1108 AD POPVLVM. Deus qui in sanctis habitas et pia corda non deseris, libera nos a terrenis desideriis et cupiditate carnali, ut nullo in nobis regnante peccato, tibi soli domino liberis mentibus seruiamus. Per.

DOMINICA VIII POST PENTECOSTEN

1109 [1]A. Omnes gentes. PS. Subiecit populos. R. Venite filii. V. Accedite ad eum. AL. Adtendite populi. OF. Sicut in holocaustum. CO. Inclina aurem.

1110 Deus uirtutum cuius est totum quod est optimum, insere pectoribus nostris amorem tui nominis, et praesta in nobis religionis augmentum, ut quae sunt bona nutrias, ac pietatis studio quae sunt nutrita custodias. Per.

1111 SECRETA. Propitiare domine supplicationibus nostris, et has populi tui oblationes benignus assume, et ut nullius sit irritum uotum, nullius uacua postulatio, presta ut quod fideliter petimus, efficaciter consequamur. Per.

1112 PRAEFATIO. VD aeterne deus. Et tibi uouere contriti sacrificium cordis, tibi libare humilitati uictimam / pectoris. A quo omne bonum sumimus, omnem iucunditatem haurimus. Precamur itaque ut tibi conscientia nostra famuletur, et ut in te de die in diem meliorata proficiat, tuae gratiae intemerata subdatur. Nostris nos quesumus euacua malis, tuisque reple per omnia bonis, ut percepta /f. 139v

---

[1] Cues in right margin beside collect. **1109*** Exeter scribe 1 appends: *Epl. Humanum dico. Eug. Cum multa turba.*

gratia quam nostra non exigunt merita, a cunctis aduersitatibus liberati, in bonis omnibus confirmati, supernis ciuibus mereamur coniungi. Per christum.

1113 AD COMPLENDVM. Repleti sumus domine muneribus tuis, tribue quesumus, ut eorum et mundemur effectu, et muniamur auxilio. Per.

1114 SUPER POPVLVM. Da nobis domine quesumus, ut in tua gratia ueraciter confidentes, et quae digna sunt postulemus, et iugiter postulata sumamus. Per.

DOMINICA VIIII POST PENTECOSTEN

1115 [1]A. Suscepimus deus. PS. Magnus dominus. R. Esto mihi in deum. V. Deus in te speraui. AL. Exultate deo. OF. Populum humilem. CO. Gustate et uidete.

1116 Deus cuius prouidentia in sui dispositione non fallitur, te supplices exoramus, ut noxia cuncta submoueas, et omnia nobis profutura concedas. Per dominum nostrum.

1117 SVPER OBLATA. Deus qui legalium differentiam hostiarum, unius sacrificii perfectione sanxisti, accipe sacrificium, / a deuotis /f. 140r tibi populis, et pari benedictione sicut munera abel sanctifica, ut quod singuli obtulerunt ad maiestatis tuae honorem, cunctis proficiat ad salutem. Per dominum.

1118 PRAEFATIO. VD aeterne deus. Et tuam misericordiam totis nisibus exorare, ne pro nostra nos iniquitate condempnes, sed pro tua pietate in uiam rectam semper disponas. Nec sicut meremur delinquentibus irascaris, sed fragilitati nostrae inuicta bonitate subuenias. Per christum dominum nostrum.

1119 AD COMPLENDVM. Tua nos domine medicinalis operatio, et a nostris peruersitatibus clementer expediat, et ad ea quae sunt recta perducat. Per.

---

[1] Cues in left margin beside collect. **1115*** Exeter scribe 1 prefixes: *Epl. Debitores sumus. Eug. Adtendite a falsis.*

1120 AD POPVLVM. Custodi nos domine in tuo seruitio constitutos, ut[1] quibus famulatum esse uis sincerum, propitius largire quod pręcipis. Per.

DOMINICA X POST PENTECOSTEN

1121 [2]A. Ecce deus adiuuat. PS. Deus in nomine. R. Domine deus noster. V. Quoniam eleuata est. AL. Domine deus salutis. OF. Iustitiae domini. CO. Primum querite.

1122 Largire nobis domine quesumus semper spiritum cogitandi quae recta sunt propitius et agendi, ut qui sine te esse non possumus, secundum te uiuere ualeamus. Per dominum nostrum.

1123 SECRETA. Suscipe munera quesumus domine quae tibi de tua largitate / deferimus, ut haec sacrosancta mysteria gratię tuę /f. 140v operante uirtute, praesentis uitę nos conuersatione sanctificent, et ad gaudia sempiterna perducant. Per.

1124 PRAEFATIO. VD aeterne deus. Et tuam misericordiam exorare, ut te annuente ualeamus quae mala sunt declinare, et quae bona sunt consequenter explere. Et quia nos fecisti ad tua sacramenta pertinere, tu clementer in nobis eorum munus operare. Per christum dominum nostrum.

1125 AD COMPLENDVM. Sit nobis domine reparatio mentis et corporis caeleste mysterium, ut cuius exsequimur actionem, sentiamus effectum. Per dominum.

1126 AD POPVLVM. Concede quesumus omnipotens deus, ut uiam tuam deuota mente currentes, subripientium delictorum laqueos euadamus. Per.

DOMINICA XI POST PENTECOSTEN

1127 [3]A. Dum clamarem. PS. Exaudi deus orationem. R. Custodi me domine.

---

[1] *et* added above by a later scribe.
[2] Cues in right margin beside collect. **1121*** Exeter scribe 1 prefixes: *Epl. Non simus concupiscentes. Eug. Homo quidam erat diues.*
[3] Cues in left margin beside collect. **1127*** Exeter scribe 1 prefixes: *Epl. Scitis quoniam cum gentes. Eug. Cum appropinquasset ihesus hierusalem.*

V. De uultu tuo. AL. Domine refugium. OF. Ad te domine leuaui. CO. Acceptabis.

1128 Pateant aures misericordiae tuę domine precibus supplicantium, et ut petentibus desiderata concedas, fac tibi eos quesumus placita postulare. Per.

1129 SECRETA. Concede nobis hęc quesumus domine frequentare mysteria, quia quotiens huius hostiae commemoratio celebratur, opus nostrę redemptionis exercetur. Per.

1130 / PREFATIO. VD aeterne deus. Et tibi debitam seruitutem per /f. 141r mynisterii huius impletionem persoluere, quia non solum peccantibus ueniam tribuis, sed etiam pręmia petentibus impertiris. Et quod perpeti malis operibus promeremur, magnifica pietate depellis, ut nos ad tuae reuerentiae cultum, et terrore cogas, et amore perducas. Per christum.

1131 AD COMPLENDVM. Tui nobis domine communio sacramenti, et purificationem conferat, et tribuat unitatem. Per.

1132 AD POPVLVM. Praesta quesumus omnipotens et misericors deus, ut inter huius uitę caligines, nec ignorantia fallente mergamur, nec pręcipiti studeamus uoluntate peccare, sed qui[1] fidutiam sperandę pietatis indulges, optatę misericordię, praesta benignus effectum. Per dominum.

DOMINICA XII POST PENTECOSTEN

1133 [2]A. Deus in loco sancto. PS. Exurgat deus. R. In deo sperauit. V. Ad te domine clamabo. AL. Venite exultate. OF. Exaltabo te domine. CO. Honora dominum.

1134 Deus qui omnipotentiam tuam parcendo maxime et miserando manifestas, multiplica super nos misericordiam tuam, ut ad tua

---

[1] *bus* for *quibus* added by a later scribe.
[2] Cues in right margin beside collect. **1133*** Exeter scribe 1 prefixes: `Epl.`
`Notum uobis facio euangelium. Eug. Dixit ihesus ad quosdam.`

promissa currentes, cẹlestium bonorum facias esse consortes. Per dominum.

1135 SECRETA. / Tibi domine sacrificia dicata reddantur, quae sic ad honorem nominis tui deferenda tribuisti, ut eadem fieri remedia nostra praestares. Per dominum. /f. 141v

1136 PRAEFATIO. VD aeterne deus. Cuius primum[1] pietatis indicium est, si tibi nos facias toto corde subiectos. Et spiritum in nobis tantẹ deuotionis infundas, ut propitius largiaris consequenter auxilium. Per christum.

1137 AD COMPLENDVM. Quesumus domine deus noster, ut quos diuinis reparare non desinis sacramentis, tuis non destituas benignus auxiliis. Per dominum nostrum.

1138 AD POPVLVM. Da quesumus domine populo tuo salutem mentis et corporis, ut bonis operibus inherendo, tua semper mereatur uirtute defendi. Per.

DOMINICA XIII POST PENTECOSTEN
1139 [2]A. Deus in adiutorium. PS. Auertantur. R. Benedicam dominum. V. In domino laudabitur. AL. Quoniam deus magnus deus. OF. Precatus est moyses. CO. De fructu operum.

1140 Omnipotens sempiterne deus, qui abundantia pietatis tuae et merita supplicum excedis et uota, effunde super nos miseri-cordiam tuam, ut dimittas quae conscientia metuit, et adicias quod oratio non prẹsumit. Per dominum nostrum.

1141 SECRETA. Respice quesumus[3] nostram propitius seruitutem, ut quod offerimus, sit tibi munus acceptum, sit nostrae fragilitatis subsidium. Per dominum.

1142 PRAEFATIO. / VD aeterne deus. Qui nos castigando sanas, et /f. 142r

---

[1] A small erasure follows.
[2] Cues in left margin beside collect. **1139*** Exeter scribe 1 prefixes: *Epl. Fiduciam talem. Eug. Exiens ihesus de finibus tyri.*
[3] *domine* added above by an Exeter scribe.

refouendo benignus erudis. Dum magis uis saluos esse correctos, quam perire deiectos. Per christum.

1143 AD COMPLENDVM. Sentiamus domine quesumus tui perceptionem sacramenti subsidium mentis et corporis, ut in utroque saluati, caelestis remedii plenitudine gloriemur. Per.

1144 AD POPVLVM. Percipiat quesumus domine populus tuus misericordiam quam deposcit, et quam precatur humiliter, indulgentiam consequatur et pacem. Per.

DOMINICA XIIII POST PENTECOSTEN

1145 [1]A. Respice domine. PS. Vt quid deus. R. Respice domine. V. Exurge domine. AL. Confitemini. OF. In te speraui domine. CO. Panem de caelo.

1146 Omnipotens et misericors deus, de cuius munere uenit, ut tibi a fidelibus tuis digne et laudabiliter seruiatur, tribue quesumus nobis, ut ad promissiones tuas sine offensione curramus. Per.

1147 SECRETA. Hostias quesumus domine propitius intende quas sacris altaribus exhibemus, ut nobis indulgentiam largiendo, tuo nomini dent honorem. Per.

1148 PRAEFATIO. VD aeterne deus. Quia tu in nostra semper faciens infirmitate uirtutem, ecclesiam tuam inter aduersa crescere tribuisti, ut cum putaretur oppressa tunc potius preualeret exaltata. Dum simul / et experientiam fidei declarat adflictio, et uictorissima semper perseuerat te adiuuante deuotio. Per christum.   /f. 142

1149 AD COMPLENDVM. Viuificet nos quesumus domine huius participatio sancta mysterii, et pariter nobis expiationem tribuat et munimen. Per dominum.

1150 AD POPVLVM. Omnipotens sempiterne deus, per quem coepit esse quod non erat, et factum est uisibile quod latebat, stultitiam

---

[1] Cues in right margin beside collect. Introit, gradual and alleluia verse neumed.
1145* Exeter scribe 1 appends: *Epl. Abrahę dictę sunt. Eug. Dixit ihesus discipulis.*

nostri cordis emunda, et quae in nobis sunt uitiorum secreta purifica, ut possimus tibi domino pura mente seruire. Per.

DOMINICA XV POST PENTECOSTEN

1151 [1]A. Protector noster. PS. Quam amabilis. R. Bonum est confidere. V. Bonum est sperare. ALL. Paratum cor meum. OF. Inmittit angelus. CO. Panis quem ego dedero.

1152 Omnipotens sempiterne deus, da nobis fidei, spei, et caritatis augmentum, et ut mereamur assequi quod promittis, fac nos amare quod precipis. Per.

1153 SECRETA. Propitiare domine populo tuo, propitiare muneribus, ut hac oblatione placatus, et indulgentiam nobis tribuas, et postulata concedas. Per.

1154 PRAEFATIO. VD aeterne deus. Qui nos de donis bonorum temporalium, ad perceptionem prouehis aeternorum, et haec tribuis et illa largiris. Vt et mansuris iam incipiamus inseri, et pretereuntibus non teneri. / Tuum est enim quod uiuimus, quia licet peccati uulnere natura nostra sit uitiata, tui tamen est operis, ut terreni generati ad celestia renascamur. Per christum. /f. 143r

1155 AD COMPLENDVM. Sumptis domine caelestibus sacramentis, ad redemptionis aeternę quesumus proficiamus augmentum. Per.

1156 AD POPVLVM. Omnipotens sempiterne deus, fac nos tibi semper et deuotam gerere uoluntatem, et maiestati tuae sincero corde seruire. Per.

DOMINICA XVI POST PENTECOSTEN

1157 [2]A. Inclina domine. PS. Laetifica animam. R. Bonum est confidere. V. Ad adnuntiandum. AL. Qui timent dominum. OF. Expectans expectaui. CO. Qui manducat.

[1] Cues in left margin beside collect. Gradual neumed. **1151*** Exeter scribe 1 prefixes: *Epl. Spiritu ambulante. Eug. Dum iret ihesus in hierusalem.*
[2] Cues in right margin beside collect. Gradual neumed. **1157*** Exeter scribe 1 appends: *Epl. Si uiuimus spiritu. Eug. Nemo potest duobus.*

1158 Custodi quesumus domine ecclesiam tuam propitiatione perpetua, et quia sine te labitur humana mortalitas, tuis semper auxiliis et abstrahatur a noxiis, et ad salutaria dirigatur. Per.

1159 SECRETA. Concede nobis domine quesumus ut hęc hostia salutaris, et nostrorum fiat purgatio delictorum, et tuę propitiatio potestatis. Per.

1160 PREFATIO. VD per christum dominum nostrum. Qui aeternitate sacerdotii sui, omnes tibi seruientes sanctificat sacerdotes. Quoniam mortali carne circumdati, ita cotidianis peccatorum remissionibus indigemus, ut non solum pro populo, sed etiam pro nobis eiusdem te pontificis sanguis exoret. Per quem.

1161 AD COMPLENDVM. Purificent semper et muniant tua sacramenta nos deus, / et ad perpetuae ducant saluationis effectum. Per. /f. 14

1162 AD POPVLVM. Praesta nobis misericors deus, ut placationem tuam promptis mentibus exoremus, et peccatorum ueniam consequentes, a noxiis liberemur incursibus. Per.

DOMINICA XVII POST PENTECOSTEN

1163 [1]A. Miserere mihi domine quoniam ad te. PS. Inclina domine. R. Timebunt gentes. V. Quoniam edificabit. AL. Laudate deum omnes. OF. Domine in auxilium. CO. Domine memorabor.

1164 Ecclesiam tuam domine miseratio continuata mundet et muniat, et quia sine te non potest salua consistere, tuo semper munere gubernetur. Per.

1165 SECRETA. Tua nos domine sacramenta custodiant, et contra diabolicos tueantur semper incursus. Per dominum.

1166 PRAEFATIO. VD aeterne deus. Et te incessanter precari, ut qui te auctore subsistimus, te dispensante dirigamur. Non nostris sensibus relinquamur, sed ad tuae reducti semper tramitem ueritatis, haec

---

[1] Cues in left margin beside collect. **1163*** Exeter scribe 1 appends: *Epl. Obsecro uos ne deficiatis. Eug. Ibat ihesus.*

studeamus exercere quae precipis, ut possimus dona percipere quae promittis. Per christum.

1167 AD COMPLENDVM. Mentes nostras et corpora possideat domine quesumus doni caelestis operatio, ut non noster sensus in nobis, sed iugiter eius prꝺueniat effectus. Per.

1168 SVPER POPVLVM. Da quesumus domine hanc mentem populo tuo, ut quia ad placandum necessitate concurrit, maiestati tuae / fiat etiam uoluntate deuotus. Per. /f. 144r

DOMINICA XVIII <POST PENTECOSTEN>

1169 [1]A. Iustus es domine et rectum. PS. Beati inmaculati. R. Vnam petii. V. Vt iudeam uolo. AL. Dextera domini fecit. OF. Oraui deum meum. CO. Vouete et reddite.

1170 Absolue quesumus domine tuorum delicta populorum, et a peccatorum nostrorum nexibus quae pro nostra fragilitate contraximus, tua benignitate liberemur. Per dominum nostrum.

1171 [2]SECRETA. Pro nostrae seruitutis augmento sacrificium tibi domine laudis offerimus, ut quod inmeritis contulisti, propitius exsequaris. Per dominum.

1172 [3]PRAEFATIO. VD aeterne deus. Quia cum laude nostra non egeas, grata tibi tamen est tuorum deuotio famulorum. Nec te augent nostra prꝺconia, sed nobis proficiunt ad salutem. Quoniam sicut fontem uitae preterire causa moriendi est, sic eodem iugiter redundare affectus est sine fine uiuendi. Per christum[4].

1173 AD COMPLENDVM. Quesumus omnipotens deus, ut quos diuina tribuis participatione gaudere, humanis non sinas subiacere periculis. Per dominum nostrum.

---

[1] Cues in left margin beside collect. Offertory neumed. **1169*** Exeter scribe 1 prefixes: *Coll. Tua nos domine*, and appends: *Epla. Obsecro itaque uos ego. Eugl. Cum intraret ihesus in domum.*
[2] **1171*** Exeter scribe notes interlinearly: *Secreta. Munda nos domine.*
[3] **1172*** Exeter scribe 1 notes interlinearly: *Coll. Purifica domine quesumus.*
[4] *Et ideo* added by a later hand.

1174 AD POPVLVM. Quesumus omnipotens deus preces nostras respice, et tuae super nos uiscera pietatis impende, ut qui ex nostra[1] culpa affligimur, tua pietate misericorditer liberemur. Per.

MENSIS VII^mi / FERIA IIII AD SANCTAM MARIAM   /f. 144v
MAIOREM

1175 [2]A. Exultate deo. PS. Ego enim sum deus. R. Dirigatur. V. Eleuatio manuum. AL. Quis sicut dominus. V. Suscitans a terra. OF. Meditabor. CO. Comedite pinguia.

1176 Misericordiae tuae remediis quesumus domine, fragilitas nostra subsistat, ut quae sua conditione adteritur, tua clementia reparetur. Per.

1177 ALIA. Praesta quesumus domine familiae supplicanti, ut dum se a cibis corporalibus abstinent, a uitiis mente ieiunent. Per dominum nostrum.

1178 SECRETA. Haec hostia domine quesumus emundet nostra delicta, et <ad> sacrificium celebrandum, subditorum tibi corpora mentesque sanctificet. Per dominum.

1179 PRAEFATIO. VD aeterne deus. Qui nos ideo collectis terrę fructibus per abstinentiam tibi gratias agere uoluisti, ut ex ipso deuotionis genere nosceremus. Non hęc ad exuberantiam corporalem, sed ad fragilitatis sustentationem nos percepisse, ut quod ex his parcius sumeremus, egentium proficeret alimentis. Vt et salutaris castigatio mortalitatis insolentiam mitigaret, et pietas largitoris nos tuę benignitati commendatos efficeret. Sicque donis uteremur transitoriis, ut disceremus inhiare perpetuis. Per christum.

1180 AD COMPLENDVM. Sumentes domine dona caelestia suppliciter deprecamur, / ut quae sedula seruitute donante te gerimus,   /f. 14:
dignis sensibus tuo munere capiamus. Per.

---

[1] *hoc* added in the margin by a later scribe.
[2] Cues in left margin beside collect. **1175*** Exeter scribe 1 appends: L. *Hec dicit dominus. Ecce dies ueniunt. Alia. Congregatus est omnis populus. Eug. Respondens unus.*

FERIA VI AD SANCTOS APOSTOLOS.

1181 ¹A. Letetur cor. PS. Confitemini domino. R. Conuertere domine. V. Domine refugium. OF. Benedicam domino. CO. Aufer a me.

1182 Praesta quesumus omnipotens deus, ut obseruationes sacras annua deuotione recolentes, et corpore tibi placeamus et mente. Per.

1183 SECRETA. Accepta tibi sint domine quesumus nostri dona ieiunii, quae et expiando nos gratia tua dignos efficiant, et ad sempiterna promissa perducant. Per.

1184 PRĘFATIO. VD aeterne deus. Qui iusto pioque moderamine, et pro peccatis flagella irrogas, et post flagella ueniam propitiatus condonas, et peccatorum uitam potius volens quam mortem. Non eos ad interitum condempnas, sed ut corrigatur miseratus expectas. Per christum.

1185 AD COMPLENDVM. Quesumus omnipotens deus, ut de perceptis muneribus gratias exhibentes, beneficia potiora sumamus. Per.

SABBATO IN XII LECTIONIBVS AD SANCTVM PETRVM

1186 Omnipotens sempiterne deus, qui per continentiam salutarem, et corporibus mederis et mentibus, maiestatem tuam supplices exoramus, / ut pia ieiunantium deprecatione placatus, et presentia nobis subsidia prebeas et futura. Per.   /f. 145v

1187 ALIA. Da nobis quesumus omnipotens deus, ut ieiunando tua gratia satiemur, et abstinendo cunctis efficiamur hostibus fortiores. Per dominum.

1188 ALIA. Tuere quesumus domine familiam tuam, ut salutis aeterne remedia quae te aspirante requirimus, te largiente consequamur. Per dominum.

1189 ALIA. Praesta quesumus domine sic nos ab epulis carnalibus abstinere, ut a uitiis irruentibus pariter ieiunemus. Per.

---

¹ Cues in right margin beside collect. **1181*** Exeter scribe 1 appends: L. Conuertere israel. Eug. Rogabat ihesum quidam.

221

1190 <ALIA>. Vt nos domine tribuis sollemne tibi deferre ieiunium, sic nobis quesumus indulgentiae praesta subsidium. Per.

1191 [1]A. Venite adoremus. PS. Preoccupemus. R. Iacta cogitationem. V. Dum clamarem. R. Ad ominum dum tribularer. V. Domine libera. R. Propitius. V. Adiuua nos. R. Quis sicut dominus. V. Suscita nos. *Benedictus es.* V. Benedicite omnia opera domino. V. Benedicite caeli domino. V. Benedicite angeli domini domino. Ymnum dicite, ut supra. TRC. Laudate dominum. V. Quoniam confirmet. OF. Domine deus salutis. CO. Mense septimo.

1192 AD MISSAM. Deus qui tribus pueris mitigasti flammas ignium, concede propitius ut nos famulos tuos, non exurat flamma uitiorum. Per.

1193 SECRETA. Concede quesumus omnipotens deus, ut oculis tuę maiestatis munus oblatum, et gratiam nobis deuotionis optineat, et effectum beatę perennitatis adquirat. Per.

1194 PRAEFATIO. VD aeterne deus. Et tibi sanctificare ieiunium, quod nos ob aedificationem animarum et castigationem corporum seruare docuisti, / quia restrictis corporibus animae saginantur. In /f. 14€ quo homo noster affligitur exterior, dilatatur interior. Memento quesumus domine ieiuniorum nostrorum, et misericordiarum tuarum, quas peccatoribus pie semper ieiunantibus contulisti, et praesta ut non solum a cybis, sed a peccatis omnibus abstinentes, deuotionis tibi ieiunio placeamus. Per christum.

1195 AD COMPLENDVM. Perficiant in nobis[2] tua sacramenta quod continent, ut quae nunc specie gerimus, rerum ueritate capiamus. Per.

DOMINICA XVIIII POST PENTECOSTEN

1196 [3]A. Da pacem domine. PS. Letatus sum. R. Letatus sum. V. Fiat pax. AL. Qui confidit. OF. Sanctificauit moyses. CO. Tollite hostias.

---

[1] Cues down left margin of fol. 145v.
[2] *domine* added above by a later scribe.
[3] Cues in right margin beside collect. **1196*** Exeter scribe 1 prefixes: `Coll. Da quesumus domine populo`, and appends: `Epl. Gratias ago deo. Eug. Accesserunt ad ihesum.`

1197 Omnipotens sempiterne deus, misericordiam tuam ostende suppli- cibus, ut qui de meritorum qualitate diffidimus, non iudicium tuum sed indulgentiam sentiamus. Per dominum.

1198 SECRETA. Huius te domine muneris oblatione placeamus, et perpetuę uitę participes, huius operatione reddamur. Per.

1199 PREFATIO. VD per christum dominum nostrum. Qui uicit diabolum et mundum, hominemque paradyso restituit, et uitae ianuas credentibus patefecit. Per quem.

1200 AD COMPLENDVM. Caelestis mensę quesumus domine sacro- sancta libatio, corda nostra purget semper et pascat. Per.

1201 / AD POPVLVM. Tuere quesumus domine familiam tuam, et /f. 146v salutis aeterne remedia quae te aspirante requirimus, te largiente consequamur. Per dominum nostrum.

DOMINICA XX POST PENTECOSTEN

1202 [1]A. Salus populi. PS. Adtendite. R. Dirigatur. V. Eleuatio. AL. De profun- dis. OF. Si ambulauero. CO. Tu mandasti.

1203 Fac nos domine quesumus prompta uoluntate subiectos, et ad supplicandum tibi, nostras semper excita uoluntates. Per dominum.

1204 SECRETA. Munda nos domine sacrificii presentis effectu, et perfice miseratus in nobis, ut eius mereamur esse participes. Per.

1205 PRAEFATIO. VD aeterne deus. Et tuam maiestatem humiliter implorare, ut ihesus christus filius tuus dominus noster sua nos gratia protegat et conseruet. Et quia sine ipso nihil recte ualemus efficere, ipsius munere capiamus, ut tibi semper placere possimus. Per christum[2].

---

[1] Cues in left margin beside collect. **1202*** Exeter scribe 1 prefixes: `Col. Dirigat corda nostra`, and appends: `Epl. Renouamini spiritu. Eug. Ascendens ihesus in nauiculam.`
[2] *quem* added above by a later scribe.

1206 AD COMPLENDVM. Purifica quesumus domine mentes nostras benignus, et renoua caelestibus sacramentis, ut consequenter et corporum presens pariter, et futurum capiamus auxilium. Per.

1207 AD POPVLVM. Tua nos domine quesumus gratia semper praeueniat et sequatur, ac bonis operibus, iugiter praestet esse intentos. Per.

DOMINICA XXI POST PENTECOSTEN

1208 / [1]A. Omnia quae fecisti. PS. Magnus dominus. R. Oculi omnium. V. /f. 147r
Aperis tu manum. AL. Laude anima. OF. Super flumina. CO. Memento uerbi.

1209 Da quesumus domine populo tuo diabolica uitare contagia, et te solum dominum pura mente sectari. Per.

1210 SECRETA. Maiestatem tuam domine suppliciter deprecamur, ut haec sancta quae gerimus, et a pręteritis delictis nos exuant et futuris. Per.

1211 PRAEFATIO. VD aeterne deus. Et te suppliciter exorare, ut sic nos bonis tuis instruas sempiternis, ut temporalibus quoque consolari digneris. Sic presentibus refoue[2], ut ad gaudia nos mansura perducas. Per christum dominum nostrum.

1212 AD COMPLENDVM. Sanctificationibus tuis omnipotens deus, et uitia nostra curentur, et remedia nobis aeterna proueniant. Per.

1213 AD POPVLVM. Custodi nos omnipotens deus, ut tua dextera gubernante, nec nostra nobis praeualeant nec aliena peccata. Per.

DOMINICA XXII POST PENTECOSTEN

1214 [3]A. In uoluntate. PS. Beati immaculati. R. Domine refugium. V.

---

[1] Cues in right margin beside collect. **1208*** Exeter scribe 1 prefixes: *Col.*
Omnipotens et misericors deus uniuersa, and appends: *Epl.*
Videte quomodo. Eug. Loquebatur ihesus.
[2] A small erasure follows.
[3] Cues in right margin beside collect. **1214*** Exeter scribe 1 prefixes: *Col.*
Largire quesumus domine fidelibus.

Priusquam montes. AL. Qui sanat contritos. OF. Vir erat in terra. CO. In salutari tuo.

1215 Dirigat corda nostra domine quesumus, tuae miserationis operatio, quia tibi sine te placere non possumus. Per dominum nostrum.

1216 SECRETA. Deus qui nos per huius sacrificii ueneranda commertia, unius summęque diuinitatis participes efficis, praesta quesumus, ut sicut tuam cognoscimus / ueritatem, sic eam dignis mentibus et moribus assequamur. Per dominum nostrum. /f. 147v

1217 PRAEFATIO. VD aeterne deus. Qui propter ea iure punis errantes, et clementer refoues castigatos, ut nos a malis operibus abstrahas, et ad bona facienda conuertas, quia non uis inuenire quod damnes, sed esse potius quod corones. Per christum.

1218 AD COMPLENDVM. Gratias tibi referimus domine sacro munere uegetati, tuam misericordiam deprecantes, ut dignos nos eius participatione perficias. Per.

1219 <AD POPVLVM>. Tuis domine quesumus adesto supplicibus, et inter mundanę prauitatis insidias, fragilitatem nostram sempiterna pietate prosequere. Per.

DOMINICA XXIII POST PENTECOSTEN
1220 [1]A. Si iniquitates. PS. De profundis. R. Ecce quam bonum. V. Sicut unguentum. AL. Lauda hierusalem. OF. Recordare. CO. Dico uobis.

1221 Omnipotens et misericors deus, uniuersa nobis aduersantia propitiatus exclude, ut mente et corpore pariter expediti, quę tua sunt liberis mentibus exsequamur. Per.

1222 SECRETA. Haec munera domine quesumus quae oculis tuae maiestatis offerimus, salutaria nobis esse concede. Per dominum nostrum.

---

[1] Cues in left margin beside collect. Offertory and communion neumed. **1220*** Exeter scribe 1 prefixes: *Col. Familiam tuam quesumus domine*, and appends: *Epl. Confidimus in domino. Eug. Simile est regnum.*

225

1223 PRAEFATIO. / VD aeterne deus. Et nos clementiam tuam /f. 148r
suppliciter exorare, ut filius tuus ihesus christus dominus noster,
qui se usque in finem sęculi suis promisit fidelibus adfuturum. Et
presentiae corporalis mysteriis non deserat quos redemit, et
maiestatis suę beneficiis non relinquat. Per quem maiestatem.

1224 AD COMPLENDVM. Tua nos domine medicinalis operatio, et a
nostris peruersitatibus clementer expediat, et tuis faciat semper
inherere mandatis. Per.

1225 AD POPVLVM. Da quesumus omnipotens deus, sic nos tuam
ueniam promereri, ut nostros corrigamus excessus, sic fatentibus
relaxare delictum, ut coherceamus in suis uoluptatibus obtinatos.

DOMINICA XXIIII POST PENTECOSTEN
1226 [1]A. Dicit dominus. Ego cogito. PS. Benedixisti domine. R. Liberasti nos.
V. In deo laudabimur. AL. Qui posuit fines. OF. De profundis. CO. Amen
dico uobis.

1227 Largire quesumus domine fidelibus tuis indulgentiam placatus et
pacem, ut pariter ab omnibus mundentur offensis, et secura tibi
mente deseruiant. Per.

1228 SECRETA. Caelestem nobis prebeant haec mysteria quesumus
domine medicinam, et uitia nostri cordis expurgent. Per.

1229 PRAEFATIO. VD aeterne deus. Maiestatem tuam suppliciter
deprecantes, ut expulsis azimis uetustatis illius agni cybo saciemur
et poculo. Qui et nostram imaginem / reparauit et suam nobis /f. 148ᵛ
gratiam repromisit, ihesus christus dominus noster. Per quem
maiestatem.

1230 AD COMPLENDVM. Vt sacris domine reddamur digni muneribus, fac nos quesumus tuis oboedire mandatis. Per.

---

[1] Cues in right margin beside collect. **1226*** Exeter scribe 1 prefixes: *Col. Deus
refugium nostrum. Epl. Imitatores mei. Eug. Abeuntes
pharisei.*

1231 AD POPVLVM. Delicta nostra domine quibus aduersa dominantur absterge, et tua nos ubique miseratione custodi. Per.

DOMINICA XXV POST PENTECOSTEN
1232 [1]A. PS. R. V. AL. OF. CO.

1233 Deus qui nos regendo conseruas, parcendo iustificas, et a temporali
tribulatione nos eripe, et gaudia nobis eterna largire. Per.

1234 SECRETA. Suscipe domine propitius hostias quibus et te placari
uoluisti, et nobis salutem potenti pietate restitui. Per.

1235 PRAEFATIO. VD per christum dominum nostrum. Per quem
sanctum et benedictum nomen maiestatis tuę ubique ueneratur,
adoratur, predicatur et colitur. Qui est origo salutis, uia uirtutis, et
tuae propitiatio maiestatis. Per quem maiestatem.

1236 AD COMPLENDVM. Inmortalitatis alimoniam consecuti quesumus domine, ut quod ore percepimus, mente sectemur. Per.

1237 AD POPVLVM. Familiam tuam quesumus domine continua
pietate custodi, / ut a cunctis aduersitatibus te protegente sit libera,   /f. 149r
et in bonis actibus tuo nomini sit deuota. Per.

DOMINICA XXVI POST PENTECOSTEN
1238 [2]Deus refugium nostrum et uirtus, adesto piis ecclesiae tuae
precibus auctor ipse pietatis, et praesta ut quod fideliter petimus,
efficaciter consequamur. Per.

1239 SECRETA. Da misericors deus, ut haec salutaris oblatio et a
propriis reatibus nos indesinenter expediat, et ab omnibus tueatur
aduersis. Per.

1240 PRAEFATIO. VD aeterne deus. Et tibi laudes debitas pio honore
deferre, et mirabilium tuorum inenarrabilia preconia deuote mentis

---

[1] Cues in left margin beside collect, the text either erased or never supplied.
[2] **1238*** Exeter scribe 1 notes beside collect: *Col. Excita domine quesumus tuorum. <A.> Dicit dominus ego. Epl. Ecce dies. Gr. Liberasti nos. All. Dextram. Eug. Cum subleuasset. Of. De profundis. Co. Amen dico.*

ueneratione celebrare. Teque ineffabilem atque inuisibilem deum, laudare benedicere, adorare. Per christum.

1241 AD COMPLENDVM. Sumpsimus domine sacri dona mysterii humiliter deprecantes, ut quae in tui commemoratione nos facere precepisti, in nostrae proficiant infirmitatis auxilium. Per.

[1]DOMINICA XXVII POST PENTECOSTEN
1242 Excita domine quesumus, tuorum fidelium uoluntates, ut diuini operis fructum propensius exsequentes, pietatis tuae remedia maiora percipiant. Per. [2]

/ INCIPIVNT ORATIONES DE ADVENTV DOMINI /f. 149v
EBDOMADA IIII ANTE NATALE DOMINI
1243 *EXCITA DOMINE QVESVMVS POTENTIAM TVAM* et ueni, ut ab imminentibus peccatorum nostrorum periculis, te mereamur protegente eripi, te liberante saluari. Qui uiuis et regnas cum deo patre in unitate spiritus sancti deus. Per omnia saecula.

1244 [3]A. Ad te leuaui. PS. Vias tuas domine. R. Vniuersi qui te. V. Vias tuas domine. AL. Ostende nobis. OF. Ad te domine leuaui. V. Dirige me. <V.> Respice. CO. Dominus dabit benignitatem.

1245 SECRETA. Haec sacra nos domine potenti uirtute mundatos, ad suum faciant, puriores uenire principium. Per.

1246 [4]PREFATIO. VD aeterne deus. Cui proprium est ac singulare quod bonus es, et nulla umquam a te es commutatione diuersus. Propitiare quesumus supplicationibus nostris, et ecclesiae tuae misericordiam tuam quam deprecamur ostende. Manifestans plebi tuae unigeniti tui et incarnationis mysterium, et aduentus mirabile sacramentum. Vt in uniuersitate nationum constat esse perfectum, quod uatum oraculis fuit ante promissum. Percipiantque dignitatem adoptionis, quos exornat confessio ueritatis. Per quem.

[1] Superscription supplied by an Exeter scribe.
[2] At the foot of the page an Exeter scribe gives: Secr. Pref. Postcomm. The cues are unreadable.
[3] Cues in left margin beside secret.
[4] Text partially neumed.

1247 AD COMPLENDVM. Suscipiamus domine misericordiam tuam in medio / templi tui, et reparationis nostrae uentura sollemnia, congruis honoribus pręcedamus. Per. /f. 150r

1248 ALIA. Preueniat nos omnipotens deus tua gratia semper et subsequatur, ut per aduentum unigeniti tui quem summo cordis desiderio sustinemus, et praesentis uitę subsidia, et futurae etiam consequamur. Qui tecum.

EBDOMADA III ANTE NATALE DOMINI
1249 [1]A. Populus sion. PS. Qui regis. R. Ex sion species. V. Congregate. AL. Letatus sum. OF. Deus tu conuertens. CO. Hierusalem surge.

1250 Excita domine corda nostra ad preparandas unigeniti tui uias, ut per eius aduentum purificatis tibi mentibus seruire mereamur. Qui tecum.

1251 SECRETA. Placare domine humilitatis nostrae precibus et hostiis, et ubi nulla suppetunt suffragia meritorum, tuis nobis succurre presidiis. Per.

1252 [2]PRAEFATIO. VD aeterne deus. Qui tuo inenarrabili munere praestitisti, ut natura humana ad similitudinem tui condita, dissimilis per peccatum et mortem effecta, nequaquam in aeterna dampnatione periret. Sed unde peccatum mortem, contraxerat inde uitam tua pietas inmensa repararet, et antique uirginis facinus, noua et intemerata uirgo maria piaret. Quae ab angelo salutata ab spiritu sancto obum/brata illum gignere meruit, qui cuncta nasci suo nutu concessit. Quae mirabatur et corporis integritatem, et conceptus fecunditatem, gaudebatque suum paritura parentem, ihesum christum dominum nostrum. Per quem. /f. 150v

1253 AD COMPLENDVM. Repleti cybo spiritalis alimonia supplices te domine deprecamur, ut huius participatione mysterii, doceas nos terrena despicere, et amare caelestia. Per dominum nostrum.

---

[1] Cues in right margin beside collect. Communion neumed.
[2] Text partially neumed.

1254 ALIA. Praecinge quesumus domine deus noster lumbos mentis nostrae diuina tua uirtute potenter, ut ueniente domino nostro ihesu christo filio tuo, digni inueniamur aeterne uitae conuiuio, et uota caelestium dignitatum ab ipso percipere mereamur. Qui tecum.

EBDOMADA II ANTE NATALE DOMINI

1255 [1]A. Gaudete in domino. PS. Benedixisti domine. R. Qui sedes domine. V. Qui regis israel. V. Excita domine potentiam. OF. Benedixisti. CO. Dicite pusillanimis.

1256 Aurem tuam quesumus domine precibus nostris accommoda, et mentis nostrae tenebras gratia tuae uisitationis inlustra[2]. Per dominum.

1257 SECRETA. Deuotionis nostrae tibi quesumus domine hostia iugiter immoletur, quae et sacra peragat instituta mysterii, et salutare tuum nobis mirabiliter operetur. Per.

1258 PRAEFATIO. VD per christum dominum nostrum. Cuius incarnatione salus / facta est mundi, et passione redemptio procurata est /f. 151r hominis procreati. Ipse nos quesumus ad ęternum perducat pręmium, qui redemit de tenebris infernorum. Iustificetque in aduentu secundo, qui nos redemit in primo. Quatinus illius nos a malis omnibus defendat sublimitas, cuius nos ad uitam erexit humilitas. Per quem.

1259 AD COMPLENDVM. Inploramus domine clementiam tuam, ut haec diuina subsidia a uitiis expiatos, ad festa uentura nos praeparent. Per dominum.

1260 ALIA. Fac nos quesumus domine deus noster peruigiles atque sollicitos aduentum expectare christi filii tui domini nostri, ut dum uenerit pulsans non dormientes peccatis, sed uigilantes, et in suis inueniat laudibus exultantes. Qui tecum.

---

[1] Cues in left margin beside collect.
[2] Changed to *illustra* by a later scribe.

MENSIS DECIMI FERIA IIII

1261 [1]A. Rorate caeli desuper. PS. Caeli enarrant. R. Tollite portas. V. Quis ascendit. R. Prope est dominus. V. Laudem domini. OF. Confortamini. CO. Ego uirgo concipiet.

1262 STATIO AD SANCTAM MARIAM MAIOREM. Praesta quesumus omnipotens deus, ut redemptionis nostrae uentura sollemnitas, et pręsentis nobis uitae subsidia conferat, et aeterne beatitudinis premia largiatur. Per.

1263 ALIA. Festina quesumus ne tardaueris domine, et auxilium nobis / supernę uirtutis impende, ut aduentus tui consolationibus /f. 151v subleuentur, qui in tua pietate confidunt. Qui uiuis et regnas cum deo patre.

1264 SECRETA. Accepta tibi sint domine nostra ieiunia, quae et expiando nos gratia tua dignos efficiant, et ad sempiterna promissa perducant. Per dominum.

1265 PRAEFATIO. VD per christum dominum nostrum. Quem pro salute hominum nasciturum gabrihel archangelus nuntiauit, uirgo maria spiritus sancti cooperatione concepit. Vt quod angelica nuntiauit sublimitas, uirginea crederet puritas, ineffabilis perficeret deitas. Illius itaque optamus te opitulante cernere faciem sine confusione, cuius incarnationis gaudemus sollemnitate. Quatinus purificati ieiuniis, cunctis purgati a uitiis, natalis eius interesse mereamur sollemnibus festis. Per quem.

1266 AD COMPLENDVM. Salutaris tui domine satiati supplices deprecamur, ut cuius laetamur gustu, renouemur effectu. Per.

FERIA VI AD APOSTOLOS

1267 Excita domine potentiam tuam et ueni, ut hi qui in tua pietate confidunt, ab omni citius aduersitate liberentur. Qui uiuis et regnas.

---

[1] Cues in right margin beside collect.

1268 SVPER OBLATA. / Muneribus nostris quesumus domine preci- /f. 152r
busque susceptis, et caelestibus nos munda mysteriis, et clementer
exaudi. Per.

1269 ¹A. Prope esto domine. V. Beati inmaculati. R. Ostende nobis. V.
Benedixisti. OF. Deus tu conuertens. CO. Ecce dominus ueniet.

1270 PRAEFATIO. VD aeterne deus. Qui es sanctificator et institutor
abstinentiae, cuius nullus finis, nullusque est numerus. Effunde
quesumus super nos in diebus ieiuniorum nostrorum spiritum
gratiae salutaris, et ab omnibus nos perturbationibus saeculi
huius, tua defensione conserua. Vt qui unigeniti tui celebramus
aduentum, continuum eius sentiamus auxilium. Per quem.

1271 AD COMPLENDVM. Tui nos domine libatio sancta restauret, et
a uetustate purgatos, in mysterii salutaris faciat transire consortium. Per.

SABBATO IN XII LECTIONIBVS AD SANCTVM PETRVM
1272 ²A. Veni et ostende nobis. PS. Qui regis israel. R. A summo caelo
egressio. V. Caeli enarrant. R. In sole posuit. V. A summo caelo. R.
Domine deus uirtutum. V. Excita domine potentiam. R. Excita domine
potentiam. V. Qui regis israel. *Benedictus es.* V. Benedicite omnia opera.
V. Benedicite caeli domino. V. Benedicite angeli domini domino.
Ymnum dicite. TRC. Qui regis israel. V. Qui sedes super. V. Beniamin et
manasse. V. Excita domine potentiam. OF. Exulta satis filia. CO.
Exultauit ut gigas.

1273 Deus qui conspicis quia ex nostra prauitate adfligimur³, concede
propitius, ut ex tua uisitatione consolemur. Per.

1274 ALIA. Concede quesumus omnipotens deus, ut quia sub peccati
iugo ex uetusta seruitute deprimimur, expectata unigeniti filii tui
noua natiuitate liberemur. Per eundem.

---

¹ Cues in right margin beside secret.
² Cues run to the bottom right margin of fol. 152r and continue in the top left
margin of fol. 152v.
³ Changed to *affligimur* by a later scribe.

1275 ALIA. Indignos nos quesumus domine famulos tuos, quos actionis propriae culpa contristat, unigeniti filii tui / nos aduentu laetifica. Per eundem. /f. 152v

1276 ALIA. Praesta quesumus omnipotens deus, ut filii tui uentura sollemnitas, et praesentis nobis uitę remedia conferat, et premia aeterna concedat. Per eundem.

1277 ALIA. Preces populi tui quesumus domine clementer exaudi, ut qui iuste pro peccatis nostris affligimur, pietatis tuę uisitatione consolemur. Per.

1278 AD MISSAM. Deus qui tribus pueris mitigasti flammas ignium, concede propitius, ut nos famulos tuos non exurat flamma uitiorum. Per.

1279 SECRETA. Sacrificiis presentibus quesumus domine intende placatus, ut et deuotioni nostre proficant et saluti. Per.

1280 PRAEFATIO. VD aeterne deus. Qui non solum peccata dimittis, sed ipsos etiam iustificas peccatores. Et reis non tantum poenas relaxas, sed dona largiris et premia. Cuius nos pietatem supplices exoramus, ut qui ieiuniis et uotis sollemnibus natiuitatem unigeniti tui preuenimus, illius dono et presentis uitę perturbationibus careamus, et ęterna munera capiamus. Per quem.

1281 AD COMPLENDVM. Quesumus domine deus noster, ut sacrosancta mysteria quę pro reparationis nostrae munimine contulisti, / et praesens nobis remedium esse facias et futurum. Per. /f. 153r

DOMINICA VACAT

1282 [1]A. Rorate caeli desuper. PS. Caeli enarrant. R. Prope est dominus. V. Laudem domini loquetur. AL. Veni domine et noli. OF. Aue maria gratia. CO. Ecce uirgo concipiet.

1283 Excita domine quesumus potentiam tuam et ueni, et magna nobis uirtute succurre, ut per auxilium gratiae tuae quod nostra peccata

---

[1] Cues in right margin beside collect.

prępediunt, indulgentia tuae propitationis acceleret. Qui uiuis et regnas.

1284 SECRETA. Ecclesiae tuae domine munera sanctifica, et concede ut per haec ueneranda mysteria, pane caelesti refici mereamur. Per dominum.

1285 PRAEFATIO. VD per christum dominum nostrum. Quem iohannes precessit nascendo, et in desertis heremi predicando, et in fluentis iordanicis baptizando, et ad inferna descendendo. Cuius uenerandę natiuitatis proximę uentura sollemnitas, ita nos quesumus[1] placitos reddat, ut cum fructu bonorum operum ad regna caelestia introducat. Vt parando in cordibus uestris uiam domino, fructusque dignos paenitentiae faciendo, per predicationem iohannis obtemperemus monitis nostri saluatoris. Sicque perueniamus per filium sterilis ad filium uirginis, per iohannem hominem magnum, ad eundem dominum nostrum hominem deum. Qui sicut uenit ad nos redimendum occultus, ita iustificet /   /f. 153v
cum ad iudicandum uenerit manifestus. Per quem.

1286 AD COMPLENDVM. Sumptis muneribus domine quesumus, ut cum frequentatione mysterii, crescat nostrae salutis effectus. Per.

1287 BENEDICTIO AD POPVLVM. Omnipotens deus cuius unigeniti aduentum, et pręteritum creditis et futurum expectatis, eiusdem aduentus uos inlustratione sanctificet, et sua benedictione locupletet. Amen.
In presentis uitę stadio uos ab omni aduersitate defendat, et se uobis in iudicio placabilem ostendat. Amen.
Quo a cunctis peccatorum contagiis liberati, illius tremendi examinis diem expectetis interriti. Amen.
Quod ipse prestare.

1288 ITEM ALIA DE ADVENTV DOMINI. Omnipotens deus uos placido uultu respiciat, et in uos suae benedictionis donum infundat. Amen.
Et qui hos dies incarnatione unigeniti sui fecit sollemnes, a

---

[1] *tibi* added above by a later scribe.

cunctis praesentis et futurae uitae aduersitatibus uos reddat indempnes. Amen.
Vt qui de aduentu redemptoris nostri secundum carnem deuota mente laetamini, in secundo cum in maiestate uenerit, praemiis uitae aeternę ditemini. Amen.
Quod ipse praestare.

/ ALIAE ORATIONES DE ADVENTV DOMINI /f. 154r
1289 Excita domine potentiam tuam tuam et ueni, et quod ecclesiae tuae promisisti, usque in finem saeculi clementer operare. Qui uiuis et regnas.

1290 ALIA. Conscientias nostras quesumus domine uisitando purifica, ut ueniens ihesus christus filius tuus dominus noster, paratam sibi in nobis inueniat mansionem. Qui tecum.

1291 ALIA. Prope esto domine omnibus inuocantibus te in ueritate, ut in aduentu filii tui domini nostri, placitis tibi actibus pręsentemur. Per eundem.

1292 ALIA. Concede quesumus omnipotens deus, ut magnę festiuitatis uentura sollemnia prospero celebremus effectu, pariterque redda-mur et intenti celestibus disciplinis, et de nostris temporibus laetiores[1]. Per.

1293 ALIA. Mentes nostras quesumus domine lumine tuae uisitationis inlustra, ut esse te largiente mereamur et inter prospera humiles, et inter aduersa securi. Per.

1294 ALIA. Preces populi tui quesumus domine clementer exaudi, ut qui de aduentu unigeniti filii tui secundum carnem laetantur, in secundo cum uenerit in maiestate sua praemium uitę aeterne percipiat. Per.

/ CONSECRATIO THIMIAMATIS /f. 154v
1295 *EXORCIZO TE* omnis inmundissime spiritus. Omne fantasma inimici, in nomine dei patris omnipotentis, et in ihesu christi filii eius et spiritus sancti. Vt exeatis et recedas ab hac specie timiamatis siue

---

[1] *uel certiores* written in margin by an Exeter scribe.

incensi. Cum omni fallacia ac nequitia uestra. Vt sit hęc species
sancṫificata, in nomine domini nostri ihesu christi. Vt omnes
gestantes, tangentes, odorantes eam, uirtutem et auxilium percipiant
spiritus sancti, ita ut non ibidem ubi hęc incensa uel thimiamata
fuerit[1] adpropinquare audeatis, nec aduersa inser<e>re presumatis.
Adiuro te per nomen et per uirtutem dei patris omnipotentis, et
ihesu christi filii eius, qui uenturus est in spiritu sancto iudicare uiuos
ac mortuos. Et nos pręuaricatores, et saeculum per ignem. Per.

1296 ORATIO. Aeternam ac iustissimam pietatem tuam deprecamur
domine sanctissime pater omnipotens / ęterne deus, ut   /f. 155r
benedicere digneris hęc thimiamata uel incensi
speciem, ut sit incensum maiestati tuę in odorem
suauitatis acceptum. Sit a te hęc species benedicta, sit per inuocationem sancti nominis tui
sanctificata, ita ut ubicumque fumus eius peruenerit, extricetur, et effugetur ab eo loco omne
genus doemoniorum, sicut incensu iecoris piscis
quem raphael archangelus tobiam famulum tuum super
carbones ponere docuit, cum ascendit ad sarę
liberationem. Descendat benedictio super hanc
speciem incensi et thimiamatis, sicut in illo, de
quo dauid propheta tuus cecinit dicens. Dirigatur
oratio mea sicut incensum in conspectu tuo. Sit
hoc incensum nobis odor consolationis, suauitatis
et gratię, ut fumo isto effugetur omne fantasma
mentis et corporis, ut simus pauli apostoli uoce
bonus odor deo in omni loco. Effugiant a facie
huius incensi et thimiamatis omnes incursus
doemoniorum sicut puluis a facie / uenti, et sicut   /f. 155v
fumus a facie ignis. Praesta quesumus piissime
pater hoc boni odoris incensum ad opus ecclesię
tuę ob causam religionis iugiter permanere, ut
mistica nobis significatione spiritualium uirtutum
fraglans ostendat odor suauitatem. Tua ergo
petimus omnipotens deus immensę maiestatis dextera
hanc creaturam benedicere ex diuersarum rerum

---

[1] Corr. to *fuerint* by a later scribe.

commixtione confectam dignare, ut ubicumque fumus aromatum illius afflauerit in uirtute sancti nominis tui mirabiliter possit omnes inmundorum spirituum fantasmaticos incursus effugare, omnesque morbos reddita sanitate expellere, atque in odore fraglantissimo tibi domine perpetua suauitate redolere. Per dominum.

1297 ALIA. Domine deus omnipotens cui assistunt omnes exercitus angelorum cum tremore, quorum seruitus in uentum et ignem conuertitur, respice de cęlo quesumus, et benedicere dignare propitius hanc creaturam incensi, ut uniuersi morborum languores odorem ipsius sentientes effugiant, et / separ- /f. 156r entur a plasmate tuo, et ab omnibus qui in te confidunt quos pretioso sanguine filii tui redemisti, et nunquam lędantur a morsu antiqui serpentis. Per eundem dominum nostrum.

1298 ALIA. Veniat ergo omnipotens deus super hoc incen- sum, larga tuę benedictionis infusio, huiusque thimiamatis confectionem inuisibilis regnator intende, ut quotienscumque tibi per hoc litatum fuerit, et cęlestis odoris suaui commixtione redoleat, et in quocumque loco fidelium tuorum aliquid ex huius sanctificationis fuerit misterio deportatum, expulsa omni diabolicę fraudis nequitia, uirtus tuę sanctę et gloriosę maiestatis assistat. Per dominum.[1]

    / BENEDICTIO AMPVLLĘ SIVE AMPVLLARVM   /f. 156v
1299 *DOMINE DEVS OMNIPOTENS, OMNIVM BENEDICTIONVM LARgus* infusor, a quo et omnis benedictio procedit. Te quesumus largiflue miserator, ut super hoc uasculum benedictionum tuarum sancti- ficationem infundas, in quo ad recreandos nouos sanctę aecclesię tuę filios, exorcizati olei

---

[1] Rest of fol. 156r blank.

liquorem tua opitulante gratia infundere dis-
ponimus, et presta clementissime pater per
unigenitum tuum dominum nostrum ihesum christum,
perque flamen sanctum quod in primordio super
aquas ferebatur, ut quicumque ex hac sacrandi olei
unctione tacti uel consignandi fuerint, benedictionis tuę pręsidio muniantur. Pręsentis
quoque uitę prosperitate gaudeant, corpore et
animo iugiter in te ualentes iugeant. Ac post
huius uitę labentis tempora, cum sanctis tuis
gaudia adipisci mereantur sempiterna. Per filium
tuum dominum nostrum. Qui uenturus est, iudicare
uiuos ac mortuos, et sęculum per ignem.

BENEDICTIO ANVLI

1300 / Creator et conseruator humani generis, dator /f. 157r
gratię spiritalis largitor aeternae salutis, tu
domine permitte tuam benedi⁺ctionem super hunc
anulum, ut quicunque hoc sacrosanctę fidei signo
insignitus incedat, in uirtute cęlestis defensionis ad aeternam uitam tibi proficiat. Per
dominum.

BENEDICTIO BACVLI

1301 Deus sine quo nichil potest benedici uel
consecrari, hunc baculum benedicere dignare, ut
quotienscumque famulus tuus illum gestando, et te
in corde tenendo per hunc sustentetur, et tuę
benedi⁺ctionis ubertate repleatur. Per dominum.

BENEDICTIO THVRIBVLI

1302 Deus ad cuius sepulchrum cum aromatibus in specie
sanctarum animarum uirtutes sanctorum operum
gestantium diluculo mulieres uenisse memorantur.
Et in cuius conspectu angelus aureum habens
thuribulum stetisse, et datis incensis de orationibus sanctorum omnium, ante thronum domini
adoleuisse caelesti uisione diuulgatur. Adesto
propitius, / et hoc thuribulum caelesti bene- /f. 157
dictione perfunde, ut quicunque ex eo thimiamatis

uel thuris flagrantiam[1] senserint, tua donante
inmensa clementia odores orationum ante conspectum maiestatis tuae sanctarum, per manus
sanctorum emittant angelorum atque persoluant.
Per te ihesu christe qui cum patre et spiritu
sancto.

BENEDICTIO AD GENERALEM CVLTVM ECCLESIAE

1303 Deus qui diuersa ad tabernaculum foederis
ornamenta in sacerdotalis officium ministerii ore
proprio fieri precepisti, te humili prece deposcimus, ut haec uestimenta et haec uasa adornatum et
ad ministerium sanctae ecclesiae tuae praeparata
illa benedictione perfundas, qua olim per manus
sanctorum sacerdotum utensilia tabernaculi oleo
unctionis perfudisti, ut quicunque iam in tua
apostolica ecclesia his usi fuerint, te miserante
ueniam peccatorum, et gaudia promereantur percipere sempiterna. Per.

/ INCIPIVNT MISSĘ IN NATALITIIS SANCTORVM   /f. 158r

VII KL. IANR. SANCTI STEPHANI

1304 [2]A. Etenim sederunt. PS. Beati immaculati. R. Sederunt. V. Adiuua me
domine. AL. Video celos. OF. In uirtute. CO. Video celos.

1305 DA NOBIS DOMINE QVESVMVS imitari quod colimus, ut
discamus et inimicos diligere, quia eius natalitia celebramus, qui
nouit etiam pro persecutoribus exorare, dominum nostrum ihesum
christum. Qui tecum.

1306 SECRETA. Suscipe quesumus domine munera pro tuorum commemoratione sanctorum, ut quia illos passio gloriosos efficit et
innocentes, nos deuotio reddat innocuos. Per.

---

[1] r and l for *fraglantiam* added above.
[2] Cues in right margin beside collect. **1304*** Exeter scribe 1 appends: *Epl.
Stephanus plenus. Eug. Dixit ihesus turbis iudeorum. Of.
Elegerunt.*

1307 PREFATIO. VD aeterne deus. Beati stephani leuitę simul et martyris, natalitia recolentes. Qui fidei qui[1] sacrae militiae, qui dispensationis et castitatis egregiae, qui predicationis mirabilisque constantiae, qui confessionis ac patientię nobis exempla ueneranda proposuit. Et ideo natiuitatem filii tui merito pre ceteris passionis sue festiuitate prosequitur, cuius gloriae sempiternę primus martyr occurrit. Per christum.

1308 AD COMPLENDVM. Auxilientur nobis domine sumpta mysteria, et interce/dente beato stephano protomartyre tuo, sempiterna /f. 158v protectione confirment. Per.

1309 ALIA. Omnipotens sempiterne deus, qui primitias martyrum in beati leuitę stephani sanguine dedicasti, tribuę quesumus, ut pro nobis intercessor existat, qui pro suis etiam persecutoribus exorauit, dominum nostrum ihesum christum filium tuum. Qui tecum uiuit.

1310 ALIA. Deus qui nos unigeniti tui clementer incarnatione redemisti, da nobis patrocinia tuorum continuata sanctorum, quibus capere ualeamus salutaris mysterii portionem. Per eundem.

1311 BENEDICTIO. Deus qui beatum stephanum protomartyrem coronauit, et confessione fidei et agone martyrii, mentes uestras circumdet[2] in presenti saeculo corona iustitiae, et in futuro perducat uos ad coronam gloriae. Amen.
Illius obtentu tribuat uobis dei et proximi caritate semper exuberare, qui hanc studuit etiam inter lapidantium impetus optinere. Amen.
Quo eius exemplo roborati et intercessione muniti, ab eo quem ille a dextris dei uidit stantem, / mereamini benedici. Amen. /f. 159r
Quod ipse prestet, cuius regnum et imperium, sine fine permanet in saecula saeculorum. Amen.
Benedictio.

---

[1] Dotted for omission, *et* written above by a later scribe.
[2] A small erasure follows.

VI KL. IANR. NATALE SANCTI IOHANNIS APOSTOLI ET EVANGELISTAE

1312 [1]A. In medio. PS. Bonum est. R. Exiit sermo. V. Sed si eum uolo. AL. Hic est discipulus. OF. Bonum est. CO. Exiit sermo.

1313 *ECCLESIAM TVAM DOMINE BENIGNVS* illustra, ut beati iohannis euangelistae illuminata doctrinis, ad dona perueniat sempiterna. Per.

1314 SECRETA. Suscipe domine munera quae in eius tibi sollempnitate deferimus, cuius nos confidimus patrocinio liberari. Per.

1315 [2]PRAEFATIO. VD aeterne deus. Beati apostoli tui et euangelistę iohannis, natalitia uenerantes. Qui domini nostri ihesu christi filii tui uocatione suscepta, factus ex piscatore discipulus. Humane modum dispensationis excedens, ipsam uerbi tui sine initio deitatis[3] pre ceteris et mente conspiceret, et uoce proferret. Quia in principio erat uerbum, et uerbum erat apud deum, et deus erat uerbum. Per quem.[4]

1316 BENEDICTIO. Omnipotens deus dignetur uobis / per inter- /f. 159v
cessionem beati iohannis apostoli et euangelistę benedicere, qui per eum archana uerbi sui uoluit ecclesiae reuelare. Amen.
Concedat uobis ut quod ille spiritus sancti munere afflatus uestris auribus infudit, eiusdem spiritus dono capere mente ualeatis. Amen.
Quod eius documento de diuinitate nostri redemptoris edocti, et amando quod tradidit, et predicando quod docuit, et exsequendo quod iussit, ad dona peruenire mereamini, quę idem dominus noster ihesus christus repromisit. Amen.
Quod ipse prestare.

1317 AD COMPLENDVM. Refecti cibo potuque caelesti deus noster, te supplices deprecamur, ut in cuius haec commemoratione percepimus, eius muniamur et precibus. Per dominum nostrum.

---

[1] Cues in right margin beside collect. **1312*** Exeter scribe 1 appends: `Epl. Qui timet deum. Eug. Dixit ihesus petro sequere me.`
[2] Text partially neumed.
[3] *em* for *deitatem* added above by a later scribe.
[4] *uel Et ideo* added above by a later scribe.

1318 AD VESPEROS. Beati iohannis euangelistę quesumus domine supplicatione placatus, ut ueniam nobis tribuę, et remedia sempiterna concede. Per.

1319 AD FONTES. Sit quesumus domine beatus iohannes euangelista nostrae fragilitatis adiutor, ut pro nobis tibi supplicans, copisosus audiatur. Per.

1320 AD SANCTVM ANDREAM. / Beati euangelistę iohannis domine   /f. 160r
precibus adiuuemur, et quod possibilitas nostra non optinet, eius nobis intercessione donetur. Per.

1321 ALIA. Deus qui per os beati apostoli tui iohannis, uerbi tui nobis archana reserasti, praesta quesumus, ut quod ille nostris auribus excellenter infudit, intelligentiae competentis eruditione capiamus. Per.

V KL. IANR. NATALE SANCTORVM INNOCENTIVM
1322 [1]A. Ex ore infantium. PS. Domine dominus noster. R. Anima nostra. V. Laqueus contritus. AL. Si dominica euenerit Mirabilis deus. OF. Anima nostra. CO. Vox in rama.

1323 *DEVS CVIVS HODIERNA DIE PRĘCONIVM* innocentes martyres non loquendo sed moriendo confessi sunt, omnia in nobis uitiorum mala mortifica, ut fidem tuam quam lingua nostra loquitur, etiam moribus uita fateatur. Per.

1324 SVPER OBLATA. Sanctorum tuorum nobis domine pia non desit oratio, quae et munera nostra conciliet, et tuam nobis indulgentiam semper optineat. Per.

1325 PRAEFATIO. VD aeterne deus. Et impręciosis mortibus paruulorum, quos propter nostri saluatoris infantiam bestiali sęuitia herodes funestus occidit, inmensa clementiae tuae dona predicare. In quibus / fulget sola magis gratia quam uoluntas, et clara est   /f. 160v
prius confessio quam loquela. Ante passio, quam membra idonea passioni. Existunt testes christi, qui eius nondum fuerant agnitores.

---

[1] Cues in right margin beside collect. **1322*** Exeter scribe 1 appends: *Epl. Vidi supra montem syon. Eug. Angelus domini apparuit.*

O infinita benignitas. O ineffabilis misericordia, quae pro suo nomine trucidatis, meritum gloriae perire non patitur. Sed proprio cruore perfusis, et salus regenerationis adhibetur, et imputatur corona martyrii. Et ideo cum angelis.

1326 AD COMPLENDVM. Votiua domine dona percepimus, quae sanctorum nobis precibus, et presentis uitae quesumus pariter, et aeterne tribuę conferre subsidium. Per.

1327 BENEDICTIO. Omnipotens deus pro cuius unigeniti ueneranda infantia, infantum innocentum cateruas herodes funesti peremit seuitia, suae uobis benedictionis tribuat dona gratissima. Amen.
Et qui eis concessit,[1] unicum filium eius dominum nostrum non loquendo sed moriendo confiterentur, concedat uobis ut fidem ueram quam lingua uestra fatetur, etiam mores probi, et uita incupabilis fateatur. Amen.
Quique eos primitiuum fructum sanctae suae / suscepit ecclesiae, /f. 161r
cum fructu bonorum operum uos faciat peruenire ad gaudia aeternę patriae. Amen.
Quod ipse prestare.

1328 AD VESPEROS. Deus qui licet sis magnus in magnis, mirabilia tamen gloriosus operaris in minimis, da nobis quesumus in eorum celebritate gaudere, qui filio tuo domino nostro testimonium prebuerunt etiam non loquentes. Per.

II KL. IANR. NATALE SANCTI SILVESTRI PAPAE
1329 [2]A. Sacerdotes tui. PS. Memento domine. R. Ecce sacerdos. V. Non est inuentus. AL. Inueni dauid. OF. Inueni dauid. CO. Beatus seruus.

1330 Da quesumus omnipotens deus ut beati siluestri confessoris tui atque pontificis ueneranda sollemnitas, et deuotionem nobis augeat et salutem. Per.

---

[1] *ut* added above by original scribe.
[2] Cues in right margin beside collect. Introit neumed. **1329*** Exeter scribe 1 appends: *Epl. Ecce sacerdos magnus. Eug. Homo quidam peregre.*

1331 SECRETA. Sancti tui nos quesumus domine ubique laetificent, ut dum eorum merita recolimus, patrocinia sentiamus. Per dominum.

1332 AD COMPLENDVM. Praesta quesumus omnipotens deus, ut de perceptis muneribus gratias exhibentes, beneficia potiora sumamus. Per.

XVIIII KL. FEBR. SANCTI FELICIS IN PINCIS

1333 ¹A. Os iusti meditabitur. PS. Noli emulari. R. Iurauit dominus. V. Dixit dominus. AL. Disposui testamentum. OF. Gloria et. CO. Posuisti domine.

1334 Concede quesumus omnipotens deus, ut ad meliorem uitam sanctorum tuorum exempla nos prouocent, quatinus quorum sollemnia agimus, etiam actus imitemur. Per dominum.

1335 SECRETA. / Hostias tibi domine beati felicis confessoris tui dicatas meritis benignus assume, et ad perpetuum nobis tribue prouenire subsidium. Per. /f. 161v

1336 PRAEFATIO. VD aeterne deus. Et confessionem sancti felicis memorabilem non tacere, qui nec hereticis prauitatibus nec saeculi blandimentis, a sui status rectitudinis potuit inmutari, sed inter utraque discrimina ueritatis assertor, firmitatem tuae fidei non reliquid. Per christum.

1337 AD COMPLENDVM. Quesumus domine salutaribus repleti mysteriis, ut cuius sollemnia celebramus, eius orationibus adiuuemur. Per.

XVII² KL. FEBR. SANCTI MARCELLI PAPE

1338 ³A. Statuit. PS. Misericordias. R. Inueni dauid. V. Nihil proficiet. AL. Gloria. OF. Veritas mea. CO. Domine quinque.

1339 Preces populi tui quesumus domine clementer exaudi, ut beati marcelli martyris tui atque pontificis meritis adiuuemur, cuius passione lętamur. Per.

---

¹ Cues in right margin beside collect.
² Date corrected by a later scribe.
³ Cues in left margin beside collect.

1340 SECRETA. Suscipe domine munera dignanter oblata, et beati marcelli suffragantibus meritis, ad nostrae salutis auxilium prouenire concede. Per.

1341 PRAEFATIO. VD aeterne deus. Qui glorificaris in tuorum confessione sanctorum, et non solum excell<ent>ioribus[1] premiis martyrum tuorum merita gloriosa prosequeris. / Sed etiam sacro ministerio conpetentibus seruitiis exsequentes, gaudium domini sui tribuis benignus intrare. Per christum dominum nostrum.   /f. 162r

1342 AD COMPLENDVM. Satiasti domine familiam tuam muneribus sacris, eius quesumus semper interuentione nos refoue, cuius sollemnia celebramus. Per.

XV KL. FEB. NATALE SANCTAE PRISCAE MARTYRIS

1343 [2]A. Loquebar. PS. Beati immaculati. R. Specie tua. V. Propter ueritatem. AL. Diffusa est. OF. Filie regum. CO. Feci iudicium.

1344 Da quesumus omnipotens deus, ut qui beatę priscę martyris tuae natalitia colimus, et annua sollempnitate laetemur, et tantę fidei proficiamus exemplo. Per dominum nostrum.

1345 SECRETA. Hostia domine quesumus quam in sanctorum tuorum natalitiis recensentes offerimus, et uincula nostrae prauitatis absoluat, et tuę nobis misericordiae dona conciliet. Per dominum nostrum.

1346 AD COMPLENDVM. Quesumus domine salutaribus repleti mysteriis, ut cuius sollempnia celebramus, eius orationibus adiuuemur. Per.

XIIII KL. FEBR. SANCTORVM MARIAE ET MARTHE

1347 Exaudi domine populum tuum cum sanctorum tibi patrocinio supplicantem, ut temporalis nobis uitę tribuas pace gaudere, et aeterne subsidium / repperire. Per dominum nostrum.   /f. 162v

1348 SECRETA. Preces domine tuorum respice oblationesque fidelium,

---

[1] Corr. by a later scribe.
[2] Cues in right margin beside collect. Gradual neumed.

ut et tibi gratę sint pro tuarum[1] festiuitate sanctarum[2], et nobis conferant tuae propitiationis auxilium. Per.

1349 AD COMPLENDVM. Sanctarum tuarum[3] domine intercessione placatus, praesta quesumus, ut quae temporali celebramus actione, perpetua saluatione capiamus. Per.

XIII KL. FEBR. NATALE SANCTI FABIANI MARTYRIS

1350 Infirmitatem nostram respice omnipotens deus, et quia pondus proprie actionis grauat, beati fabiani martyris tui atque pontificis, intercessio gloriosa nos protegat. Per dominum nostrum.

1351 SECRETA. Hostias tibi domine beati fabiani martyris tui dicatas meritis benignus assume, et ad perpetuum nobis tribuę prouenire subsidium. Per dominum.

1352 [4]A. Intret. PS. Deus uenerunt. R. Gloriosus. V. Dextera. AL. Te martyrum OF. Letamini. CO. Multitudo.

1353 AD COMPLENDVM. Ręfecti participatione muneris sacri, quesumus domine deus noster, ut cuius exsequimur cultum, sentiamus effectum. Per.

EODEM DIE NATALE SANCTI SEBASTIANI MARTYRIS

1354 Deus qui beatum sebastianum martyrem tuum, uirtute constantiae in passione roborasti, ex eius nobis imitatione tribuę pro amore tuo / prospera mundi despicere, et nulla eius aduersa formidare. /f. 163r Per dominum nostrum.

1355 SECRETA. Accepta sit in conspectu tuo domine nostra deuotio, et eius nobis fiat supplicatione salutaris, pro cuius sollemnitate defertur. Per.

1356 PRAEFATIO. VD aeterne deus. Quoniam martyris beati sebastiani pro confessione nominis tui uenerabilis sanguis effusus, simul et

---

[1] *o* for *tuorum* added above.
[2] *o* for *sanctorum* added above.
[3] Changed interlinearly to *Sanctorum tuorum*.
[4] Cues in left margin beside *ad complendum*.

tua mirabilia manifestat. Quo perficis in infirmitate uirtutem, et nostris studiis dat profectum, et infirmis apud te prestat auxilium. Per christum.

1357 AD COMPLENDVM. Sacro munere satiati supplices te domine deprecamur, ut quod debite seruitutis celebramus officio, intercedente beato sebastiano martire tuo, saluationis tuae sentiamus augmentum. Per.

XII KL. FEBR. NATALE SANCTAE AGNAE MARTYRIS

1358 [1]A. Me expectauerunt. PS. Beati inmaculati. R. Diffusa est. V. Propter ueritatem. AL. Specie tua. OF. Offerentur. CO. Quinque prudentes.

1359 Omnipotens sempiterne deus, qui infirma mundi eligis ut fortia quęque confundas, concede propitius ut qui beatę agne martyris tuae sollemnia colimus, eius apud te patrocinia sentiamus. Per.

1360 SECRETA. Hostias domine quas tibi offerimus propitius suscipe, et intercedente beata agne martyre tua, / uincula peccatorum nostrorum absolue. Per. /f. 163v

1361 PRAEFATIO. VD aeterne deus. Et diem beatę agnetis martyrio consecratam, sollemniter recenseri. Quae terrenae generositatis oblectamenta despiciens, caelestem meruit dignitatem. Societatis humanę uota contempnens, aeterni regis est sociata consortio. Et pretiosam mortem sexus fragilitate calcata pro christi confessione suscipiens, simul est facta conformis et sempiternitatis eius et glorię. Per quem.

1362 AD COMPLENDVM. Refecti cybo potuque caelesti deus noster, te supplices exoramus, ut in cuius haec commemoratione percepimus, eius muniamur et precibus. Per.

XI KL. FEBR. NATALE SANCTI VINCENTII MARTYRIS

1363 [2]A. Letabitur. PS. Exaudi deus orationem. R. Posuisti. V. Desiderium. AL. Beatus uir. OF. Gloria. CO. Qui uult.

---

[1] Cues in right margin beside collect. Offertory neumed.
[2] Cues in left margin beside collect.

1364 Adesto quesumus domine supplicationibus nostris, ut qui ex iniquitate nostra reos nos esse cognoscimus, beati uincentii martyris tui intercessione liberemur. Per.

1365 SECRETA. Muneribus nostris quesumus domine precibusque susceptis, et caelestibus nos munda mysteriis, et clementer exaudi. Per dominum nostrum.

1366 PRAEFATIO. VD per christum dominum nostrum. Pro cuius nomine gloriosus leuita uincentius et miles inuictus, rabidi / hostis insaniam interritus adiit, modestus sustinuit, securus inrisit. Sciens paratus esse ut resisteret, nesciens elatus esse quod uinceret. In utroque domini ac magistri sui uestigia sequens, qui et humilitatis custodiendę et de hostibus triumphandi, suis subsequenda exempla monstrauit. Per quem maiestatem tuam.   /f. 164r

1367 AD COMPLENDVM. Quesumus omnipotens deus, ut qui caelestia alimenta percepimus, intercedente beato uincentio martyre tuo, per hęc contra omnia aduersa muniamur. Per.

X KL FEBR. NATALE SANCTORVM EMERENTIANI ET
MACHARII MARTYRVM

1368 [1]A. Salus autem. PS. Noli emulari. R. Iustorum. V. Visi sunt. AL. Exultauit. OF. Mirabilia. CO. Iustorum.

1369 Maiestati tuae nos domine martyrum supplicatio beata conciliet, ut qui actibus nostris incessanter offendimus, iustorum precibus expiemur. Per dominum nostrum.

1370 SECRETA. Accepta tibi sit domine sacratę plebis oblatio, pro tuorum honore sanctorum, quorum meritis se percepisse in tribulatione cognoscit auxilium. Per.

1371 AD COMPLENDVM. Martyrum tuorum nos domine semper festa lętificent, et quorum celebramus meritum, experiamur auxilium. Per.

---

[1] Cues in right margin beside collect.

/ VIII KL. FEBR. CONVERSIO SANCTI PAVLI APOSTOLI /f. 164v

1372 ¹A. Scio credidi. PS. Domine probasti. R. Qui operatus es. V. Gratia dei in me. AL. Gaudete iusti. OF. Mihi autem nimis. CO. Amen dico uobis quod uos.

1373 Deus qui uniuersum mundum beati pauli apostoli tui predicatione docuisti, da nobis quesumus ut qui eius hodie conuersionem colimus, per eius ad te exempla gradiamur. Per dominum.

1374 SECRETA. Apostoli tui pauli² domine precibus plebis tuae dona sanctifica, ut quae tuo tibi grata sunt instituto, gratiora fiant patrocinio supplicantis. Per.

1375 PRAEFATIO. VD aeterne deus. Et mai<e>statem³ tuam suppliciter exorare, ut ecclesiam tuam beati pauli apostoli tui predicatione edoctam, nulla sinas fallatia uiolari. Vt sicut in uera religione nihil manere dinoscitur quod non eius condierit disciplina, ita ad peragenda ea quae docuit eius obtentu fidelibus tribuatur efficatia. Sentiatque credentium gentium multitudo eum pro se apud te intercessorem, quem habere cognouit magistrum atque doctorem. Per christum dominum nostrum.

1376 AD COMPLENDVM. Sanctificati domine salutari mysterio, quesumus ut pro nobis eius non desit oratio, cuius nos donasti patrocinio gubernari. Per dominum nostrum.

/ V KL. FEBR. SANCTAE AGNAE SECVNDO /f. 165r

1377 ⁴A. Vultum tuum. PS. Eructauit. R. Specie tua. V. Propter. AL. Diffusa. OF. Offerentur. CO. Simile est.

1378 Deus qui nos annua beatae agnę martyris tuę sollemnitate laetificas, da quesumus ut quam ueneramur officio, etiam piae conuersationis, sequamur exemplo. Per dominum nostrum.

1379 SECRETA. Super has quesumus domine hostias, benedictio

---

¹ Cues in left margin beside collect. **1372*** Exeter scribe 1 appends: *Epl. Saulus adhuc spirans. Eug. Ecce nos reliquimus.*
² An erasure follows.
³ *e* supplied interlinearly by a later scribe.
⁴ Cues in left margin beside collect. Offertory neumed.

copiosa descendat, quae et sanctificationem nobis clementer operetur, et de martirum nos sollemnitate letificet. Per.

1380 AD COMPLENDVM. Sumpsimus domine celebritatis annuae uotiua sacramenta, praesta quesumus, ut et temporalis nobis uitae remedia prebeant et aeterne. Per.

NON. FEBR. NATALE SANCTAE AGATHAE MARTYRIS
1381 ¹A. Gaudeamus. PS. Eructauit. R. Adiuuabit. V. Fluminis. TRC. Qui seminant. V. Euntes. V. Venientes. OF. Offerentur. CO. Qui me dignatus.

1382 Deus qui inter cetera potentiae tuae miracula, etiam in sexu fragili uictoriam martyrii contulisti. Concede propitius ut cuius natalitia colimus, per eius ad te exempla gradiamur. Per.

1383 SECRETA. Suscipe domine munera quae in beatę agathę martyris tuae sollemnitate laetificas, cuius nos confidimus patrocinio liberari. Per.

1384 PRAEFATIO. VD per christum dominum nostrum. Pro cuius nomine poenarum mortisque contemptum, in utroque sexu fidelium, / cunctis aetatibus contulisti. Vt inter felicium martyrum palmas, agathen quoque beatissimam uirginem uictrici pacientię coronares. Quae nec minis territa, nec suplicis superata, de diaboli seuitia triumphauit, quia in tuę deitatis confessione permansit. Et ideo cum angelis. /f. 165ʳ

1385 AD COMPLENDVM. Auxilientur nobis domine sumpta mysteria, et intercedente beata agatha martyre tua, sempiterna protectione confirment. Per.

1386 ALIA. Indulgentiam nobis domine beata agatha martyr imploret, quae tibi grata semper extitit et merito castitatis, et tuae professione uirtutis. Per.

¹ Cues in right margin beside collect. Offertory neumed. A tenth-century scribe adds *Hic purificatio sancta maria* above.

1387 ALIA. Beatae agathę martyris tuę domine precibus confidentes quesumus clementiam tuam, ut per ea quae sumpsimus aeterna remedia capiamus. Per.

XVI KL. MAR. NATALE SANCTI VALENTINI MARTYRIS

1388 [1]A. In uirtute. PS. Vitam petiit. R. Beatus uir. V. Potens in terra. TRC. Desiderium. V. Quoniam preuenisti. V. Posuisti super. OF. In uirtute. CO. Magna est.

1389 Praesta quesumus omnipotens deus, ut qui beati ualentini martyris tui natalitia colimus, a cunctis malis imminentibus eius intercessione liberemur. Per.

1390 SECRETA. Oblatis quesumus domine placare muneribus, et intercedente beato ualentino martyre tuo, a cunctis / nos defende periculis. Per dominum.   /f. 166r

1391 AD COMPLENDVM. Sit nobis domine reparatio mentis et corporis caeleste mysterium, ut cuius exsequimur actionem, sentiamus effectum. Per.

XIIII KL. MARC. NATALE SANCTAE IVLIANAE MARTYRIS

1392 [2]A. Loquebar. PS. Beati inmaculati. R. Specie tua. V. Propter ueritatem. TRC. Qui seminant. V. Euntes ibant. V. Venientes autem. OF. Offerentur. CO. Diffusa est gratia.

1393 Omnipotens sempiterne deus qui infirma mundi eligis ut fortia queque confundas, da nobis in festiuitate sanctae martyre[3] tuae iulianę congrua deuotione gaudere, ut et potentiam tuam in eius passione laudemus, et prouisum nobis percipiamus auxilium. Per.

1394 SECRETA. In sanctae martyrę[3] tuae iuliane passione pretiosa, te domine mirabilem predicantes munera uotiua deferimus, praesta quesumus ut sicut eius tibi grata sunt merita, sic nostrae seruitutis accepta reddantur officia. Per.

---

[1] Cues in left margin beside collect.
[2] Cues in right margin beside collect. Offertory neumed.
[3] *is* for *martyris* added above by a later scribe.

1395 AD COMPLENDVM. Libantes domine mensę tuae beata mysteria, quesumus ut sanctae iuliane martyre[1] tuae interuentionibus et presentem nobis misericordiam conferant et aeternam. Per.

VIII KL. MARC. CATHEDRA SANCTI PETRI APOSTOLI

1396 Deus qui beato petro apostolo tuo conlatis clauibus regni caelestis, animas ligandi atque soluendi / pontificum tradidisti, concede   /f. 166v ut intercessionis eius auxilio, a peccatorum nostrorum nexibus liberemur. Per.

1397 [2]AL. Nunc scio usque. A. Statuit ei dominus. PS. Misericordias. R. Constitues. V. Pro patribus. TRC. Beatus uir. V. Potens in terra. V. Gloria et diuitae. OF. Constitues. CO. Tu es petrus.

1398 SECRETA. Ecclesiae tuae preces et hostias quesumus domine, beati petri apostoli commendet oratio, ut quod pro illius gloria celebramus, nobis prosit ad ueniam. Per.

1399 PREFATIO. VD aeterne deus. Et te laudare mirabilem deum in sanctis tuis, in quibus glorificatus es uehementer, per quos unigeniti tui sacrum corpus exornas et in quibus ecclesiae tuae fundamenta constituis. Quam in patriarchis fundasti, in prophetis preparasti, in apostolicis condidisti. Ex quibus beatum petrum apostolorum principem ob confessionem unigeniti filii tui per os eiusdem uerbi confirmatum, in fundamento domus tuae mutato nomine caelestium claustrorum, praesulem custodemque fecisti. Diuino ei iure concesso, ut quae statuisset in terris seruarentur in caelis. In cuius ueneratione hodierna die maiestati tuę haec festa persoluimus, et gratiarum ac laudis hostiam immolamus. Per quem maiestatem.

1400 AD COMPLENDVM. Laetificet nos domine munus oblatum, ut sicut in apostolo tuo petro te mirabilem predicamus, sic per illum /   /f. 16 tuae sumamus indulgentiae largitatem. Per.

---

[1] *is* for *martyris* added above by a later scribe.
[2] Cues in left margin beside secret. **1397*** Exeter scribe 1 appends: `Epl.`
`Petrus apostolus christi ihesu. Tr. Tu es petrus. Eug.`
`Venit ihesus in partes.`

VI KL. MARC. NATALE SANCTI MATHIE APOSTOLI

1401 [1]A. Mihi autem. PS. Domine probasti. R. Iustus ut palma. V. Ad adnuntiandum. TRC. Desiderium. V. Quoniam preuenisti. V. Posuisti super. OF. Gloria. CO. Ego uos.

1402 Deus qui beatum mathiam apostolorum tuorum collegio sociasti, tribue quesumus ut eius interuentione, tuae circa nos pietatis semper uiscera sentiamus. Per.

1403 SECRETA. Deus qui proditoris apostatę ruinam, ne apostolorum tuorum numerus sacratus perfectione careret, beati mathię electione supplesti, presentia munera sanctifica, et per ea nos gratiae tuae uirtute confirma. Per.

1404 AD COMPLENDVM. Praesta quesumus omnipotens et misericors deus, ut per haec sancta quae sumsimus, interueniente beato mathia apostolo tuo, ueniam consequamur et pacem. Per.

IIII ID. MARC. NATALE SANCTI GREGORII PAPAE

1405 [2]A. Sacerdotes dei. PS. Benedicite. R. Iurauit dominus. V. Dixit dominus. TRC. Beatus uir. V. Potens in terra. V. Gloria et diuitiae. OF. Veritas mea. CO. Fidelis seruus.

1406 Deus qui animę famuli tui gregorii, aeterne beatitudinis premia contulisti, concede propitius ut qui peccatorum nostrorum pondere premimur, eius apud te precibus subleuemur. Per.

1407 SECRETA. Annuę nobis domine ut intercedente beato gregorio pontifice haec prosit oblatio, quam immolando totius mundi tribuisti relaxari delicta. Per.

1408 PRAEFATIO. VD aeterne deus. Quia sic tribuis ecclesiam tuam sancti / gregorii pontificis tui commemoratione gaudere, ut eam et /f. 167v illius festiuitate laetifices, et exemplo pie conuersationis exerceas, et uerbo predicationis erudias, grataque tibi supplicatione tuearis. Per christum.

---

[1] Cues in right margin beside collect.
[2] Cues in right margin beside collect. Introit neumed.

1409 AD COMPLENDVM. Vt nobis domine tua sacrificia dent salutem, beatus confessor tuus gregorius pontifex, quesumus precator accedat. Per dominum nostrum.

1410 ALIA. Deus qui beatum gregorium pontificem, sanctorum tuorum meritis coaequasti. Concede propitius, ut qui commemorationis eius festa percolimus, uitae quoque imitemur exempla. Per.

XII KL. APRL. DEPOSITIO SANCTI BENEDICTI ABBATIS

1411 ¹A. Iustus ut palma. PS. Bonum est. R. Domine preuenisti. V. Vitam petiit. TRC. Desiderium. V. Quoniam preuenisti. V. Posuisti super. OF. Veritas mea. CO. Amen dico uobis quod uos qui reliquistis.

1412 Omnipotens sempiterne deus, qui hodierna die carnis eductum ergastulo, beatissimum confessorem tuum benedictum subleuasti ad caelum. Concede quesumus haec festa tuis famulis celebrantibus cunctorum ueniam delictorum, ut qui exultantibus animis eius claritati congaudent, ipso apud te interueniente, consocientur et meritis. Per.

1413 SECRETA. Oblatis domine ob honorem beati confessoris tui benedicti quesumus placare muneribus, et ipsius tuis famulis / interuentu, cunctorum tribue indulgentiam peccatorum. Per dominum nostrum.   /f. 168

1414 PRAEFATIO. VD aeterne deus. Et gloriam tuam profusis precibus exorare, ut qui beati benedicti confessoris tui ueneramur festa, te opitulante eius sanctitatis imitari ualeamus exempla. Et cuius meritis nequaquam possumus coaequari, eius precibus mereamur adiuuari. Per christum.

1415 AD COMPLENDVM. Perceptis domine salutaribus sacramentis humiliter deprecamur, ut intercedente beato confessore tuo benedicto, quae pro illius uenerando agimus obitu, nobis proficiat² ad salutem. Per.

---

¹ Cues in left margin beside collect. Communion neumed.
² Corrected to *proficiant.*

XVIII KL. MAI. NATALE SANCTORVM TYBVRTII VALERIANI ET MAXIMI

1416 [1]A. Sancti tui domine benedicent. PS. Exaltabo te deus. AL. Sancti tui domine. OF. Letamini. CO. Gaudete iusti.

1417 Praesta quesumus omnipotens deus ut qui sanctorum tuorum tyburtii ualeriani et maximi sollemnia colimus, eorum etiam uirtutes imitemur. Per.

1418 SECRETA. Hostia haec quesumus domine quam in sanctorum tuorum natalitiis recensentes offerimus, et uincula nostrae prauitatis absoluat, et tuae nobis misericordię dona conciliet. Per.

1419 PRAEFATIO. VD aeterne deus. Et te in sanctorum martyrum festiuitate laudare, qui semper es mirabilis in / tuorum commemoratione sanctorum. Et magnę fidei largiris affectum, et tolerantiam tribuis passionum, et antiqui hostis facis superare machinamentum. Quo egregii martyres tui ad capiendam supernorum beatitudinem premiorum, nullis impediantur retinaculis blandimentorum. Per christum. /f. 168v

1420 AD COMPLENDVM. Sacro munere satiati supplices te domine deprecamur, ut quod debitę seruitutis celebramus officio, intercedentibus sanctis tuis, saluationis tuę sentiamus augmentum. Per.

VIII KL. MAI. NATALE SANCTI GEORGII MARTYRIS

1421 [2]A. Protexisti me. PS. Exaudi deus orationem meam. AL. Beatus uir. OF. Confitebuntur. CO. Letabitur iustus.

1422 Deus qui nos beati georgii martyris tui meritis et intercessione laetificas, concede propitius ut qui eius beneficia poscimus, dona tuae gratiae consequamur. Per dominum nostrum.

1423 SVPER OBLATA. Munera domine oblata sanctifica, et intercedente beato georgio martyre tuo, nos per hec a peccatorum nostrorum maculis emunda. Per.

---

[1] Cues in right margin beside collect. Introit neumed.
[2] Cues in left margin beside collect.

1424 PRAEFATIO. VD per christum dominum nostrum. Pro cuius nomine ueneranda confessione beatus martyr georgius diuersa supplicia sustinuit, et ea deuincens coronam perpetuitatis promeruit. Per quem.

1425 AD COMPLENDVM. / Supplices te rogamus omnipotens deus,   /f. 169r
ut quos tuis reficis sacramentis, intercedente beato georgio martyre tuo, tibi etiam placitis moribus dignanter tribuas deseruire. Per.

     IIII KL. MAI. NATALE SANCTI VITALIS MARTYRIS
1426 ¹A. Protexisti me. PS. Exaudi deus orationem cum. AL. Gloria et. OF. Repleti sumus. CO. Ego sum uitis.

1427 Praesta quesumus omnipotens deus, ut intercedente beato uitale martyre tuo, et a cunctis aduersitatibus liberemur in corpore, et a prauis cogitationibus mundemur in mente. Per dominum.

1428 SECRETA. Accepta sit in conspectu tuo domine nostra deuotio, et eius nobis fiat supplicatione salutaris, pro cuius sollemnitate defertur. Per.

1429 AD COMPLENDVM. Refecti participatione muneris sacri quesumus domine deus noster, ut cuius exsequimur cultum, sentiamus effectum. Per.

     KL. MAI. APOSTOLORVM PHILIPPI ET IACOBI
1430 ²Exclamauerunt. PS. Exultate iusti. AL. Nimis honorati. AL. Gaudete iusti. OF. Confitebuntur. CO. Tanto tempore.

1431 *DEVS QVI NOS ANNVA APOSTOLORVM TVORVM* philippi et iacobi sollemnitate laetificas, praesta quesumus ut quorum gaudemus meritis, instruamur exemplis. Per.

---

¹ Cues in right margin beside collect.
² Cues in right margin beside collect. **1430*** Exeter scribe 1 appends: *Epl. Stabunt iusti. Eug. Non turbetur cor uestrum.*

1432 SECRETA. Munera domine quae pro apostolorum tuorum philippi et iacobi sollempnitate deferimus propitius suscipe, / et mala omnia quae meremur auerte. Per. /f. 169v

1433 PREFATIO. VD nos tibi semper et ubique gratias agere. Qui ecclesiam tuam in apostolica soliditate firmasti, de quorum collegio sunt beatus philippus et iacobus, quorum passionis hodie festum ueneramur poscentes. Vt sicut eorum doctrinis instruimur, ita exemplis muniamur et precibus adiuuemur. Per christum.

1434 AD COMPLENDVM. Quesumus domine salutaribus repleti mysteriis, ut quorum sollempnia celebramus, eorum orationibus adiuuemur. Per.

V NON. MAI. NATALE SANCTORVM ALEXANDRI
EVENTII ET THEODOLI

1435 Praesta quesumus omnipotens et misericors deus, ut qui sanctorum tuorum alexandri euentii et theo<do>li[1] natalitia colimus, a cunctis malis imminentibus, eorum intercessionibus liberemur. Per.

1436 SECRETA. Super has quesumus domine hostias benedictio copiosa descendat, quae et sanctificationem nobis clementer operetur, et de martyrum nos sollemnitate laetificet. Per dominum nostrum.

1437 AD COMPLENDVM. Refecti participatione muneris sacri quesumus domine deus noster, ut quorum exsequimur cultum sentiamus effectum. Per.

/ EODEM DIE INVENTIO SANCTAE CRVCIS /f. 170r

1438 [2]A. Nos autem gloriari. PS. Deus misereatur. AL. Sancti tui. AL. Dicite in gentibus. OF. Dextera. CO. Nos autem.

1439 *DEVS QVI IN PRAECLARA SALVTIFERE* crucis inuentione,

---

[1] *do* added interlinearly by original scribe.
[2] Cues in right margin beside collect. **1438*** Exeter scribe 1 appends: `Epl.` `Confidimus in nobis. Eug. Erat homo.`

passionis tuae miracula suscitasti. Concede ut uitalis ligni prẹtio, aeternẹ uitẹ suffragia consequamur. Per.[1]

1440 SECRETA. Sacrificium domine quod immolamus, placatus intende, ut ab omni nos exuat bellorum nequitia, et per uexillum sanctae crucis filii tui, ad conterendas potestatis[2] aduersariorum insidias, nos in tuẹ protectionis securitate constituat. Per.

1441 PRAEFATIO. VD per christum dominum nostrum. Qui per passionem crucis mundum redemit, et antique arboris amarissimum gustum crucis medicamine indulcauit. Mortemque quae per lignum uetitum uenerat, per ligni tropheum deuicit. Vt mirabili[3] suae pietatis dispensatione, qui per ligni gustum a florigera sede discesseramus, per crucis lignum ad paradisi gaudia redeamus. Per quem.

1442 BENEDICTIO. Benedicat uobis omnipotens deus, qui per unigeniti sui ihesu christi domini nostri passionem et crucis patibulum, genus redemit humanum. Amen.
Concedatque / uobis, ut cum omnibus sanctis quae sit eiusdem crucis longitudo, latitudo, sublimitas, et profundum, mente deuota comprehendere possitis. Amen. /f. 170v
Quatinus uosmetipsos abnegando crucemque gestando, ita in presentis uitae studio redemptorem nostrum possitis sequi, ut ei inter choros angelorum post obitum mereamini adscisci. Amen.
Quod ipse praestare.

1443 AD COMPLENDVM. Repleti alimonia caelesti et spiritali poculo recreati, quesumus omnipotens deus ut ab hoste maligno defendas, quos per lignum sanctae crucis filii tui arma[4] iustitiẹ, pro salute mundi triumphare iussisti. Per eundem.

1444 ALIA. Deus cui cunctae oboediunt creaturae et omnia[5] uerbo tuo fecisti in sapientia supplices quesumus ineffabilem clementiam

---

1 *qui uiuis* added above by a later scribe.
2 Originally *potestates*.
3 A small erasure follows.
4 *uel armis* added above a later scribe.
5 A small erasure follows.

tuam, ut quos per lignum sanctae crucis filii tui pio cruore es dignatus redimere, tu qui es lignum uitae paradisique reparator, omnibus in te credentibus dira serpentis uenena extinguas[1], et per gratiam spiritus sancti, poculum salutis semper infundas. Per eundem dominum.

II NON. MAI. NATALE IOHANNIS APOSTOLI ET EVANGELISTAE

1445 [2]A. Ego autem sicut oliua. PS. Quid gloriaris. AL. Iustus ut palma. OF. Gloria et honos. CO. Magna est.

1446 Deus qui conspicis quia nos undique mala nostra perturbant, praesta quesumus ut beati iohannis apostoli tui / intercessio gloriosa nos protegat. Per. /f. 171r

1447 SECRETA. Muneribus nostris quesumus domine precibusque susceptis, et caelestibus nos munda misteriis, et clementer exaudi. Per.

1448 AD COMPLENDVM. Refecti domine pane caelesti, ad uitam quesumus nutriamur aeternam. Per dominum nostrum ihesum christum.

VI ID. MAI. SANCTORVM GORDIANI ET EPIMACHI

1449 [3]A. Sancti tui domine. PS. Exurge deus. AL. Te martyrum. OF. Mirabilis. CO. Iustorum animae.

1450 Da quesumus omnipotens deus ut qui beatorum martyrum gordiani atque epymachi sollemnia colimus, eorum apud te intercessionibus adiuuemur. Per.

1451 SECRETA. Hostias tibi domine beatorum martyrum gordiani atque epymachi dicatas meritis benignus assume, et ad perpetuum nobis tribue prouenire subsidium. Per.

---

[1] Partially rewritten over an erasure.
[2] Cues in left margin beside collect.
[3] Cues in right margin beside collect. Introit neumed.

1452 AD COMPLENDVM. Quesumus omnipotens deus, ut qui caelestia alimenta percepimus, intercedentibus sanctis tuis gordiano atque epymacho, per haec contra omnia aduersa muniamur. Per.

IIII ID. MAI. NATALE SANCTORVM NEREI ET ACHILLEI
ET PANCRATII

1453 [1]A. Ecce oculi domini. PS. Exultate iusti. AL. Exultabunt. OF. Confitebuntur. CO. Gaudete iusti.

1454 Semper nos domine martyrum tuorum nerei et achillei et pancratii, foueat quesumus beata sollemnitas, et tuo dignos reddat obsequio. Per.

1455 SECRETA. Sanctorum tuorum domine nerei et achillei atque pancratii / tibi grata confessio, et munera nostra commendet, et /f. 171v tuam nobis indulgentiam semper imploret. Per.

1456 PRAEFATIO. VD aeterne deus. Quoniam a te constantiam fides, a te uirtutem sumit infirmitas. Et quicquid in persecutionibus sęuum est, quicquid in morte terribile, nominis tui facis confessionem superari. Vnde benedicimus te domine in operibus tuis, teque in sanctorum tuorum nerei et achillei atque pancratii prouectione laudamus. Per christum.

1457 AD COMPLENDVM. Quesumus domine ut beatorum martyrum tuorum nerei et achillei atque pancratii deprecationibus sacramenta quae sumpsimus, ad tuę nobis proficiant placationis augmentum. Per.

XV KL. IVN. NATALE SANCTI MARCI EVANGELISTAE

1458 [2]A. Ego autem sicut. PS. Quid gloriaris. AL. Iustus ut palma. OF. Gloria et. CO. Posuisti domine.

1459 Deus qui beatum marcum euangelistam tuum euangelicae predicationis gratia sublimasti, tribue quesumus eius nos semper et eruditione proficere et oratione defendi. Per.

---

[1] Cues in right margin beside collect.
[2] Cues in left margin beside collect.

1460 SECRETA. Beati marci euangelistę tui sollemnitate tibi munera deferentes quesumus domine, ut sicut illum predicatio euangelica fecit gloriosum, ita nos eius interces/sio, et uerbo et opere reddat acceptos. Per. /f. 172r

1461 AD COMPLENDVM. Pasti cibo spiritali[1] alimonię quesumus domine deus noster, ut quod mysterio frequentamus, intercedente beato marco euangelista, plena uirtute consequamur. Per.

IN DEDICATIONE ECCLESIAE SANCTAE MARIAE AD MARTYRES

1462 [2]A. Terribilis est. PS. Dominus regnauit decorem. R. Locus iste. V. Deus cui adstat. AL. Adorabo. OF. Domine deus in simplicitate. CO. Domus mea.

1463 Concede quesumus omnipotens deus, ad eorum nos gaudia aeterna pertingere, de quorum nos uirtute tribuis, annua sollempnitate gaudere. Per.

1464 SECRETA. Super has quesumus domine hostias benedictio copiosa descendat, quae et sanctificationem nobis clementer operetur, et de martyrum nos sollemnitate lętificet. Per.

1465 AD COMPLENDVM. Supplices te rogamus omnipotens deus, ut quos tuis reficis sacramentis, tibi etiam placitis moribus, dignanter deseruire concedas. Per.

VIII KL. IVN. NATALE SANCTI VRBANI PAPAE

1466 [3]A. Sacerdotes tui domine. PS. Memento. R. Inueni dauid. V. Nihil proficiet. AL. Beatus uir. OF. Veritas mea. CO. Fidelis seruus.

1467 Da quesumus omnipotens deus, ut qui beati urbani martyris tui atque pontificis sollemnia colimus, eius apud te intercessionibus adiuuemur. Per.

---

[1] *s* for *spiritalis* added above.
[2] Cues in right margin beside collect. **1462*** Exeter scribe 1 appends: `Epl. Vidi ciuitatem. Eug. Ingressus ihesus.`
[3] Cues in right margin beside collect. Introit neumed.

261

1468 SECRETA. Haec hostia domine quesumus emundet nostra delicta, et <ad> sacrificium celebrandum, subditorum tibi corpora mentesque sanctificet. Per.

1469 AD COMPLENDVM. / Refecti participatione muneris sacri, /f. 172v quesumus domine deus noster, ut cuius exsequimur cultum, sentiamus effectum. Per.

KL. IVN. NATALE SANCTI NICOMEDIS MARTYRIS

1470 [1]A. Letabitur iustus. PS. Exaudi deus orationem. R. Posuisti domine. V. Desiderium. AL. Beatus uir. OF. In uirtute. CO. Magna est.

1471 Deus qui nos beati nicomedis martyris tui meritis et intercessione laetificas, concede propitius ut qui eius beneficia poscimus, dona tuae gratiae consequamur. Per.

1472 SECRETA. Munera domine oblata sanctifica, et intercedente beato nicomede martyre tuo, nos per haec a peccatorum nostrorum maculis emunda. Per.

1473 AD COMPLENDVM. Supplices te rogamus omnipotens deus, ut quos tuis reficis sacramentis, intercedente beato nicomede martyre tuo, tibi etiam placitis moribus dignanter tribuas deseruire. Per.

IIII NON. IVN. NATALE SANCTORVM MARCELLINI ET PETRI

1474 [2]A. Clamauerunt. PS. Benedicam dominum. R. Iustorum animae. V. Visi sunt oculis. AL. Te martyrum. OF. Letamini. CO. Iustorum anime.

1475 Deus qui nos annua martyrum tuorum marcellini et petri sollemnitate laetificas, praesta quesumus ut quorum gaudemus meritis, prouocemur exemplis. Per.

1476 SECRETA. Hostia haec quesumus domine quam in sanctorum tuorum natalitiis recensentes offerimus, et uincula nostrae prauitatis absoluat, et tuę nobis misericordiae / dona conciliet. Per /f. 173r dominum nostrum.

---

[1] Cues in left margin beside collect.
[2] Cues in left margin beside collect.

1477 PRAEFATIO. VD aeterne deus. Apud quem semper est pręclara uita sanctorum, quorum nos mors preciosa laetificat et tuetur. Quapropter martyrum tuorum marcellini et petri gloriosa recensentes natalitia, laudes tibi referimus, et magnificentiam tuam supplices exoramus. Vt quorum sumus martyria uenerantes, beatitudinis mereamur esse consortes. Per christum.

1478 AD COMPLENDVM. Sacro munere satiati supplices te domine deprecamur, ut quod debitae seruitutis caelebramus officio, intercedentibus sanctis tuis, saluationis tuae sentiamus augmentum. Per.

V ID. IVN. NATALE SANCTORVM PRIMI ET FELICIANI
1479 [1]A. Sapientiam sanctorum. PS. Exultate iusti. R. Exultabunt. V. Cantate domino. AL. Mirabilis. OF. Mirabilis. CO. Ego uos elegi.

1480 Fac nos domine quesumus sanctorum tuorum primi et feliciani semper festa sectari, quorum suffragiis protectionis tuae dona sentiamus. Per.[2]

1481 SECRETA. Fiat domine quesmus hostia sacranda placabilis pretiosi celebritate martyrii, quae et peccata nostra purificet, et tuorum tibi uota conciliet famulorum. Per.

1482 AD COMPLENDVM. Quesumus omnipotens deus, ut sanctorum tuorum celestibus mysteriis celebrata sollemnitas, indulgentiam nobis / tuae propitiationis adquirat. Per.   /f. 173v

II ID. IVN. SANCTORVM BASILIDIS CYRINI NABORIS
ET NAZARII
1483 [3]A. Intret in conspectu. PS. Deus uenerunt. R. Vindica domine. V. Posuerunt. AL. Exultabunt. OF. Exultabunt. CO. Posuerunt.

1484 Sanctorum basilidis, cyrini, naboris, et nazarii, quesumus domine natalicia uobis uotiua resplendeant, et quod illis contulit excellentia sempiterna, fructibus nostrae deuotionis adcrescat. Per.

[1] Cues in right margin beside collect.
[2] The last letters of *sentiamus* and the whole of *per* rewritten by a later scribe.
[3] Cues in left margin beside collect.

263

1485 SECRETA. Pro sanctorum basilidis cyrini naboris et nazarii sanguine uenerando, hostiam tibi domine sollemniter immolamus, tua mirabilia pertractantes, per quae talis est perfecta uictoria. Per.

1486 AD COMPLENDVM Semper domine sanctorum martyrum basilidis cyrini naboris et nazarii sollemnia celebremus, et eorum patrocinia iugiter sentiamus. Per.

XVII KL. IVL. NATALE SANCTI VITI PVERI

1487 ¹A. Sapientes. PS. Exaltabunt iusti. R. Exultabunt. V. Cantare domino. AL. Sancti tui domine. OF. Mirabilis. CO. Iustorum.

1488 Da ecclesiae tuae quesumus domine sancto uito intercedente superbę non sapere, sed tibi placita humilitate proficere, ut proterua despiciens, quaecumque matura sunt, libera exerceat caritate. Per.

1489 SECRETA. Sicut gloriam diuinae potentiae munera pro sanctis oblata testantur, sic nobis effectum domine tuae saluationis impendant. Per.

1490 AD COMPLENDVM. / Refecti domine benedictione sollemni /f. 174r quesumus, ut per intercessionem sancti uiti medicina sacramenti et corporibus nostris prosit et mentibus. Per.

XIIII KL. IVL. SANCTORVM MARCI ET MARCELLIANI

1491 ²A. Salus autem. PS. Noli emulari. R. Iustorum animae. V. Visi sunt oculis. AL. Iusti epulentur. OF. Anima nostra. CO. Amen dico uobis quod unus ex minimis.

1492 Praesta quesumus omnipotens deus, ut qui sanctorum tuorum marci et marcelliani natalitia colimus, a cunctis malis imminentibus, eorum intercessionibus liberemur. Per dominum nostrum.

1493 SECRETA. Munera domine tibi dicata sanctifica, et intercedentibus sanctis tuis beato marco et marcelliano, per eadem nos placatus intende. Per dominum.

---

¹ Cues in left margin beside collect.
² Cues in right margin beside collect. Communion neumed.

1494 AD COMPLENDVM. Salutaris tui domine munere satiati, supplices exoramus, ut quorum laetamur gustu, renouemur effectu. Per.

XIII KL. IVL. NATALE SANCTORVM GERVASII ET PROTASII

1495 [1]A. Loquetur dominus pacem. PS. Benedixisti domine. R. Gloriosus deus. V. Dextera tua. AL. Te martyrum. OF. Letamini. CO. Posuerunt.

1496 Deus qui nos annua sanctorum tuorum geruasii et protasii sollemnitate laetificas. Concede propitius ut quorum gaudemus meritis, accendamur exemplis. Per dominum.

1497 SECRETA. Oblatis quesumus domine placare muneribus, et intercedentibus sanctis tuis, a cunctis nos defende periculis. Per.

1498 / PRAEFATIO. VD per christum dominum nostrum. Pro cuius /f. 174v nominis confessione beati martyres geruasius et protasius passi, in caelesti regione aeternis perfruuntur gaudiis. Et pro eorum sollemni recordatione, ecclesia religiosis exultat officiis. Per quem.

1499 AD COMPLENDVM. Haec nos communio domine purget a crimine, et intercedentibus sanctis tuis, caelestis remedii faciat esse consortes. Per dominum.

VIIII KL. IVL. VIGILIA SANCTI IOHANNIS BAPTISTAE

1500 [2]A. Ne timeas. PS. Domine in uirtute. R. Fuit homo. V. Vt testimonium. OF. Gloria et. CO. Magna est.

1501 Praesta quesumus omnipotens deus, ut familia tua per uiam salutis incedat, et beati iohannis precursoris hortamenta sectando, ad eum quem predixit secura perueniat. Per dominum.

1502 SECRETA. Munera domine oblata sanctifica, et intercedente

---

[1] Cues in right margin beside collect.
[2] Cues in left margin beside collect. **1500*** Exeter scribe 1 appends: *L. Factum est uerbum domini. Eug. Fuit in diebus.*

beato iohanne baptista, nos per haec a peccatorum nostrorum maculis emunda. Per.

1503 PRAEFATIO. VD aeterne deus. Exhibentes sollemne ieiunium, quo beati iohannis baptistę natalitia praeuenimus. Cuius genitor dum eum dubitat nasciturum sermonis amisit officium, et eo nascente et sermonis usum et prophetiae suscepit donum. Cuius genetrix senio confecta sterilitate mutata in eius conceptu, / non /f. 175r solum sterilitatem amisit, fecunditatem adquisiuit, sed etiam spiritum sanctum quo matrem domini et saluatoris agnosceret accepit. Per quem.

1504 AD COMPLENDVM. Beati iohannis baptistę, nos domine pręclara comitetur oratio, et quem uenturum esse praedixit, poscat nobis fore placatum. Per.

VIII KL. IVL. NATIVITAS SANCTI IOHANNIS BAPTISTAE
1505 IN PRIMA MISSA. Concede quesumus omnipotens deus, ut qui beati iohannis baptiste sollempnia colimus, eius apud te intercessione muniamur. Per.

1506 ¹A. Iustus ut palma. PS. Bonum est. R. Iustus ut palma. V. Ad adnuntiandum. AL. Ipse peribit. OF. In uirtute. CO. Posuiti domine.

1507 SECRETA. Munera domine oblata sanctifica, et intercedente beato iohanne baptista, nos per haec a peccatorum nostrorum maculis emunda. Per dominum.

1508 AD COMPLENDVM. Praesta quesumus omnipotens deus, ut qui caelestia alimenta percepimus, intercedente beato iohanne baptista, per hęc contra omnia aduersa muniamur. Per.

STATIO IN DIE
1509 AD MISSAM. *DEVS QVI PRAESENTEM DIEM HO*norabilem nobis in beati iohannis natiuitate fecisti, da populis tuis spiritalium gratiam gaudiorum, et omnium fidelium / mentes, dirige in /f. 175 uiam salutis aeterne. Per.

---

¹ Cues in right margin beside secret.

1510 [1]A. De uentre. PS. Bonum est[2]. R. Priusquam te. V. Misit dominus. AL. Beatus uir. OF. Iustus ut palma. CO. Tu puer profeta.

1511 SECRETA. Tua domine[3] muneribus altaria cumulamus, illius natiuitatem honore debito celebrantes, qui saluatorem mundi et cecinit adfuturum, et adesse monstrauit, dominum nostrum ihesum christum filium tuum. Qui tecum.

1512 PRAEFATIO. VD aeterne deus. Et in die festiuitatis hodiernę qua beatus iohannes exortus est, tuam magnificentiam conlaudare. Qui uocem matris domini nondum editus sensit, et adhuc clausus utero aduentum salutis humanę prophetica exultatione significauit. Qui et genetricis sterilitatem conceptus abstulit, et patris linguam natus absoluit, solusque omnium prophetarum redemptorem mundi, quem prenuntiauit ostendit. Et ut sacre purificationis effectum aquarum natura conciperet, sanctificandis iordanis fluentis, ipsum baptismo baptismatis lauit auctorem. Et ideo.

1513 AD COMPLENDVM. Sumat ecclesia tua deus beati iohannis baptistę generatione laetitiam, per quem suae regenerationis cognouit auctorem, dominum nostrum. Qui tecum.

1514 ALIA. Deus qui nos concedis beati iohannis baptistę natalitia perfrui, eius nos tribuę meritis adiuuari. Per.

1515 / AD VESPEROS. Omnipotens sempiterne deus, da cordibus nostris illam tuarum rectitudinem semitarum, quam beati iohannis baptistę in deserto, uox clamantis edocuit. Per.

/f. 176r

1516 ALIA. Deus qui nos annua beati iohannis baptistę sollemnia frequentare concedis, praesta quesumus, ut et deuotis mentibus eadem celebremus, et eius patrocinio promerente, plene capiamus securitatis augmentum. Per.

---

[1] Cues in left margin beside secret. **1510*** Exeter scribe 1 appends: *L. Audite insulae. Eug. Elisabeth impletum est.*
[2] **1510**** Exeter scribe 1 adds the cue *Inter natos* above.
[3] Supplied interlinearly by original scribe.

1517 ALIA. Deus qui conspicis quia nos undique mala nostra contristant, per precursorem gaudii, corda nostra laetifica. Per.

1518 BENEDICTIONES. Benedicat uobis omnipotens deus, beati iohannis baptistę intercessione, cuius hodie natalitia celebratis, concedatque ut cuius sollemnia colitis, patrocinia sentiatis. Amen. Illius obtentu ab omnibus aduersis tueamini, et bonis omnibus perfruamini, qui aduentum redemptoris mundi necdum natus cognouit, matris sterilitatem nascendo abstulit, patris linguam natus absoluit. Amen.
Quatinus ipsius agni quem ille digito ostendit, cuius immolatione estis redempti, ita uirtutum lanis uestiri, et in/nocentiam ualeatis /f. 176v imitari, ut ei in aeternae patriae felicitate, possitis adiungi. Amen. Quod ipse prestare.

VI KL. IVL. SANCTORVM IOHANNIS ET PAVLI

1519 [1]A. Multe tribulationes. PS. Benedicam domino. R. Ecce quam bonum. V. Sicut unguentum. V. Mandauit. AL. Gaudete. OF. Gloriabuntur. CO. Etsi coram hominibus.

1520 Quesumus omnipotens deus, ut nos geminata laetitia hodiernę festiuitatis excipiat[2], quae de beatorum iohannis et pauli glorificatione procedit, quos eadem fides et passio, uere fecit esse germanos. Per.

1521 SECRETA. Hostias tibi domine sanctorum martyrum iohannis et pauli dicatas meritis benignus assume, et ad perpetuum nobis tribuę prouenire subsidium. Per.

1522 PRAEFATIO. VD per christum dominum nostrum. Pro cuius amore gloriosi martyres iohannes et paulus, martyrium non sunt cunctati subire. Quos in nascendi lege, iunxit germanitas, in gremio matris ecclesiae, fidei unitas, in passionis acerbitate ferenda, unius amoris societas. Per quem nos petimus eorum precibus adiuuari, quorum festa noscimur uenerari. Per quem.

1523 AD COMPLENDVM. Sumpsimus domine sanctorum tuorum

---

[1] Cues in left margin beside collect.
[2] *excipiant* before erasure.

sollempnia cęlebrantes caelestia sacramenta, pręsta quesumus, ut quod temporaliter gerimus, aeternis gaudiis consequamur. Per.

IIII KL. IVL. NATALE SANCTI LEONIS PAPAE

1524 / Deus qui beatum leonem pontificem sanctorum tuorum meritis coaequasti, concede propitius, ut qui commemorationis eius festa percolimus, uitae quoque imitemur exempla. Per. /f. 177rv

1525 SECRETA. Annuę domine ut intercedente beato leone pontifice, haec nobis prosit oblatio, quam immolando totius mundi tribuisti relaxari delicta. Per.

1526 AD COMPLENDVM. Deus qui animę famuli tui leonis, aeterne beatitudinis premia contulisti, concede propitius ut qui peccatorum nostrorum pondere premimur, eius apud te precibus subleuemur. Per.

EODEM DIE VIGILIA APOSTOLORVM PETRI ET PAVLI

1527 [1]A. Dicit dominus petro. PS. Cęli enarrant. R. In omnem terram. V. Cęli enarrant. OF. Mihi autem. CO. Tu es petrus.

1528 Praesta quesumus omnipotens deus, ut nullis nos permittas perturbationibus concuti, quos in apostolicae confessionis petra solidasti. Per dominum.

1529 SECRETA. Munus populi tui quesumus domine apostolica intercessione sanctifica, nosque per haec a peccatorum nostrorum maculis emunda. Per dominum nostrum.

1530 PREFATIO. VD aequum et salutare. Te domine suppliciter exorare, ut gregem tuum pastor aeterne non deseras, sed per beatos apostolos tuos continua protectione custodias. / Vt isdem rectoribus gubernetur, quos operis tui uicarios eidem contulisti preesse pastores. Et ideo. /f. 177v

1531 AD COMPLENDVM. Quos caelesti domine alimento satiasti,

---

[1] Cues in right margin beside collect. **1527*** Exeter scribe 1 appends: *Epl. Petrus et iohannes. Eug. Dixit ihesus petro.*

269

apostolicis intercessionibus, ab omni aduersitate custodi. Per dominum.

1532 AD VIGILIAS. Deus qui ecclesiam tuam apostoli tui petri fide et nomine consecrasti, quique illi beatum paulum ad predicandam gentibus gloriam tuam sociare dignatus es. Concede ut omnes qui ad apostolorum tuorum sollemnia conuenerunt, spiritali remuneratione ditentur. Per.

II KL. IVL. NATALE SANCTI PETRI APOSTOLI
1533 *DEVS QVI HODIERNAM DIEM APOSTOLORVM TVORVM* petri et pauli martyrio consecrasti, da ecclesiae tuae eorum in omnibus sequi preceptum, per quos religionis sumpsit exordium. Per.

1534 SECRETA. Hostias domine quas nomini tuo sacrandas offerimus, / apostolica prosequatur oratio, per quam nos expiari tribuis et defendi. Per. /f. 178r

1535 ¹A. Nunc scio uere. PS. Domine probasti. R. Constitues. V. Pro patribus. AL. Tu es petrus. OF. Constitues. CO. Symon iohannis.

1536 PRAEFATIO. VD aequum et salutare. Te domine suppliciter exorare, ut gregem tuum pastor aeterne non deseras, sed per beatos apostolos tuos continua protectione custodias. Vt isdem rectoribus gubernetur, quos operis tui uicarios eidem contulisti praeesse pastores. Et ideo.

1537 BENEDICTIO. Benedicat uobis omnipotens deus, qui uos beati petri saluberrima confessione in ecclesiasticae fidei fundauit soliditatem. Amen.
Et quos beati pauli sanctissima instruxit predicatione, sua uos tueatur gratissima defensione. Amen.
Quatenus petrus claue, paulus sermone, utrique intercessione ad illam uos certent patriam introducere, ad quam illi alter cruce alter gladio, hodierna die peruenerunt. Amen.
Quod ipse praestare dignetur.

---

¹ Cues in right margin beside preface. Introit neumed. **1535*** Exeter scribe 1 appends: *L. Misit herodes rex. Eug. Venit ihesus.*

1538 AD COMPLENDVM. Quos caelesti domine alimento satiasti, apostolicis intercessionibus ab omni aduersitate custodi. Per.

1539 AD VESPEROS. Omnipotens sempiterne deus, qui ecclesiam tuam in apostolica / soliditate fundatam, ab infernorum eruis /f. 178v terrore portarum, praesta ut in tua ueritate persistens, nulla recipiat consortia perfidorum. Per.

1540 ALIA. Familiam tuam quesumus domine propitius intuere, et apostolicis defende presidiis, ut eorum precibus gubernetur, quibus nititur te constituente principibus. Per dominum nostrum ihesum christum filium.

1541 ALIA. Protege domine populum tuum, et apostolorum patrocinio confidentem, perpetua defensione conserua. Per.

1542 ALIA. Exaudi nos deus salutaris noster, et apostolorum tuorum tuere praesidiis, quorum donasti fideles esse doctrinis. Per.

II KL. IVL. NATALE SANCTI PAVLI APOSTOLI

1543 [1]A. Scio cui credidi. PS. Domine probasti. R. Qui operatus. V. Gratia dei. AL. Gaudete. OF. Mihi autem. CO. Amen dico uobis quod nos qui reliquistis.

1544 Deus qui multitudinem gentium beati pauli apostoli[2] predicatione docuisti, da nobis quesumus ut cuius natalitia colimus eius apud te patrocinia sentiamus. Per.

1545 SECRETA. Ecclesiae tuae quesumus domine preces et hostias, apostolica commendet oratio, ut quod pro illorum gloria cele-bramus, nobis prosit ad ueniam. Per.

1546 PRAEFATIO. VD aeterne deus. Et maiestatem tuam supliciter exorare, ut ecclesiam tuam beati pauli apostoli tui predicatione edoctam, nulla sinas fallatia uiolari. Et sicut nihil / in uera /f. 179r religione manere dinoscitur quod non eius condierit disciplina, ita

---

[1] Cues in left margin beside secret. Communion neumed. **1543*** Exeter scribe 1 prefixes: *Epl. Notum uobis facio. Eug. Ecce nos relinquimus.*
[2] Supplied interlinearly by original scribe.

ad peragenda ea quae docuit eius obtentu tribuatur efficatia. Sentiatque credentium multitudo gentium, eum pro se apud te intercessorem, quem habere cognouit magistrum atquae doctorem. Per christum[1] dominum nostrum.

1547 AD COMPLENDVM. Perceptis domine sacramentis, beatis apostolis interuenientibus deprecamur, ut quae pro illorum celebrata sunt gloria, nobis proficiant ad medelam. Per.

VI NON. IVL. SANCTORVM PROCESSI ET MARTINIANI
1548 [2]A. Iudicant sancti gentes. PS. Exultate iusti. R. Exaltabunt sancti. V. Cantate domino. AL. Mirabilis dominus. OF. Gloriabuntur. CO. Anima nostra.

1549 Deus qui nos sanctorum tuorum processi et martiniani, confessionibus gloriosis circumdas et protegis, da nobis et eorum gaudere imitatione proficere, et intercessione gaudere. Per dominum nostrum.

1550 SECRETA. Suscipe domine preces et munera, quae ut tuo sint digna conspectui, sanctorum tuorum precibus adiuuemur. Per.

1551 AD COMPLENDVM. Corporis sacri et preciosi sanguinis repleti libamine quesumus domine deus noster, ut quod pia deuotione gerimus, certa rede<m>ptione capiamus. Per.

IN OCTAVAS APOSTOLORVM
1552 Deus cuius dextera[3] beatum petrum ambulantem in fluctibus ne mergeretur erexit, et coapostolum eius / paulum tertio naufragantem de profundo pelagi liberauit, exaudi nos propitius et concede ut amborum meritis, aeternitatis gloriam consequamur. Per dominum. /f. 179

1553 [4]A. Sapientiam. PS. Cęli enarrant. R. Iustorum animae. V. Visi sunt. AL. Sancti tui domine. OF. Exaltabunt. CO. Iustorum.

---

[1] Supplied interlinearly by original scribe.
[2] Cues in right margin beside collect.
[3] *x* added interlinearly by a later scribe.
[4] Cues in left margin beside collect.

1554 SECRETA. Offerimus tibi domine preces et munera, quae ut tuo sint digna conspectui, apostolorum tuorum precibus quesumus adiuuemur. Per.

1555 AD COMPLENDVM. Protege domine populum tuum, et apostolorum tuorum patrocinio confidentem, perpetua defensione conserua. Per.

VI ID. IVL. SANCTORVM VII FRATRVM

1556 [1]A. Laudate pueri. PS. Sit nomen domini. R. Anima nostra. V. Laqueus. AL. Laudate pueri. OF. Anima nostra. CO. Quicumque fecerit.

1557 Praesta quesumus omnipotens deus, ut qui gloriosos martyres in sua confessione cognouimus, pios apud te in nostra intercessione sentiamus. Per.

1558 SECRETA. Sacrificiis pręsentibus domine quesmus intende placatus, et intercedentibus sanctis tuis, deuotioni nostrae proficiant et saluti. Per dominum.

1559 PRAEFATIO. VD aeterne deus. Donari nobis suppliciter exorantes, ut sicut sancti tui mundum in tua uirtute uicerunt, ita nos a mundanis erroribus postulent expediri. Per christum.

1560 AD COMPLENDVM. Quesumus omnipotens deus, ut illius salutaris capiamus effectum, cuius per haec mysteria pignus accepimus. Per.

/ V ID. IVL. TRANSLATIO SANCTI BENEDICTI ABBATIS /f. 180r

1561 *INTERCESSIO NOS QVESVMVS DOMINE, BEATI BENE*dicti abbatis commendet, ut quod nostris meritis non ualemus, eius patrocinio assequamur. Per.

1562 [2]A. Iustus ut palma. PS. Bonum est. R. Domine preueni. V. Vnam petiit. AL. Iustus ut palma. OF. Veritas. CO. Amen dico uobis quod uos qui reliquistis.

---

[1] Cues in left margin beside collect.
[2] Cues in right margin beside secret.

1563 SECRETA. Sacris altaribus domine hostias superpositas, sanctus benedictus quesumus, in salutem nobis prouenire deposcat. Per dominum nostrum.

1564 PRAEFATIO. VD aeterne deus. Et gloriam tuam profusis precibus exorare, ut qui beati benedicti confessoris tui ueneramur festa, te opitulante eius sanctitatis imitari ualeamus exempla. Et cuius meritis nequaquam possumus coaequari, eius precibus mereamur adiuuari. Per christum.

1565 AD COMPLENDVM. Protegat nos domine cum tui perceptione sacramenti, beatus benedictus abba pro nobis intercedendo, ut et conuersationis eius experiamur insignia, et intercessionis ipsius, perciapiamus suffragia. Per.

VIII KL. AVG. SANCTI IACOBI APOSTOLI

1566 Esto domine plebi tuae sanctificator et custos, ut apostoli tui iacobi munita presidiis, et conuersatione tibi placeat, et secura deseruiat. Per.

1567 / [1]A. Mihi autem. PS. Domine probasti. R. Constitues eos. V. Pro patribus. /f. 180v
AL. Nimis honorati. OF. Mihi autem. CO. Ego uos.

1568 SECRETA. Oblationes populi tui domine quesumus beati tui iacobi passio beata conciliet, et quae nostris non apta sunt meritis, fiant tibi placita eius deprecatione. Per.

1569 PRAEFATIO. VD aeterne deus. Quia licet nobis semper salutem operetur diuini celebratio sacramenti, propensius tamen nobis confidimus profuturam, si beati apostoli tui iacobi intercessionibus adiuuetur[2]. Per christum.

1570 AD COMPLENDVM. Beati apostoli tui iacobi quesumus domine intercessione nos adiuua, pro cuius sollemnitate deferimus, tua sancta laetantes. Per.

---

[1] Cues in left margin beside secret.
[2] *adiuuentur* before erasure.

274

IIII KL. AVG. NATALE SANCTORVM SIMPLICII
FAVSTINI ET BEATRICIS ATQVE FELICIS

1571 ¹A. Sacerdotes eius. PS. Memento. R. Sacerdotes. V. Illuc producam. AL.
Inueni dauid. OF. Veritas mea. CO. Beatus seruus.

1572 Praesta quesumus domine, ut sicut populus christianus martyrum
tuorum, felicis simplicii faustini et beatricis temporali sollemnitate congaudet ita perfruatur aeterna, et quod uotis celebrat,
comprehendat effectu. Per.

1573 SVPER OBLATA. Hostias tibi domine pro sanctorum martyrum,
felicis simplicii faustini et beatricis commemoratione deferimus
suppliciter obsecrantes, ut et indulgentiam nobis pariter conferant
et salutem. Per.

1574 AD COMPLENDVM. Praesta quesumus omnipotens deus, ut
sanctorum tuorum, felicis, simplicii, / faustini et beatricis, caelestibus mysteriis celebrata sollemnitas, indulgentiam nobis tuae
propitationis adquirat. Per dominum. /f. 181r

III KL. AVGT. NATALE SANCTORVM ABDON ET
SENNES

1575 ²A. Intret in conspectu. PS. Deus uenerunt. R. Gloriosus. V. Dextera tua.
AL. Mirabilis. OF. Mirabilis deus. CO. Posuerunt.

1576 Deus qui sanctis tuis abdon et sennen ad hanc gloriam ueniendi
copiosum munus gratiae contulisti, da famulis tuis suorum
ueniam peccatorum, ut sanctorum suorum intercedentibus meritis,
ab omnibus mereamur aduersitatibus liberari. Per.

1577 SECRETA. Haec hostia domine quesumus quam in sanctorum
tuorum natalitiis recensentes offerimus, et uincula nostrae prauitatis absoluat, et tuae nobis misericordiae dona conciliet. Per
dominum.

¹ Cues in left margin beside collect. Introit neumed.
² Cues in right margin beside collect.

1578 AD COMPLENDVM. Per huius domine operationem mysterii, et uitia nostra purgentur, et intercedentibus sanctis tuis, iusta desideria compleantur. Per.

KL. AVGT. AD SANCTVM PETRVM AD VINCVLA

1579 *DEVS QVI BEATVM PETRVM APOSTOLVM* a uinculis absolutum inlaesum abire fecisti, nostrorum quesumus absolue uincula peccatorum, et omnia mala a nobis propitiatus exclude. Per.

1580 / [1]A. Nunc scio uere. PS. Domine probasti. R. Constitues. V. Pro patribus. /f. 181v
AL. Tu es petrus. OF. Mihi autem. CO. Tu es petrus.

1581 SECRETA. Oblatum tibi domine sacrificium, uiuificet nos semper et muniat. Per dominum nostrum.

1582 AD COMPLENDVM. Corporis sacri et pretiosi sanguinis repleti libamine quesumus domine deus noster, ut quod pia deuotione gerimus, intercedente beato petro apostolo tuo, certa redemptione capiamus. Per.

EODEM DIE PASSIO SANCTORVM MACHABEORVM

1583 Fraterna nos domine martyrum tuorum corona laetificet, quae et fidei nostrae prebeat[2] incitamenta uirtutum, et multiplici nos suffragio consoletur[3]. Per dominum nostrum.

1584 SECRETA. Votiua domine mysteria sanctorum tuorum sollemnia celebrantes, deuota mente tractamus, quibus nobis et prẹsidium, crescit et gaudium. Per.

1585 PREFATIO. VD aeterne deus. Quia licet in omnium sanctorum tuorum tu sis domine protectione mirabilis, in his tamen speciale tuum munus agnoscimus, quos fratres sorte nascendi magnifica praestitisti passione. Vt simul essent et ueneranda gloria genetricis, et florentissima proles ecclesiae. Et ideo.

---

[1] Cues in left margin beside secret.
[2] *prebeant* before erasure.
[3] *consolentur* before erasure.

1586 AD COMPLENDVM. Praesta quesumus omnipotens deus, ut quorum memoriam sacramenti / participatione recolimus, fidem quoque proficiendo sectemur. Per dominum nostrum. /f. 182r

IIII NON. AVGT. NATALE SANCTI STEPHANI PONTIFICIS

1587 [1]A. Iustus ut palma. PS. Bonum est confiteri. R. Iustus non conturbabitur. V. Tota die miseretur. AL. Inueni dauid. OF. Inueni dauid. CO. Domine quinque.

1588 Deus qui nos beati stephani martyris tui atque pontificis annua sollemnitate laetificas, concede propitius ut cuius natalitia colimus, de eiusdem etiam protectione gaudeamus. Per.

1589 SECRETA. Munera tibi domine dicata sanctifica, et intercedente beato stephano martyre tuo atque pontifice, per eadem nobis placatus intende. Per.

1590 AD COMPLENDVM. Haec nos communio domine purget a crimine, et intercedente beato stephano martyre tuo atque pontifice, caelestis remedii faciat esse consortes. Per.

VIII ID. AVG. NATALE SANCTI SYXTI EPISCOPI

1591 [2]A. Sacerdotes dei. PS. Memento. R. Sacerdotes eius. V. Illuc producam. AL. Te martyrum. OF. Inueni dauid. CO. Fidelis seruus.

1592 Deus qui conspicis quia ex nulla nostra uirtute substitimus, concede propitius ut intercessione beati syxti martyris tui atque pontificis, contra omnia aduersa muniamur. Per.

1593 SECRETA. Sacrificiis presentibus domine quesumus intende placatus, ut et deuotioni nostre proficiant et saluti. Per.

1594 PREFATIO. VD aeterne deus. Et in die festiuitatis hodierne, / qua beatus syxtus pariter sacerdos et martyr, deuotum tibi sanguinem exultanter effudit. Qui ad eandem gloriam promerendam doctrine /f. 182v

---

[1] Cues in right margin beside collect.
[2] Cues in right margin beside collect. Introit neumed.

suae filios incitauit, et quos erudiebat hortatu, preueniebat exemplo. Per christum.

1595 INFRA ACTIONEM. Intra quorum nos consortium, non aestimator meriti, sed ueniae quesumus largitor admitte. Per christum.

1596 PREFATIO VVAE. Benedic domine et hos fructus nouos uuae, quos tu domine per rorem caeli et inundantiam pluuiarum et temporum serenitate atque tranquillitate, ad maturitatem perducere dignatus es, et dedisti ea ad usus nostros cum gratiarum actione percipere, in nomine domini nostri ihesu christi. Per quem hęc omnia.

1597 AD COMPLENDVM. Praesta quesumus domine deus noster,[1] ut cuius nobis festiuitate uotiua sunt sacramenta, eius salutaria nobis intercessione reddantur. Per.

EODEM DIE NATALE SANCTORVM FELICISSIMI ET AGAPITI

1598 Deus qui nos concedis martyrum tuorum, felicissimi et agapiti natalitia colere, da nobis in ęterna lętitia, de eorum societate gaudere. Per.

1599 SECRETA. Munera tibi domine nostrae deuotionis offerimus, / quae et pro tuorum tibi grata sint honore iustorum, et nobis salutaria te miserante reddantur. Per.

/f. 183r

1600 AD COMPLENDVM. Praesta nobis domine quesumus, intercedentibus sanctis tuis felicissimo et agapito, ut quae ore contingimus, pura mente capiamus. Per dominum.

VII ID. AVG. NATALE SANCTI DONATI EPISCOPI ET CONFESSORIS

1601 [2]A. Os iusti meditabitur. PS. Noli emulari. R. Iustus non confundetur. V. Tota die meditatio. AL. Inueni dauid. OF. Veritas mea. CO. Fidelis seruus.

---

1 A small erasure follows.
2 Cues in right margin beside collect.

1602 Deus tuorum gloria sacerdotum, praesta quesumus, ut sancti confessoris[1] et episcopi tui donati cuius festa gerimus, sentiamus auxilium. Per.

1603 SECRETA. Praesta quesumus domine ut sancti confessoris[2] tui et episcopi donati, precibus quem ad laudem nominis tui dicatis muneribus honoramus, piae nobis deuotionis fructus adcrescat.

1604 AD COMPLENDVM. Votiua domine dona quae pro beati confessoris[2] et episcopi tui donati sollemnitate percepimus, quesumus ut eius precibus et presentis nobis uitae pariter et aeterne tribuas conferre subsidium. Per.

VI ID. AVG. NATALE SANCTI CYRIACI MARTYRIS

1605 [3]A. Timete dominum. PS. Benedicam domino. R. Timete dominum. V. Inquirentes. AL. Exaltabunt. OF. Letamini. CO. Signa eos.

1606 Deus qui nos annua beati cyriaci martyris tui[4], sollempnitate[5] laetificas. Concede propitius, ut cuius[6] natalitia colimus, uirtutem quoque passionis imitemur. Per dominum.

1607 SECRETA. / Accepta sit in conspectu tuo domine nostra deuotio, /f. 183v et eius[7] nobis fiat supplicatione salutaris, pro cuius[8] sollemnitate defertur. Per.

1608 AD COMPLENDVM. Refecti participatione muneris sacri, quesumus domine deus noster, ut cuius[9] exsequimur cultum, sentiamus effectum. Per.

---

[1] *confessoris* marked for omission and *martyris* supplied interlinearly, and in nos 1603–4.
[2] Dotted for omission.
[3] Cues in right margin beside collect.
[4] *sociorumque eius* added above by an Exeter scribe.
[5] Rewritten over an erasure by an Exeter scribe.
[6] *quorum* added above by an Exeter scribe.
[7] *eorum* added above by an Exeter scribe.
[8] *quorum* added above by an Exeter scribe.
[9] *quorum* added above by an Exeter scribe.

V ID. AVG. VIGILIA SANCTI LAVRENTII MARTYRIS

1609 [1]A. Dispersit. PS. Beatus uir. R. Dispersit. V. Potens in terra. OF. Oratio mea. CO. Qui uult.

1610 Adesto quesumus domine supplicationibus nostris, et intercessione beati laurentii martyris tui, perpetuam nobis misericordiam benignus inpende. Per.

1611 SECRETA. Hostias domine quas tibi offerimus propitius suscipe, et intercedente beato laurentio martyre tuo, uincula peccatorum nostrorum absolue. Per.

1612 PRAEFATIO. VD aeterne deus. Et deuotis mentibus natale beati martyris tui laurentii preuenire. Qui leuita simul martyrque uenerandus, et proprio claruit gloriosus officio, et memorandę passionis refulsit martyrio. Per christum.

1613 AD COMPLENDVM. Da quesumus domine deus noster, ut sicut beati laurentii martyris tui commemoratione temporali gratulamur officio, ita perpetuo laetemur aspectu. Per.

IIII ID. AVG. PASSIO SANCTI LAVRENTII MARTYRIS

1614 / IN PRIMA MISSA. Excita domine in ecclesia tua spiritum cui beatus leuita laurentius seruiuit, ut eodem nos replente studeamus amare quod amauit, et opere exercere quod docuit. Per. /f. 184r

1615 SECRETA. Sacrificium nostrum tibi domine quesumus beati laurentii precatio sancta conciliet, ut cuius honore sollemniter exhibetur, meritis efficiatur acceptum. Per.

1616 AD COMPLENDVM. Supplices te rogamus omnipotens deus, ut quos donis caelestibus satiasti, intercedente beato laurentio martyre tuo, perpetua protectione custodias. Per.

---

[1] Cues in left margin beside collect. **1609*** Exeter scribe 1 appends: *L. Confitebor tibi domine. Eug. Si qui uult post me.*

STATIO IN DIE

1617 ¹A. Confessio. PS. Cantate domino. R. Probasti domine. V. Igne me examinasti. AL. Beatus uir. OF. Confessio. CO. Qui mihi ministrat.

1618 AD MISSAM. *DA NOBIS QVESVMVS OMNIPOTENS DEVS*, uitiorum nostrorum flammas extinguere, qui beato laurentio tribuisti, tormentorum suorum incendia superare. Per.

1619 SECRETA. Accipe quesumus domine munera dignanter oblata, et beati laurentii suffragantibus meritis, ad nostrae salutis auxilium prouenire concede. Per.

1620 PREFATIO. VD aeterne deus. Et in die sollemnitatis hodierne qua beatus laurentius hostia sancta uiua tibi placens oblatus est. Qui igne accensus tui / amoris, constanter ignem sustinuit /f. 184v passionis. Et per immanitatem tormentorum, peruenit ad societatem ciuium supernorum. Per christum.

1621 AD COMPLENDVM. Sacro munere satiati, supplices te domine deprecamur, ut quo debitę seruitutis cęlebramus officio, intercedente beato laurentio martyre tuo, saluationis tuae sentiamus augmentum. Per.

1622 ALIA. Deus cuius claritatis ardore beatus laurentius edaces incendii flammas contempto persecutore deuicit. Concede ut omnes qui martyrii eius merita ueneramur, protectionis tuae auxilio muniamur. Per.

III ID. AVG. NATALE SANCTI TYBVRTII MARTYRIS

1623 ²A. Iustus ut palma. PS. Bonum est. R. Os iusti meditabitur. V. Lex dei eius. AL. Mirabilis. OF. In uirtute. CO. Posuisti domine.

1624 Beati tyburtii nos domine foueant continuata presidia, quia non desinis propitius intueri, quos talibus auxiliis concesseris adiuuari. Per.

---

¹ Cues in right margin beside collect. **1617*** Exeter scribe 1 appends: *Epl. Qui parce seminat. Eug. Amen amen dico nisi granum.*
² Cues in left margin beside collect.

1625 SECRETA. Adesto domine precibus populi tui adesto muneribus, ut quae sacris sunt oblata mysteriis, tuorum tibi placeant intercessione sanctorum. Per.

1626 PREFATIO. VD aeterne deus. Qui dum beati tyburtii martyris merita gloriosa ueneramur, auxilium / nobis tuae propitiationis adfore deprecamur. Quoniam credimus nos per eorum intercessionem qui tibi placuere, peccatorum nostrorum ueniam impetrare. Per christum. /f. 18

1627 AD COMPLENDVM. Sumpsimus domine pignus redemptionis aeterne, sit nobis quesumus interueniente beato tiburtio martyre tuo, uitae presentis auxilium, pariter et futurae. Per.

ID AVG. NATALE SANCTI YPOLITI MARTYRIS

1628 [1]A. Iusti epulentur. PS. Exurgat. R. Iustorum animae. V. Visi sunt. AL. Iusti epulentur. OF. Anima nostra. CO. Dico autem uobis.

1629 Da nobis omnipotens deus, ut beati ypoliti martyris tui[2] ueneranda sollemnitas, et deuotionem nobis augeat et salutem. Per.

1630 SECRETA. Respice domine munera populi tui sanctorum festiuitate uotiua, et tuae testificatio ueritatis, nobis proficiat ad salutem. Per dominum nostrum.

1631 PREFATIO. VD aeterne deus. Et tuam clementiam uotis supplicibus implorare, ut beati ypoliti intercessio peccatorum nostrorum optineat ueniam, qui per tormenta passionis aeternam peruenit ad gloriam. Per christum.

1632 AD COMPLENDVM. Sacramentorum tuorum domine communio sumpta nos saluet, et in tuae ueritatis luce confirmet. Per.

---

[1] Cues in right margin beside collect. All neumed.
[2] *sociorumque eius* added above by an Exeter scribe.

XVIIII KL. SEPT. NATALE SANCTI EVSEBII CONFESSORIS

1633 Deus qui nos beati eusebii confessoris tui annua / sollemnitate laetificas, concede propitius ut cuius sollemnia colimus, per eius exempla ad te gradiamur. Per dominum.

/f. 185v

1634 SECRETA. Laudis tuae hostiam domine immolamus, in tuorum commemoratione sanctorum, quibus nos et pręsentibus exui malis confidimus et futuris. Per.

1635 AD COMPLENDVM. Refecti cybo potuque caelesti deus noster, te supplices exoramus, ut in cuius haec commemoratione percepimus, eius muniamur et precibus. Per.

EODEM DIE VIGILIA ASSVMPTIONIS SANCTAE MARIAE

1636 [1]A. Vultum tuum. PS. Eructauit. R. Diffusa est. V. Propter ueritatem. OF. Offerentur. CO. Diffusa est.

1637 Deus qui uirginalem aulam beatae mariae in qua habitares eligere dignatus es, da quesumus ut sua nos defensione munitos, iocundos faciat suae interesse festiuitati. Qui uiuis et regnas[2].

1638 SECRETA. Munera nostra domine apud clementiam tuam dei genetricis commendet oratio, quam idcirco de presenti saeculo transtulisti, ut pro peccatis nostris apud te fiducialiter intercedat. Per eundem dominum.

1639 PREFATIO. VD aeterne deus. Et clementiam tuam pronis mentibus implorare, ut per beatae mariae semper uirginis intercessionem salutiferam in nostris mentibus firmes / deuotionem. Concedasque ut sicut te solum credimus auctorem et ueneramur saluatorem, sic imperpetuum eius interuentu habeamus adiutorem.[3] Per christum.

/f. 186r

---

[1] Cues in left margin beside collect. **1636*** Exeter scribe 1 prefixes: `uel Salue sancta`, and appends: `Epl. Ab initio. Eug. Loquente ihesu.`
[2] *Qui uiuis et regnas* added over an erasure in script imitative of the original.
[3] *Per christum* added by a later scribe.

283

1640 AD COMPLENDVM. Concede quesumus misericors deus fragilitati nostrae praesidium, ut qui sanctae dei genetricis requiem
celebramus, intercessionis eius auxilio, a nostris iniquitatibus
resurgamus. Per eundem.

XVIII KL. SEPT. ASSVMPTIO SANCTAE MARIAE DEI GENETRICIS

1641 *VENERANDA NOBIS DOMINE HVIVS* diei festiuitas opem
conferat sempiternam, in qua sancta dei genetrix mortem subiit
temporalem, nec tamen mortis nexibus deprimi potuit, quae filium
tuum dominum nostrum de se genuit incarnatum. Qui tecum.

1642 [1]A. Gaudeamus. PS. Eructauit. R. Propter ueritatem. V. Audi filia. AL.
Adducentur[2]. OF. Aue maria. CO. Dilexisti iustitiam.

1643 AD MISSAM. Famulorum tuorum domine delictis ignosce, ut qui
placere de actibus nostris non ualemus, genetricis filii tui domini
dei nostri intercessione saluemur. Qui tecum uiuit.

1644 SECRETA. Intercessio quesumus domine beatae mariae semper
uirginis munera nostra tibi commendat, nosque tuae maiestati
reddat acceptos. Per.

1645 PRAEFATIO. / VD aeterne deus. Et te in ueneratione sacrarum   /f. 186
uirginum exultantibus animis laudare, benedicere et predicare.
Inter quas intemerata dei genetrix uirgo maria, cuius assumptionis
diem cęlebramus gloriosa effulsit. Quae et unigenitum tuum
sancti spiritus obumbratione concepit, et uirginitatis gloria perm-
anente huic mundo lumen aeternum effudit, ihesum christum
dominum nostrum. Per quem.

1646 AD COMPLENDVM. Mensae celestis participes effecti, imploramus clementiam tuam domine deus noster, ut qui festa dei
genetricis colimus, a malis imminentibus eius intercessionibus
liberemur. Per eundem.

---

[1] Cues in right margin beside second collect. **1642*** Exeter scribe 1 prefixes:
Epl. In omnibus requiem quesiui. Eug. Intrauit ihesus.
[2] **1642**** Exeter scribe 1 adds the cue *Hodie maria* above.

284

1647 BENEDICTIO. Deus qui per beatę mariae uirginis partum genus humanum dignatus est redimere, sua uos dignetur benedictione locupletare. Amen.

Eiusque semper et ubique patrocinia sentiatis, ex cuius intemerato utero, auctorem uitae meruistis suscipere. Amen.

Et qui ad eius celebrandam festiuitatem hodierna die deuotis mentibus conuenistis, spiritalium gaudiorum, et[1] aeternorum premiorum, uobiscum munera reportetis. Amen.

Quod ipse.

/ XVI KL. SEPT. OCTAVIS SANCTI LAVRENTII   /f. 187r

1648 [2]A. Probasti domine. PS. Exaudi domine. R. Posuisti domine. V. Desiderium. AL. Beatus uir. OF. In uirtute. CO. Qui uult uenire.

1649 Beati laurentii nos domine faciat passio ueneranda laetantes, et ut eam sufficienter recolamus, faciat promptiores. Per.

1650 SECRETA. Beati laurentii martyris honorabilem passionem muneribus nostris domine geminatis exsequimur, quae licet propriis sit memoranda principiis, indesinenter tamen permanet gloriosa. Per.

1651 PRAEFATIO. VD aeterne deus. Beati laurentii natalitia repentantes, cui fidem confessionemque ignis passionis ingestus non abstulit, sed eum ut magis luceret accendit. Quoniam sicut aurum flammis non uritur sed probatur, sic beatus martyr non consumitur tormentorum incendiis, sed aptatur cęlestibus ornamentis. Per christum.

1652 AD COMPLENDVM. Sollemne nobis intercessio beati laurentii martyris quesumus domine praestet auxilium, ut caelestis mensę participatio quam sumpsimus, tribuat ecclesiae tuae recensitam laetitiam. Per.

---

[1] Supplied interlinearly by original scribe.
[2] Cues in right margin beside collect.

285

XX KL. SEPT. NATALE SANCTI AGAPITI MARTYRIS

1653 Laetetur ecclesia tua deus beati agapiti martyris / tui confisa   /f. 187v
suffragiis, atque eius precibus gloriosis, et deuota permaneat, et
secura consistat. Per.

1654 ¹A. Letabitur. PS. Exaudi deus orationem cum deprecor. R. Iustus non
conturbabitur. V. Tota die miseretur. AL. Gloria et honor. OF. In uirtute.
CO. Beatus seruus.

1655 SECRETA. Suscipe domine munera quae in eius tibi sollempnitate deferimus, cuius nos confidimus patrocinio liberari. Per
dominum nostrum ihesum christum.

1656 AD COMPLENDVM. Satiasti domine familiam tuam muneribus
sacris, eius quesumus semper interuentione nos refoue, cuius
sollempnia caelebramus. Per.

XI KL. SEPT. SANCTI TIMOTHEI MARTYRIS

1657 ²A. Salus autem. PS. Noli emulari. R. Exultabunt. AL. Mirabilis. OF.
Mirabilis. CO. Ego uos elegi.

1658 Auxilium tuum nobis domine quesumus placatus impende, et
intercedente beato³ timotheo martyre tuo⁴ dexteram super nos
tuae propitiationis extende. Per.

1659 SECRETA. Accepta tibi sit domine sacratae plebis oblatio, pro
tuorum honore sanctorum, quorum se meritis percepisse de
tribulatione cognoscit auxilium. Per.

1660 AD COMPLENDVM. Diuini muneris largitate satiati, quesumus
domine deus noster, ut intercedente beato⁵ timotheo martyre tuo⁶,
eius semper participatione uiuamus. Per dominum.

---

1 Cues in left margin beside secret.
2 Cues in left margin beside collect.
3 *intercedentibus beatis* indicated above by an Exeter scribe.
4 *martyribus tuis timotheo et simphoriano* added above by an Exeter scribe.
5 *intercedentibus beatis* indicated above by an Exeter scribe.
6 *martyribus tuis timotheo et simphoriano* added above by an Exeter scribe.

VIII KAL. SEPT. PASSIO SANCTI BARTHOLOMEI
APOSTOLI

1661 *OMNIPOTENS SEMPITERNE DEVS QVI HVIVS DIEI* uenerandam sanctamque laetitiam beati apostoli tui bartholomei festiuitate tribuisti, da ecclesiae / quesumus et amare quod credidit, et   /f. 188r
predicare quod docuit. Per dominum nostrum.

1662 ¹A. Mihi autem. PS. Domine probasti. R. Constitues. V. Pro patribus. AL.
Gaudete. OF. In omnem terram. CO. Vos qui secuti.

1663 SECRETA. Beati apostoli tui bartholomei domine cuius sollempnia recensemus, quesumus ut auxilio eius tua beneficia
capiamus, pro quo tibi hostias laudis offerimus. Per.

1664 PRAEFATIO. VD aeterne deus. Qui ecclesiam tuam sempiterna
pietate non deseris, sed per apostolos tuos iugiter erudis, et sine
fine custodis. Per christum dominum nostrum.

1665 AD COMPLENDVM. Sumpsimus domine pignus salutis aeterne,
cęlebrantes beati apostolo tui bartholomei uotiua sollemnia, et
perpetua merita uenerantes. Per.

V KL. SEPT. NATALE SANCTI HERMETIS MARTYRIS

1666 ²A. Sapientiam. PS. Celi enarrant. R. Iustorum. V. Visi sunt oculis. AL.
Exultabunt. OF. Exultabunt. CO. Ego uos elegi.

1667 Deus qui beatum hermen martyrem tuum, uirtute constantiae in
passione roborasti, ex eius nobis imitatione, tribuę pro amore tuo
prospera mundi despicere, et nulla eius aduersa formidare. Per.

1668 SECRETA. Sacrificium tibi domine laudis offerimus in tuorum
commemoratione sanctorum, da quesumus ut quod illis contulit
gloriam, nobis prosit ad salutem. Per.

1669 PRAEFATIO. / VD aeterne deus. Quoniam fiducialiter laudis tibi   /f. 188v
hostias immolamus, quas sancti hermetis martyris tui precibus tibi
esse petimus acceptas. Per christum.

---

¹ Cues in right margin beside secret.
² Cues in right margin beside collect.

287

1670 AD COMPLENDVM. Repleti domine benedictione caelesti, quesumus clementiam tuam, ut intercedente beato herme[1] martire tuo, quae humiliter gerimus, salubriter sentiamus. Per.

IIII KL. SEPT. DECOLLATIO SANCTI IOHANNIS BAPTISTAE

1671 Perpetuis nos domine sancti iohannis baptistae tuere praesidiis, et quanto fragiliores sumus, tanto magis necessariis adtolle suffragiis. Per.

1672 SECRETA. Munera tibi domine pro sancti martiris tui iohannis baptistę passione deferimus, quia dum finitur in terris, factus est caelesti sede perpetuus. Per.

1673 PRAEFATIO. VD per christum dominum nostrum. Qui pręcursorem filii tui tanto munere ditasti, ut pro ueritatis preconio capite plecteretur. Et qui christum aqua baptizauerat, ab ipso in spiritu baptizatus, pro eodem proprio sanguine tingueretur. Pręco quippe ueritatis quae christus est, herodem a fraternis thalamis prohibendo, carceris obscuritati detruditur, ubi solus diuinitatis tuae lumine frueretur. Deinde capitalem / sententiam subiit, et ad inferna dominum precursurus descendit. Et quem in mundo digito demonstrauit, ad inferos preciosa morte precessit. Et ideo. /f. 189

1674 [2]A. Iustus ut palma. PS. Bonum est. R. Posuisti domine. V. Desiderium. AL. Mir<abilis>. OF. Iustus ut palma. CO. M<irabilis>.

1675 AD COMPLENDVM. Beati nos domine baptistae et martyri[3] iohannis oratio, per haec sacrificia quae sumpsimus, et intelligere christi tui mysterium postulet et mereri. Per dominum.

1676 BENEDICTIO. Deus qui uos beati iohannis baptistae concedit sollemnia frequentare, tribuat uobis et eadem deuotis mentibus celebrare, et suae benedictionis dona percipere. Amen.

---

[1] *te* for *hermete* added above by a later scribe.
[2] Cues in right margin beside preface.
[3] *s* for *martyris* added by a later scribe.

Et qui pro legis eius praeconio, carceribus est retrusus in tenebris, intercessione sua a tenebrosorum operum uos liberet incentiuis. Amen.

Et qui[1] ueritate quae deus est caput non est cunctatus amittere, suo interuentu ad caput uestrum quod christus est, uos faciat peruenire. Amen.

Quod ipse praestare dignetur.

EODEM DIE NATALE SANCTAE SABINAE MARTYRIS

1677 Deus qui inter cetera potentiae tuae miracula etiam in sexu fragili uictoriam martyrii contulisti, concede propitius ut cuius natalitia colimus, per eius exempla ad te gradiamur. Per.

1678 SECRETA. / Hostias tibi domine beatae sabinę martyris tuę[2] dicatas meritis benignus assume, et ad perpetuum nobis tribuę prouenire subsidium. Per.   /f. 189v

1679 AD COMPLENDVM. Diuini muneris largitate satiati, quesumus domine deus noster, ut intercedente beata sabina martyre tua, in eius semper participatione uiuamus. Per.

III KL. SEPT. SANCTORVM FELICIS ET AVDACTI

1680 [3]A. Sapientiam. PS. Exultate iusti. R. Gloriosus. V. Dextera. AL. Exultabit. OF. Letamini. CO. Quod dico uobis.

1681 Maiestatem tuam domine supplices deprecamur, ut sicut nos iugiter sanctorum tuorum commemoratione laetificas, ita[4] supplicatione defendas. Per.

1682 SECRETA. Hostias domine tuae plebis intende, et quas in honore nominis tui deuota mente celebrat, proficere sibi sentiat ad salutem. Per.

---

[1] *pro* added above by a later scribe.
[2] ę written over an erasure by a later scribe.
[3] Cues in left margin beside collect.
[4] *semper* added above by a later scribe.

1683 AD COMPLENDVM. Repleti domine muneribus sacris, quesumus ut intercedentibus sanctis tuis, in gratiarum <tuarum>[1] semper actione maneamus. Per.

VI ID. SEPT. NATIVITAS SANCTAE MARIAE GENETRICIS DEI

1684 *SVPPLICATIONEM SERVORVM TVORVM* deus miserator exaudi, ut qui in natiuitate dei genetricis et uirginis congregamur, eius intercessionibus conplacatus, a te / de instantibus periculis eruamur. /f. 190r Per eundem.

1685 [2]A. Gaudeamus. PS. Eructauit. R. Propter ueritatem. V. Audi filia. AL. Adducentur[3]. OF. Aue maria. CO Dilexisti.

1686 AD MISSAM. *FAMVLIS TVIS DOMINE CAELESTIS GRA*tiae munus impertire, ut quibus beatę uirginis partus extitit salutis exordium, natiuitatis eius uotiua sollemnitas pacis tribuat incrementum. Per dominum nostrum.

1687 SECRETA. Vnigeniti tui domine nobis succurrat humanitas, ut qui natus de uirgine matris integritatem non minuit sed sacrauit, in natiuitatis eius sollempniis a nostris nos piaculis exsuens, oblationem nostram sibi faciat acceptam. Qui tecum.

1688 PRAEFATIO. VD aeterne deus. Et precipuę pro meritis beatae dei genetricis et perpetuae uirginis mariae gratia[4] plena[5] tuam omnipotentiam laudare benedicere et praedicare. Per quem maiestatem.

1689 AD COMPLENDVM. Sumpsimus domine celebritatis annuae uotiua sacramenta, praesta quesumus ut temporalis nobis uitae remedia prebeant et aeternę. Per.

---

[1] Erased later.
[2] Cues in right margin beside collect. **1685*** Exeter scribe 1 appends: *Epl. Ego quasi uitis. Eug. Liber generationis.*
[3] **1685**.** *Post partum* added above by an Exeter scribe.
[4] A small erasure follows.
[5] *e* for *plenae* added by a later scribe.

V IDVS SEPT. NATALE SANCTI GORGONII MARTYRIS

1690 Sanctus domine gorgonius sua nos intercessione laetificet, et pia faciat sollempnitate gaudere. Per.

1691 / [1]A. Gloria et honore. PS. Domine dominus noster. R. Posuisti domine. /f. 190v
V. Desiderium. AL. Exaltabunt. OF. Posuisti domine. CO. Posuisti domine.

1692 SECRETA. Grata tibi sit domine nostrae seruitutis oblatio, pro qua sanctus gorgonius martyr interueniat. Per.

1693 AD COMPLENDVM. Familiam tuam deus suauitas illa contingat et uegetet, qua in martyre tuo gorgonio christi tui bono iugiter odore pascatur. Per.

III ID. SEPT. NATALE SANCTORVM PROTI ET IACINTI
MARTYRVM

1694 [2]A. Iudicant sancti. PS. Exultate iusti. R. Exultabunt sancti. V. Cantate domino. AL. Mirabilis deus. OF. Gloriabuntur. CO. Qui uult uenire.

1695 Beati proti, nos domine et iacinti foueat pretiosa confessio, et pia iugiter intercessio tueatur. Per dominum nostrum ihesum christum.

1696 SECRETA. Pro sanctorum proti et iacinti munera tibi domine commemoratione quae debemus exsoluimus, praesta quesumus ut remedium nobis perpetuę salutis operentur. Per.

1697 PRAEFATIO. VD aeterne deus. Teque in sanctorum tuorum confessionibus laudare, in cuius factę sunt uirtute uictores. Quando enim humana fragilitas, uel passionem aequanimiter ferre sufficeret, uel hostis aerii[3] nequitias uinceret, nisi tuae firmitatis subsidium ministrares, et saeua furentis inimici potenter arma contereres. Per christum.

1698 AD COMPLENDVM. Vt percepta nos domine tua sancta purificent, beati proti et iacinti quesumus imploret oratio. Per.

---

[1] Cues in left margin beside secret. Introit neumed.
[2] Cues in left margin beside collect.
[3] *ii* added over an erasure.

291

XVIII KL. OCT. EXALTATIO SANCTAE CRVCIS

1699 / ¹A. Nos autem gloriari. PS. Deus misereatur. R. Christus factus est. V.   /f. 191r
Propter quod deus. AL. Sancti tui domine benedicant. OF. Dextera
domini. CO. Nos autem gloriari.

1700 *DEVS QVI NOS HODIERNA DIE* exaltatione sanctae crucis
annua sollempnitate laetificas, praesta ut cuius misterium in terra
cognouimus, eius redemptionis premia consequi mereamur. Per.

1701 SECRETA. Deuotas domine humilitatis nostrae preces et hostias
misericordiae tuae comitetur auxilium, et salutem quam per adam
in paradiso ligni clauserat temerata pręsumptio, ligni rursum fides
aperiat. Per.

1702 PRAEFATIO. VD per christum dominum nostrum. Qui crucem
ascendit sanguinem fudit, et omnem mundum a peccato redemit.
Ipse est enim agnus dei, ipse qui abstulit peccata mundi. Qui
numquam moritur immolatus, et semper uiuit occisus. Quem
laudant.

1703 AD COMPLENDVM. Ihesu christi domini nostri corpore saginati,
per quem crucis est sanctificatum uexillum, quesumus domine
deus noster, ut per haec sancta quae sumpsimus, perennitatis eius
gloria, salutis potiamur effectu. Per.

1704 AD POPVLVM. Adesto familiae tuae quesumus clemens et
misericors deus, ut in aduersis et prosperis preces eius exaudias, et
nefas aduersariorum per auxilium sanctae crucis / digneris con-   /f. 191v
terere, ut portum salutis tuae ualeant adpręhendere. Per.

EODEM DIE NATALE SANCTORVM CORNELII ET CYPRIANI

1705 Infirmitatem nostram quesumus domine propitius respice, et mala
omnia quae iuste meremur, sanctorum tuorum cornelii et cipriani
intercessione auerte. Per.

1706 SECRETA. Adesto domine supplicationibus nostris quas in
sanctorum tuorum commemoratione deferimus, ut qui nostrae

---

¹ Cues in right margin beside collect.

iustitiae fidutiam non habemus, eorum qui tibi placuerunt precibus adiuuemur. Per.

1707 AD COMPLENDVM. Quesumus domine salutaribus reple[1] mysteriis, ut quorum sollempnia celebramus, orationibus adiuuemur. Per.

XVII KL. OCT. NATALE SANCTI NICOMEDIS

1708 [2]A. Letabitur. PS. Exaudi deus orationem. R. Posuisti domine. V. Desiderium. AL. Gloria. OF. Gloria et. CO. Qui uult.

1709 Adesto domine quesumus populo tuo, ut beati nicomedis martyris tui merita preclara suscipiens, ad impetrandam misericordiam tuam, semper eius patrociniis adiuuetur. Per.

1710 SECRETA. Suscipe domine munera propitius oblata, quae maiestati tuę beati nicomedis martyris commendet oratio. Per.

1711 AD COMPLENDVM. Purificent nos domine quesumus sacramenta quę sumpsimus, et intercedente beato nicomede martyre tuo / a cunctis efficiant uitiis absolutos. Per.   /f. 192r

XVI KL. OCT. NATALE SANCTAE EVFEMIAE MARTYRIS

1712 Omnipotens sempiterne deus, qui infirma mundi eligis ut fortia quęque confundas, concede propitius, ut qui beatae eufemiae martyris tuae sollemnia colimus, eius apud te patrocinia sentiamus. Per.

1713 SECRETA. Praesta quesumus domine deus noster, ut sicut in tuo conspectu mors est pretiosa sanctorum, ita eorum merita uenerantium accepta tibi reddatur oblatio. Per.

1714 AD COMPLENDVM. Sanctificet nos domine quesumus tui perceptio sacramenti, et intercessio beatę eufemiae martyris tuae, tibi reddat acceptos. Per.

---

[1] *ti* for *repleti* added above by a later scribe.
[2] Cues in left margin beside collect.

EODEM DIE SANCTORVM LVCĘ[1] ET GEMINIANI

1715 [2]A. Iusti epulentur. PS. Exurgat deus. R. Iustorum animae. V. Visi sunt oculis. AL. Mirabilis. OF. Letamini. CO. Iustorum animae.

1716 Praesta domine precibus[3] nostris cum exultatione prouectum, ut quorum diem passionis annua deuotione recolimus, etiam fidei constantiam subsequamur. Per dominum nostrum.

1717 SECRETA. Vota populi tui domine propitiatus intende, et quorum nos tribuis sollempnia celebrare, fac gaudere suffragiis. Per dominum nostrum.

1718 AD COMPLENDVM. Exaudi domine preces nostras, ut sanctorum tuorum quorum festa sollempniter celebramus, continuis foueamur auxiliis. Per.

/ XII KL. OCT. VIGILIA SANCTI MATHEI APOSTOLI   /f. 192v

1719 [4]A. Ego autem sicut. PS. Quid gloriaris. R. Iustus ut palma. V. Ad adnuntiandum. OF. Gloria et. CO. Posuisti domine.

1720 Da nobis omnipotens deus, ut beati mathei apostoli tui et euangelistę quam preuenimus ueneranda sollemnitas, et deuotionem nobis augeat et salutem. Per.

1721 SECRETA. Apostolicae reuerentiae culmen offerimus sacris mysteriis inbuendum, praesta domine quesumus ut beati mathei apostoli et euangelistae[5] cuius natalitia preimus, haec plebs semper et sua uota depromat, et desiderata percipiat. Per dominum nostrum.

1722 AD COMPLENDVM. Beati mathei apostoli et euangelistae quesumus domine supplicatione placatus, et ueniam nobis tribuę, et remedia sempiterna concede. Per.

---

[1] Corr. to *LVCIĘ* by a later scribe.
[2] Cues in right margin beside collect.
[3] *e* supplied interlinearly over a blot.
[4] Cues in left margin beside collect. Introit neumed.
[5] *suffragiis* interlined by an Exeter scribe.

1723 AD POPVLVM. Praesta quesumus omnipotens deus, ut qui iugiter apostolica defensione munimur, nec succumbamus uiciis nec opprimamur aduersis. Per dominum.

XI KL. OCT. NATALE SANCTI MATHEI APOSTOLI ET EVANGELISTĘ

1724 *BEATI MATHEI EVANGELISTAE DOMINE* precibus adiuuemur, ut quod possibilitas nostra non obtinet, eius nobis intercessione donetur. Per dominum.

1725 SECRETA. Supplicationibus apostolicis beati mathei euangelistae / quesumus domine ecclesiae tuae commendetur oblatio, cuius magnificis predicationibus eruditur. Per.   /f. 193r

1726 [1]A. Os iusti meditabitur. PS. Noli emulari. R. Beatus uir qui timet. V. Potens in terra. AL. Iustus ut palma. OF. Posuisti domine. CO. Magna est gloria.

1727 PRAEFATIO. VD aeterne deus. Qui ecclesiam tuam in tuis fidelibus ubique pollentem, apostolicis facis constare doctrinis. Praesta quesumus ut per quos initium diuinę cognitionis accepit, per eos usque in finem saeculi capiat regni caelestis augmentum. Per christum.

1728 AD COMPLENDVM. Perceptis domine sacramentis beato matheo apostolo tuo et euangelista interueniente deprecamur, ut quae pro eius celebrata sunt gloria, nobis proficiant ad medelam. Per.

1729 AD POPVLVM. Sit domine quesumus beatus matheus euange-lista nostrae fragilitatis adiutor, ut pro nobis tibi supplicans, copiosus audiatur. Per.

X KL. OCT. SANCTORVM MAVRICII EXVPERII CANDIDI VICTORIS INNOCENTII

1730 [2]A. Intret in conspectu. PS. Deus uenerunt gentes. R. Gloriosus deus. V. Dextera tua. AL. Mirabilis deus. OF. Letamini. CO. Posuerunt martyres.

---

[1] Cues in right margin beside collect. Gradual neumed.
[2] Cues in right margin beside collect.

295

1731 Deus qui es omnium sanctorum tuorum splendor mirabilis, quique hunc diem in honore beatorum mauricii, exsuperii, candidi, uictoris, innocentii, et uitalis cum sociis eorum martyrio consecrasti, da ecclesiae tuae de natalitio tante festiuitatis laetari, ut apud misericordiam tuam exemplis eorum, / et meritis adiuuemur. Per dominum. /f. 193v

1732 SECRETA. Respice domine munera quae pro sanctorum martyrum tuorum, mauricii, exsuperii, candidi, uictoris, innocentii, et uitalis, cum sociis eorum gloriosa passione deferimus, et praesta ut quorum honore sunt grata, eorum nobis fiant intercessione perpetua. Per.

1733 PRAEFATIO. VD per christum dominum nostrum. Quoniam cognoscimus quanta apud te te sit preclara uita sanctorum, quorum nos etiam mors pretiosa laetificat et tuetur. Quapropter martyrum tuorum, mauricii, exsuperii, candidi, uictoris, innocentii, et uitalis, cum sociis eorum, gloriosa recensentes natalitia, laudes tibi domine referimus supplici confessione cum angelis et archangelis. Cum tronis et dominationibus.

1734 AD COMPLENDVM. Caelestibus refecti sacramentis et gaudiis, supplices te rogamus domine, ut quorum gloriamur triumphis, protegamur auxiliis. Per.

VI KL. OCT. NATALE SANCTORVM COSME ET DAMIANI

1735 Praesta quesumus omnipotens deus, ut qui sanctorum tuorum cosmę et damiani cum sociis eorum natalitia colimus, a cunctis malis imminentibus, eorum / intercessionibus liberemur. Per. /f. 194r

1736 [1]A. Sapientiam sanctorum. PS. Exultate iusti. R. Clamauerunt. V. Iuxta est dominus. AL. Iusti epulentur. OF. Gloriabuntur. CO. Posuerunt.

1737 SECRETA. Sanctorum tuorum nobis domine pia non desit oratio, quę et munera nostra conciliet, et tuam nobis indulgentiam semper obtineat. Per.

---

[1] Cues in right margin beside secret.

1738 PRAEFATIO. VD aeterne deus. Et clementiam tuam suppliciter obsecrare, ut cum exultantibus sanctis in caelestis regni cubilibus, gaudia nostra coniungas. Et quos uirtutis imitatione non possumus sequi, debitę uenerationis contingamus affectu. Per christum.

1739 AD COMPLENDVM. Protegat domine quesumus populum tuum, et participatio caelestis indulta conuiuii, et deprecatio collata sanctorum. Per.

III KL. OCT. DEDICATIO BASILICAE SANCTI MICHAHELIS ARCHANGELI

1740 [1]A. Benedicite dominum. PS. Benedic anima. R. Benedicite dominum. V. Benedic anima. AL. Confitebor tibi[2]. V. Laudate. OF. Stetit Angelus. CO. Benedicite.

1741 *DEVS QVI MIRO ORDINE ANGELORVM* ministeria hominumque dispensas. Concede propitius ut quibus tibi ministrantibus in caelo semper assistitur, ab his in terra nostra uita muniatur. Per dominum.

1742 SVPER OBLATA. Hostias tibi domine laudis offerimus suppliciter deprecantes, ut easdem angelico pro nobis interueniente suffragio, et placatus accipias et ad salutem / nostram prouenire concedas. Per. /f. 194v

1743 PRAEFATIO. VD aeterne deus. Sancti michahelis archangeli merita predicantes. Quamuis enim nobis, sit omnis angelica ueneranda sublimitas, quae in maiestatis tuę consistit conspectu, illa tamen est propensius honoranda, quae in eius ordinis dignitate, caelestis militiae meruit principatum. Per christum.

1744 AD COMPLENDVM. Beati archangeli tui michahelis intercessione suffulti supplices te domine deprecamur, ut quos honore prosequimur, contingamus et mente. Per.

---

[1] Cues in right margin beside collect. All but gradual and offertory neumed. **1740*** Exeter scribe 1 appends *Epl. Significauit deus. Eug. Accesserunt discipuli ad ihesum.*
[2] **1740**** Exeter scribe 1 adds the cue *In conspectu* above.

1745 AD POPVLVM. Da nobis omnipotens deus, beati archangeli michahelis eotenus honore proficere, ut cuius in terris gloriam predicamus, eius precibus adiuuemur in caelis. Per.

1746 AD VESPEROS. Deus qui per beatissimum archangelum tuum michahelem orationes omnium fidelium suscipere es dignatus, petimus clementiam tuam, et quas in hoc templo pro nostris facinoribus effundimus preces, tu benigne suscipe et esto propitius. Per.

II KL. OCT. NATALE SANCTI HIERONIMI PRESBITERI ET CONFESSORIS

1747 Praesta quesumus omnipotens et misericors deus, ut interce/dente /f. 195r beato hieromimo confessore tuo, et a cunctis aduersitatibus liberemur in corpore, et a prauis cogitationibus mundemur in mente. Per.

1748 [1]A. Os iusti meditabitur. PS. Noli emulari. R. Iurauit dominus. V. Dixit dominus. AL. Iustus germinabit. OF. Veritas mea. CO. Fidelis seruus.

1749 SECRETA. Muneribus nostris domine quesumus precibusque susceptis, intercedente beato hieronimo confessore tuo, et celestibus nos munda mysteriis et clementer exaudi. Per.

1750 AD COMPLENDVM. Quesumus domine salutaribus repleti mysteriis, ut sancti confessoris tui hieronimi cuius commemorationem agimus, orationibus adiuuemur. Per.

NON. OCT. NATALE SANCTI MARCI PAPAE

1751 [2]A. Sacerdotes dei. PS. Benedicite omnia. R. Inueni dauid. V. Nihil proficiat. AL. Gloria et honor. OF. Veritas mea. CO. Beatus seruus.

1752 Exaudi quesumus domine preces nostras, et interueniente beato marco confessore tuo atque pontifice, supplicationes nostras placatus intende. Per.

---

[1] Cues in right margin beside collect.
[2] Cues in left margin beside collect. Introit neumed.

1753 SECRETA. Accepta tibi sit domine sacrae plebis oblatio pro tuorum honore sanctorum, quorum se meritis de tribulatione percepisse cognoscit auxilium. Per.

1754 AD COMPLENDVM. Da quesumus domine fidelibus populis sanctorum tuorum semper ueneratione laetari, et eorum perpetua supplicatione muniri. Per.

VII ID. OCT. PASSIO SANCTORVM DYONISII RVSTICI ET ELEVTHERII

1755 Deus qui beatum dyonisium martyrem tuum, uirtute / constantiae in passione roborasti, quique illi ad predicandam gentibus gloriam tuam, rusticum et eleutherium sociare dignatus es, ex eorum nobis imitatione tribuę pro amore tuo prospera mundi despicere, et nulla eius aduersa formidare. Per.   /f. 195v

1756 [1]A. Intret in conspectu. PS. Deus uenerunt. R. Gloriosus deus. V. Dextera tua. AL. Iusti epulantur. OF. Mirabilis deus. CO. Posuerunt.

1757 SECRETA. Salutari sacrificio domine populus tuus semper exultet, quo et debitus honor sacris martyribus exhibetur, et sanctificationis tuae munus adquiritur. Per.

1758 AD COMPLENDVM. Haec domine quae sumpsimus uotiua mysteria, festa celebrantes sollemnia, quae pro beatorum martyrum tuorum, dyonisii, rustici, et eleutherii, gloriosa passione peregimus, ipsorum nobis quesumus fiant intercessione salutaria, in quorum natalitiis sunt exultanter impleta. Per.

II ID. OCT. NATALE SANCTI CALYXTI PAPAE ET MARTYRIS

1759 [2]A. Iustus non conturbabitur. PS. Noli emulari. R. Iustus non conturbabitur. V. Tota die miseretur. AL. Beatus uir qui suffert. OF. In uirtute tua. CO. Posuisti domine.

---

[1] Cues in left margin beside collect.
[2] Cues in left margin beside collect.

1760 Deus qui nos conspicis ex nostra infirmitate deficere, ad amorem tuum nos misericorditer per sanctorum tuorum exempla restaura. Per.

1761 SECRETA. Mysteri[1] nobis haec prosit oblatio, quae nos et a reatibus nostris expediat, et perpetua saluatione confirmet. Per dominum nostrum.

1762 AD COMPLENDVM. / Quesumus omnipotens deus, ut reatum nostrum munera sacrata purificent, et recte uiuendi, nobis operentur effectum. Per. /f. 196r

XV KL. NOV. SANCTI LVCĘ EVANGELISTĘ
1763 [2]A. In medio ecclesiae. PS. Bonum est. R. Iustus ut palma. V. Ad adnuniandum. AL. Iustus germinabit. OF. Posuisti domine. CO. Posuisti domine.

1764 Interueniat pro nobis domine quesumus sanctus tuus lucas euangelista, qui crucis mortificationem iugiter in suo corpore, pro tui nominis honore portauit. Per.

1765 SECRETA. Donis nos caelestibus da quesumus domine libera mente seruire, ut munera quae deferimus, interueniente beato euangelista tua[3] luca, et medelam nobis operentur et gloriam. Per.

1766 PRAEFATIO. VD aeterne deus. Et te in sanctorum tuorum meritis gloriosis, conlaudare, benedicere, et predicare. Qui eos dimicantes contra antiqui serpentis machinamenta et proprii corporis blandimenta, inexpugnabili uirtute rex gloriae roborasti. Ex quibus beatus lucas euangelista tuus assumpto scuto fidei et galea salutis et gladio spiritus sancti, et uiriliter contra uitiorum hostes pugnauit, et euangelicę nobis dulcedinis fluenta manauit. Vnde petimus domine inmensam pietatem tuam, ut qui eum tot meritorum donasti praerogatiuis, nos eius et informes exemplis, et adiuues / meritis. Per christum dominum nostrum. /f. 19

---

[1] o for *Mysterio* supplied by a later scribe.
[2] Cues in right margin beside collect.
[3] a dotted for omission; o for *tuo* supplied above.

1767 AD COMPLENDVM. Praesta quesumus omnipotens deus, ut id quod de sancto altari accipimus, precibus euangelistę tui lucę sanctificet animas nostras, per quod tuti esse possimus. Per.

VI KL. NOV. VIGILIA APOSTOLORVM SIMONIS ET IVDAE

1768 ¹A. Intret in conspectu. PS. Deus uenerunt. R. Vindica domine. V. Posuerunt mortalia. OF. Exultabunt sancti. CO. Iustorum animae.

1769 Concede quesumus omnipotens deus, ut sicut apostolorum tuorum gloriosa natalitia praeuenimus, sic ad tua beneficia promerenda, maiestatem tuam pro nobis ipsi praeueniant. Per dominum.

1770 SECRETA. Muneribus nostris domine apostolorum festa precedimus, humiliter postulantes, ut quae conscientiae nostrae praepediuntur obstaculis, illorum meritis grata reddantur. Per.

1771 PRĘFATIO. VD aeterne deus. Quia tu es mirabilis in omnibus sanctis tuis, quos et nominis tui confessione praeclaros et suscepta pro te fecisti passione gloriosos. Vnde sicut illi ieiunando orandoque certauerunt ut hanc possent obtinere uictoriam, ita nos eorum exemplis informemur, ut ad celebranda presentia festa idonei inueniamur, et ad aeterna percipienda eorum interuentu digni iudicemur. Per christum.

1772 AD COMPLENDVM. Sumpto domine sacramento suppliciter deprecamur, / ut intercedentibus beatis apostolis tuis quod temporaliter gerimus, ad uitam capiamus aeternam. Per dominum. /f. 197r

V KL. NOV. APOSTOLORVM SYMONIS ET IVDAE

1773 ²A. Mihi autem. PS. Domine probasti. R. Nimis honorati. V. Dinumerabo. AL. Sancti tui domine. OF. In omnem terram. CO. Vos qui secuti.

1774 *DEVS QVI NOS PER BEATOS APOSTOLOS TVOS* simonem et iudam ad agnitionem tui sancti nominis uenire tribuisti, da nobis eorum gloriam sempiternam et proficiendo celebrare, et celebrando proficere. Per dominum.

---

¹ Cues in left margin beside collect.
² Cues in right margin beside collect.

1775 SECRETA. Gloriam domine sanctorum apostolorum perpetuam uenerantes, quesumus ut eam sacris mysteriis expiati, dignius celebremus. Per dominum nostrum.

1776 PRAEFATIO. VD aeterne deus. Te in tuorum apostolorum glorificantes honore, qui[1] et illis tribuisti beatitudinem sempiternam. Et infirmitati nostrae talia praestitisti suffragia, per quę tua possimus adipisci subsidia, et peruenire ad premia repromissa. Per christum.

1777 AD COMPLENDVM. Perceptis domine sacramentis suppliciter rogamus, ut intercedentibus beatis apostolis[2] tuis, symone et iuda, quae pro illorum ueneranda gerimus passione, nobis proficiant ad medelam. Per.

1778 AD POPVLVM. Exaudi nos deus salutaris noster, et apostolorum tuorum nos / tuere presidiis, quorum donasti fideles esse doctrinis. Per. /f. 197v

II KL. NOV. VIGILIA OMNIVM SANCTORVM

1779 [3]A. Timete dominum. PS. Benedicam domino. R. Exultabunt. V. Cantate domino. OF. Letamini. CO. Ego uos elegi.

1780 Domine deus noster multiplica super nos gratiam tuam et quorum praeuenimus gloriosa sollemnia, tribuę subsequi in sancta professione laetitiam. Per.

1781 SECRETA. Altare tuum domine deus muneribus cumulamus oblatis, quesumus ut ad salutem nostram omnium sanctorum tuorum precatione proficiant, quorum sollemnia uentura precurrimus. Per.

1782 PREFATIO. VD aeterne deus. Reuerentiae tuae dicato ieiunio gratulantes, qua ueneranda omnium sanctorum sollempnia desi-

---

1 *a* for *quia* added by a later scribe.
2 *beatis apostolis* rewritten over an erasure.
3 Cues in left margin beside collect. **1779*** Exeter scribe 1 appends: L. Ecce
ego iohannes. Eug. Descendens ihesus de monte. L. Ponite
in cordibus uestris.

deratis praeuenimus officiis, ut ad eadem celebranda sollempniter preparemus. Per christum.

1783 AD COMPLENDVM. Sacramentis domine et gaudiis obtata celebritate expletis, quesumus ut eorum precibus adiuuemur, quorum recordationibus exhibentur. Per.

1784 AD VESPEROS. Erudi quesumus domine populum tuum spiritalibus instrumentis, et quorum praestas sollempnia praeuenire, fac eorum et consideratione deuotum, et defensione securum. Per dominum nostrum.

KL. NOV. SOLLEMNITAS OMNIVM SANCTORVM

1785 / ¹A. Gaudeamus omnes in domino. PS. Exultate iusti. R. Timete   /f. 198r
dominum. V. Inquirentes. AL. Iusti epulentur². OF. Mirabilis deus. CO.
Gaudete iusti.

1786 *OMNIPOTENS SEMPITERNE DEVS*, qui nos omnium sanctorum merita sub una tribuisti celebritate uenerari, quesumus ut desideratam nobis tuae propitiationis habundantiam, multiplicatis intercessionibus largiaris. Per.

1787 SECRETA. Munera tibi domine nostrae deuotionis offerimus, quae et pro tuorum tibi grata sunt honore iustorum, et nobis salutaria te miserante reddantur. Per.

1788 PRAEFATIO. VD aeterne deus. Clementiam tuam suppliciter obsecrantes, ut cum exultantibus sanctis in caelestibus regni cubilibus gaudia nostra coniungas. Et quos uirtutis imitatione non possumus sequi, debitę uenerationis contingamus affectu. Per christum.

1789 AD COMPLENDVM. Da quesumus domine fidelibus omnium sanctorum semper ueneratione laetari, et eorum perpetua supplicatione muniri. Per dominum nostrum.

---

¹ Cues in right margin beside collect. **1785*** Exeter scribe 1 appends: `L. Ecce ego iohannes. Eug. Videns turbas ihesus.`
² **1785**** Exeter scribe 1 adds the cue *Vox exultet* above.

1790 AD POPVLVM. Omnipotens sempiterne deus, qui nos omnium sanctorum tuorum multiplici facis celebritate gaudere. Concede quesumus ut sicut illorum commemoratione temporali gratulamur officio, ita perpetuo laetemur aspectu. Per.

EODEM DIE NATALE SANCTI CAESARII MARTYRIS
1791 / COLLECTA AD SANCTOS COSMAM ET DAMIANVM. /f. 198v
Adesto domine martyrum deprecatione sanctorum, et quos pati pro nomine tribuisti fac tuis fidelibus suffragari. Per.

1792 AD MISSAM. Deus qui nos beati cęsarii martyris tui annua sollempnitate laetificas, concede propitius ut cuius natalitia colimus, etiam actiones imitemur. Per.

1793 SECRETA. Hostias tibi domine beati caesarii martyris tui dicatas meritis benignus assume, et ad perpetuum nobis tribue prouenire subsidium. Per.

1794 AD COMPLENDVM. Quesumus omnipotens deus, ut qui caelestia alimenta percepimus, intercedente beato caesario martyre tuo, per hęc contra omnia aduersa muniamur. Per.

VI ID. NOV. NATALE SANCTORVM QVATTVOR
CORONATORVM
1795 *Quattuor coronatorum nomina haec sunt, seuerus, seuerianus, uictorinus, et carphorus*[1], *quorum dies natalis per incuriam neglectus, minime repperiri poterat. Ideo statutum est ut in eorum ecclesia horum quinque sanctorum qui in missa recitantur, illorum etiam natalis celebretur, ut cum istis eorum quoque memoria pariter fiat.*

1796 / Praesta quesumus omnipotens deus, ut qui gloriosos martires /f. 199
claudium, nicostratum, simphorianum, castorium, atque simplicium, fortes in sua confessione cognouimus, pios apud te in nostra intercessione sentiamus. Per.

1797 [2]A. Intret in conspectu. PS. Deus uenerunt. R. Vindica deus. V. Posuerunt mortalia. AL. Mirabilis deus. OF. Anima nostra. CO. Posuerunt mortalia.

---

[1] *po* for *carpophorus* added by a later scribe.
[2] Cues in right margin beside secret.

1798 SECRETA. Benedictio tua domine larga descendat, quae et munera nostra deprecantibus sanctis tuis tibi reddat accepta, et nobis sacramentum redemptionis efficiat. Per.

1799 PREFATIO. VD aeterne deus. Caelebrantes sanctorum natalitia coronatorum, quia dum tui nominis per eos gloriam frequentamus, in nostrae fidei augmento succrescimus. Per christum dominum nostrum.

1800 AD COMPLENDVM. Caelestibus refecti sacramentis et gaudiis supplices te domine deprecamur, ut quorum gloriamus triumphis, protegamur auxiliis. Per dominum.

V ID. NOV. NATALE SANCTI THEODORI MARTYRIS

1801 [1]A. In uirtute tua. PS. Vitam petiit. R. Domine preuenisti. V. Vitam petiit. AL. Beatus uir qui timet. OF. Gloria et honor. CO. Posuisti domine.

1802 Deus qui nos beati theodori martyris tui, confessione gloriosa circumdas et protegis, praesta nobis eius imitatione proficere, et oratione fulciri. Per.

1803 SECRETA. Suscipe domine fidelium preces cum oblationibus hostiarum, et intercedente beato theodoro martyre tuo, per haec piae deuotionis officia, ad caelestem / gloriam transeamus. Per dominum. /f. 199v

1804 AD COMPLENDVM. Praesta nobis domine quesumus intercedente beato theodoro martyre tuo, ut quae ore contingimus, pura mente capiamus. Per dominum nostrum.

III ID. NOV. NATALE SANCTI MARTINI EPISCOPI ET CONFESSORIS

1805 [2]A. Statuit ei dominus. PS. Misericordias. R. Iurauit dominus. V. Dixit dominus. AL. Iustus ut palma. OF. Veritas mea. CO. Fidelis seruus.

---

[1] Cues in right margin beside collect.
[2] Cues in left margin beside collect.

1806 *DEVS QVI CONSPICIS QVIA EX NVLLA* nostra uirtute substitimus, concede propitius ut intercessione beati martini confessoris tui atque pontificis, contra omnia aduersa muniamur. Per dominum.

1807 SECRETA. Da misericors deus, ut haec nos salutaris oblatio et propriis reatibus indesinenter expediat, et ab omnibus tueatur aduersis. Per dominum.

1808 PRAEFATIO. VD aeterne deus. Cuius munere beatus martinus confessor pariter et sacerdos, et bonorum operum incrementis excreuit, et uariis uirtutum donis exuberauit, et miraculis coruscauit. Qui quod uerbis edocuit operum exhibitione compleuit, et documento simul et exemplo subditis ad caelestia regna pergendi ducatum prębuit. Vnde tuam clementiam petimus, ut eius qui tibi placuit / exemplis, ad bene agendum informemur, meritis muniamur, intercessionibus adiuuemur, qualiter ad caeleste regnum illo interueniente, te opitulante peruenire mereamur. Per christum. /f. 200r

1809 AD COMPLENDVM. Praesta quesumus domine deus noster, ut quorum festiuitate uotiua sunt sacramenta, eorum salutaria nobis intercessione reddantur. Per dominum nostrum.

EODEM DIE NATALE SANCTI MENNAE MARTYRIS
1810 Praesta quesumus omnipotens deus, ut qui beati menne martyris tui natalitia colimus, intercessione eius in tui nominis amore roboremur. Per.

1811 SECRETA. Muneribus nostris quesumus domine precibusque susceptis, et caelestibus nos munda misteriis, et clementer exaudi. Per.

1812 AD COMPLENDVM. Da quesumus domine deus noster, ut sicut tuorum commemoratione sanctorum temporali gratulamur officio, ita perpetuo laetemur aspectu. Per.

X KL. DEC. NATALE SANCTAE CECILIAE VIRGINIS
1813 Deus qui nos annua beatae ceciliae martyris tuae sollempnitate laetificas, da ut quam ueneramur officio, etiam piae conuersati/onis sequamur exemplo. Per dominum. /f. 200v

1814 [1]A. Loquebar de. PS. Beati inmaculati. R. Audi filia et. V. Specie tuae. AL. Diffusa est gratia. OF. Offerentur. CO. Confundantur.

1815 SECRETA. Hostia haec domine placationis et laudis, quesumus ut interueniente beata cecilia martyre tua, nos tua propitiatione dignos semper efficiat. Per.

1816 PRAEFATIO. VD aeterne deus. Qui perficis in infirmitate uirtutem, et humani generis inimicum non solum per uiros, sed etiam per feminas uincis. Cuius munere beata cęcilia, et in uirginitatis proposito, et in confessione fidei roboratur. Vt nec aetatis lubrico ab intentione mutaretur[2], nec blandimentis carnalibus demulceretur, nec sexus fragilitate deterreretur[3], nec tormentorum immanitate uinceretur[4]. Sed seruando corporis ac mentis integritatem cum uirginitatis et martyrii palma, aeternam mereretur[5] adipisci beatitudinem. Per christum.

1817 AD COMPLENDVM. Satiasti domine familiam tuam muneribus sacris, eius quesumus semper interuentione nos refoue, cuius sollempnia celebramus. Per.

VIIII KL. DEC. NATALE SANCTI CLEMENTIS MARTYRIS

1818 Deus qui nos annua beati clementis martyris tui atque pontificis, / sollemnitate laetificas, concede propitius ut cuius natalitia colimus, uirtutem quoque passionis imitemur. Per dominum.   /f. 201r

1819 [6]A. Dicit dominus sermones. PS. Domine exaudi orationem. R. Iurauit dominus. V. Dixit dominus et non. A. Disposui testamentum. OF. Veritas mea. CO. Beatus seruus.

1820 SECRETA. Munera domine oblata sanctifica, et intercedente beato clemente martyre tuo, per haec nos a peccatorum nostrorum maculis emunda. Per.

---

[1] Cues in left margin beside secret. Offertory neumed.
[2] Partially rewritten by later scribe.
[3] Partially rewritten by later scribe.
[4] Partially rewritten by later scribe.
[5] Partially rewritten by later scribe.
[6] Cues in right margin beside secret.

1821 PRAEFATIO. VD aeterne deus. Et in hac die quam beati clementis passio consecrauit, et nobis uenerabilem exhibuit. Qui apostolica predicatione imbutus doctrinis caelestibus educatus, successionis dignitate conspicuus, et martyr insignis et sacerdos refulsit egregius. Per christum.

1822 AD COMPLENDVM. Corporis sacri et preciosi sanguinis repleti libamine quesumus domine deus noster, ut quod pia deuotione gerimus, certa redemptione capiamus. Per.

EODEM DIE NATALE SANCTAE FELICITATIS

1823 Praesta quesumus omnipotens deus, ut beatae felicitatis martyris tuae sollempnia recensentes, meritis ipsius protegamur et precibus. Per.

1824 SECRETA. Vota populi tui propitiatus intende, et quorum nos tribuis sollempnia celebrare, fac gaudere suffragiis. Per.

1825 / AD COMPLENDVM. Supplices te rogamus omnipotens deus, /f. 201v ut interuenientibus sanctis tuis, et tua in nobis dona multiplices, et tempora nostra disponas. Per.

VIII KL. DEC. NATALE SANCTI CHRISSOGONI
MARTYRIS

1826 [1]A. Os iusti meditabitur. PS. Noli emulari. R. Inueni dauid. V. Nihil proficiet. AL. Gloria et honor. OF. Desiderium. CO. Magna est.

1827 Adesto domine supplicationibus nostris, ut qui ex iniquitate nostra reos nos esse cognoscimus, beati chrissogoni martyris tui, intercessione liberemur. Per dominum nostrum.

1828 SECRETA. Oblatis quesumus domine placare muneribus, et intercedente beato chrissogono martyre tuo, a cunctis nos defende periculis. Per dominum.

1829 PRAEFATIO. VD aeterne deus. Qui nos assiduis martyrum passionibus consolaris, et eorum sanguinem triumphalem quem

---

[1] Cues in left margin beside secret.

pro confessione nominis tui infidelibus prebuere fundendum, ad tuorum facis auxilium transire fidelium. Per christum.

1830 AD COMPLENDVM. Tui domine perceptione sacramenti, et a nostris mundemur occultis, et ab hostium liberemur insidiis. Per.

III KL. DEC. NATALE SANCTI SATVRNINI MARTYRIS
1831 Deus qui nos beati saturnini martyris tui concedis natalitia perfrui, eius nos tribue / meritis adiuuari. Per dominum nostrum.　　/f. 202r

1832 SECRETA. Munera tibi domine dicata sanctifica, et intercedentę beato saturnino martyre tuo, per eadem nos placatus intende. Per.

1833 AD COMPLENDVM. Sanctificet nos domine quesumus tui perceptio sacramenti, et intercessione sanctorum tibi reddat acceptos. Per.

EODEM DIE VIGILIA SANCTI ANDREAE APOSTOLI
1834 [1]Dominus secus mare. PS. Caeli enarrant. R. Nimis honorati. V. Dinumerabo. OF. Gloria et honor. CO. Venite post me.

1835 Quesumus omnipotens deus, ut beatus andreas apostolus tuum pro nobis imploret auxilium, ut a nostris reatibus absoluti, a cunctis etiam periculis. Per.

1836 SECRETA. Sacrandum tibi domine munus offerimus, quo beati andreae sollempnia recolentes, purificationem quoque nostris mentibus imploramus. Per.

1837 PREFATIO. VD aeterne deus. Et maiestatem tuam suppliciter exorare, ut qui beati andreae apostoli festum, sollempnibus ieiuniis et deuotis preuenimus officiis, illius apud maiestatem tuam et adiuuemur meritis, et instruamur exemplis. Per christum.

1838 AD COMPLENDVM. Perceptis domine sacramentis suppliciter exoramus, ut intercedente beato andrea apostolo tuo, quae / pro　　/f. 202v

---

[1] Cues in right margin beside collect. **1834*** Exeter scribe 1 appends: *Epl. Benedictio domini. Eug. Stabat iohannes.*

309

illius ueneranda gerimus passione, nobis proficiant ad medelam. Per.

1839 AD POPVLVM. Exaudi domine populum tuum, cum sancti apostoli tui andreae patrocinio supplicantem, ut tuo semper auxilio, secura tibi possit deuotione seruire. Per dominum nostrum.

II KL. DEC. NATALE SANCTI ANDREAE APOSTOLI

1840 *MAIESTATEM TVAM DOMINE SVP*plices exoramus, ut sicut aecclesiae tuę beatus andreas apostolus extitit predicator et rector, ita apud te sit pro nobis perpetuus intercessor. Per dominum nostrum.

1841 [1]A. Mihi autem nimis. PS. Domine probasti. R. Constitues eos. V. Pro patribus tuis. AL. Dilexit andream. OF. Mihi autem nimis. CO. Dicit andreas.

1842 SECRETA. Sacrificium nostrum tibi domine quesumus beati andreae apostoli precatio sancta conciliet, ut cuius honore sollempniter exhibetur meritis efficiatur acceptum. Per.

1843 PRĘFATIO. VD per dominum nostrum. Qui ecclesiam tuam in apostolicis tribuisti consistere fundamentis. De quorum collegio beati andreae[2] sollempnia celebrantes, tua domine preconia non tacemus. Et ideo.

1844 AD COMPLENDVM. Sumpsimus domine diuina mysteria beati andreae festiuitate laetantes, quae sicut tuis / sanctis ad gloriam, ita nobis quesumus ad ueniam prodesse perficias. Per dominum nostrum. /f. 203r

1845 AD VESPEROS. Da nobis quesumus domine deus noster beati apostoli tui andreae intercessionibus subleuari, ut per quos ecclesię tuae superni muneris rudimenta donasti, per eos subsidia perpetuae salutis impendas. Per.

---

[1] Cues in left margin beside secret. **1841*** Exeter scribe 1 appends: `Epl. Corde creditur. Eug. Ambulans ihesus.`
[2] *beatorum philippi et iacobi* added above by a later scribe.

1846 ALIA. Adiuuet ecclesiam tuam tibi domine supplicando beatus andreas apostolus, et pius interuentor efficiatur, qui tui nominis extitit predicator. Per.

ID. DEC. NATALE SANCTAE LVCIAE VIRGINIS

1847 ¹A. Dilexisti iustitiam. PS. Eructauit. PS. Dilexisti iustitiam. V. Propterea unxit. AL. Diffusa est gratia. OF. Offerentur. CO. Diffusa est gratia.

1848 Exaudi nos deus salutaris noster, ut sicut de beatę luciae festiuitate gaudemus, ita piae deuotionis erudiamur affectu. Per.

1849 SECRETA. Accepta tibi sit domine sacratae plebis oblatio pro tuorum honore sanctorum, quorum se meritis percepisse de tribulatione cognoscit auxilium. Per.

1850 AD COMPLENDVM. Satiasti domine familiam tuam muneribus sacris, eius quesumus semper interuentione nos refoue, cuius sollempnia celebramus. Per.

XII KL. IAN. NATALE SANCTI THOME APOSTOLI

1851 / *DA NOBIS QVESVMVS DOMINE BEATI APOSTOLI TVI*   /f. 203v
thomę sollempnitatibus gloriari, ut eius semper et patrociniis subleuemur, et fidem congrua deuotione sectemur. Per.

1852 ²A. Mihi autem nimis. PS. Domine probasti. R. Constitues. V. Pro patribus tuis. AL. Nimis honorati. OF. Mihi autem nimis. CO. Vos qui secuti.

1853 SECRETA. Debitum domine nostrae reddemus seruitutis suppliciter exorantes, ut suffragiis beati apostoli tui thomę in nobis tua munera tuearis, cuius honoranda confessione, laudes tibi hostias immolamus. Per.

1854 PREFATIO. VD per christum dominum nostrum. Qui secundum promissionem tuam domine ineffabile constitutum apostoli tui thomę confessionis superna dispensatione largiris. Vt in ueritate tua fundamine soliditate, nulla mortifere falsitatis iura praeualeant. Per quem maiestatem.

---

¹ Cues in right margin beside collect.
² Cues in left margin beside collect.

1855 AD COMPLENDVM. Praesta nobis quesumus domine deus noster, per haec sacrosancta mysteria quae sumpsimus, apostoli tui thomę natalitia continua deuotione uenerari, et in eius crebrius honorare principiis. Per dominum.

1856 AD POPVLVM. Conserua domine populum tuum, et quem sanctorum tuorum presidiis non desinis adiuuare, perpetuis tribuae gaudere remediis. Per dominum.

/ MISSAE IN FESTIVITATIBVS SANCTORVM /f. 204r

IN VIGILIA SIVE NATALI VNIVS APOSTOLI

1857 [1]Quesumus omnipotens deus ut beatus ill. apostolus tuum pro nobis imploret auxilium, ut a nostris reatibus absoluti, a cunctis etiam periculis exuamur. Per.

1858 SECRETA. Sacrandum tibi domine munus offerimus, quo[2] beati ill. apostoli sollempnia recolentes, purificationem quoque nostris mentibus imploramus. Per.

1859 PREFATIO. VD aeterne deus. [3]Et maiestatem tuam suppliciter exorare, ut qui beati ill. apostoli festum, sollempnibus ueneramur officiis, illius apud maiestatem tuam et adiuuemur meritis, et instruamur exemplis. Per christum.

1860 BENEDICTIO. Deus qui uos in apostolicis tribuit consistere fundamentis, benedicere uobis dignetur beati apostoli sui ill. intercedentibus meritis. Amen.
Defendatque uos a cunctis aduersis apostolicis presidiis, qui uos eorum uoluit ornari et munerari, exemplis et documentis. Amen.
Quo per eorum intercessionem perueniatis ad aeterne patriae hereditatem, per quorum doctrinam tenetis fidei integritatem. Amen.

[1] **1857*** In right margin beside collect Exeter scribe 1 gives the cues: *Mihi autem. Epl. Iam non estis. Gr. In omnem terram. All. Vos qui secuti. Eug. Hoc est preceptum. Of. Constitues eos. Co. Ego vos elegi.*
[2] A small erasure follows.
[3] Exeter scribe 1 adds interlinearly: *PREF. Qui ecclesiam tuam in apostolicis* above.

312

/ Quod ipse prestare dignetur.

1861 AD COMPLENDVM. Perceptis domine sacramentis suppliciter exoramus, ut intercedente beato ill. apostolo tuo, quae pro illius ueneranda gerimus sollempnitate, nobis proficiant ad medelam. Per.

1862 AD POPVLVM. Beati ill. apostoli supplicatione quesumus domine plebs tua benedictione percipiat, ut de eius meritis et fideliter glorietur, et sempiternis ualeat consortiis, sociata laetari. Per.

IN NATALE PLVRIMORVM APOSTOLORVM

1863 [1]Deus qui nos annua apostolorum tuorum illorum sollemnitate laetificas, praesta quesumus ut quorum gaudemus meritis, instruamur exemplis. Per dominum nostrum.

1864 SECRETA. Munera domine quae pro apostolorum tuorum illorum sollempnitate deferimus propitius suscipe, et mala omnia quae meremur auerte. Per dominum.

1865 [2]PREFATIO. VD aeterne deus. Qui ecclesiam tuam in tuis fidelibus ubique pollentem, apostolicis facis constare doctrinis. Praesta quesumus ut per quos initium diuinae cognitionis accepit, per eos usque in finem sęculi capiat regni caelestis augmentum. Per christum.

1866 AD COMPLENDVM. / Quesumus domine[3] salutaribus repleti mysteriis, ut quorum sollempnia celebramus, orationibus adiuuemur. Per.

1867 AD POPVLVM. Protector in te sperantium deus familiam tuam propitius respice, et per beato apostolos tuos ill. a cunctis aduersitatibus potentiae tuae brachio defende. Per dominum.

---

[1] **1863*** In the left margin beside the collect Exeter scribe 1 gives the cues: `Mihi autem. Epl. Iam non estis. Gr. Nimis honorati sunt. All. In omnem terram. Eug. Facta est contentio. Of. In omnem terram. Co. Vos qui secuti.`
[2] Text partially neumed.
[3] Rewritten over an erasure by a later scribe.

IN VIGILIIS SANCTORVM MARTIRVM

1868 [1]Quesumus omnipotens deus, ut nostra deuotio quę natalicia beati martyris tui .ill. antecedit, patrocinia nobis eius accumulet. Per.

1869 SECRETA. Magnifica domine beati ill. sollempnia recensemus, quae promptis cordibus ambientes, oblatis muneribus et suscipimus et praeimus. Per.

1870 PREFATIO. VD aeterne deus. Et gloriosi ill. ueneranda passione praeuenire, cuius honorabilis annua recursione sollempnitas, et perpetua semper et noua est. Quia in conspectu maiestatis tuae permanet mors tuorum pretiosa iustorum, et restaurantur incrementa laetitiae, cum felicitatis aeternę recoluntur exordia. Per christum.

1871 AD COMPLENDVM. Sancta tua domine[2] de beati ill. pretiosa[3] passione quam / praeimus nos refouent[4], quibus et iugiter satiamur, et semper desideramus expleri. Per.   /f. 205v

IN NATALE VNIVS MARTYRIS

1872 [5]Praesta quesumus omnipotens deus, ut qui beati ill. martyris tui natalicia colimus, intercessione eius in tui nominis amore roboremur. Per.

1873 SECRETA. Muneribus nostris quesumus domine precibusque susceptis, et cęlestibus nos munda mysteriis, et clementer exaudi. Per.

1874 PRĘFATIO. VD aeterne deus. Et impresenti festiuitate sancti

---

[1] **1868*** In the right margin beside the collect Exeter scribe 1 gives the cues: *Letabitur iustus. Epl. Beatus vir qui in sapientia. Gr. Iustus non conturbabitur. Eug. Si quis vult. Of. In uirtute tua. Co. Posuisti domine.*
[2] *pro* added above by a later scribe.
[3] *sumpta sollemnitate* added below by a later scribe.
[4] *a* for *refoueant* added above by a later scribe.
[5] **1872*** In the left margin beside the collect Exeter scribe 1 gives the cues: *In uirtute tua. Epl. Carissime dominus mihi astitit. Gr. Posuisti. All. Beatus uir qui suffert. Eug. Nisi granum. Of. Posuisti. Co. Qui uult.*

314

martyris tui[1].[2] tibi confitendo laudis hostias immolare, tuamque inmensam pietatem implorare. Vt sicut illi dedisti caelestis palmam triumphi, sic eo suffragante nobis emundationem ac ueniam concedas peccati, ut in te exultemus in misericordia, in quo ille laetatur in gloria. Per christum.

1875 BENEDICTIO. Beati martyris sui ill. intercessione uos dominus benedicat, et ab omni malo defendat. Amen.
Extendat in uos dexteram suae propitiationis, qui eum suscepit per supplicia passionis. Amen.
Quo eius in caelo mereamini / habere consortium, cuius deuotis /f. 206r
mentibus in terra celebratis triumphum. Amen.
Quod ipse prestare.

1876 AD COMPLENDVM. Da nobis quesumus domine deus noster, ut sicut tuorum commemoratione sanctorum temporali gratulamur officio, ita perpetuo laetemur aspectu. Per.

1877 AD POPVLVM. Adesto domine fidelibus tuis, nec eos ullis mentis aut corporis patiaris subiacere periculis, quos beati martyris tui .ill. munit gloriosa confessio. Per.

IN NATALE PLVRIMORVM MARTYRVM
1878 [3]Deus qui nos concedis sanctorum martyrum tuorum ill. natalitia colere, da nobis in aeterna beatitudine de eorum societate gaudere. Per.

1879 SECRETA. Munera tibi domine nostrae deuotionis offerimus, quae et pro tuorum tibi grata sint honore iustorum, et nobis salutaria te miserante reddantur. Per.

1880 PREFATIO. VD aeterne deus. Qui sanctorum martyrum tuorum pia certamina ad copiosam perducis uictoriam, atque perpetuum eis largiris triumphum, ut ecclesiae tuae semper sint in exemplum.

---

[1] *ualentini* added above by a later scribe.
[2] *uitalis* added above by the same later scribe.
[3] **1878*** In the right margin beside the collect Exeter scribe 1 gives the cues: *Intret in conspectu. Epl. Reddet deus. Gr. Exultabit. All. Mirabilis. Eug. Elevatis oculis ihesus. Of. Letamini. Co. Dico autem.*

Praesta nobis quesumus, ut per eorum intercessionem quorum
festa cęlebramus, pietatis tuę munera / capiamus. Per christum   /f. 206v
dominum.

1881 BENEDICTIO. Benedicat uobis dominus beatorum martyrum
suorum ill. suffragiis, et liberet ab aduersitatibus cunctis. Amen.
Commendet uos eorum intercessio gloriosa, quorum in conspectu
eius, mors est preciosa. Amen.
Vt sicut illi per diuersa genera tormentorum caelestis regni sunt
sortiti hereditatem, ita uos eorum mereamini consortium, per
bonorum operum exhibitionem. Amen.
Quod ipse praestare dignetur.

1882 AD COMPLENDVM. Pręsta quesumus domine nobis, intercedentibus sanctis tuis ill. ut quae ore contingimus pura mente
capiamus. Per.

IN VIGILIIS SANCTORVM CONFESSORVM

1883 Concede nobis quesumus omnipotens deus, uenturam beati confessoris tui ill. sollemnitatem, congruo preuenire honore, et
uenientem digna celebrare deuotione. Per dominum nostrum.

1884 SECRETA. Accepta tibi sit domine nostrae deuotionis oblatio, ut
ad beati confessoris tui ill. puriores nos faciat uenire principium.
Per dominum.

1885 PRAEFATIO. VD aeterne deus. Et te in sanctorum tuorum uirtute
lau/dare, quibus pro meritis suis beatitudinis premia contulisti.   /f. 20⁻
Quoniam semper in manu tua sunt et non tanget illos tormentum
mortis, quos te custodiente beatitudinis sinus intercludit, ubi
perpetua semper exultatione laetantur, ubi etiam beatissimus confessor tuus ill. sociatus exultat. Petimus ergo ut memor sit
miseriarum nostrarum, et de tua misericordia nobis fidentibus
impetret beatitudinis suae consortium. Per christum.

1886 AD COMPLENDVM. Praesta nobis aeterne largitor eius ubique
pia protegi oratio[1], cuius natalitia per haec sancta quae sumpsimus, uotiuo praeuenimus obsequio. Per dominum.

---

[1] *ne* for *oratione* added above by a later scribe.

1887 AD POPVLVM. Benedictionis tuae gratiam domine intercedente beato confessore tuo ill. suscipiamus, ut cuius preueniendo gloriam celebramus, eius supplicando auxilium sentiamus. Per dominum.

IN NATALE VNIVS CONFESSORIS

1888 [1]Da quesumus omnipotens deus[2], ut beati confessoris tui .ill. ueneranda sollempnitas, et deuotionem nobis augeat et salutem. Per.

1889 SECRETA. Sancti tui nos quesumus domine ubique laetificent, ut dum eorum / merita recolimus, patrocinia sentiamus. per.   /f. 207v

1890 PREFATIO. VD aeterne deus. Et in hac die quam transitu sacro beati confessoris tui .ill. consecrasti. Quesumus ergo clementiam tuam ut des nobis illam sequi doctrinam, quam ille et uerbo docuit et opere compleuit. Quatinus nos adiuuari apud misericordiam tuam, et exemplis eius sentiamus et meritis. Per christum.

1891 BENEDICTIO. Omnipotens dominus, det uobis copiam bene-dictionis, qui beatum ill. sibi adsciuit uirtute confessionis. Amen. Et qui illum fecit coruscare miraculis, uos exornet bonorum operum incrementis. Amen.
Quo eius et exemplis eruditi, et intercessione muniti, cuius depositionis diem celebratis illi possitis in caelesti regione adiungi. Amen.
Quod ipse prestare.

1892 AD COMPLENDVM. Praesta quesumus omnipotens deus, ut de perceptis muneribus gratias exhibentes, beneficia potiora suma-mus. Per.

1893 AD POPVLVM. Deus qui nos sanctorum tuorum temporali

---

[1] **1888*** In the right margin beside the collect Exeter scribe 1 gives the cues: *Os iusti. Epl. Dilectus deo et hominibus. Gr. Ecce sacerdos. All. Amauit. Eug. Of. Co.*
[2] *Da quesumus omnipotens deus* rewritten over an erasure.

317

tribuis commemoratione gaudere, presta quesumus ut beato ill. confessore tuo interueniente, in ea numeremur sorte salutis, in quae illi sunt gratia / tua gloriosi. Per.

/f. 208r

IN NATALE PLVRIMORVM CONFESSORVM

1894 [1]Deus qui nos sanctorum tuorum ill. confessionibus gloriosis circumdas et protegis, da nobis et eorum imitatione proficere, et intercessione gaudere. Per dominum nostrum.

1895 SECRETA. Suscipe domine preces et munera, quae ut tuo sint digna conspectui, sanctorum tuorum quesumus precibus adiuuemur.

1896 PREFATIO. VD aeterne deus. Et maiestatem tuam supplici deuotione exorare, ut beatorum confessorum tuorum .ill. quorum hodie festa celebramus obtentu, mereamur tuum obtinere auxilium. Per christum.

1897 BENEDICTIO. Sanctorum confessorum tuorum ill. meritis, uos dominus faciat benedici, et contra aduersa omnia eorum intercessione muniri. Amen.
Eorum uos faciat suffragatio felices, quorum festiuitatis diem celebratis ouantes. Amen.
Quo eorum imitantes exemplo, ad caelestia peruenire possitis promissa. Amen.
Quod ipse prestare.

1898 AD COMPLENDVM. Corporis sacri et preciosi sanguinis repleti libamine quesumus domine deus noster, ut quod pia deuotione gerimus, intercedentibus sanctis tuis ill. certa redemp/tione capia- /f. 20:
mus. Per.

---

[1] **1894*** In the left margin beside the collect Exeter scribe 1 gives the cues:
Iudicant sancti. Ps. Exultabunt iusti. Epl. Iusti autem. Gr. Exultabunt. All. Iusti epulentur. Eug. Misit ihesus xii discipulos. Of. Exultabunt. Co. Ego uos.

IN NATALE VIRGINVM ET MARTYRVM

1899 [1]Deus qui inter cetera potentiae tuae miracula etiam in sexu fragili uictoriam martyrii contulisti. Concede propitius ut cuius natalitia colimus, per eius ad te exempla gradiamur. Per.

1900 ALIA. Indulgentiam nobis domine beata ill. martyr imploret, quae tibi grata semper extitit et merito castitatis, et tuae professione uirtutis. Per.

1901 ALIA CONFESSORIS. Exaudi nos salutaris noster, ut sicut de beatae .ill. festiuitate gaudemus, ita piae deuotionis erudiamur affectu. Per dominum nostrum.

1902 SECRETA. Suscipe domine munera quae in beatae ill. martyris tuae sollempnitate deferimus, cuius nos confidimus patrocinio liberari. Per.

1903 [2]PRAEFATIO. VD per christum dominum nostrum. Pro cuius caritatis ardore ista[3] et omnes sanctae uirgines a beata maria exemplum uirginitatis accipientes, presentis saeculi uoluptates ac delitias contempserunt. Quoniam tuo dono actum est, ut postquam uirgo de uirgine prodiit, et sexus fragilis esset fortis, ut in quo fuit peccandi facultas, esset / [4]uincendi felicitas. Antiquusque hostis /f. 209r qui per antiquam uirginem genus humanum se uicisse gloriabatur, per sanctas nunc uirgines sequaces potius mariae quam euae uincatur, et in eo maior eius confusio crescat, quod de eo etiam sexus fragilis iam triumphat. Quapropter inmensam pietatem tuam humiliter exposcimus, ut per earum intercessionem quae et sexum uicerunt et seculum, tibique placuerunt et uirginitatis

---

[1] **1899*** In the left margin Exeter scribe 1 gives the cues: *Dilexisti iustitiam. Epl. Domine deus meus. Gr. Dilexisti. All. Specie tua. Eug. Simile est regnum celorum thesauro. Of. Offerentur minor. Co. Dilexisti.*

[2] Text partially neumed.

[3] *ae* for *istae* added above by a later scribe.

[4] **1903*** In the right margin Exeter scribe 1 gives the heading and cues: *DE PLVRIBVS VIRGINIBVS. Vultum tuum. Coll. Exaudi quesumus domine. Alia. Omnipotens sempiterne. Epl. Qui gloriatur. Gr. Gloriosus deus. All. Adducentur. Eug. Simile est regnum celorum decem uirginibus. Of. Offerentur. Co. Quinque prudentes.*

decore, et passionis uigore, nos mereamur et inuisibilem hostem superare, et unigenito tuo domino nostro adherere. Per quem.

1904 BENEDICTIO. Benedicat uobis dominus qui beatae uirgini .ill. concessit, et decorem uirginitatis, et gloriam passionis. Amen. Et cuius opitulatione illa meruit et sexus fragilitatem et persequentium rabiem deuincere, uos possitis et uestrorum corporum inlecebras, et antiqui hostis machinamenta superare. Amen. Quo sicut illa sexu fragili, uirile nisa est certamen adire et post certamen de hostibus triumphare, ita uos in hac mortalitate uiuentes, ualeatis et antiquum hostem / deuincere, et ad regna /f. 209v caelestia peruenire.
Quod ipse praestare dignetur.

1905 AD COMPLENDVM. Auxilientur nobis domine sumpta mysteria, et intercedente beata illa martyre tua, sempiterna protectione confirment. Per.

1906 AD POPVLVM. Adsit plebi tuae omnipotens deus beatae martyris tuae ill. ueneranda festiuitas, ut cuius gaudet honoribus, protegatur auxilio. Per.

ITEM IN NATALE PLVRIMORVM SANCTORVM COMMVNITER

1907 Praesta domine quesumus, ut sicut sanctorum tuorum .ill. nos natalitia celebranda non deserunt, ita iugiter suffragiis comitentur. Per.

1908 ALIA. Adesto domine populo tuo cum sanctorum tibi patrocinio supplicanti, ut quod propria fidutia non presumit, suffragantium meritis consequatur. Per dominum nostrum.

1909 SECRETA. Hostias tibi domine sanctorum tuorum dicatas meritis benignus assume, et ad perpetuum nobis tribue prouenire subsidium. Per.

1910 PRAEFATIO. VD aeterne deus. Et te in tuorum honore sanctorum ill. glorificare, qui et illis pro certaminis constantia / tribuisti /f. 21 beatitudinem sempiternam. Et infirmitati nostrae talia praestitisti

suffragia, quae pro eorum meritis possis audire dignanter. Per
christum.

1911 AD COMPLENDVM. Magnificantes domine clementiam tuam
suppliciter exoramus, ut qui nos sanctorum tuorum frequentibus
facis natalitiis interesse, perpetuis tribuas gaudere consortiis. Per.

1912 AD POPVLVM. Da nobis quesumus omnipotens deus in sanctorum tuorum te semper commemoratione laudare, quia refouere
curabis, quos in honore tuo perseuerare concedis. Per.

1913 BENEDICTIO. Sanctorum suorum ill. meritis, uos dominus faciat
benedici, et contra aduersa omnia, eorum intercessione muniri.
Amen.
Eorum uos faciat suffragatio felices, quorum festiuitatis diem,
celebratis ouantes. Amen.
Quo eorum imitantes exemplo, ad caelestia peruenire possitis
promissa. Amen.
Quod ipse prestare.

1914 [1]Quem laudant angeli atque archangeli cherubin quoque et seraphin
que non cessant iugiter clamare[2] una uoce dicentes.

/ [3]<MISSA IN TRIBVLATIONE> /f. 210v

1915 Deus qui tribulatos corde sanas et mestificatos actu laetificas, ad
hanc propitius hostiam dignanter adtende et quia per eam totius
mundi uoluisti relaxari delicta, hanc pro tribulatione nostra clementer
assume, cunctaque nostra[4] crimina solue, tribulationem adime,
miserias pelle, angustias et pressuras amoue, ut exuti ab omnibus
quae patimur malis, in tuis semper delectemur exultare deliciis. Per.

1916 <PRAEFATIO>. VD per christum dominum nostrum. Per quem
te inmense deus rogamus, ut supplicationes nostras propitiabili dignatione adtendens, ad hanc nostram orationem quam pro ereptione et
releuatione nostra offerimus, benignus respicias. Iam nos domine

---

[1] A late-tenth-century addition.
[2] Interlined.
[3] Nos 1915–19 added in the mid tenth century.
[4] A small erasure follows.

quesumus placabili uultu intende, et tua singulari misericordia a
nobis amoue, quod seuitia malorum promittit, quod inimicorum
prauitas infert quod prauorum consiliis alligatur, quod ex iudicio / /f. 211r
imminet, quod ex sententia pendet, quod conspiratione machinatur,
quod accusatione confingitur, quod nostrae merentur iniquitates.
Non iustitiam tuam in nostris iniustitiis exerceas domine, sed potius
pietatem tuam in nostris iniquitatibus manifesta. Non nos in persecutione deicias, non in tribulatione relinquas, sed exerce per pietatem, attolle ac rege per misericordiam quo per te ab inimicorum
iaculis tuti, ab omni tribulatione exempti, te deum unum in trinitate
consona uoce laudemus. Cum angelis et archangelis, ita dicentes:
SANCTVS, SANCTVS, SANCTVS.

1917 <AD COMPLENDVM.> Presta domine quesumus ut terrenis
affectibus expiati, ad superni plenitudinem sacramenti, cuius libamus
sancta tendamus. Per dominum.

<APOLOGIAE SACERDOTIS>

1918 Memento mei domine queso et miserere, et licet hace sancta
indignae tibi sancte pater omnipotens aeterne deus meis manibus
offerantur sacrificia, qui nec inuocare sanctum ac ue/nerabile /f. 211v
nomen tuum dignus sum sed quoniam in honore, laude, et memoria
gloriosissimi et dilecti filii tui domini nostri ihesu christi offeruntur,
sicut incensum in conspectu diuinae magestatis tuae cum odore
suauitatis accendatur. Per dominum.

1919 Memento domine famulorum famularumque tuarum, et omnium
qui in sublimitate sunt ut quietam et tranquillam in fide tua uitam
agant, et quicumque mihi consanguinitate, uel familiaritate iuncti
sunt, et quicumque mihi aliquod caritatis uel pietatis officium
inpenderunt, et qui mei memoriam in orationibus suis habent, et qui
se indignis precibus meis commendauerunt, quibuscunque aliquo
obstaculo uel scandalo fui et quicumque mihi aliquid aduersitatis
intulerunt, et omnium congregationum, monachorum, et canonicorum sanctimonialium quorum nomina et numerum tu solus deus
omnipotens agnoscis et omnium circumadstantium[1]

---

[1] Ends incomplete.

/ MISSA DE SANCTA TRINITATE /f. 212r

1920 ¹*OMNIPOTENS SEMPITERNE DEVS*, qui dedisti famulis tuis in confessione uere fidei aeterne trinitatis gloriam agnoscere, et in potentia maiestatis adorare unitatem, quesumus ut eiusdem fidei firmitate, ab omnibus semper muniamur aduersis. <Per>.

1921 SECRETA. Sanctifica quesumus domine deus noster per unigeniti tui uirtutem², huius oblationis hostiam et³ per eam nosmetipsos tibi perfice munus aeternum. Per.

1922 PREFATIO. VD aeterne deus. Qui cum unigenito filio tuo et spiritu sancto, unus es deus, unus es dominus. Non in unius singularitate personę, sed in unius trinitate substantiae. Quod enim de tua gloria reuelante te credimus, hoc de filio tuo, hoc de spiritu sancto, sine differentia discretionis sentimus. Vt confessione uerę sempiternęque deitatis, et in personis proprietas, et in essentia unitas, et in maiestate adoretur ęqualitas. Quem laudant angeli.

1923 AD COMPLENDVM. Proficiat nobis ad salutem corporis et animae, / domine deus, huius sacramenti susceptio, et sempiterna /f. 212v sanctae trinitatis⁴ confessio. Per dominum.

1924 AD POPVLVM. Domine deus pater omnipotens,⁵ famulos tuae maiestati subiectos, per unicum filium tuum in uirtute sancti spiritus benedic et protege, ut ab omni hoste securi in tua iugiter laude laetemur. Per eundem.

MISSA DE SANCTA SAPIENTIA QVAE CHRISTVS EST

1925 Deus qui per coaeternam tibi sapientiam, hominem cum non esset condidisti, perdituque misericorditer reformasti, presta quesumus,

---

¹ **1920*** Six cues added in the right margin beside collect by a tenth-century scribe: *Benedicta sit sancta. Benedicamus patrem. Benedictus es domine. Benedicite deum celi. Benedictus es domine deus. Benedicimus deum celi.*
² *deus noster per unigeniti tui uirtutem* written over an erasure by a later scribe.
³ *cooperante spiritu sancto* added above by a late-tenth-century scribe.
⁴ *eiusdemque indiuiduae unitatis* added above in the tenth century.
⁵ *nos* added above in the tenth century.

ut eadem pectora nostra <te> inspirante[1] tota mente amemus, et ad te toto corde curramus. Per.

1926 SECRETA. Sanctificetur quesumus domine, huius nostrae oblationis munus, tua cooperante sapientia, ut tibi placere possit ad laudem, et nobis proficere ad salutem. Per.

1927 PRĘFATIO. VD aeterne deus. Qui tui nominis agnitionem, et tuae potentiae gloriam, nobis in coaeterna tibi sapientia reuelare uoluisti. Vt tuam confitentes maiestatem, et tuis inhęrentes mandatis, tecum uitam habeamus aeternam. Per christum.

1928 AD COMPLENDVM. Infunde quesumus domine deus per haec sancta quae sumpsimus, tuae / cordibus nostris lumen sapientiae, ut te ueraciter agnoscamus, et fideliter diligamus. Per.   /f. 213r

1929 AD POPVLVM. Deus qui misisti filium tuum et ostendisti creaturae creatorem, respice propicius super nos famulos tuos, et prepara agię sophię dignam in cordibus nostris habitationem. Per.

MISSA DE SANCTA CARITATE

1930 Omnipotens sempiterne deus, qui iustititam tuae legis in cordibus credentium digito tuo scribis, da nobis, fidei, spei, et caritatis augmentum, et ut mereamur assequi quod promittis, fac nos amare quod precipis. Per dominum.

1931 SECRETA. Mitte domine quesumus spiritum sanctum, qui et haec munera praesentia nostra tuum nobis efficiat sacramentum, et ad hoc percipiendum corda nostra purificet. Per.

1932 PRAEFATIO. VD per christum dominum nostrum. Per quem discipulis spiritus sanctus in terra datur ob dilectionem proximi, et de cęlo mittitur propter dilectionem tui. Cuius infusione petimus, ut in nobis peccatorum sordes exurat, tui amoris ignem nutriat, et dilectionem fraternitatis accendat. Per quem maiestatem.

---

[1] *te* added above in the tenth century.

1933 AD COMPLENDVM. Spiritum nobis domine tuae caritatis infunde, ut quos uno / caelesti pane satiasti, una facias pietate concordes. Per. /f. 213v

1934 AD POPVLVM. Deus uita fidelium, gloria humilium, et beatitudo iustorum, propitius accipe supplicum preces, ut animae quae promissiones tuas sitiunt, de tuae semper caritatis abundantia[1] repleantur. Per.

MISSA DE CORDIS EMVNDATIONE PER SPIRITVM SANCTVM POSTVLANDA

1935 Deus cui omne cor patet et omnis uoluntas loquitur et nullum latet secretum, purifica per infusionem sancti spiritus cogitationes cordis nostri, ut perfecte te diligere, et digne laudare mereamur. Per. In unitate eiusdem spiritus sancti.

1936 SECRETA. Haec oblatio domine deus, cordis nostri maculas emundet, ut sancti spiritus digna efficiatur habitatio. Per.

1937 PREFATIO. VD aeterne deus. Qui inspicis cogitationum secreta, et omnis nostrae mentis intentio, prouidentiae tuae patescit intuitu. Respice propitius archana cordis nostri cubilia, et sancti spiritus rore nostras purifica cogitationes, ut tuae maiestati digna cogitemus et agamus. Per christum dominum nostrum.

1938 AD COMPLENDVM. Sacrificium salutis nostrae tibi offerentes, concede / nobis domine deus purificatis mentibus sepius tuę pietatis celebrare mysterium. Per. /f. 214r

1939 AD POPVLVM. Concede quesumus omnipotens deus, spiritum sanctum nos uotis promereri sedulis, quatinus eius gratia ab omnibus liberemur temptationibus, et peccatorum nostrorum indulgentiam mereamur accipere. Per.

AD ANGELORVM SVFFRAGIA POSTVLANDA

1940 Perpetuum nobis domine tuae miserationis praesta subsidium, quibus et angelica praestitisti, suffragia non deesse. Per dominum nostrum.

---

[1] h for *habundantia* prefixed by a later scribe.

1941 SECRETA. Hostias tibi domine laudis offerimus suppliciter deprecantes, ut easdem angelico pro nobis interueniente suffragio, et placatus accipias, et ad salutem nostram prouenire concedas. Per.

1942 PRAEFATIO. VD aeterne deus. Quamuis enim illius sublimis angelicę, substantiae sit habitatio semper in caelis, tuorum tamen fidelium presumit affectus, pro tuae reuerentia potestatis, per hęc piae deuotionis officia quoddam retinere pignus in terris, adstantium in conspectu tuo iugiter / ministrorum. Per christum /f. 214v dominum nostrum.

1943 AD COMPLENDVM. Repleti domine benedictione caelesti suppliciter imploramus, ut quod fragili celebramus officio, sanctorum archangelorum omniumque caelestium uirtutum, nobis prodesse sentiamus auxilio. Per.

1944 AD POPVLVM. Plebem tuam domine perpetua pietate custodi, ut secura semper et necessariis adiuta subsidiis, spiritum tibimet placitorum, pia semper ueneratione laetetur. Per.

MISSA IN HONORE SANCTAE CRVCIS. FERIA VI

1945 Deus qui unigeniti filii tui precioso sanguine uiuificę crucis uexillum sanctificari uoluisti, concede quesumus eos qui eiusdem sanctae crucis gaudent honore, tua quoque ubique protectione gaudere. Per.

1946 SECRETA. Haec oblatio domine ab omnibus nos purget offensis, quae in ara crucis, etiam totius mundi tulit offensa. Per dominum nostrum.

1947 PRAEFATIO. VD aeterne deus. Qui salutem humani generis, in ligno crucis constituisti. Vt unde mors oriebatur inde uita resurgeret. Et qui in ligno uincebat, in ligno quoque uinceretur. Per christum.

1948 AD COMPLENDVM. / Adesto nobis domine deus noster, et quos /f. 215r sanctae crucis laetari facis honore tuis quoque perpetuis defende presidiis. Per dominum nostrum.

1949 AD POPVLVM. Deus qui unigeniti tui domini nostri ihesu christi precioso sanguine humanum genus redimere dignatus es, concede propicius ut qui ad adorandam uiuificam crucem adueniunt, a peccatorum suorum nexibus liberentur. Per.

IN HONORE SANCTAE MARIAE

1950 Concede nobis famulis tuis quesumus domine deus, perpetua mentis et corporis prosperitate gaudere, et gloriosa beatae mariae semper uirginis intercessione a presenti liberari tristitia, et futura perfrui laetitia. Per dominum nostrum.

1951 SECRETA. Intercessio quesumus domine beatae mariae semper uirginis munera nostra commendat[1], nosque in eius ueneratione tuae maiestati reddat acceptos. Per.

1952 PRAEFATIO. VD aeterne deus. Humiliter deprecantes, ut intercedente beata maria semper uirgine et omnibus sanctis, nos ab omnibus peccatis clementer eripias, et a cunctis inimicis misericorditer protegas, et ad gaudia aeterna perducas. Per christum.

1953 / AD COMPLENDVM. Adesto nobis domine deus noster, ut quae /f. 215v fideliter sumpsimus, et mente et corpore beatae mariae semper uirginis intercessione custodiamus. Per.

1954 AD POPVLVM. Omnipotens sempiterne deus, nos famulos tuos dextera potentiae tuae a cunctis protege periculis, et beata maria semper uirgine intercedente, fac nos presenti gaudere prosperitate et futura. Per.

MISSA IN ECCLESIA QVORVM RELIQVIAE IBIDEM CONTINENTVR

1955 [2]Concede quesumus omnipotens deus ut sancta dei genetrix [3]perpetuo uirgo maria sanctique tui omnes angeli archangeli,

---

[1] Corrected to *commendet* by a later scribe.
[2] A mid-tenth-century scribe adds in the margin:
1955* *ALIA. Auxilium tuum nobis quesumus placatus inpende intercedentibus sanctis quorum in hac presenti ecclesia \uel in hoc oratorio/ pretiosa patrocinio colligere curauimus, fac nos ab omni aduersitate liberari et in aeterna laetitia guadere cum illis. Per.*
[3] Rest of prayer rewritten in the late tenth century.

patriarchae, prophẹte, apostoli, martires, confessores, uirgines, atque omnes sancti quorum reliquiẹ in ista sancta continentur aecclesia[1] nos ubiquẹ adiuuent, quatinus hic et ubi quae in illorum presenti suffragio, tranquilla pace in tua laude letemur. Per dominum nostrum.

1956 SECRETA. Munera tuae maiestati oblata misericors deus, benigno quesumus suscipe intuitu, ut eorum nobis precibus fiant salutaria, quorum sacratissimẹ in hac basilica reliquiae sunt recondiṭẹ. Per.

1957 AD COMPLENDVM. Diuina libantes mysteria quesumus domine, ut eorum nos ubique intercessio protegat, quorum hic sacra / gaudemus praesentia. Per. /f. 216r

1958 AD POPVLVM. Exaudi domine deus noster clementer in hac domo tua preces seruorum tuorum, quatinus illorum meritis tuam consequamur gratiam, quorum hic patrocinia ueneramur. Per.

MISSA COTIDIANA IN HONORE OMNIVM SANCTORVM
1959 Deus qui nos beatẹ mariae semper uirginis, ac beatorum omnium caelestium uirtutum, et sanctorum patriarcharum, prophetarum, apostolorum, martyrum, confessorum, uirginum, atque omnium simul sanctorum continua laetificas sollempnitate[2], praesta quesumus, ut quos cotidiano ueneramur officio, etiam pie conuersationis sequamur exemplo. Per.

1960 SECRETA. Munera tibi domine nostrae deuotionis offerimus, quae et pro tuorum tibi grata sint honore iustorum, et nobis salutaria te miserante reddantur[3]. Per.

1961 AD COMPLENDVM. Praesta nobis domine quesumus inter-cedentibus omnium sanctorum meritis, ut quae ore contingimus pura mente capiamus. Per.

AD SVFFRAGIA SANCTORVM POSTVLANDA
1962 Concede quesumus omnipotens deus, ut intercessio nos sanctae dei genetricis mariae, / sanctorumque omnium apostolorum, /f. 216▾

---

[1] *uel in isto continentur oratorio* added interlinearly by another scribe.
[2] *uel memoria* added above by a later scribe.
[3] First *d* added above by original scribe.

martyrum, confessorum, ac uirginum, et omnium electorum tuorum ubique laetificet, ut dum eorum merita recolimus, patrocinia sentiamus. Per dominum.

1963 SECRETA. Oblatis domine placare muneribus, et intercedentibus omnibus sanctis tuis, a cunctis nos defende periculis.

1964 AD COMPLENDVM. Sumpsimus domine sanctorum tuorum sollempnia[1] celebrantes[2] sacramenta caelestia, praesta quesumus ut quod temporaliter gerimus, aeternis gaudiis consequamur.

MISSA PRO REGIBVS

1965 [3]Deus regnorum omnium et christiani maxime protector imperii, da seruis tuis regibus nostris ill. triumphum uirtutis tuae scienter excolere, ut qui tua constitutione sunt principes, tuo semper munere sint potentes. Per dominum.

1966 SECRETA. Suscipe domine preces et hostias ecclesiae tuae pro salute famulorum tuorum ill.[4] supplicantis, et in protectione fidelium populorum antiqua brachii tui operare miracula, ut superatis pacis inimicis, secura tibi seruiat christiana libertas. Per.

1967 INFRA ACTIONEM. Hanc igitur oblationem famuli tui ill. quam tibi offerimus / ministerio officii sacerdotalis, pro eo quod /f. 217r potestatem imperii conferre dignatus es, propitius et benignus assume, et exoratus nostra obsecratione concede, ut maiestatis tuae protectione confidens, et ęuo augeatur et regno. Per.

1968 AD COMPLENDVM. Deus qui ad predicandum aeterni regis euangelium romanum[5] imperium preparasti, pretende famulis tuis principibus nostris[6] .ill. arma caelestia, ut pax ecclesiarum nulla turbetur tempestate bellorum. Per.

---

[1] *uel merita* added interlinearly by a later scribe.
[2] *uel recolentes* added interlinearly by a later scribe.
[3] Endings for singular forms supplied interlinearly throughout the mass by a later scribe.
[4] *regis nostri* added above.
[5] *uel christianum* added above.
[6] *regi nostro* added above.

MISSA COTIDIANA PRO REGE

1969 Quesumus omnipotens deus ut famulus tuus[1] ill. qui tua miseratione suscepit regni gubernacula, uirtutum etiam omnium percipiat incrementa, quibus decenter ornatus, et uitiorum monstra deuitare, et ad te qui uia ueritas, et uita es, gratiosus ualeat peruenire. Per.

1970 SECRETA. Munera domine quesumus oblata sanctifica, ut et nobis unigeniti tui corpus et sanguis fiant, et illi regi ad obtinendam animae corporisque salutem ad peragendum iniunctum officium, te largiente usquequaque proficiant. Per.

1971 AD COMPLENDVM. / Haec domine oblatio salutaris famulum /f. 217v tuum .ill. ab omnibus tueatur aduersis, quatinus et ecclesiasticę pacis obtineat tranquillitatem, et post istius temporis decursum, ad aeternam perueniat hereditatem. Per.

MISSA PRO REGE DICENDA TEMPORE SINODIS

1972 Omnipotens sempiterne deus, qui famulum tuum illum regni fastigio dignatus es sublimare, tribue ei quesumus, ut ita impresenti collecta multitudine cunctorum in commune salutem disponat, quatinus a tuae ueritatis tramite non recedat. Per.

1973 ALIA. Deus qui scis genus humanum nulla sui uirtute posse subsistere, concede propitius ut famulus tuus ill. quem populo tuo uoluisti preferre, ita tuo fulciatur adiutorio, quatinus quibus potuit praeesse ualeat et prodesse. Per.

1974 ALIA. Omnipotens sempiterne deus caelestium terrestriumque moderator, qui famulum tuum ill. ad regni fastigium dignatus es prouehere. Concede quesumus ut a cunctis aduersitatibus liberatus, et ecclesiasticę pacis dono muniatur, et ad aeterne pacis gaudia / /f. 218r te donante peruenire mereatur. Per.

1975 SECRETA. Concede quesumus omnipotens deus his salutaribus sacrificiis placatus, ut famulus tuus ill. ad peragendum regalis dignitatis officium inveniatur semper idoneus, et celestis patrię gaudiis reddatur acceptis[2]. Per.

---

[1] *rex noster* supplied above.
[2] *u* for *acceptus* supplied interlinearly by a later scribe.

1976 PRAEFATIO. VD aequum et salutare. Qui es fons uitae, origo luminis, et auctor totius bonitatis. Et maiestatem tuam totis nisibus implorare, ut famulo tuo ill. cui concessisti regendi populi curam, tribuas id secundum tuam uoluntatem exsequendi efficatiam. Et quibus tuo dono imperat, eis tua opitulatione fultus salubriter prosit. Vt pariter ab omnibus uitae periculis exuti, et uirtutum spiritalium ornamentis induti, fidei spei caritatisque gemmis ornati, et mundi cursus pacifice eis toto ordine dirigatur, et in sanctis operibus te auxiliante perseuerent, beatorumque spirituum coheredes effici mereantur. Per christum.

1977 AD COMPLENDVM. Haec domine salutaris sacrificii perceptio, famuli tui ill. peccatorum maculas diluat, et ad regendum secundum tuam uoluntatem populum idoneum / reddat, ut hoc[1] salutari /f. 218v mysterio contra uisibiles et inuisibiles hostes reddatur inuictus, per quod mundus est diuina dispensatione redemptus. Per dominum nostrum.

1978 ALIA. Deus qui miro ordine uniuersa disponas et ineffabiliter gubernas, praesta quesumus ut famulus tuus ill. haec in presenti conuentu, et in huius seculi cursu, te adiuuante peragat et agenda decernat, unde in perpetuum tibi placere ualeat. Per.

MISSA SPECIALIS SACERDOTIS

1979 Omnipotens sempiterne deus tuae gratiae pietatem supplici deuotione deposco, ut omnium malorum meorum uincula soluas, cunctisque meis criminibus et peccatis clementer ignoscas, et quia me indignum et peccatorem ad ministerium tuum uocare dignatus es sic me idoneum tibi ministrum efficias, ut sacrificium de manibus meis placide ac benigne suscipias, electorumque sacerdotum me participem facias, et de preceptis tuis, in nullo me oberrare permittas. Per.

1980 ALIA. Fac me queso omnipotens deus ita iustitia indui, ut in / /f. 219r sanctorum tuorum merear exultatione laetari, quatinus emundatus ab omnibus sordibus peccatorum, consortium adipiscar tibi placentium sacerdotum, meque tua misericordia a uitiis omnibus exuat, quem reatus proprie conscientie grauat. Per.

---

[1] A small erasure follows.

1981 SECRETA. Deus qui te precipis a peccatoribus exorari tibique sacrificium contriti cordis offerre, hoc sacrificium quod indignis manibus meis offero acceptare dignare, et ut ipse tibi hostia et sacrificium esse merear miseratus concede, quo per ministerii huius exhibitionem, peccatorum meorum omnium percipiam remissionem. Per dominum nostrum.

1982 PRAEFATIO. VD aeterne deus. Qui dissimulatis humanę fragilitatis peccatis, sacerdotii dignitatem concedis indignis. Et non solum peccata dimittis, uerum etiam ipsos peccatores iustificare dignaris. Cuius est muneris ut non existentia[1] sumat[2] exordia, exorta nutrimentum, nutrita fructum, fructuosa perseuerandi auxilium. Qui me non existentem creasti, creatum fidei firmitate ditasti, fidele quamuis peccatis squalentem sacerdotii dignitate donasti. / Tuam igitur omnipo<te>ntiam supplex exposco, ut me a /f. 219v preteritis peccatis emacules, in mundi huius cursu in bonis operibus corrobores, et in perseuerantiae soliditate confirmes. Sicque me facias tuis altaribus deseruire, ut ad eorum qui tibi placuerunt sacerdotum consortium ualeam peruenire. Et per eum tibi sit meum acceptabile uotum, qui se tibi obtulit in sacrificium, qui est omnium opifex, et solus sine peccati macula pontifex, ihesus christus dominus noster. Per quem maiestatem tuam.

1983 AD COMPLENDVM. Huius mihi domine sacramenti perceptio sit[3] peccatorum remissio, et tuae pietatis obtata propitiatio, ut per haec te opitulante efficiar sacris mysteriis dignus, quae de tua pietate confisus, frequentare presumo indignus. Per.

ITEM MISSA SACERDOTIS SPECIALIS

1984 Deus fons bonitatis et pietatis origo, qui peccantem non statim iudicas sed ad penitentiam miseratus expectas, te quęso ut facinorum meorum squalores abstergas, et me ad peragendum iniunctum officium dignum efficias, ut qui / altaris tui ministerium /f. 220 suscepi indignus perago trepidus, ad id peragendum reddar strenuus, et inter eos qui tibi placuerunt, inueniar iustificatus. Per.

---

[1] A small erasure after the letter x.
[2] n for sumant added above by a later scribe.
[3] omnium supplied interlinearly by a later scribe.

1985 SECRETA. Sacrificiis presentibus quęso domine oblatio mea
expurget facinora, per quod totius mundi uoluisti relaxari peccata,
illiusque frequentatione efficiar dignus, quod ut frequentarem
suscepi indignus. Per.

1986 PRAEFATIO. VD aeterne deus. Qui dum libenter nostrae peni-
tudinis satisfactionem suscipis, ipse tuo iudicio quod erramus
abscondis. Et preterita peccata nostra dissimulas, et nobis sacerdotii
dignitatem concedis. Tuum est enim me ad ministrandum altari
tuo dignum efficere, quem ad peragendum id officii indignum
dignatus es promouere. Vt preteritorum actuum meorum mala
obliuiscens, presentium ordinem in tua uoluntate disponens, futuris
custodiam imponens, per eum uitiorum squaloribus expurger
uirtutum nutrimentis exorner, eorum sacerdotum consortio qui
tibi placuerunt aduner, quem constat esse uerum summumque
pontificem, solumque sine / peccati contagio sacerdotem, ihesum   /f. 220v
christum dominum nostrum. Per quem.

1987 AD COMPLENDVM. Huius domine perceptio sacramenti, peccatorum meorum maculas tergat, et ad peragendum iniunctum
officium, me idoneum reddat. Per.

ITEM ALIA MISSA SACERDOTIS

1988 Suppliciter te deus pater omnipotens, qui es creator omnium rerum
deprecor, ut dum me famulum coram omnipotentia maiestatis tuae
grauiter deliquisse confiteor, per intercessionem beatę mariae
semper uirginis et omnium sanctorum tuorum manum misericordiae tuae mihi porrigas, quatinus dum et ego hanc oblationem ante
conspectum tuae pietatis offerre presumo[1], quod nequiter admisi
clementissime digneris absoluere. Per.

1989 SECRETA. Deus misericordię, deus pietatis, deus indulgentię,
peccaminum indulge quaeso et miserere mei sacrificium quoque
quod pietatis tuae gratia humiliter offero benigniter dignare[2]

---

[1] A small erasure follows.
[2] *e* for *benigne* and *eris* for *digneris* added above by a later scribe.

suscipere, ut intercedentibus omnibus sanctis tuis, et peccata quae
labentibus uitiis contraxi, pius ac propitius et[1] miserator[2] indulgeas, et locum penitentię ac flumina lacrimarum / concessa, /f. 221r
ueniam a te merear accipere delictorum. Per.

1990 PRAEFATIO. VD per christum dominum nostrum. Qui pro
amore hominum factus, in similitudinem carnis peccati formam
serui dominus assumpsit, et in specie uulnerati medicus ambulauit. Hic nobis dominus et magister salutis, aduocatus et iudex,
sacerdos et sacrificium. Per hunc te sancte pater omnipotens
suppliciter deprecor, ut dum reatum conscientię meae recognosco,
quod[3] in preceptis tuis preuaricator extiti, et per delictorum
facinus in ruinam corrui. Tu me domine erigere digneris quem
lapsus peccati prostrauit, inlumina cecum, quem tetrę peccatorum caligines obscurauerunt, solue compeditum quem uincula
peccatorum constringunt. Praesta per sanctum et gloriosum et
adorandum dominum nostrum ihesum christum filium tuum,
quem laudant angeli, et non cessant clamare dicentes: Sanctus
sanctus sanctus.

1991 INFRA ACTIONE. Hanc igitur oblationem quam tibi offero ego
tuus famulus et sacerdos, ob diem in quo me dignatus es
ministerio sacro constituere sacerdotem, obsecro domine placatus
accipias, unde maiestatem tuam supplex exoro, ut quod in me
largire dignatus es, propitius custodire / digneris. Diesque nostros /f. 221ᵛ
in tua pace.

1992 AD COMPLENDVM. Omnipotens sempiterne deus ihesu christe
domine, propitius esto peccatis meis per assumptionem corporis
et sanguinis tui, et[4] intercessionem[5] sanctę mariae et omnium
sanctorum tuorum, tu enim loquens dixisti, qui manducat meam
carnem[6] et bibit meum sanguinem[7] in me manet et ego in eum[8].

---

[1] *ac* added above by a later scribe.
[2] *us* for *miseratus* added above by a later scribe.
[3] Rewritten over an erasure by a later scribe.
[4] *per* supplied above by a later scribe.
[5] *omnium sanctorum tuorum* added above by a later scribe.
[6] *meam carnem* marked for inversion.
[7] *meum sanguinem* marked for inversion.
[8] *o* for *eo* added above by a later scribe.

Ideo supplex te deprecor ut in me cor mundum crees, et spiritum rectum in uisceribus meis innoues, et spiritu principali me confirmare digneris, et ab omnibus insidiis diaboli atque uiciis emundes, ut gaudiis caelestibus merear esse particeps. Per[1].

MISSA CONTRA TEMPTATIONEM CARNIS

1993 [2]Vre igne sancti spiritus renes meos et cor meum domine, ut tibi casto corpore seruiam, et mente placeam. Per dominum.

1994 SECRETA. Muneribus nostris domine precibusque susceptis, et celestibus nos munda misteriis, et clementer exaudi. Per.

1995 AD COMPLENDVM. Domine adiutor et protector noster, refloreat caro mea uigore pudititiae et sanctimonie nouitate, ereptamque de manu tartari in resurrectionis gaudium iubeas me presentari. Per.

/ PRO ABBATE ET CONGREGATIONE /f. 222r

1996 Omnipotens sempiterne deus, qui facis mirabilia magna solus, pretende super famulum tuum, abbatem .ill. et super cunctam congregationem illi commissam spiritum gratiae salutaris, et ut in ueritate tibi complaceant, perpetuum eis rorem tuę benedictionis infunde. Per dominum nostrum.

1997 SECRETA. Hostias domine famulorum tuorum placatus intende, et quas in honorem nominis tui deuota mente pro eis celebramus, proficere sibi sentiant ad medelam. Per.

1998 AD COMPLENDVM. Quos caelesti recreas munere perpetuo domine comitare presidio, et quos fouere non desinis dignos, fieri sempiterna redemptione concede. Per.

MISSA PRO ITER AGENTIBVS

1999 [3]Adesto domine supplicationibus nostris, et uiam famuli tui ill.[4] in salutis tuae prosperitate dispone, ut inter omnes uiae et uitae huius uarietates, tuo semper protegatur auxilio. Per.

---

1 *Qui uiuis* supplied interlinearly by a later scribe.
2 Plural forms given interlinearly throughout the mass.
3 Forms in the first person plural given interlinearly throughout mass.
4 *commisique sibi adherentium* supplied interlinearly by a later scribe.

2000 SECRETA. Propitiare domine supplicationibus nostris, et has oblationes quas tibi offerimus pro famulo tuo .ill. benignus assume, ut uiam illius et precedente gratia tua / dirigas, et /f. 222v subsequente comitari digneris, ut de actu atque incolumitate[1] eius, secundum misericordiae tuae presidia gaudeamus. Per.

2001 AD COMPLENDVM. Exaudi domine preces nostras, et iter famuli tui ill. propitius comitare, atque misericordiam tuam sicut ubique es, ita et ubique largire, quatinus ab omnibus aduersitatibus tua opitulatione defensus, iustorum desideriorum potiatur effectibus. Per.

MISSA PRO NAVIGANTIBVS FIDELIBVS

2002 Deus qui transtulisti patres nostros per mare rubrum et transuexisti per aquam nimiam laudem tui nominis decantantes, supplices deprecamur, ut in hac naui famulos tuos repulsis aduersitatibus, portu semper obtabili cursuque tranquillo tuearis. Per dominum.

2003 SECRETA. Suscipe quesumus domine preces famulorum tuorum cum oblationibus hostiarum, et tua mysteria celebrantes, ab omnibus defende periculis. Per.

2004 AD COMPLENDVM. Sanctificati diuino misterio maiestatem tuam domine suppliciter deprecamur et petimus, ut quos donis facis caelestibus interesse, per lignum sanctae crucis / et ab[2] /f. 223r peccatis abstrahas, et a periculis cunctis miseratus eripias. Per.

MISSA PRO PACE

2005 Deus a quo sancta desideria recta consilia et iusta sunt opera, da seruis tuis illam quam mundus dare non potest pacem, ut et corda nostra mandatis tuis dedita et hostium sublata formidine, tempora sint tua protectione tranquilla. Per.

2006 SECRETA. Deus qui credentes in te populos nullis sinis concuti terroribus, dignare preces et hostias dicatę tibi plebis suscipere, ut pax tua pietate concessa, christianorum fines ab omni hoste faciat esse securos. Per dominum nostrum.

---

[1] *nostra* supplied interlinearly by a later scribe.
[2] *b* marked for omission.

2007 AD COMPLENDVM. Deus auctor pacis et amator, quem nosse uiuere cui seruire regnare est, protege ab omnibus inpugnationibus supplices tuos, ut qui in defensione tua confidimus, nullius hostilitatis arma timeamus. Per.

MISSA PRO PECCATIS

2008 Exaudi quesumus domine supplicum preces et confitentium tibi parce peccatis, ut pariter nobis indulgentiam tribuas benignus et pacem. Per.

2009 SECRETA. Hostias tibi domine placationis offerimus, ut et delicta / nostra miseratus absoluas, et nutantia corda tu dirigas. /f. 223v Per dominum nostrum.

2010 AD COMPLENDVM. Praesta nobis aeterne saluator, ut percipientes hoc munere ueniam peccatorum, deinceps peccata uitemus. Per.

MISSA DE QVACVMQVE TRIBVLATIONE

2011 [1]Ineffabilem misericordiam tuam nobis domine clementer ostende, ut simul nos et a peccatis exuas, et a poenis quas pro his meremur eripias. Per.

2012 SECRETA. Purificet nos domine quesumus muneris presentis oblatio, et dignos sacra participatione perficiat. Per.

2013 AD COMPLENDVM. Praesta nobis domine quesumus, ut terrenis affectibus expiati, ad superni plenitudinem sacramenti, cuius libauimus sancta tendamus. Per.

ITEM ALIA

2014 Domine deus qui ad hoc irasceris ut subuenias, ad hoc minaris ut parcas, intercedentibus omnibus sanctis tuis lapsis manum porrige et laborantibus multiplici miseratione succurre, ut qui per te sunt redempti, ad spem uitae aeterne tua moderatione saluentur. Per.

---

[1] **2011*** Chant added in left margin beside collect in the late tenth century: *A. Salus populi. PS. Adtendite popule. GR. Oculi omnium. V. Aperis tu. ALL. Deus iudex iustus. OF. Super flumina. CO. Amen dico vobis quicquid.*

2015 ALIA. Deus qui contritorum non despicis gemitum et merentium
non aspernaris affectum[1], adesto precibus nostris / quas pietati /f. 224r
tuae pro tribulatione nostra offerimus, implorantes ut nos clementer suscipias, et solo bonitatis tuae intuitu tribuas, quatinus quicquid contra nos diabolicę atque humane moliuntur aduersitates, ad
nihilum redigas, et consilio misericordiae tuae allidas, quo nullis
aduersitatibus laesi, sed ab omni tribulatione et angustia liberati,
gratias tibi in ecclesia tua referamus lęti. Per.

2016 SECRETA. Sacrificia domine cum ecclesiae precibus immolanda
quesumus corda nostra purificent, et intercedentibus omnibus
sanctis tuis indulgentiae tuae nobis dona concilient, et de aduersis
prospera sentire faciant. Per.

2017 PRAEFATIO. VD aeterne deus. Qui fragilitatem nostram non
solum misericorditer donis temporalibus[2] consolaris ut nos ad
aeterna prouehas, sed etiam ipsis aduersitatibus sęculi benignus
erudis, ut ad caelestia regna perducas. Per christum dominum.

2018 AD COMPLENDVM. Quos munere caelesti reficis domine,
intercedentibus omnibus sanctis tuis diuino tuere presidio, ut tuis
misteriis perfruentes, nullis subdamur aduersis. Per.

2019 ALIA. Dimitte domine deus peccata nostra, et tribue nobis
miseri/cordiam tuam, orisque nostri alloquio deprecatus nostram /f. 224v
adtende humilitatem, uincula solue, delicta dele, tribulationem
inspice, aduersitatem repelle, affectumque[3] petitionis nostrae
iugiter et clementer exaudi. Per.

MISSA CONTRA OBLOQVENTES
2020 Presta quesumus domine, ut mentium reproborum non curemus
obloquium, sed eadem prauitate calcata exoramus, ut nec terreri
nos lacerationibus patiaris iniustis, nec captiosis adulationibus
implicari, sed potius amare quae precipis.

[1] a marked for omission; e for *effectum* supplied above,
[2] *donis temporalibus* marked for inversion.
[3] a dotted for omission; e for *effectumque* added above by a later scribe.

2021 SECRETA. Oblatio domine tuis aspectibus immolanda, quesumus ut et nos ab omnibus uitiis potenter absoluat, et a cunctis inimicis defendat. Per dominum.

2022 AD COMPLENDVM. Praesta domine quesumus ut per haec sancta quae sumpsimus, dissimulatis lacerationibus improborum, eadem te gubernante, quae recta sunt cautius exsequamur. Per.

MISSA IN CONTENTIONE

2023 Omnipotens sempiterne deus, qui superbis resistis et gratiam praestas humilibus, tribue quesumus ut non indignationem tuam prouocemus elati, sed propitiationis tuae capiamus dona subiecti. Per dominum nostrum.

2024 SECRETA. / Ab omni reatu nos domine sancta quę tractamus /f. 225r absoluant, et eadem muniant a totius[1] prauitatis incursu. Per dominum nostrum.

2025 AD COMPLENDVM. Quos refecisti domine caelesti mysterio[2], propriis et alienis quesumus propitiatus absolue delictis, ut diuino munere purificatis mentibus perfruamur. Per.

MISSA CONTRA IVDICES MALE AGENTES

2026 Ecclesiae tuae domine preces placatus admitte, ut destitutis aduersitatibus uniuersis, secura tibi seruiat libertate. Per.

2027 SECRETA. Protege nos domine quesumus tuis mysteriis seruientes, ut diuinis rebus et corpore famulemur et mente. Per dominum.

2028 AD COMPLENDVM. Quesumus domine deus noster, ut quos diuina tribuis participatione gaudere, humanis non sinas subiacere periculis. Per.

MISSA TEMPORE BELLI

2029 Deus regnorum omnium regumque dominator, qui nos et percutiendo sanas et ignoscendo conseruas, pretende nobis miseri-

---

[1] *ab omni* added above by a later scribe.
[2] *a* for to *mysteria* added above by a later scribe.

cordiam tuam, ut tranquillitate pacis tua pietate firmata, ad
remedia correctionis utamur. Per.

2030 ALIA. / Deus qui conteris bella et inpugnatores in te sperantium   /f. 225v
potentia tuae defensionis expugnas, auxiliare implorantibus misericordiam tuam, ut omnium gentium feritate compressa, indefessa
te gratiarum actione laudemus. Per.

2031 SECRETA. Sacrificium domine quod immolamus, intende, ut ab
omni nos exuat bellorum nequitia, et in tuae protectionis securitate constituat. Per.

2032 AD COMPLENDVM. Sacrosancti corporis et sanguinis domini
nostri ihesu christi refectione uegetati supplices te rogamus
omnipotens deus, ut hoc remedio singulari ab omni nos contagione purifices, et a periculorum munias incursione cunctorum.
Per.

ITEM ALIA MISSA

2033 Omnipotens deus christiani nominis inimicos, uirtute quesumus
tuae comprime maiestatis, ut populus tuus et fidei integritate
laetetur, et temporum tranquillitate semper exultet. Per.

2034 ALIA. Hostium nostrorum quesumus domine elide superbiam, et
dexterę tuae uirtute prosterne. Per.

2035 SECRETA. Huius domine quesumus uirtute mysterii, et a nostris
mundemur occultis, et ab inimicorum liberemur insidiis. Per.

2036 / AD COMPLENDVM. Viuificet nos domine quesumus partici-   /f. 226r
patio tui sancta misterii, et pariter nobis expiationem tribuat et
munimen. Per.

ITEM ALIA MISSA

2037 Deus qui[1] prouidentia tua celestia simul et terrena moderaris,
propitiare christianorum rebus et regibus, ut omnis hostium
fortitudo, te pro nobis pugnante frangatur. Per.

---

[1] A small erasure follows.

2038 ALIA. Deus seruientium tibi fortitudo regnorum, propitius christianorum semper adesto principibus, ut quorum tibi subiecta est humilitas, eorum ubique excellentior sit potestas. Per.

2039 SECRETA. Propitiare domine precibus et hostiis famulorum tuorum, et propter nomen tuum christiani nominis defende rectores, ut salus seruientium tibi principium, pax tuorum possit esse populorum. Per.

2040 AD COMPLENDVM. Protege domine famulos tuos subsidiis pacis et corporis, et spiritalibus eos enutriens alimentis, a cunctis hostibus redde securos. Per.

MISSA CONTRA PAGANOS

2041 Domine deus qui ad hoc irasceris ut subuenias ad hoc minaris ut parcas, lapsis manum porrige et laborantibus multiplici miseratione / succurre, ut gentem paganam quam pro peccatis nostris super nos cognoscimus preualere, te miserante sentiamus cessare. Per dominum. /f. 226v

2042 ALIA. Sempiterna trinitas deus, cuius est potentia prosternere fortia et eleuare humilia, in his sacris cerimoniis clementiam tuam suppliciter deprecamur, ut omni ecclesię tuae praestes auxilium, et sicut liberasti filios israhel de manibus aegiptiorum, ita libera populum tuum christianum de oppressione paganorum, et da uictoriam seruis tuis, quatinus ecclesiae tuae status erigatur in sublime, et perfidi deiciantur in infima, ut christiani gaudeant de hereditate tua, et in omnibus tua protegente dextera, semper catholica gratuletur ecclesia. Per dominum.[1]

2043 SECRETA. Sacrificium[2] domine quod immolamus intende, ut ab omni paganorum nos exuat bellorum nequitia, et in tuę protectionis securitate constituat. Per.

2044 PRAEFATIO. VD aeterne deus. Sub cuius potestatis arbitrio, omnium regnorum continetur potestas. Te humiliter deprecamur,

---

[1] *deus noster qui unus in trinitate uiuis et regnas deus per omnia* added in margin opposite by a later scribe.
[2] The letters *fi* supplied above by the original scribe.

ut principibus nostris / propitius adesse digneris. Vt qui tua /f. 227r
expetunt se protectione defendi, omnibus sint hostibus fortiores.
Per christum dominum nostrum.

2045 AD COMPLENDVM. Quos caelesti domine dono satiasti, praesta
quesumus ut a nostris mundemur occultis et ab hostium liberemur
insidiis, et famulis tuis cum omnibus suis fluctantibus in aduersis,
prebe suffragium, ne[1] plebs christiana per infidelium discrimen
ullum[2] possit habere dispendium, sed te opitulante mereatur de
tuo[3] gratulari solatio. Per.

2046 ALIA. Protector noster aspice deus, et a paganorum nos defende
periculis, ut omni perturbatione submota, liberis tibi mentibus
seruiamus. Per.

MISSA PRO PETITIONE LACRIMARVM
2047 Omnipotens mitissime deus, qui sitienti populo fontem aquae
uiuentis de petra produxisti, educ de cordis nostri duritia com-
punctionis lacrimas, ut peccata nostra plangere ualeamus, re-
missionemque te miserante mereamur accipere. Per.

2048 ALIA. Omnipotens aeterne deus, da capiti nostro habundantiam
aquę, et oculis nostris fontem lacrimarum, ut peccati macula / /f. 227v
abluti, ultrices poenarum flammas, fletus ubertate uincamus. Per
dominum.

2049 SECRETA. Per has quesumus domine oblationes, ut non tantum
oculis nostris lacrimas infundas, sed et cordi nostro nimium[4]
peccatorum luctum tribuas. Per.

2050 AD COMPLENDVM. Corpore et sanguine tuo satiati quesumus
domine, ut pro nostris semper peccatis, nobis compunctionem
cordis et luctum fluminaque lacrimarum largiaris, quatenus caelestem in futuro consolationem mereamur.[5]

---

[1] *sit* added above by a later scribe.
[2] *n* for *nullum* added above by a later scribe.
[3] *mereatur de tuo* marked to be read *de tuo mereatur*.
[4] *habere*, for insertion here, written in margin by a later scribe.
[5] *Qui uiuis* appended by a later scribe.

MISSA MONACHORVM PROPRIA

2051 Familiam huius[1] coenobii quesumus domine, intercedente beata maria semper uirgine[2] et omnibus sanctis, perpetuo guberna moderamine, ut adsit eis[3] et in securitate cautela, et inter aspera fortitudo. Per.[4]

2052 SECRETA. Hostias nostras quesumus domine, placatus intende, et quas in honorem nominis tui deuota mente pro congregatione ista celebramus, proficere sibi sentiant ad medelam. Per.

2053 AD COMPLENDVM. Suscipe quesumus domine preces nostras, et muro custodię tuę hoc sanctum ouile circumda, ut omni aduersitate depulsa, sit semper domicilium incolumnitatis et pacis. Per.

/ MISSA TEMPORE QVOD ABSIT MORTALITATIS /f. 228r

2054 Deus qui non mortem sed pęnitentiam desideras peccatorum, populum tuum quesumus ad te conuerte propitius, ut dum tibi deuotus extiterit, iracundiae tuae flagella ab eo amoueas. Per dominum nostrum.

2055 ALIA. Populum tuum quesumus omnipotens deus, ab ira tua ad te confugientem, paterna recipe pietate, ut qui tuae maiestatis flagella formidant, de tua mereantur semper[5] uenia gratulari. Per.

2056 SECRETA. Subueniat nobis quesumus domine sacrificii pręsentis operatio, quae nos et ab erroribus uniuersis potenter absoluat, et a totius eripiat perditionis incursu. Per.

2057 PRAEFATIO. VD aeterne deus. Te toto corde suppliciter exorantes, ut preteritorum concedas ueniam delictorum, et ab omni mortalitatis incursu, continua nos miseratione protegas. Quia tunc

---

[1] *sacri* added above in the late tenth century.
[2] *et sancto benedicto confessore tuo* added above in the late tenth century.
[3] *nobis* added above in the late tenth century.
[4] An alternative collect added in the margin in the late tenth century:
2051* *Defende quesumus domine intercedente beato benedicto ab omni adversitate congregationem istam et tibi toto corde prostratam ab hostium tuere propitius clementer insidiis. Per.*
[5] *mereantur semper* marked for inversion.

343

defensionem tuam non diffidimus adfuturam, cum a nobis ea quibus te offendimus dignanter expuleris. Per christum.

2058 AD COMPLENDVM. Tuere nos quesumus domine tua sancta sumentes, / et ab omni propitius iniquitate defende. Per. /f. 228v

2059 ALIA. Aures tuae pietatis quesumus domine precibus nostris inclina, ut qui peccatorum nostrorum flagellis percutimur, miserationis tuae gratia liberemur. Per.

2060 ALIA. Memor esto domine fragilitatis humanę, et qui iuste uerberas peccatores, parce propitiatus afflictis. Per.

MISSA PRO PESTE ANIMALIVM
2061 Deus qui laboribus hominum etiam de mutis animalibus solatia subrogasti, supplices te rogamus, ut sine quibus non alitur humana conditio, nostris facias usibus non perire. Per.

2062 SECRETA. Sacrificiis domine placatus oblatis, opem tuam nostris temporibus clementer impende. Per.

2063 PRAEFATIO. VD aeterne deus. Qui ideo malis presentibus nos flagellas, ut ad bona futura perducas. Ideo bonis temporalibus consolaris, ut de sempiternis efficias certiores. Quo te et in prosperis et in aduersis, pia semper confessione laudemus. Per christum.

2064 AD COMPLENDVM. Benedictionem tuam domine populus fidelis accipiat, qua corpore saluatus ac mente, et congruam tibi exhibeat seruitutem, et propitiationis tuae / beneficia semper inueniat. Per. /f. 229

2065 ALIA. Auerte quesumus domine a fidelibus tuis cunctos miseratus errores, et seuientium morborum depelle pernitiem, ut quos merito flagellas deuios, foueas tua miseratione correctos. Per.

MISSA IN STERILITATE TERRAE
2066 Da nobis quesumus domine pię supplicationis effectum, et pestilentiam famemque propitiatus auerte, ut mortalium corda cogno-

scant, et te indignante talia flagella prodire[1], et te miserante cessare. Per.

2067 SECRETA. Deus qui humani generis utramque substantiam, presentium munerum et alimento uegetas et renouas sacramento, tribue quesumus ut eorum et corporibus nostris subsidium non desit et mentibus. Per.

2068 AD COMPLENDVM. Guberna quesumus domine et temporalibus adiumentis, quos dignaris aeternis informare mysteriis. Per.

MISSA AD PLVVIAM POSTVLANDAM

2069 Deus in quo uiuimus, mouemur, et sumus, pluuiam nobis tribue congruentem[2], ut presentibus subsidiis sufficienter adiuti, sempiterna fiducialius appetamus. Per.

2070 SECRETA. Oblatis domine placare muneribus, et oportunum / nobis tribue pluuiae sufficientis auxilium. Per. /f. 229v

2071 AD COMPLENDVM. Tuere nos[3] domine quesumus tua sancta sumentes, et ab omnibus propitius absolue peccatis. Per dominum.

2072 ALIA. Delicta fragilitatis nostrae domine quesumus miseratus absolue, et aquarum subsidia prebe caelestium, quibus terrena conditio uegetata subsistat. Per.

MISSA AD POSCENDAM SERENITATEM

2073 Ad te nos domine clamantes exaudi, et aeris serenitatem nobis tribue supplicantibus, ut qui pro peccatis nostris iuste affligimur, misericordia tua preueniente clementiam sentiamus. Per.

2074 SECRETA. Preueniat nos quesumus domine gratia tua semper et subsequatur, et has oblationes quas pro peccatis nostris nomini tuo consecrandas deferimus benignus assume, ut per intercessionem omnium sanctorum tuorum, cunctis proficiant ad salutem. Per.

---

[1] Corrected by erasure.
[2] Rewritten over an erasure.
[3] *nobis* before erasure.

2075 AD COMPLENDVM. Plebs tua domine capiat sacrę benedictionis augmentum, et copiosis beneficiorum tuorum subleuetur auxiliis, quae tantis intercessionum deprecationibus adiuuatur. Per dominum.

2076 ALIA. Domine deus qui in mysterio aquarum salutis tuae / nobis /f. 230r
sacramenta sanxisti, exaudi orationem populi tui, et iube terrores inundantium cessare pluuiarum, flagellumque huius elementi ad effectum tui conuerte mysterii, ut qui se regenerantibus aquis gaudent renatos, gaudeant his castigantibus esse correctos. Per.

MISSA AD REPELLANDAM TEMPESTATEM
2077 Deus qui omnium[1] tibi seruientium naturam, per ipsos motus aeris ad cultum tuae maiestatis instituis, tranquillitatem nobis misericordiae tuae remotis largire terroribus, ut cuius iram expauimus, clementiam sentiamus. Per.

2078 SECRETA. Offerimus domine laudes et munera pro concessis[2] beneficiis gratias referentes, et pro concedendis semper suppliciter deprecantes. Per.

2079 AD COMPLENDVM. Omnipotens sempiterne deus, qui nos et castigando sanas, et ignoscendo conseruas, presta supplicibus tuis, ut et tranquillitatibus huius optatę consolationis laetemur, et dono tuae pietatis semper utamur. Per.

MISSA PRO TEMPTATIONIBVS
2080 [3]*cordium inimicorum inuisibilium, et cogitationibus inmundis.*
/ Omnipotens mitissime deus, respice propitius preces nostras, et /f. 230v
libera cor nostrum de malarum temptatione cogitationum, ut sancti spiritus dignum fieri habitaculum mereamur. Per.

2081 LECTIO AD CORINTHIOS. *FRATRES.* Qui se existimat stare, uideat ne cadat. Temptatio uos non adprehendat, nisi humana. Fidelis autem deus est, qui non patietur uos temptari super id quod

---

[1] *rerum* added above by a later scribe.
[2] *pro concessis* rewritten later over an erasure.
[3] **2080*** Below an Exeter scribe gives the cue: A. Exaudi deus orationem et ne deus.

potestis. Sed faciet cum temptatione etiam prouentum, ut possitis sustinere.[1]

2082 SECVNDVM MARCVM. In illo tempore dixit ihesus discipulis suis. Habete fidem dei. Amen dico uobis, quia si quis dixerit huic monti, tollere et mittere in mare, et non hesitauerit in corde suo, sed crediderit, quia quodcumque dixerit fiet, fiet ei. Propterea dico uobis. Omnia quaecumque orantes petitis, credite quia accipietis et uenient uobis. Et cum stabitis ad orationem, dimitte si quid habetis aduersus aliquem. Vt et pater uester qui in cęlis est, dimittat uobis delicta uestra.[2]

2083 SECRETA. Has tibi domine deus offerimus oblationes pro salute nostra, quatinus animam nostram, sancti spiritus gratia, inluminare digneris. Per. In unitate eiusdem.

2084 PRAEFATIO. / VD aeterne deus. Humiliter tuam deprecantes clementiam, ut gratiam sancti spiritus animę nostrae clementer infundere digneris, ut te perfecte diligere et digne laudare mereamur. Per christum.[3] /f. 231r

2085 AD COMPLENDVM. Per hoc quesumus domine sacrificium quod tuae obtulimus pietati, ab omnibus inmundis temptationibus[4] cor nostrum emundes. Per dominum nostrum.

2086 ALIA. Deus qui inluminas omnem hominem uenientem in hunc mundum, inlumina[5] cor nostrum gratiae[6] tuae splendore, ut digna maiestati tuae cogitare et diligere mereamur. Per.

MISSA PRO AMICO FIDELI

2087 [7]Deus qui iustificas impium et non uis mortem peccatorum, maiestatem tuam suppliciter deprecamur, ut famulum tuum .ill. de

---

[1] **2081*** An Exeter scribe appends the cues: *Gr. Ad dominum. All. In te domine.*

[2] **2082*** The same Exeter scribe appends: *Of. Deus uiuifica.*

[3] **2083*** The Exeter scribe appends: *<Co.> Dico uobis gaudete.*

[4] *cogitationibus* added above by an Exeter scribe.

[5] *quesumus* added interlinearly by original scribe.

[6] Partially rewritten later.

[7] Feminine endings supplied interlinearly throughout the mass by a later scribe.

tua misericordia confidentem caelesti protegas benignus auxilio, et assidua protectione conserues, ut tibi iugiter famuletur, et nullis temptationibus a te separetur. Per.

2088 SECRETA. Huius domine quesumus uirtute mysterii, et a propriis nos munda delictis, et famulum tuum ill. ab omnibus absolue peccatis. Per.

2089 PREFATIO. VD aeterne deus. Et pietatem tuam supplici deuotione / exposcere, ut haec oblatio quam tibi pro famulo tuo ill. /f. 231v offerimus, sit in oculis tuis semper accepta. Et sicut sanctos tuos fides recta prouexit ad coronam, ita eum deuotio perducat ad ueniam. Qualiter hac oblatione ut placatus, a cunctis eum emundes sordibus delictorum, et dites fructu operum bonorum. Per.

2090 IN FRACTIONE. Hanc igitur oblationem quam tibi offerimus, pro famulo tuo ill. ut omnium peccatorum suorum ueniam consequi mereatur, quesumus domine placatus accipias, et miserationis tuae largitate concedas, ut fiat ei ad ueniam delictorum et actuum emendationem, ut et hic ualeat bene uiuere, et ad aeternam beatitudinem feliciter peruenire. Diesque nostros.

2091 AD COMPLENDVM. Purificent nos domine quesumus sacramenta quae sumpsimus, et famulum tuum .ill. ab omni culpa liberum esse concede, ut qui conscientiae reatu constringitur, caelestis remedii plenitudine glorietur. Per.

ITEM PRO AMICO

2092 [1]Omnipotens sempiterne deus, miserere famulo tuo[2] ill. et dirige eum secundum tuam clementiam in uiam salutis aeterne, ut te donante tibi / placita cupiat, et tota uirtute perficiat. Per. /f. 232

2093 SECRETA. Proficiat quesumus domine haec oblatio quam tuae supplices offerimus maiestati ad salutem famuli tui ill., ut tua prouidentia eius uita inter aduersa et prospera ubique dirigatur. Per.

---

[1] Endings for plural forms given interlinearly throughout this prayer.
[2] `regi nostro regi nostro famuleque tuę regine` supplied above by an Exeter scribe.

2094 PRAEFATIO. VD aeterne deus. Cuius omnipotentia deprecanda est, misericordia exoranda, pietas amplectanda. Cuius maiestatem humili prece deposcimus, ut famulo tuo ill. intercedente beato ill. remissionem peccatorum tribuas, eiusque uiam in uoluntate tua dirigas, eumque a cunctis malis eripias. Quatinus a cunctis aduersitatibus liberatus, in omnibus bonis confirmatus, et ad bonorum desideriorum uota perueniat, et quae iuste postulat, te largiente percipiat. Per christum.

2095 IN FRACTIONE. Hanc igitur oblationem quam tibi offerimus pro peccatis atque offensionibus famuli tui ill., ut consequi mereatur remissionem omnium peccatorum. Quesumus domine.

2096 AD COMPLENDVM. Sumentes domine perpetua sacramenta salutis, tuam deprecamur clementiam, ut per ea famulum tuum ill.[1] ab omni aduersitate protegas. Per.

2097 ALIA. / Famulum tuum quesumus domine tua semper protectione custodi, ut libera tibi mente deseruiat et te protegente, a malis omnibus sit securus. Per.   /f. 232v

ITEM PRO AMICO

2098 Adesto domine supplicationibus nostris, et hanc famuli tui oblationem benignus assume, ut qui auxilium tuae miserationis implorat, et sanctificationis gratiam percipiat, et quae piae precatur obtineat. Per.

2099 SECRETA. Grata tibi sit domine haec oblatio famuli tui .ill. quam tibi offerimus in honorem beati martyris tui .ill., quesumus ut eidem proficiat ad salutem. Per dominum.

2100 PRAEFATIO. VD aeterne deus. Qui es iustorum gloria, et misericordia peccatorum. Pietatem tuam humili prece deposcimus, ut famulum tuum ill. benignus respicias, et pietatis tuae custodiam impendas. Vt ex toto corde et ex tota mente deseruiat tibi, et sub tua semper protectione consistat. Vt quando ei extrema

---

[1] *regem nostrum famulamque tuam reginam* added above by an Exeter scribe.

349

dies uenerit, societatem sanctorum percipiat, cum quibus inenarrabilem gloriam sine fine possideat. Per christum.

2101 AD COMPLENDVM. Huius domine quesumus uirtute mysterii et propriis mundemur occultis, et famulum tuum ill. ab omnibus absolue peccatis. Per.

ITEM PRO AMICO VIVO

2102 / [1]Exaudi quesumus omnipotens deus preces nostras, quas in conspectu pietatis tuae effundere presumimus suppliciter deprecantes, ut famulum tuum .ill. in tua misericordia confidentem benedicas, et omnia eius peccata[2] dimittas, tuaque eum protectione conserua, ut possit tibi dignus fieri, et ad aeternam beatitudinem peruenire ualeat. Per. /f. 233r

2103 SECRETA. Suscipe clementissime pater hostias placationis et laudis, quas eo peccator et indignus[3] tuus famulus tibi offerre presumo ad honorem et gloriam nominis tui, pro incolumitate famuli tui .ill. ut omnium delictorum suorum ueniam, consequi mereatur. Per.

2104 AD COMPLENDVM. Da quesumus domine famulo tuo ill. remissionem omnium peccatorum, et praesta ut tuo semper munere gubernetur, et ad gaudia aeterne redemptionis, te ducente peruenire mereatur. Per.

2105 ALIA. Conserua quesumus domine famulum tuum .ill. et tuo nomini fac deuotum, ut diuinis subiectus officiis, et temporalia uiriliter, et aeterna dona percipiat. Per.

MISSA PRO EO QVI SVA PECCATA CONFITETVR

2106 Omnipotens sempiterne deus, famulo tuo ill. tibi confitenti / pro tua pietate peccata relaxa, ut non plus ei noceat conscientiae reatus ad pęnam, quam indulgentia tuae pietatis ad ueniam. Per. /f. 233

[1] Endings for plural forms given interlinearly throughout this prayer.
[2] *eius peccata* marked for inversion.
[3] *peccator* and *indignus* marked for inversion.

2107 SECRETA. Praesta quesumus omnipotens et misericors deus, ut haec salutaris oblatio famulum tuum .ill. et propriis reatibus indesinenter expediat, et ab omnibus tueatur aduersis. Per dominum.

2108 PRAEFATIO. VD aeterne deus. Maiestatem tuam suppliciter deprecantes, ut famulum tuum ill. ab omnibus peccatis clementer eripias, et a cunctis protegas benignus inimicis. Per christum dominum nostrum.

2109 AD COMPLENDVM. Omnipotens et misericors deus, qui omnem animam pęnitentem et confitentem, magis uis emendare quam perdere, respice propitius super hunc famulum tuum .ill. et per haec sacramenta quae sumpsimus, auerte ab eo iram indignationis tuae, et dimitte ei omnia peccata sua. Per dominum.

ITEM PRO FAMILIARIBVS MISSA

2110 Deus qui caritatis dona per gratiam sancti spiritus tuorum cordibus fidelium infudisti, da famulis et famulabus tuis ill. pro quibus tuam deprecamur / clementiam, salutem mentis et corporis, ut te /f. 234r tota uirtute diligant, et quae tibi placita sunt, tota dilectione perficiant. Per.

2111 SECRETA. Miserere domine deus famulis et famulabus tuis .ill. quesumus, pro quibus hoc sacrificium laudis tuae offerimus maiestati, ut per haec sancta supernae beatitudinis gratiam optineant, et gloriam aeternę beatitudinis adquirant. Per dominum.

2112 PRAEFATIO. VD aeterne deus. Clementiam tuam pronis mentibus implorantes, ut famulos tuos quos sanctae dilectionis nobis familiaritate coniunxisti, tibi facias toto corde seruire subiectos. Vt tuae caritatis spiritu repleti, a terrenis mundentur cupiditatibus, et caelesti beatitudine te donante digni efficiantur. Per christum.

2113 AD COMPLENDVM. Diuina libantes mysteria quesumus domine, ut haec salutaria sacramenta illis proficiant ad prosperitatem et pacem, pro quorum dilectione haec tuae obtulimus maiestati. Per.

MISSA PRO OMNIBVS FIDELIBVS VIVIS

2114 Pretende domine fidelibus tuis, omnibus episcopis, presbyteris, abbatibus, monachis, canonicis, siue regibus / et gubernatoribus, /f. 234v

351

atque consanguineis nostris, et his qui se in nostris commendauerunt orationibus, et suas nobis largiti sunt elemosinas, seu
etiam ceteris fidelibus utriusque sexus dexteram caelestis auxilii,
ut te toto corde perquirant, et quae digne postulant consequi
mereantur. Per.

2115 SECRETA. Propitiare domine supplicationibus nostris, et has
oblationes quas tibi pro incolumitate omnium episcoporum,
presbyterorum, abbatum, monachorum, canonicorum, siue guber-
natorum, atque consanguineorum nostrorum, et eorum qui se in
nostris commendauerunt orationibus, et suas nobis largiti sunt
elemosinas, seu etiam ceterorum utrorumque sexuum fidelium
offeruntur benignus assume, ut nullius sit irritum uotum, nullius
uacua postulatio, presta quesumus, ut quod fideliter petimus,
efficaciter consequamur. Per.

2116 PREFATIO. VD aeterne deus. Propitiare supplicationibus nostris,
et miserere fidelibus famulis et famulabus tuis, omnibus epicopis,
presbyteris, abbatibus, monachis, canonicis, siue regibus et
gubernatoribus, atque consanguineis nostris, et his qui se in
nostris commendauerunt orationibus, / et suas nobis largiti sunt   /f. 235r
elemosinas, seu etiam ceteris fidelibus utriusque sexus. Vt cunctis
eorum sceleribus amputatis, ita sint domine tuae miserationis
defensione protecti, ut in obseruatione mandatorum tuorum
mereantur esse perfecti. Quatinus et in hac uita uniuersis facinoribus careant, et ad conspectum gloriae tuae quandoque sine
confusione perueniant. Per christum.

2117 AD COMPLENDVM. Da famulis et famulabus tuis quesumus
domine, omnibus episcopis, presbyteris, abbatibus, monachis,
canonicis, siue regibus et gubernatoribus, atque consanguineis
nostris, et his qui se in nostris commendauerunt orationibus, et suas
nobis largiti sunt elemosinas, seu etiam ceteris fidelibus utriusque
sexus, in tua fide et sinceritate constantiam, ut in caritate diuina
firmati, nullis temptationibus ab eius integritate uellantur. Per.

MISSA PRO SALVTE VIVORVM VEL REQVIE
DEFVNCTORVM

2118 Sanctae dei genitricis mariae, ac beatorum apostolorum, martyrum, confessorum, uirginum, atque omnium sanctorum tuorum,

quesumus omnipotens deus me famulum tuum[1] intercessionibus
protege, pariterque mihi / familiaritate atque consanguinitate   /f. 235v
coniunctos, et omnem populum christianum ab omni prauitate
defende, commissos etiam mihi ad regendum custodi, et animabus
famulorum famularumque tuarum .ill. uel cunctorum[2] fidelium
defunctorum, requiem tribue benignus sempiternam, et sanctorum
tuorum[3] cetibus consotiare digneris propitius. Per.

2119 SECRETA. Oblationes[4] huius domine placare muneribus, et intercedentibus sanctis tuis omnibus, omnem[5] populum christianum a
cunctis defende periculis, et animabus famulorum[6] tuarum[7],
cunctorum[8] fidelium defunctorum, per hęc sancta sacrificia remissionem omnium tribuę peccatorum. Per.

2120 [9]PRAEFATIO. VD aeterne deus. Et tuam clementiam profusis
precibus imploramus, ut intercedente beata et gloriosa semper
uirgine dei genetricę maria, et omnibus sanctis tuis, cunctorum
peccatorum meorum ueniam consequi merear. Et quos mihi cura
regiminis sociasti ac familiaritate et consanguinitate iunxisti, et
omni populo christiano[10], angelorum omniumque sanctorum
tuorum tuere presidiis. Et animabus[11] famulorum[12] tuarum ill.
cunctorum[13] fidelium / defunctorum, ut in pacis ac lucis regione   /f. 236r
constituas deprecamur. Per christum.

2121 INFRA ACTIONEM. Hanc igitur oblationem quam tibi pro me
famulo tuo atque grege mihi commisso, et propinquitate uel
familiaritate coniunctos[14], ac pro salute cunctum populum chris-

---

[1] . N. interlined by an Exeter scribe.
[2] *que* added above by a later scribe.
[3] A small erasure follows.
[4] *i* for *oblationis* given above.
[5] *me famulum tuum et* added above.
[6] *famularumque* added above.
[7] *.ill.* added above.
[8] *que* added above.
[9] Text partially neumed.
[10] Endings for *omnem populum christianum* supplied above.
[11] *s* for *animas* given above.
[12] *famularumque* added above.
[13] *que* added above.
[14] *i* for *coniuncti* given above.

tianum[1] suppliciter immolamus, quesumus domine benignus accipias, et tua pietate concedas, ut illis proficiat huius pietatis
affectus, et animas[2] famulorum[3] tuarum ill. uel omnium[4] fidelium
defunctorum impetrent beatitudinem sempiternam. Diesque.

2122 AD COMPLENDVM. Purificet me famulum tuum quesumus
domine, diuini sacramenti libatio, et gloriosa sanctae dei genetricis mariae et omnium sanctorum tuorum oratio, et gregi[5] mihi
commisso[6], ac familiaritate et consanguinitate iunctis, et omni
populo christiano[7] misericordiam tuam ubique pretende, et animabus famulorum[8] tuorum[9] ill. et cunctorum[10] fidelium defunctorum, remissionem omnium tribuę peccatorum. Per.

ITEM ALIA MISSA GENERALIS

2123 Sanctorum tuorum intercessionibus quesumus domine et nos
protege, et famulis et famulabus tuis quorum / commemorationem
agimus, uel quorum elemosinas suscepimus, seu etiam[11] qui nobis
familiaritate uel consanguinitate iuncti sunt, misericordiam tuam
ubique pretende, ut ab omnibus inpugnationibus defensi, tua
opitulatione saluentur, et animas famulorum famularumque
tuarum, omnium uidelicet fidelium catholicorum orthodoxorum,
quorum commemorationem agimus, et quorum corpora circum-
quaque requiescunt, uel quorum nomina ante sanctum altare tuum
scripta adesse uidenter, electorum tuorum iungere digneris consortio. Per.

/f. 236v

2124 SECRETA. Propitiare domine supplicationibus nostris, et has
oblationes quas pro incolumitate famulorum famularumque
tuarum, et pro animabus omnium fidelium catholicorum orthodoxorum, et quorum nomina ante sanctum altare tuum scripta

---

[1] *cuncti populi christiani* indicated above.
[2] *ae* for *animae* added above.
[3] *famularumque* added above.
[4] *que* added above.
[5] A small erasure follows.
[6] A small erasure follows.
[7] Endings of *omni populo christiano* rewritten.
[8] *famularumque* added above.
[9] *a* for *tuarum* interlined.
[10] *que* supplied above.
[11] *his* supplied above.

adesse uidentur, nomini tuo consecrandas esse deferimus benignus
assume, ut sacrificii presentis oblatio, ad refrigerium animarum
eorum te miserante perueniat. Per dominum nostrum.

2125 AD COMPLENDVM. Purificet nos quesumus domine et diuini
sacramenti percep/tio, et gloriosa sanctorum tuorum oratio, et   /f. 237r
animabus famulorum famularumque tuarum quorum commemorationem agimus, remissionem cunctorum tribue peccatorum. Per.

ITEM ALIA GENERALIS
2126 Pietate tua quesumus domine deus, nostrorum solue uincla
delictorum, et intercedente beata dei genetrice maria, et omnibus
sanctis tuis, nos famulos tuos et cunctum populum catholicum in
omni sanctitate custodi, omnesque consanguinitate ac familiaritate, uel confessione et oratione nobis iunctos, a uitiis omnibus
purga, uirtutibus inlustra, pacem nobis tribue, hostes remoue,
pestem repelle, inimicis caritatem largire, et omnibus fidelibus
uiuis et defunctis, in terra uiuentium uitam concede. Per dominum
nostrum.

2127 SECRETA. Deus qui singulari corporis tui hostia totius mundi
soluisti delicta, hac oblatione placatus, maculas scelerum nostrorum absterge, et omnium christianorum uiuorum et defunctorum peccata dimitte, eisque premia aeterna concede. Per.

2128 AD COMPLENDVM. Sumpta sacramenta quesumus domine,
crimina nostra detergant / omnemque prauitatem et hosticam[1]   /f. 237v
inpugnationem uisibilium et inuisibilium, meritis sanctorum
omnium procul repellant, et omnibus fidelibus uiuis et defunctis
prosint ad ueniam, pro quorum quarumque tibi sunt oblata salute.
Per.

MISSA VIVORVM ET DEFVNCTORVM
2129 Omnipotens sempiterne deus, qui uiuorum dominaris simul et
mortuorum, omniumque misereris quos tuos fide et opere futuros
esse prenoscis, te suppliciter exoramus, ut pro quibus effundere
preces decreuimus, quosque uel presens adhuc seculum in carne
retinet, uel futurum iam exutos corpore suscepit, pietatis tuae

---

[1] Corrected by erasure.

clementia[1], delictorum suorum omnium ueniam, et gaudia consequi mereantur aeterna. Per dominum.

2130 SECRETA. Deus cui soli cognitus est numerus electorum in superna felicitate locandus, tribue quesumus ut uniuersorum quos in oratione commendatos suscepimus uel omnium fidelium nomina, beatę predestinationis liber adscripta[2] retineat. Per.

2131 AD COMPLENDVM. Purificent nos quesumus omnipotens et misericors deus sacramenta quae sumpsimus, et praesta ut hoc tuum sacra/mentum non sit nobis reatus poenam, sed intercessio /f. 238r salutaris ad ueniam, sit ablutio scelerum, sit fortitudo fragilium, sit contra mundi pericula firmamentum, sit uiuorum atque mortuorum fidelium, remissio omnium peccatorum. Per.

MISSA PRO INFIRMIS

2132 [3]Omnipotens sempiterne deus, salus aeterna credentium, exaudi nos pro famulis tuis .ill. pro quibus misericordiae tuae imploramus auxilium, ut reddita sibi sanitate, gratiarum tibi in ecclesia tua referant actionem. Per dominum.

2133 SECRETA. Deus cuius nutibus uitae nostrae momenta decurrunt, suscipe preces et hostias famulorum famularumque tuarum, pro quibus misericordiam tuam aegrotantibus imploramus, ut de quorum periculo metuimus, de eorum salute laetemur. Per.

2134 PRAEFATIO. VD aeterne deus. Qui famulos tuos ideo corporaliter uerberas, ut mente proficiant. Potenter ostendens quod sit pietatis tuae praeclara saluatio, dum praestas ut operetur nobis, etiam ipsa infirmitas salutem. Per christum dominum nostrum.

---

[1] A later scribe adds *intercedente beata dei genetrice maria cum omnibus sanctis* in the margin.
[2] *s* for *asscripta* added above by a later scribe.
[3] Endings for singular forms interlined throughout. A late-tenth-century scribe adds cues in right margin by collect: *A. Inclina domine aurem. PS. Letifica animam. GR. Miserere mihi domine. V. Conturbata sunt. AL. Qui sanat contritum. OF. Miserere mihi domine. CO. Redime me deus.*

2135 / AD COMPLENDVM. Deus infirmitatis humanę singulare /f. 238v
presidium, auxilii tui super infirmos nostros ostende uirtutem, ut
ope misericordiae tuae adiuti, ecclesię tuę sanctae representari
mereantur. Per.

2136 ALIA. Omnipotens sempiterne deus, qui egritudines et animarum
depellis et corporum, auxilii[1] tui super infirmos nostros ostende
uirtutem, ut ope misericordiae tuae, ad omnia pietatis tuae
reparentur officia. Per.

ORATIO PRO REDDITA SANITATE
2137 Domine sancte pater omnipotens aeterne deus, qui benedictionis
tuae gratiam, egris infundendo corporibus facturam tuam multiplici pietate custodis, ad inuocationem nominis tui benignus
assiste, et hunc famulum tuum ill. liberatum egritudine et sanitate[2]
donatum, dextera tua erigas, uirtute confirmes, potestate tuearis,
ecclesiae tuae sanctisque altaribus tuis, cum omni desiderata
prosperitate restituas. Per.

RECONCILIATIO PENITENTIS AD MORTEM
2138 Deus misericors, deus clemens, qui secundum multitudinem
miserationum tuarum peccata penitentium deles, et preteritorum
criminum culpas, uenia / remissionis euacuas, respice super hunc /f. 239r
famulum tuum, et remissionem sibi omnium peccatorum suorum
tota cordis confessione poscentem deprecatus exaudi, renoua in eo
piissime pater quicquid terrena corruptum, uel quicquid diabolica
fraude uiolatum est, et in unitate corporis ecclesiae tuę
membrorum perfecta remissione restituę, miserere domine gemi-
tuum miserere lacrimarum, et non habentem fidutia nisi in tua
misericordia, ad sacramentum reconciliationis admitte. Per.

2139 ALIA. Maiestatem tuam domine supplices deprecamur, ut huic
famulo tuo ill. longo squalore poenitentiae macerato[3] miserationis
tuae ueniam largiri digneris, ut nuptiali ueste recepta, ad regalem
mensam unde eiectus fuerat, mereatur intrare. Per.

---

[1] *li* added interlinearly by original scribe.
[2] *i* for *sanitati* supplied above.
[3] A small erasure follows.

357

MISSA PRO INFIRMO QVI PROXIMVS EST MORTI

2140 Omnipotens sempiterne deus conseruator animarum, qui quos diligis corripis, et quos recipis piae, ad emendationem coherces, te inuocamus domine ut medelam tuam conferre digneris in animam famuli tui, qui in corpore patitur membrorum debilitationem, / uim laboris, stimulos infirmitatum, da ei domine gratiam tuam, ut in hora exitus sui de corpore, absque peccati macula tibi datori proprio, per manus sanctorum angelorum, representari mereatur eius anima. Per dominum nostrum. /f. 239v

2141 SECRETA. Adesto domine pro tua pietate supplicationibus nostris, et suscipe hostiam quam tibi offerimus pro famulo tuo ill. iacentem in grabatto, salutem non corporis sed animae suae petenti, praesta omnipotens deus indulgentiam omnium iniquitatum suarum propter inmensam misericordiam tuam, et per intercessionem omnium sanctorum tuorum, ut per hoc quod sustinet flagellum, a sanctis angelis tuis suscepta, peruenire mereatur ad tuę glorię regnum.

2142 IN FRACTIONE. Hanc igitur oblationem quam tibi offerimus domine pro famulo tuo ill., ut des ei celeste desiderium in hora exitu corporis sui, et spiritum refrigerii. Quesumus domine ut placatus accipias.

2143 AD COMPLENDVM. Gratias agimus domine multiplicibus largitatibus tuis, ex quibus animas in te sperantium satiare consuesti, nam fide tua pietate precamur ut miserere digne/ris famulo tuo ill. ne preualeat aduersus eum aduersarius in hora exitus sui de corpore, sed transitum habere mereatur ad uitam. Per. /f. 240r

MISSA SVPER EPISCOPVM DEFVNCTVM

2144 Da nobis domine ut anima famuli tui et sacerdotis tui episcopi .ill. quam de hoc saeculo educens laborioso certamine, sanctorum tuorum coetui tribuas esse consortem. Per.

2145 SECRETA. Annuę nobis domine ut anime famuli et sacerdotis tui ill. episcopi, haec prosit oblatio, quam immolando totius mundi tribuisti relaxari delicta. Per.

2146 IN FRACTIONE. Hanc igitur oblationem quam tibi offerimus, pro commemoratione depositioni animę famuli et sacerdotis tui ill. episcopi, quesumus domine ut placatus accipias, et quem in corpore constitutum gubernaculo apostolicae sedis pręesse uoluisti, in electorum tuorum numero, constituę sacerdotum. Diesque nostros.

2147 ALIA. Memento etiam domine famulorum famularumque tuarum .ill. qui nos precesserunt cum signo fidei, et dormiunt in somnum pacis. Istis et omnibus domine in christo quiescentibus, locum refrigerii lucis et pacis indulgentiam / deprecamur. Per christum /f. 240v dominum nostrum.

2148 AD COMPLENDVM. His sacrificiis quesumus omnipotens deus, purgata anima et spiritu famuli tui .ill. episcopi, ad indulgentiam et refrigerium sempiternum, peruenire mereatur. Per.

2149 ALIA. Inclina domine aurem tuam ad preces nostras, quibus misericordiam tuam supplices deprecamur, ut animam famuli tui ill. episcopi et sacerdotis tui, quam de hoc saeculo migrare iussisti, in pacis ac lucis regione constituas, et sanctorum tuorum iubeas esse consortem. Per.

MISSA PRO DEFVNCTO SACERDOTE

2150 Deus qui inter apostolicos sacerdotes, famulum tuum ill. pontificali fecisti dignitate censeri, praesta quesumus ut quorum uicem ad horam gessit in terris, eorum quoque consortio laetetur in caelis. Per.

2151 SECRETA. Suscipe quesumus domine pro anima famuli tui et sacerdotis tui .ill. quas offerimus hostias, ut cui pontificale meritum donasti, dones et premium. Per.

2152 IN FRACTIONE. Hanc igitur oblationem, quam tibi offerimus pro deuotione famuli et sacerdotis tui .ill. quesumus domine placatus intende, pro quo maiestati tuę supplices preces fundimus, ut eum in numero tibi placentium, censeri facias sacerdotum. Diesque nostros.

2153 / AD COMPLENDVM. Propitiare domine supplicationibus nostris, /f. 241r
et animam famuli et sacerdotis tui .ill. in uiuorum regione aeternis
gaudiis iubeas sociari. Per.

2154 ALIA. Preces nostras quesumus domine quas in depositione
famuli tui ill. deferimus propitiatus exaudi, ut qui nomini tuo
mysterium defendit, perpetuo sanctorum societate laetetur. Per.

MISSA PRO DEFVNCTO IN IPSO DIE

2155 Deus cui proprium est misereri semper et parcere, te supplices
deprecamur pro anima famuli tui ill. quem hodie ex hoc saeculo
migrare iussisti, ut non tradas eam in manus inimici nec obliuiscaris in finem, sed iube eam a sanctis angelis suscipi et ad patriam
paradysi perducere, ut dum in te sperauit et credidit, non poenas
inferni sustineat, sed gaudia aeterna possideat. Per dominum.

2156 SECRETA. Propitiare domine quesumus animae famuli tui .ill.
pro qua hostias placationis tibi immolamus, maiestatem tuam
suppliciter deprecantes, ut per haec piae placationis officia,
peruenire mereatur ad requiem sempiternam. Per.

2157 PRAEFATIO. VD aeterne deus. Cui non pereunt moriendo
corpora nostra sed mutantur in melius, et timoris tui / obserua- /f. 241v
tione, defunctis locus perpetuus adquiritur. Quapropter tibi piissime
pater supplices fundimus preces, et maiestatem tuam deuotis
mentibus exoramus, ut anima famuli tui .ill. peccatorum uinculis
absoluta, transitum mereatur habere ad uitam. Per christum
dominum nostrum.

2158 IN FRACTIONE. Hanc igitur oblationem quam tibi offerimus pro
anima famuli tui .ill. quesumus domine ut placatus accipias,
humili prece deposcentes, ut quicquid in ea reatus conscientiae
accusat, miserationis tuae pietas absoluat, quia si reatus debitę
misericordię tuae benignitas non relaxat, nullus a culpa liber
existat. Diesque nostros.

2159 AD COMPLENDVM. Praesta quesumus domine ut anima famuli
tui ill. his purgata sacrificiis, indulgentiam pariter et requiem
capiat sempiternam. Per.

2160 ALIA. Annue nobis domine, ut anima famuli tui .ill. remissionem quam semper obtauit, mereatur percipere peccatorum. Per.

MISSA VNIVS DEFVNCTI LAICI

2161 Omnipotens sempiterne deus cui nunquam sine spe misericordiae supplicatur, propitiare / anima famuli tui .ill. ut qui de hac uita in tui nomini confessione discessit, sanctorum tuorum numero facias adgregari[1]. Per.   /f. 242r

2162 SECRETA. Propitiare domine quesumus animę famuli tui .ill. pro qua tibi hostias placationis offerimus, et quia in hac luce in fide mansit catholica, in futura uita ei retributio condonetur. Per.

2163 IN FRACTIONE. Hanc igitur oblationem quam tibi pro requię animę famuli tui ill. offerimus, quesumus domine ut placatus accipias, et tua pietate concedas, ut mortalitatis nexibus absoluta, inter fideles tuos mereatur habere portionem. Diesque nostros in tua.

2164 AD COMPLENDVM. Praesta quesumus omnipotens deus, ut anima famuli tui ill. ab angelis lucis susceptam, in preparatis habitaculis deduci facias beatorum. Per.

MISSA PRO DEFVNCTA FEMINA

2165 Quesumus domine pro tua pietate miserere animae famulę tuę .ill. et a contagiis mortalitatis exuta, in aeterne saluationis partem restituę. Per.

2166 SECRETA. His sacrificiis domine animae famulae tuę ill. a peccatis omnibus exuatur, sine quibus a culpa nemo liber existit, ut per haec piae placationis officia, perpetuam misericordiam consequatur. Per.

2167 / AD COMPLENDVM. Inueniat quesumus domine anima famulae tuae .ill. lucis aeternae consortium, cuius perpetua misericordia, consecuta est sacramentum. Per.   /f. 242v

---

[1] *adgregare* before correction.

MISSA PRO DEFVNCTO NVPER BAPTIZATO

2168 Deus qui ad caeleste regnum non nisi renatis per aquam et spiritum sanctum pandis introitum, multiplica super animam famuli tui ill. misericordiam tuam, ut cui donasti caelestem et incontaminatum, transitum post baptismi sacramentum, da ei aeternorum plenitudinem gaudiorum. Per dominum nostrum.

2169 SECRETA. Propitiare supplicationibus nostris pro anima famuli tui ill. pro qua tibi offerimus sacrificium laudis, ut eam sanctorum tuorum consortio sociare digneris. Per.

2170 AD COMPLENDVM. Propitiare domine animae famuli tui ill. ut quem in fine istius uitae regenerationis fonte mundasti, ad caelestis regni beatitudinem facias peruenire. Per.

MISSA PRO DESIDERANTIBVS PAENITENTIAM ET MINIME CONSEQVENTIBVS

2171 Si quis penitentiam petens dum sacerdos uenit fuerit officium linguę priuatus, constitutum est ut si idonea testimonia hoc dixerunt et ipse per motus *aliquos satisfacit, sacerdos impleat omnia circa paenitentem sicut mos est.*

2172 / AD MISSAM. Omnipotens et misericors deus, in cuius humana conditio potestate consistit, animam famuli tui ill. quesumus ab omnibus absolue peccatis, et poenitentiae fructum quem uoluntas eius obtauit, preuentus mortalitatis non perdat. Per. /f. 243r

2173 SECRETA. Satisfaciat tibi domine quesumus pro anima famuli tui ill. sacrificii presentis oblatio, et peccatorum ueniam quam quesiuit inueniat, et quod officio linguae implere non potuit, desideratę poenitentiae compensatione perficiat. Per.

2174 AD COMPLENDVM. Deus a quo speratur humani corporis omne quod bonum est, tribue per haec sancta quesumus, ut sicut animę famuli tui illius poenitentiae uelle donasti, sic indulgentiam tribue miseratus optatam. Per.

MISSA IN ANNIVERSARIO VNIVS DEFVNCTI

2175 Praesta domine quesumus ut anima famuli tui ill. cuius anniuersarium depositionis diem celebramus, his purgata sacrificiis[1] indulgentiam pariter et requiem capiat sempiternam. Per.

2176 SECRETA. Propitiare domine supplicationibus nostris, pro anima et spiritu famuli tui ill. cuius hodie annua dies agitur, pro qua tibi offerimus sacrificium laudis, ut eam sanctorum tuorum consociare digneris. Per.

2177 IN FRACTIONE. / <H>anc igitur oblationem domine quam tibi offerimus pro anima famuli tui ill. cuius hodie annua dies agitur quesumus placatus intende, eamque mortalitatis nexibus absolutam inter tuos fideles ministros habere perpetuam iubeas portionem. Quesumus domine ut. /f. 243v

2178 AD COMPLENDVM. Suscipe domine preces nostras pro anima famuli tui ill. ut si quee maculae de terrenis contagiis adheserunt, remissionis tuę misericordia[2] deleantur. Per.

MISSA PLVRIMORVM DEFVNCTORVM

2179 Propitiare quesumus domine animabus famulorum famularumque tuarum misericordia[3] sempiterna, ut mortalibus nexibus expedite, lux eas aeterna possideat. Per.

2180 SECRETA. Hostias tibi domine humili placatione deferimus, ut animae famulorum famularumque tuarum per haec placationis officia, tuam misericordiam consequantur. Per.

2181 PRAEFATIO. VD aeterne deus. Et maiestatem tuam deuotis mentibus exoramus, ut animę famulorum famularumque tuarum, quorum diem commemorationis celebramus, mortis uinculis absolutę, transitum mereatur[4] ad uitam, et in ouium tibi placitarum benedictione, aeternum numerentur ad regnum. Per christum.

---

[1] *omnium purgata contagiis peccatorum* added interlinearly by an Exeter scribe.
[2] A small erasure follows.
[3] Ending rewritten over an erasure.
[4] *n* for *mereantur* added above.

363

2182 / Hanc igitur oblationem quam tibi pro requiae animarum famu- /f. 244r
lorum famularumque tuarum offerimus, quesumus domine propi-
tius intuere, et concede ut mo<r>tuis prosit ad ueniam, quod
cunctis uiuentibus preparare dignare dignatus ad medelam. Diesque
nostros.

2183 AD COMPLENDVM. Inueniant quesumus domine animae famulorum famularumque tuarum illorum et illarum, omniumque in
christo quiescentium lucis aeterne consortium, qui in hac luce
positi, tuum consecuti sunt sacramentum. Per.

ITEM ALIA
2184 Fidelium deus omnium conditor et redemptor animabus famulorum famularumque tuarum remissionem cunctorum tribue
peccatorum, ut indulgentiam quam semper obtauerunt, piis supplicationibus consequantur. Per.

2185 SECRETA. Hostias quesumus domine quas tibi pro animabus
famulorum famularumque tuarum offerimus propitiatus intende,
ut quibus fidei christiane meritum contulisti, dones et premium.
Per.

2186 AD COMPLENDVM. Animabus quesumus domine famulorum
famularumque tuarum ill. oratio proficiat supplicantium, ut eas et
a peccatis omnibus exuas et tuae rede<m>ptionis facias esse
participes. Per.

2187 ALIA. / Animabus quesumus domine famulorum famularumque /f. 244v
tuarum illorum et illarum, misericordiam concede perpetuam, ut
eis proficiat in aeternum, quod in te sperauerunt et crediderunt.
Per.

MISSA IN DIE DEPOSITIONIS DEFVNCTI VEL .III. VEL
.VII. VEL .XXX. ANNIVERSARIA.
2188 Adesto quesumus domine pro anima famuli tui .ill. cuius in
depositione sua officium commemorationis impendimus, ut si qua
eum saecularis macula inhaesit aut uicium mundiale infecit, dono
tuae pietatis indulgeas et extergas. Per.

2189 ALIA. Quesumus domine ut famulo tuo .ill. cuius .iii.^{um} .vii.^{um} .xxx.^{um} uel anniuersarium, obitum sui diem commemoramus, sanctorum atque electorum largire consortium, et rorem misericordiae tuae perennem infunde. Per dominum.

2190 SECRETA. Adesto domine supplicationibus nostris, et hanc oblationem quam tibi offerimus, ob diem depositionis .iii.^{tii} .vii.^{mi} .xxx.^{mi} uel anniuersarii, pro anima famuli tui .ill. placatus ac benignus assume. Per.

2191 PRĘFATIO. VD per christum dominum nostrum. Per quem salus mundi, per quem uita hominum, per quem resurrectio mortuorum. Per ipsum te domine suppliciter deprecamur, ut anima famuli tui .ill. cuius diem .ill. celebramus / indulgentiam largiri digneris /f. 245r perpetuam, atque contagiis mortalitatis exutam in aeterne saluationis partem restituas. Cum angelis et archangelis.

2192 IN FRACTIONE. Hanc igitur oblationem quam tibi offerimus domine pro anima famuli tui .ill. cuius depositionis diem .iii.^{um} .vii.^{um} .xxx.^{um} uel anniuersarium celebramus, quo deposito corpore animam tibi creatori reddidit quam dedisti, pro quo petimus diuinam clementiam tuam, ut mortis uinculis absolutus, transire mereatur ad uitam. Diesque nostros.

2193 AD COMPLENDVM. Omnipotens sempiterne deus, collocare digneris corpus et animam et spiritum famuli tui .ill. cuius depositionis .iii.^{um} .vii.^{um} .xxx.^{um} uel anniuersarium diem celebramus, in sinibus abrahae isaac et iacob, ut cum dies agnitionis tuae uenerit, inter sanctos et electos tuos eum resuscitari precipias. Per.

MISSA IN CYMITERIIS

2194 Deus cuius miseratione animae fidelium requiescunt, famulis tuis illis et illas uel omnibus hic in christo quiescentibus, da propitius ueniam peccatorum, ut a cunctis reatibus absoluti, sine fine laetentur. Per eundem.

2195 SECRETA. Pro animabus famulorum tuorum illorum et illarum / /f. 245v et hic omnium catholicorum dormientium hostiam domine suscipe benignus oblatam, ut hoc sacrificio singulari uinculis horrendę mortis exutę, uitam mereantur aeternam. Per.

2196 AD COMPLENDVM. Deus fidelium lumen animarum, adesto supplicationibus nostris, et da famulis et famulabus tuis illis et illas, uel quorum corpora hic requiescunt, refrigerii sedem, quietis beatitudinem, luminis claritatem. Per.

¹BENEDICTIO IN TEMPORE HOSTILITATIS

2197 Populi tui quesumus domine propitiare peccatis, et totius hostilitatis a nobis errores auerte. Amen.

Omnisque populus in tua deuotione semper exultet et in tuis laudibus perseueret, et tibi domino subdito famulatu deseruiat. Amen.

Tua potentia contere uirtutem inimicorum eius, et delicta nostra quorum nobis causa dominanter emunda. Amen.

Cum mentibus nostris infuderis puritatem, et pacem ubique in patria largiaris, elide omnium aduersiorum nostrorum superbiam, et uirtute dexterę tuę, prosterne hostium uirtutem. Amen.

Fidelem hunc populum potentię tuę muniat inuicta defensio, et ab infestis liberetur inimicis, et in tua gratia semper perseueret in omnibus bonis. Amen. Ille uos.

/ INCIPIT ORDO IN AGENDA MORTVORVM /f. 246r

2198 *Mox autem ut cum uiderint ad exitum propinquare, communi-candus est de sacrificio sancto,* etiamsi comedisset ipsa die, quia communio erit ei defensor et adiutor in resurrectione iustorum, et ipsa eum resuscitabit. Post commun*ionem perceptam, legendę sunt passiones dominicae ante corpus infirmi, seu a presbyteris, seu a diaconibus, quousque egrediatur anima de corpore.*

2199 Primitus enim ut anima de corpore egressa fuerit ponatur super-cilicium, et canantur .vii. psalm poenitentiales, et agenda est laetania, prout tempus fuerit. *Finitis autem sanctorum nominibus, mox incipiatur* R. Subuenite sancti dei occurrite angeli domini. V. Requiem aeternam. *Sequitur antiphona.* AN. Suscipat te christus qui uocauit te et in sinu abrahae angeli deducent te. <PS.> In exitu israel. *Sequuntur et alii psalmi usque ad dominum cum tribularer.*

---

¹ Written in the mid tenth century on space originally left blank.

ORATIONES SVPER DEFVNCTVM

2200 Pio[1] recordationis affectu fratres karissimi, commemorationem
facimus cari nostri ill. quem dominus de temptationibus huius
seculi assumpsit, obsecrantes misericordiam dei nostri, ut ipse ei
tribuere dignetur placidam et quietam mansionem, / et remittat   /f. 246v
omnes lubricę temeritatis offensas, ut concessa uenia plenę
indulgentię quicquid in hoc sęculo proprio reatu deliquid, totum
ineffabili pietate ac benignitate sua deleat et abstergat. Quod ipse
prestare dignetur, qui cum patre et spiritu sancto uiuit et regnat
deus. Per.

2201 Suscipe domine animam serui tui .ill. ad te reuertentem, de
aegypti partibus et profiscentem ad te, emitte angelos tuos sanctos
obuiam ei, et uiam iustitiae demonstra ei, aperi ei portas iustitiae
et repelle ab ea omnes principes tenebrarum. Agnosce domine
creaturam tuam non ex diis alienis creatam sed a te deo uiuo et
uero, quia non est alius deus preter te domine, et non est
secundum opera tua. Laetifica domine animam serui tui ill., ne
memineris iniquitatum eius antiquarum et ebrietatem, quae susci-
tauit furor[2] mali desiderii. Licet enim peccauit, tamen patrem et
filium et spiritum sanctum non negauit sed credidit, et zelum dei
habuit, et deum qui omnia fecit adorauit. Per.

2202 ALIA. Tu nobis auxilium prestare digneris, tu opem tu misericordiam largiaris, et spiritum etiam / famuli tui cari nostri .ill.   /f. 247r
uinculis corporalibus liberatum in pace sanctorum recipias, ut hic
locum poenalem et gehenne ignem flammasque tartari in regione
uiuentium euadat. Qui regnas cum patre et spiritu, per omnia
saecula saeculorum.

2203 ALIA. Suscipe domine animam serui tui .ill. quam de hergastulo
huius sęculi uocare dignatus es, et libera eam de principibus
tenebrarum et de locis paenarum, ut absoluta omnium uinculo
peccatorum, quietis ac lucis aeterne beatitudine perfruatur, et inter
sanctos et electos tuos in resurrectionis gloria resuscitari mereatur. Per.

---

1 Corrected over an erasure.
2 Corr. to *furorem* by a later scribe.

367

2204 ALIA. Non intres in iudicium cum seruo tuo domine .ill. quoniam nullus apud te iustificabitur homo nisi per te omnium peccatorum tribuatur remissio, non ergo eum tua quesumus iudicialis sententia premat, quem tibi uera supplicatio fidei christiane commendat, sed gratia tua illi succurrente mereatur euadere iudicium ultionis, qui dum uiueret insignitus est signaculo trinitatis. Per.

2205 ALIA. Fac quesumus domine hanc cum seruo tuo .ill. misericordiam / ut factorum suorum in poenis non recipiat uicem, qui /f. 247v tuam in uotis tenuit uoluntatem, ut sicut eum hic uera fides iunxit fidelium turmis, ita eum illic tua miseratio societ angelicis choris. Per.

2206 ALIA. Inclina domine aurem tuam ad preces nostras, quibus misericordiam tuam supplices deprecamur ut animam famuli tui .ill. quam de hoc seculo migrare iussisti, in pacis ac lucis regione constituas, et sanctorum tuorum iubeas esse consortem. Per.

2207 ALIA. Absolue domine animam famuli tui ill. ab omni uinculo delictorum, ut in resurrectionis gloria inter sanctos tuos resuscitatus respiret. Per.

2208 ALIA. Annue uobis domine ut anima famuli tui .ill. remissionem quam semper optauit, mereatur percipere peccatorum. Per.

ORATIONES QVANDO INCIPERINT CORPVS LAVARE

2209 Suscipe domine animam serui tui .ill. reuertentem ad te, ueste caelesti indue eam, et laua eam sancto fonte uitę aeternę, ut inter gaudentes gaudeat, et inter sapientes sapiat, et inter martires consedeat, et inter patriachas pro/ficiat, et inter prophetas et /f. 248r apostolos, christum sequi studeat, et inter angelos et archangelos, claritatem dei preuideat et inter paradysi rutilos lapides, gaudium possideat, et notitia mysteriorum dei agnoscat, et inter cherubin et seraphin, claritatem dei inueniat, et inter uiginti et quattuor seniores, cantica canticorum audiat, et inter lauantes stolas in fonte luminis, lauet uestem, et inter pulsantes pulsans portas apertas caelestis hierusalem repperiat, et inter uidentes deum facie ad faciem uideat, et inter cantantes canticum nouum cantet, et inter audientes auditum caelestem sonitum audiat. Per.

2210 ALIA. Deus qui iustis supplicationibus semper presto es, qui pia uota dignaris intueri, da famulo tuo ill. cuius depositionis die officia peragimus, cum sanctis et electis beati muneris portionem. Per.

2211 ALIA. Deus uitae dator et humanorum corporum reparator, qui te a peccatoribus exorare uoluisti, exaudi preces quas speciali deuotione pro anima famuli tui ill. tibi lacrimabiliter / fundimus ut /f. 248v liberare eum ab inferorum cruciatibus et collocare inter agmina sanctorum tuorum digneris, ueste quoque caelesti et stola immortalitatis indui, et paradysi amoenitate confoueri iubeas. Per dominum nostrum ihesum christum.

2212 *Et post lauationem corporis deferatur in ecclesia, cum antiphonis et respo<nso>riis, et cum adpropinquauerint ecclesiae, cantent psalmum.* Miserere mihi deus, et *Kyrrie eleison.* Pater noster. Non intres in iudicium. Credo uidere bonum. A porta inferi. Requiescat in pace. Amen.

2213 OREMVS. Suscipe domine seruum tuum ill. in bonum habitaculum aeternum, et da ei requiem et regnum id est hierusalem caelestem, et in sinibus patriarcharum nostrorum, id est abrahae isaac et iacob collocare digneris, et partem habeat in prima resurrectione, et inter surgentes surgat, et inter suscipientes corpora, in die resurrectionis corpus suum suscipiat, et cum benedictis ad dexteram patris uenientibus ueniat, et inter possidentes uitam aeternam possideat. Per.

2214 ALIA. Deus qui humanarum animarum aeternus amator es, / /f. 249r animam famuli tui ill. quam uera dum in corpore maneret tenuit fides, ab omni cruciatu inferorum redde extorrem, ut segregata ab infernalibus claustris, sanctorum mereatur adunari consortiis. Per.

2215 *In ecclesia autem requiescat corpus defuncti, quousque pro eius anima missa celebretur, et offeratur ab omnibus quibus uisum fuerit.*

2216 *Post missam autem stat sacerdos iuxta feretrum ubi corpus est, et dicat orationem hanc:* OREMVS. Omnipotentis dei misericordiam deprecemur, cuius iudicio aut nascimur aut finimur, ut spiritum fratris nostri .ill. quem domini pietas de incolatu huius mundi transire precepit requies aeterna suscipiat, et cum beata resurrectione representet, et in sinibus abrahę isaac et iacob collocare dignetur. Per.

2217 *Sequitur responsorium.* R. Subuenite sancti dei occurrite angeli domini suscipientes animam eius oferentes eam in conspectu altissimi. V. Requiem aeternam dona ei domine, et lux perpetua luceat ei. Offerentes. *Et tres uices dices. Kyrrie eleyson.*

2218 OREMVS. Deum iudicem uniuersitatis, deum caelestium et terrestrium et infernorum deprecemur, / pro spiritu cari nostri ill. ut eum dominus in requiem collocare dignetur, et in parte primę resurrectionis resuscitat. Per. /f. 249v

2219 *Sequitur alter responsorium.* Heu mihi domine quia peccaui nimis in uita mea, quid faciam miser ubi fugiam nisi ad te deus meus miserere mei dum ueneris in nouissimo die. V. Anima mea turbata est ualde sed tu domine succurre ei, dum ueneris. *Et .iii. kyrrie.*

2220 OREMVS. Deus qui uniuersorum es creator et conditor, qui cum sis tuorum beatitudo sanctorum, praesta nobis petentibus, ut spiritum fratris nostri ill. a corporis nexibus absolutum, in prima resurrectione facias presentari. Per.

2221 *Et sic leuatur corpus de ecclesia, et deportetur usque ad locum sepulturae, cum antiphona.* AN. Aperite mihi portas iusticiae et ingressus in eas confitebor domino. Haec porta domini iusti intrabunt per eam. PS. Confitemini domino.

2222 OREMVS. Te domine sancte pater omnipotens aeterne deus supplices deprecamur, pro spiritu famuli tui ill. quem ab originibus huius sęculi ad te accersiri precepisti, ut digneris domine dare ei locum lucidum, locum refrigerii et quietis, liceat ei transire portas inferorum et poenas tenebrarum, maneatque in mansionibus sanctorum et in luce sancta, quae olim / abrahae promisisti et semini eius, nullam laesionem sentiat spiritus eius, sed cum magnus ille dies resurrectionis ac remunerationis aduenerit, resuscitare eum digneris domine una cum sanctis ac fidelibus tuis, deleas ei delicta atque peccata usque in nouissimum quadrantem, /f. 250r

tecumque immortalitatis uitam, et regnum consequatur aeternum.
Per.

2223 ALIA AN. Ingrediar in locum tabernaculi et admirabilis usque ad domum dei. PS. Sicut ceruus desiderat. *Sequitur oratio.*

2224 OREMVS. Diri uulneris nouitate perculsi et quodammodo cordibus sautiati, misericordiam tuam mundi redemptor flebilibus uocibus imploramus, ut cari nostri animam proprium ad te datorem reuertentem blande leniterque suscipias, ut si qua ex carnali contagione contraxit maculam, tu deus inolita bonitate clementer deleas, piae indulgeas, obliuioni imperpetuum tradas. Atque eandem laudem tibi cum ceteris reddituram et ad corpus quandoque reuersuram, sanctorum tuorum coetibus adgregari precipias. Per.

2225 *Et ponitur in sepulchro.* AN. Haec requies mea in seculum seculi hic habitabo quoniam elegi eam. PS. Memento domine dauid. *Sequitur oratio.*

2226 ORATIO. Oremus fratres carissimi, deum omnipotentem pro spiritu cari nostri .ill. / quem dominus de laqueo huius saeculi /f. 250v liberare dignatus est, cuius corpusculum hodie sepulturę traditur, ut eum domini pietas inter sanctos et electos suos, id est in sinu abrahae isaac et iacob collocare dignetur, et partem habeat in prima resurrectione quam facturus es, deprecantibus nobis. Per.

2227 *Sequitur* AN. De terra plasmasti me et carne induisti me redemptor meus domine resuscita me in nouissimo die. PS. Domine probasti.

2228 OREMVS. Opus misericordiae tuae est pater omnipotens aeterne deus, rogari pro aliis qui pro nobis non sufficimus. Suscipe domine animam famuli tui .ill. reuertentem ad te. Adsit ei angelus testamenti tui michahel, libera eam domine de principibus tenebrarum et de locis poenarum, ne famulus tuus ill. prime natiuitatis uel ignorantiae confundatur erroribus. Agnoscatur a tuis et misericordia bonitatis tuę, ad locum refrigerii et quietis in sinu transferatur abrahae. Per.

ORATIONES POST SEPVLTVM CORPVS

2229 Debitum humani corporis sepeliendi officium fidelium more
complentes, deum cui omnia uiuunt fideliter deprecemur, ut hoc
corpus cari nostri ill. a nobis / in infirmitate sepultum, in uirtute et   /f. 251r
ordine sanctorum resuscitet, et eius spiritum cum sanctis ac fidelibus iubeat aggregari, cuique in iudicio misericordiam tribuat,
quemque morte redemptum, debitis solutum, patri reconciliatum,
boni pastoris humeris reportatum, spiritu sancto protectum, in
comitatu aeterni regis perenni gaudio, et sanctorum consortio
perfrui concedatur. Qui cum patre et spiritu sancto uiuis et regnas
deus. Per omnia secula.

2230 ALIA. Omnipotens sempiterne deus, qui humano corpori a te ipso
animam inspirare dignatus es, dum te iubente puluis pulueri
rursum redditur, tu imaginem tuam una cum sanctis et electis tuis
aeternis sedibus precipias sociari. Per.

2231 ALIA. Deus apud quem mortuorum spiritus uiuunt, et in quo
electorum anime deposito carnis onere plena felicitate laetantur,
praesta supplicantibus nobis, ut anima famuli tui ill. quae temporali per corpus uisionis huius luminis caruit uisu, aeterne illius[1]
solatio potiatur. Non eum tormentum mortis adtingat, non dolor
horrende uisionis afficiat, non poenalis timor excruciet, non
reorum proxima catena constringat, sed / concessa sibi delictorum   /f. 251v
omnium, uenia optata quietis, consequatur gaudia repromissa.
Per.

2232 ALIA. Obsecramus misericordiam tuam omnipotens aeterne deus,
qui hominem ad imaginem tuam creare dignatus es, ut spiritum et
animam famuli tui .ill. quem hodierna die rebus humanis eximi et
ad te accersiri iussisti, blande et misericorditer suscipias. Non ei
dominentur umbre mortis, non tegat eum chaos et caligo tenebrarum, sed exutus omnium criminum labe, in sinu abrahę
collocatus, locum lucis et refrigerii se adeptum esse gaudeat, ut
cum dies iudicii aduenerit cum sanctis et electis tuis eum
resuscitari iubeas. Per.

---

[1] *lucis* added above by a later scribe.

2233 ALIA. Deus cui soli competit medicinam praestare post mortem, praesta quesumus ut anima famuli tui ill. terrenis exuta contagiis, in tuae redemptionis parte numeretur. Per dominum.

2234 ALIA. Deus cui omnia uiuunt et cui non pereunt moriendo corpora nostra sed mutantur in melius, te supplices deprecamur, ut[1] quicquic anima famuli tui ill. uitiorum tuaeque uoluntati contrarium fallente diabolo et propria iniquitate atque / fragilitate contraxit, tu pius et misericors ablue indulgendo, eamque suscipi iubeas per manus sanctorum angelorum tuorum, deducendam in sinu patriarcharum tuorum, abraham scilicet amici tui, et isaac electi tui, atque iacob dilecti tui, quo aufugit dolor atque tristitia et suspirium, fidelium quoque animę felici iocunditate laetantur, et in nouissimo magni iudicii die, inter sanctos et electos tuos eam facias perpetuę gloriae percipere portionem, quam oculus non uidit, et auris non audiuit, et in cor hominis non ascendit, quae preparasti diligentibus te. Per. /f. 252r

2235 ALIA. Temeritatis quidem est domine ut homo hominem, mortalis mortalem cinis cinerem, tibi domine d<e>o nostro audeat commendare. Sed quia terra suscipit terram et puluis conuertitur in puluerem donec omnis caro in suam redigatur originem, inde tuam deus piissime pater lacrimabiliter quesumus pietatem, ut huius famuli tui animam quam de huius mundi uoragine cenulenta ducis ad patriam abrahe amici tui sinu recipias et refrigerii rore perfundas. Sit ab aestuantis gehenne truci incendio segregata et beata requiei te donante / coniuncta. Et si quae illi sunt domine digne cruciatibus culpę, tu eas gratia mitissimę lenitatis indulge, nec peccati recipiat uicem sed indulgentiae tuae piam sentiat bonitatem. Cumque finito mundi termino supernum cunctis inluxerit regnum, nouus homo sanctorum caetui adgregatus omnium cum electis tuis resurgat in parte dextera coronandus. Per. /f. 252v

2236 *Tunc roget sacerdos pro eo orare.* Pater noster. Requiem ęternam. Anima eius in bonis domine. Ne tradas bestiis animam. In memoria eterna. Conuertere anima mea. Exurge domine in requiem tuam. Non intres in iudicium. Redimet dominus animas. A porta inferi eripe. Requiescat in pace. Amen.

---

[1] *et* added above by a later scribe.

2237 OREMVS. Partem beate resurrectionis obtineat, uitamque aeternam habere mereatur in caelis, per te christe ihesu, qui cum patre et spiritu sancto uiuis et regnas deus, per omnia saecula saeculorum. Amen. Miserere mei deus.

2238 SEQVITVR ORATIO. Absolue quesumus domine animam famuli tui .ill. ab omni uinculo delictorum, ut in resurrectionis gloria inter sanctos tuos resuscitatus respiret. Per.

2239 FINIT COMMENDATIO ANIMAE. Tibi domine commendamus animam famuli tui ill. ut defunctus sęculo tibi uiuat, et si qua per / fragilitatem mundane conuersationis peccata admisit, tu uenia misericordissime pietatis absterge. Per. /f. 253r

2240 ALIA. Misericordiam tuam domine sancte pater omnipotens aeterne deus, pietatis affectu rogare pro aliis cogimur qui pro nostris supplicare peccatis nequaquam sufficimus, tamen de tua confisi gratuita pietate et inolita bonitate, clementiam tuam deposcimus, ut animam serui tui ad te reuertentem .ill. cum pietate suscipias. Adsit ei angelus testamenti tui michahel, et per manus sanctorum angelorum tuorum inter sanctos et electos tuos in sinibus abrahae isaac et iacob patriarcharum tuorum eam collocare digneris. Quatinus liberata de principibus tenebrarum et de locis poenarum, nullis iam prime natiuitatis uel ignorantię aut propriae iniquitatis seu fragilitatis confundatur erroribus, sed potius agnoscatur a tuis et sanctę beatitudinis requię perfruatur. Atque cum magni iudicii dies aduenerit, inter sanctos et electos tuos resuscitatus, gloria manifestate contemplationis tuę perpetuo satietur. Per.

2241 ALIA. Commendamus tibi domine animam fratris nostri .ill. precamurque ut propter quam ad terram tua pietate descenderas, patriarcharum tuorum <sinibus> insinuare non rennuas, miserere qui uiuis et regnas in secula seculorum. Amen.

/ ORATIONES IN COMMEMORATIONIBVS SANCTORVM[1] /f. 253
2242 Deus qui sanctorum nobis intercessione succurris, da quesumus ut eorum exultemus meritis, et patrocinio protegamur. Per.

---

[1] Nos 2242–44 and their superscription written later by the original scribe.

374

2243 Protegat ecclesiam tuam deus oratio ueneranda sanctorum, et cui frequentiam deuotionis impendit, perpetuę poscat redemptionis effectum. Per.

2244 Benedictio tua deus impleat corda fidelium, talesque perficiat qui et martyrum tuorum honorificent passiones, et remedia salutis aeterne, solem patrocinantibus assequamur. Per.

2245 [1]Deus quem omnia opera benedicunt quem caeli conglorificant angelorum multitudo conlaudat, quesumus te ut sicut tres pueros de camino ignis incendii, non solum inlisos sed etiam in tuis laudibus conlaudantes liberasti, ita nos peccatorum nexibus absolutos uelut de uoragine ignis eripias, ut dum te deum patrem benedictione laudamus, criminum flammas operumque carnalium incendia superantes hymnum tibi debitum iuro meritique reddamus. Per dominum.

/ [2]BENEDICTIO IGNIS IN PVRIFICATIONE SANCTAE MARIĘ

/f. 254r

2246 *DOMINE* sanctę pater omnipotens aeterne deus benedicere, et sanctificare digneris ignem istum quod nos indigni suscepimus per inuocationem unigeniti filii tui domini nostri ihesu christi, quem hodie in templo representatum iustum simeonem diu expectantem, in ulnas suscepisse nouimus, et salutare tuum ante faciem omnium populorum esse lumen scilicet gentibus et gloriam plebi tua israhel prophetico spiritu docuisti, te quesumus domine benedicere digneris lumen istud, et omnibus eum manibus gestantibus hoc uerum lumen tuę maiestatis, concede ut te agnoscentes per uiam uirtutum ad te ualeant peruenire. Per.

ORATIO SVPER CEREOS IN PVRIFICATIONE SANCTAE MARIĘ

2247 Domine ihesu christe qui inluminas omnem hominem uenientem in hunc mundum, effunde benedictionem tuam super hos cereos, et sanctifica eos lumine gratiae tuae, et concede propitius, ut sicut luminaria igne uisibili accensa nocturnas depellunt / tenebras, ita corda nostra inuisibili igne, id est sancti spiritus splendoribus inlustra ut omni uitiorum cecitate careant, et purgato mentis oculo ea

/f. 254v

---

[1] Added in the mid tenth century.
[2] Nos 2246 to 2262 written by a single late-tenth-century scribe.

cernere semper possimus, quae tibi sunt placita et nostrae salutis utilia, quatinus per huius seculi caliginosa discrimina ad lucem indeficientem peruenire mereamur. Per te christe ihesu.

2248 ALIA. Omnipotens sempiterne deus, qui moysen famulum tuum purissimum olei liquorem ad luminaria ante conspectum tuum iugiter concinnenda praepare[1] iussisti benedictionis tuę gratiam super hos cereos benihnus[2] infunde, quatinus sic administrent lumen exterius, ut te donante lumen spiritus tui nostris non desit mentibus interius. Per.

2249 ALIA. Domine deus creator cęli et terrę rex regum et dominus dominantium, exaudi nos indignos famulos tuos clamantes ad te, et orantes ad te precamur[3] itaquę te domine sancte pater omnipotens aeterne deus, qui omnia ex nihilo creasti, et iussu tuo per opera apum / hunc liquorem ad perfectionem cerei euenire fecisti, et qui hodiernam die petitionem[4] simeonis implesti[5], humiliter deprecamur, ut has candelas ad usus hominum et animarum siue in terra siue in aquis, per inuocationem sanctissimi nominis tui et per intercessionem sanctae mariae genetricis tuae, cuius hodie festa percolimus per precesque omnium sanctorum tuorum benedicere et sanctificare digneris, ut haec plebs tua illas[6] in manibus portans cantando teque laudando tueatur, uocesque illorum de cęlo sancto tuo exaudias, et de sede maiestatis tuae propitius sis omnibus clamantibus ad te quos redimisti pretioso sanguine tuo. Qui. /f. 255

2250 HIS PERACTIS CANTETVR ANTIPHONA AD STATIONEM SANCTAE MARIAE: [7]Aue gratia plena dei genetrix uirgo.

2251 QVAM SEQVATUR ORATIO. Quesumus omnipotens deus, tua nos protectione custodi, et castimoniam mentibus nostris atque corporibus intercedente beata maria propitiatus indulge, / ut uenienti /f. 25

---

1. *ra* for *preparare* supplied above.
2. *g* for *benignus* added above.
3. Supplied in the margin.
4. *iusti* added above.
5. *te* supplied above.
6. *honorifice* supplied by a later scribe.
7. Neumed.

sponso filio tuo unigenito accensis lampadibus nostris dignum prestemus occursum. Per.

2252 SEQVATUR ANTIPHONA HAEC: ¹Adorna thalamum tuum sion et suscipe regem.

2253 QVAM SEQVATUR ORATIO. Domine ihesu christe qui hodierna die in nostrę carnis substantia inter homines apparens, a parentibus in templo es presentatus, quem simeon uenerabilis senex lumine spiritus sancti inradiatus agnouit, suscepit, et benedixit, presta propitius ut eiusdem spiritus sancti gratia inluminati atque edocti te ueraciter agnouimus² et fideliter diligamus. Per.

2254 SEQVATVR ANTIPHONA. ³Responsum acepit simeon.

2255 POSTQVAM RECITETVR SUBSEQVENS ORATIO. Perfice in nobis quesumus domine gratiam tuam qui iuste⁴ symeonis expectationem implesti ut sicut ille mortem non uidit priusquam christum dominum uidere mereretur, ita et nos uitam optineamus aeternam. Per.

2256 HIS FINITIS ACCENSIS LVMINARIBVS MATERIALIBVS IN CORDIBVS NOSTRIS AMORE CHRISTI ARDENTES, IN OBVIAM CHRISTO VERO SPONSO AECCLESIĘ VENTVRI / SPERANTES, VERVM LVMEN A QVO INLVMINAMVR /f. 256r CONFITENTES, TERNIS TRINO ANTIP<H>ONIS COLLECTISQVE LAVDATO ET IN SINIBVS AECCLESIAE FIDELIVM ACCEPTO CONGRATVLANTES MISSĘ SOLLEMPNIA DONEC FINIANTVR EXPECTEMVS.⁵

BENEDICTIO SVPER CINERES

2257 Deus qui non mortem sed poenitentiam desideras peccatorum, fragilitatem conditionis humane benignissime respice, et hos cineres quos causa proferendę humilitatis atquę proferendę ueniae capitibus

---

¹ Neumed.
² *sca* for *agnoscamus* added above.
³ Added in left margin by a contemporary scribe and neumed.
⁴ Corr. to *iusti.*
⁵ A space of seven lines follows.

nostris inponi decernibus¹ benedicere pro tua pietate digneris, ut qui nos cineres esse / uoluisti, et ob prauitates² nostrę meritum in puluerem reuersuros creasti, peccatorum ueniam et premia nobis repromissa petentibus misericorditer concedas. Per. /f. 256v

2258 ITEM ALIA. Omnipotens sempiterne deus, parce metuentibus propitiare supplicibus et mittere digneris sanctum angelum tuum de cęlis qui benedicat et sanctificet cineres istos ut sint remedium salubre omnibus nomen tuum humiliter implorantibus, ac semetipsos pro conscientia delictorum suorum accusantibus atquę ante conspectum diuinę clementiae tuę facinora sua, deplorantibus uel³ serenissimam⁴ pietatem tuam suppliciter obnixeque flagitatibus⁵ presta quesumus per inuocationem sanctissimi nominis tui, ut quicumque eos super se asperserint pro redemptione peccatorum, corporis sanitatem et animę tutelam percipiant. Per.

BENEDICTIO IN DIE PALMARVM
2259 Deus, cuius filius pro salute generis humani de caelo descendit ad terras, et adpropinquante hora passionis suae hierosolimam in asino uenire et / a turbis rex appellari ac laudari uoluit benedicere dignetur hos palmarum ceterarumuę frondium ramos, ut omnes qui eos laturi sunt ita benedictionis eius dono reppleantur quatinus in hoc seculo hostis antiqui temtamenta superare, et in futuro cum palma uictorię et fructu bonorum operum ei ualeant apparere. Per eundem. /f. 257r

2260 ALIA. Petimus sanctae pater omnipotens aeterne deus, ut respicere digneris super hanc creaturam oliuę, quam ex ligni materia prodere iusisti, quam columba rediens ad arcam proprio protulit ore, et benedicere et sanctificare digneris, ut quicumque ex ea acceperint, accipiant profectionem animę et corporis, fiatque domine nostrae salutis remedium tuae gratię sacramentum. Per.

<LETANIA>
2261 Christe audi nos.
<S>ancta maria.

---

¹ *m* for *decernimus* added above.
² Corrected to *prauitatis.*
³ Crossed through.
⁴ *que* supplied interlineary.
⁵ *n* for *flagitantibus* added above.

<S>ancta maria.
<S>ancta maria.
<S>ancte gabriel.
<S>ancte raphael.
<S>ancte michael.
<S>ancte iacobe.
<S>ancte iohannes.
/ Sancte petre.   /f. 257v
Sancte paule.
Sancte andrea.
Sancte stephane.
Sancte hilari.
Omnes sancti.
Sancte laurenti.
Sancte martine.
Omnes sancti.
Omnes sancti.
Propitius esto.
Parce nobis domine.
Ab omni malo libera nos.
Per crucem tuam libera nos.
Peccatores te rogamus audi nos.
Vt pacem nobis dones te rogamus audi nos.
Vt domnum apostolicum nostrum in sancta religione conseruare
digneris te rogamus audi nos.
Vt ęcclesiam tuam inmaculatam custodire digneris.
Vt regem anglorum et exercitum eius conseruare digneris.
Vt eis uitam et sanitatem atque uictoriam dones te rogamus.
Vt sanitatem nobis dones te rogamus audi nos.
Vt pluuiam nobis dones te rogamus audi nos.
Vt aeris temperiam bonam nobis dones te rogamus.
Vt fructum terre nobis dones te rogamus.
Filii dei, te rogamus audi nos.
Agne dei qui tollis peccata mundi parce nobis domine.
Agne dei qui tollis peccata mundi dona nobis pacem.
/ Agne dei qui tollis peccata mundi miserere nobis.   /f. 258r
Christe audi nos .iii.
Kyrrie eleison .iii.
Christe eleyson .iii.

2262 Deus cęli terreque dominator qui das escam omni carni et imples omne animal benedictione, benedic et sanctifica hanc creaturam carnis, ut nobis dona tua sumentibus animae corporisque sanitatem propitius concedas. Per dominum.

[1]III. KL. AGS. NATALE SANCTORVM ABDON ET SENNEN

2263 <PREFATIO.> VD aeterne deus. Et te laudare mirabilem deum in sanctis tuis quos ante constitutionem mundi in aeternam tibi gloriam preparasti, ut per eos huic mundo ueritatis tuae lumen ostenderes, quos ita spiritu ueritatis armasti ut formidinem mortis per infirmitatem carnis euincerent. De quorum collegio sunt martyres tui abdon et sennes, qui in aecclesie tuae prato sicut rosae et lilia floruerunt. Quos unigeniti tui sanguis in prelio confessionis roseo colore perfudit, et ob premium passionis niueo liliorum splendore uestiuit. Per quem.

/ XIII. KL. APRILIS IN NATALE SANCTI CVTHBERHTI PONTIFICIS

/f. 258v

2264 Omnipotens sempiterne deus, qui in meritis sancti cuthberhti pontificis tui semper es et ubique mirabilis, quesumus clementiam tuam ut sicut ei eminentem gloriam contulisti, sic ad consequendam misericordiam tuam eius nos facias precibus adadiuuari[2]. Per.

2265 SECRETA. Haec tibi quesumus domine beati cuthberhti pontificis tui intercessione nunc grata reddatur oblatio, et per eam gloriosam nostrum famulatum purifica. Per.

2266 PREFATIO. *VD AETERNE DEVS.* Cuius misericordia inestimabilis, sapientia inmarcessibilis, mirabiliter erit in sanctorum meritis. Quibus igitur diffusis in fide saluatoris ihesu christi coruscantibus diuine religionis plebs aepulis doctrine uariis depasta, ad sinum matris confluit aecclesię. Licet enim alii suppliciis coronati, alii studio pię conuersationis munerati, cęteri / quoque adquisitione talentorum a patre familias ditati tamem parilem gerentes militiam unico filio tuo domino cum glorię triumpho adsistunt, quorum numero beati cuthberhti presulis decore sanctitatis festa recolentes,

/f. 259r

---

[1] Nos 2263–70 written by another late-tenth-century scribe.
[2] First *ad* struck through.

tibi domine fauore uirtutum magnifico iocundemur. Eius itaque facibus geminę caritatis mentem sic dignatus es inflammare, et facundiam sermonis nectare superno mellire, ut diuersarum terminos gentium exemplis et documentis in tui famulatus obsequium prepararet, ubique copiam adquisiti talenti fidelis seruus afferret. In pueritia quidem spirituali uaticinio ad presulatus officium meruit inuitari, qui postmodum multimodis miraculorum indiciis, sinu oceani[1] anglos fidei dominicę cultu roborauit. Et ideo cum an<gelis>.

2267 POSTCOMMVNIO. Deus qui nos sanctorum tuorum temporali tribuis commemoratione gaudere, pre/sta quesumus, ut beato /f. 259v cuthberhto interueniente in ea numeremur sorte salutis, in qua illi cuncta sunt gratia tua gloriosa. Per.

2268 ALIA. Conserua domine populum tuum sub umbra protectionis tuę per inuocationem nominis sancti et summi pontificis tui cuthberhti, ut illius adiuuemur exemplis, et nos esse participes regni mereamur cęlestis. Per.

2269 ITEM. Deus qui sanctorum tuorum libenter suscipis uota, intercedente beato cuthberhto familiam tuam miserationis tuę dextera semper et ubique protegat. Per.

<IN INVENTIONE SANCTAE CRVCIS>
2270 PREFATIO. VD per christum dominum nostrum. Precipue in die ista in qua filii tui unigeniti a iudeis lignum crucis asconditum[2], gloriosum inuentum est[3] triumphi. Qui protoplasti facinus, quod per ligni ueteti gustum humano generi deriuatum est, per idem lignum crucis simul quoque nostram secum christus adfixit[4] delicta dedisti[5]. Cuius typum uirga tenuit in separatis aquarum undis, et uiam populo moysi[6] / preparauit securam. Per cuius quoque umbram, aspersa /f. 260r mors populis ligni deducta cucurrit, in quo pendens redemptor

---

[1] *ni* added over an erasure.
[2] *b* for *absconditum* supplied above.
[3] *lignum* added above.
[4] Corrected to *affixit.*
[5] Corrected to *delesti.*
[6] *duce* added in margin.

noster[1] ut maledictum[2] eriperet[3] per lignum crucis. Cuius ligni mysteriis saluari credimus omnes, ut cum omnibus sanctis comprehendere ualeamus, quę sit latitudo, longitudo, sublimitas et profundum. In quibus gradiamur iustitię armis, per quem nobis crucifixus est mundus, et nos crucifigamur[4] mundo. Quo signo inimici pellimus tela, cunctaque iacula calliditatis salubriter trucidantes, expediti compedibus, hoc fronte nostra ferimus[5]. Huius /f. 260r tutela confisi callem adgredimur tenuem, per quod de torrente in uia bibit saluator, propter quod multum[6] a terris in dextera tua nostrum saluabit[7] caput. Et ideo.

[8]<NATALE SANCTORVM DIONISII RVSTICI ET ELEVTHERII>

2271 / Presta quesumus omnipotens deus ut sicut deuotissime christianus /f. 260v populus tuus, ad sanctorum martirum tuorum, dionisii, rustici et eleutherii temporalem sollenitatem concurrit, ita perstruatur eterna et quod uotis amantissime celebrat, pio comprehendat affectu. Per dominum.

2272 <ALIA>. Annua martirum tuorum domine, dionisii, rustici, et eleutherii festa recolimus, maiestatem tuam supliciter deprecantes, ut cum temporalibus incrementis eterne prosperitatis capiamus augmentum. Per dominum.

2273 <SECRETA>. Oblata tibi domine munera populi tui pro tuorum honore sanctorum martirum dionisii, rustici, et eleutherii suscipe propitius, quesumus et eorum nobis intercessione sanctifica. Per dominum.

2274 <PRAEFATIO>. VD aeterne deus. Et innumeras laudes diuinis dare uirtutibus, et gloriosis preconiis insignia preferre miracula. Qui in diuinitatis presentia gloriosissimorum martirum dionisii, rustici, et

---

[1] *factus est pro nobis* added above.
[2] *ut nos a maledicto* added in margin.
[3] *legis* supplied above.
[4] Corrected to *crucifigimur.*
[5] *signum* added above.
[6] *exaltatum* added above.
[7] *subiit* added above.
[8] Nos 2271–2275 written by another late-tenth-century scribe.

eleutherii, fidei ornamenta prospexit. [1]/ Cuius fortitudine[2] roborati,   /f. 261r
aduersus seuissimi ac rabidi hostis confluctationes dimicarunt, et pro
dei nomine forti congressione luctantes, agonis sui certamine
desudarunt. Qui futura cogitauerunt presentia contempserunt. Horum
quoque dominus ihesus christus insignia triumphorum trophea
reseruauit. Quibus remunerationis suę palmas uincentibus tribuit, et
uirentibus paradysi floribus suos milites coronauit. Et ideo cum.

2275   <POSTCOMMVNIO>. Sumptis domine sacramentis quesumus ut
intercedentibus beatis martyribus tuis dionisio, rustico, et eleutherio
ad redemptionis aeterne proficiamus augmentum. Per.

[3]<MISSA DE RESVRRECTIONE>
2276   / <PREFATIO>. <VD>aeterne deus. Qui nobis in christo uni-   /f. 261v
genito filio domino nostro spem beatę resurrectionis concessisti,
presta quesumus, ut animę pro quibus hoc sacrificium redemptionis
nostrę tuę offerimus maiestati, ad beatę resurrectionis requiem, te
miserante cum sanctis tuis peruenire mereantur. Per christum
dominum.

/ ORATIO PRO FAMILIARIIS   /f. 262r
2277   Deus incomprehensibilis et inenarrabilis qui pro peccatoribus
saluandis in mundum uenisti, propitius esto famulis tuis beniuolis
omnibus et benefactoribus atque consanguineis nostris, seu et his
qui se nostris manibus uel orationibus commendauerunt, uel qui
nobis aelemosinarum suarum reditus erogauerunt, succurre eis
ubique et manum protectionis tuae porrige, ut auxilio misericordiae tuae malis omnibus exuti, et in hoc corpore tibi perfecte
deseruiant, et sempiternę recompensationis participes existant. Per
dominum nostrum.

ORATIO PRO OMNI POPVLO CATHOLICO
2278   Domine deus rex caeli et terrae per quem omnia creata subsistunt
et gubernantur exaudi preces nostras, et regem nostrum cum
coniuge et natis eius, et cum uniuersa ecclesia fidelium tuorum seu
etiam infidelium, protegere et conseruare digneris, da ei pacem / et   /f. 262v

[1] Fol. 261 is a half sheet.
[2] *tu* added interlinearly.
[3] Written by another late-tenth-century scribe.

salutem continuam, da omnibus fidelibus tuis in fide recta et opere bono persistere. Infidelibus autem ad te deum uerum salubriter conuerti, et tibi in gremio electorum perpetuo famulari. Per dominum nostrum.

ORATIO GENERALIS PRO OMNI POPVLO

2279 Domine deus omnipotens exaudi me propitius, et exaudi quesumus preces omnium famulorum ac fidelium tuorum, et conserua in bono opere uiamque rectitudinis ac pacis omnes reges et principes terrae, duces et iudices episcopos et pręsbiteros, omnemque clerum ecclesiae cum caterua omnium monachorum, congregationes sanctarum uirginum, monachorum, et continentium, coniugatorum omnium christianorum, puerorum et puellarum omniumque delinquentium lapsus ad bonum reflecte opus, egentium quoque uiduarum pauperum, et debilium angustias et miserias respice et tuam eis misericordiam et consolationem impende, et de oppressione malorum et omnium iniquorum defende / et ad tui nominis agnitionem et fidei ueritatem omnem /f. 263 populum christianum digneris perducere, et in bono opere cum tranquillitate temporum et hubertate fructuum uel sanitate corporum tua gratia gubernante usque in finem perseuerare concede, et omnium fratrum nostrorum sororumque nostrarum animas, quorum nomina tu scis domine deus qui nos in dominica parte cum signo fidei precesserunt, indultis culparum erroribus in augmentum aeternae ecclesiae caelesti regno, ad laudem et gloriam nominis tui nos sociare digneris. Qui in trinitate perfecta uiuis et dominaris et regnas deus per infinita saecula saeculorum. Amen.

ORATIO IN AGENDA MORTVORVM

2280 Oremus domini misericordiam pro spiritibus defunctorum et defunctarum, quorum et quarum nomina commendata sunt nobis et pro illis sacras hostias immolamus, et pro spiritibus aliorum et aliarum quorum et quarum munera accipimus, et pro animabus defunctorum nostrorum fidelium / utriusque sexus qui et quae de /f. 263 nostra cognatione specialiter exorti et exortae sunt, et pro spiritibus omnium quorum et quarum corpuscula in tumulis huius ecclesię sepulta sunt si illorum et illarum omnium nomina inter cetera specialiter a nobis non recitantur, te tamen obsecramus ut illis omnibus sit indulgentia tuae miserationis domine sicut tu uis et sicut tu scis, parce et miserere quasi in sacris paginis memorialiter in caelis nominarentur. Ita tibi pro illis offerimus in terris si animo almitatis tuae non displicuerit in caelis, quorum et quarum tibi fides cognita est et nota deuotio, et pro spiritibus sanctorum et sanctarum omnium qui et quae in hac die annua festiuitate de hac luce feliciter migrauerunt ad christum, et pro spiritibus cunctorum et cunctarum pausantium qui et quae nos in dominica pace precesserunt ab adam usque in hodiernum diem. Per eundem dominum.

/ [1]MISSA IN LAVDE SANCTORVM OMNIVM /f. 264r

2281 Deus inennarrabilis gloriae et pietatis inmense, qui sanctos tuos ante mundi constitutionem in aeternam tibi gloriam preparasti, suscipe propitius preces et munera, quę in honore et ueneratione beatę dei genetricis marię et beatorum apostolorum, martyrum confessorum ac uirginum, omniumque electorum tuorum in conspectu pietatis tuę humiliter deferimus, et presta ut apud magestatem tuam, et remissionem peccatorum, et beatitudinis suę nobis impetrent consortium. Per.

2282 SVPER OBLATA. Munera domine quę pro omnium[2] sanctorum tuorum ueneratione tibi deuote deferimus propitius suscipe, et illorum suffragantibus meritis, nos per haec a peccatorum nostrorum maculis emunda. Per.

2283 POST COMMVNIONEM. Sacro munere satiati, supplices te domine deprecamur, ut quod debitę seruitutis celebramus officio, intercedentibus omnibus sanctis tuis, saluationis tuę sentiamus augmentum. Per dominum.

/ III. NON. AGS. INVENTIO CORPORIS SANCTI /f. 264v
STEPHANI

2284 [3]A. Iustus ut palma. PS. Bonum ut confiteri. GR. Iustus non conturbabitur. V. Tota die miseretur. AL. Iustus germinabit. OF. Desiderium anime. CO. Posuisti domine in capite.

---

[1] Nos 2281–89 written in the late tenth century.
[2] *i* supplied interlinearly.
[3] Cues in left margin beside collect.

2285 Deus qui sanctum corpus protomartyris stephani tuis fidelibus ad suffragia reuelare dignatus es, da nobis per eius intercessionem nostrorum peccaminum remissionem, et in tuo sancto seruitio iugem perseuerantiam. Per.

2286 SECRETA. Sume omnipotens deus benigne has oblationes, et concede pro meritis beati protomartyris stephani, ut nostra delicta absoluant et perpetuam felicitatem nobis adquirant. Per.

2287 PREFATIO. VD aeterne deus. Beati leuitae stephani sacri corporis inuentionem celebrantes, precamur ergo omnipotentiam tuam, ut ipsius suffragantibus meritis nos ab omnibus uitiorum sordibus emacules, et uirtutibus cunctis adornes. Per christum dominum nostrum.

2288 AD COMPLENDVM. Sacrificia tua domine quesumus corda nostra purificent, et intercedente sancto leuita stephano, remedia nobis optineat sempiterna. Per.

2289 ALIA. Da quesumus domine hanc presenti familie tue gratiam, ut que beati martyris tui et luite stephani inuentionem annuo ueneratur obsequio, eo suffragante te misericordem inuenire mereatur in celo. Per dominum.

/ \<MISSA PRO PECCATORIBVS\> /f. 265r

2290 \<ANT.\>. [1]Domine refugium factus es nobis a generatione et progenie a seculo in seculum tu es. \<PS.\>. Priusquam fierent montes.

2291 Omnipotens sempiterne deus, una maiestas et una deitas, qui in trinitate permanes, et in unitate semper consistis, presta quesumus ut qui peccatorum nostrorum pondere premimur, celerem indul-gentiam consequi mereamur. Per.

2292 *AD ROMANOS.* \<O\> altitudo diuitiarum[2] sapientię et scientię dei quam inconprehensibilia sunt iudicia eius[3]. Quis enim cognouit sensum domini, aut quis consiliarius eius fuit, aut quis prior dedit illi

---

[1] Nos 2290–99 written by another late-tenth-century scribe.
[2] *ti* added interlinearly by original scribe.
[3] *et inuestigabiles uie eius* added in margin.

et retribuetur ei? Quoniam ex ipso, et per ipsum, et in ipso sunt omnia. Ipsi gloria, in secula seculorum.

2293   <GR.>. Dirigatur oratio mea sicut incensum in conspectu tuo. <V.>. Eleuatio manuum mearum sacrifium uespertinum. <ALL.>. Iubilate deo omnis terra seruite domino in letitia.

2294   <SECVNDVM MARCVM >. *IN ILLO TEMPORE.* Venit ad ihesum leprosus deprecans eum, et genuflexo dixit, si uis potes me mundare. Ihesus autem misertus eius, extendit manum suam et / et tangens eum ait illi, uolo mundare. Et cum dixisset, statim discessit ab eo lepra, et mundatus est.   /f. 265v

2295   <OFFERTORIVM>. In te speraui domine dixi, tu es deus meus in manibus tuis tempora mea.

2296   <SECRETA>. <O>blationes nostras quesumus domine pro-pitiatus[1] intende, quas in honore[2] nominis tui consecrandas deferi-mus, ut[3] maculis[4] peccatorum nostrorum quę neglegenter gessimus, te propitiante ueniam consequi mereamur. Per.

2297   <PRAEFATIO>. <VD> aeterne deus. Qui solus habes inmorta-litatem, et lucem habitas inaccessibilem. Cumque omnem altitudine throno tuę dominationis excedis, super humilia tamen corda maies-tas[5] requiescit. Te humiliter precamur ut in nostris habitare digneris cordibus actusque nostros peruenire[6], adiuuando subsequi. Per christum.

2298   <COMMVNIO>. Intellege clamorem meum intende uoci orationis meae rex meus et deus meus quoniam ad te orabo domine.

2299   <POSTCOMMVNIO>. <P>erceptis domine sacramentis tua nos non deserat pietas, quia in confessione sanctę trinitatis nos credimus esse saluandos. Per.

---

[1] *atus* added interlinearly by original scribe.
[2] A small erasure follows.
[3] *et* added above.
[4] originally *maculas*.
[5] *tua* added above by original scribe.
[6] *et* supplied above.

<LAETANIA>

2300 / *Christe audi nos.* /f. 266r
Christe audi nos.
Christe audi nos.
Sancta maria ora.
Sancte michahel.
Sancte gabrihel.
Sancte raphahel.
Sancte iohannes.
Sancte petre ora.
Sancte paule.
Sancte andrea.
Sancte iacobe.
Sancte iohannes.
Sancte thoma ora.
Sancte iacobe.
Sancte philippe.
Sancte bartholomee.
Sancte matheae.
Sancte symon.
Sancte tathdeę.
Sancte mathia.
Sancte marce ora.
Sancte luca ora.
Sancte barnaba.
Sancte stephane.
Sancte line ora.
Sancte clete.
Sancte clemens.
Sancte syxte.
Sancte corneli.
Sancte cipriane.
Sancte laurenti.
Sancte ypolite ora.
Sancte romane.
Sancte cosma[1].
Sancte damiane.
Sancte fabiane ora.

---

[1] Originally *cosmas*.

Sancte sebastiane.
Sancte audifax.
Sancte abacuc.
Sancte ualentine.
Sancte uitalis ora.
Sancte georgi.
Sancte cyriace.
Sancte pancrati ora.
Sancte alexander ora.
Sancte euenti.
Sancte theodole.
Sancte gordiane.
Sancte epimachi ora.
Sancte urbane.
Sancte nicomedis.
Sancte basilidis.
Sancte nazari ora.
Sancte uincenti.
Sancte geruasi.
Sancte protasi ora.
Sancte iuliane.
Sancte felicissime.
Sancte agapite.
Sancte caliste.
Sancte felix.
Sancte audacte.
Sancte prote.
Sancte iacinte ora.
Sancte dionisi cum sociis tuis.
Sancte quintine.
Sancte firmine ora.
/ Sancte crispine ora.   /f. 266v
Sancte crispiniane.
Sancte maurici cum sociis tuis.
Sancte christophore.
Sancte georgi.
Sancte luciane cum sociis tuis.
Sancte lantberte.
Sancte ragnulfe.
Sancte salui ora.

Sancte iuste.
Sancte silvester.
Sancte marcelle.
Sancte leo ora.
Sancte athanasi.
Sancte hilari.
Sancte martine.
Sancte bricci ora.
Sancte ambrosi.
Sancte hieronime.
Sancte augustine.
Sancte maximine.
Sancte pauline.
Sancte eusebi ora.
Sancte benedicte.
Sancte gregori.
Sancte antoni ora.
Sancte hilarion.
Sancte basili.
Sancte machari.
Sancte effrem ora.
Sancte pemen.
Sancte arseni.
Sancte pior.
Sancte moyses.
Sancte donate ora.
Sancte remigi.
SANCTE VEDASTE[1].
Sancte audomare.
Sancte bertine.
Sancte germane ora.
Sancte medarde.
Sancte amande.
Sancte audoene.
Sancte filiberte.
Sancte richari ora.
Sancte uualarice.
Sancte fursee ora.

---

[1] Flecked with red and green.

Sancte bauo.
Sancte trudo.
Sancte fortunate.
Sancte albine.
Sancte bonefaci ora.
Sancte patrici.
Sancte cudberte.
Sancte gudlace.
Sancte pauline ora.
Sancte lupe.
Sancte urse.
Sancte modeste.
Sancte hucberte.
Sancte arnulfe ora.
Sancta felicitas.
Sancta perpetua.
Sancta petronella.
Sancta anastasia ora.
Sancta agathes.
Sancta agnes.
Sancta cecilia.
Sancta lucia ora.
/ Sancta iuliana ora.   /f. 267r
Sancta eufemia.
Sancta praxedis.
Sancta potentiana.
Sancta sabina ora.
Sancta cristina.
Sancta theodora.
Sancta fausta.
Sancta martha ora.
Sancta columba.
Sancta iustina.
Sancta scholastica.
Sancta paula ora.
Sancta brigida.
Sancta eusebia.
Sancta genouefa.
Sancta rictrudis.
Sancta aldegundis.

Sancta radegundis.
Sancta uictoria ora.
Sancta oportuna.

Omnes sancti orate pro nobis, ter.
Propitius esto parce nobis domine.
Propitius esto libera nos domine.
A peccatis nostris libera nos domine.
A morbo malo, libera nos domine.
A peste et clade et fame, libera nos domine.
Ab insidiis diaboli, libera nos domine.
A uariis languoribus libera nos domine.
Ab omni malo, libera nos domine.
Peccatores te rogamus audi nos.
Vt pacem nobis dones, te rogamus.
Vt iram tuam a populo tuo auferre digneris.
Vt reges nostros et exercitum eorum conseruare digneris, te rogamus.
Vt eis uitam et sanitatem atque uictoriam dones, te rogamus.
Vt episcopum nostrum cum omni plebe sibi commisso conseruare digneris te.
Vt paganorum seuitiam comprimere digneris, te rogamus audi.
Vt aeris temperiem nobis dones, te rogamus.
/ Vt fructum terrę nobis dones, te rogamus. /f. 267v
Vt remissionem peccatorum nostrorum nobis tribuere digneris, te rogamus audi nos.
Vt nos exaudire digneris, te rogamus audi nos.
Fili dei te rogamus audi nos, ter.
Agnus dei qui tollis, parce nobis domine.
Agnus dei qui tollis peccata, dona nobis pacem.
Agnus dei qui tollis peccata, miserere nobis.
Christe audi nos. Christe audi nos. Christe audi nos.
Kyrrie eleyson. Christe eleyson. Kyrrie eleyson.

\<BENEDICTIO\>

2301 [1]Benedicat uos deus omni benedictione cęlesti sanctosque et puros efficiat in conspectu suo, superabundent in uos diuitiae gloriae eius, uerbo ueritatis instruat euangelio salutis erudiat, omniumque sanctorum caritate locupletet. Per.

---

[1] Mid-tenth-century addition.

\<IN FESTIS B. V. M.\>

2302 [1]A. Salue sancta parens enixa puerpera regem qui celum terramque regit[2] in secula seculorum. PS. Pre gaudium matris habens cum uirginitatis honore. Nec primam similem uisa es nec habere sequentem. R. Benedicta et uenerabilis es uirgo maria que sine tactu pudoris inuenta es mater saluatoris. V. Virgo dei genetrix quem totus non capit orbis. In tua se clausit uiscera factus homo. Alleluia. Aue maria gratia plena dominus tecum benedicta tu in mulieribus. OFF. Felix namque es sacra uirgo maria et omni laude dignissima quia ex te ortus est sol iustitiae christus deus noster. Alleluia. CO. Alma dei genetrix succurre precantibus cunctis nos quoque una precamur supplices ut tuis precibus adiuti laudemus trinitatem.

/ ORDINATIO OSTIARII /f. 268r

2303 *Ostiarius cum ordinatur, postquam* ab archidiacono instructus fuerit qualiter in domo dei debeat conuersari, *ad suggestionem archidiaconi tradat ei episcopus claues de altari dicens*: [3]sic age quasi redditurus deo rationem pro his rebus quae istis clauibus recluduntur, *et tradat ei archidiaconus ostium ecclesiae.*

2304 [4]PRAEFATIO OSTIARII. Deum patrem omnipotentem suppliciter deprecamur, ut hunc famulum suum ill. benedicere dignetur quem in officium ostiarii eligere dignatus est, ut sit ei fidelissima cura in diebus ac noctibus ad distinctionem horarum, ad inuocandum nomen domini. Per.

2305 BENEDICTIO EIVSDEM. Domine sancte pater omnipotens aeterne deus benedicere digneris hunc famulum tuum ostiarium, ut inter ianitores ecclesiae paret obsequia, et inter electos tuos partem mereatur habere mercedis. Per.

/ ORDINATIO LECTORIS /f. 268v

2306 *Lector cum ordinatur, facit de illo episcopus uerbum ad plebem, indicans eius fidem ac uitam atque ingenium, post haec expectante populo tradat ei codicem de quo lecturus est, dicens*: [5]*Accipe et*

---

1 Mid-tenth-century addition. Neumed throughout.
2 Supplied interlinearly.
3 A cross later prefixed.
4 Plural endings given interlinearly throughout nos 2304 and 2305 by the original scribe.
5 A cross later prefixed.

esto uerbi dei relator, habiturus si fideliter impleueris officium
partem cum his qui uerbum dei ministrauerint.

2307 [1]PRAEFATIO LECTORIS. Eligunt te fratres tui, ut sis lector in
domo dei tui, et agnoscas officium tuum ut impleas illud, potens
est enim deus ut augeat tibi gratiam. Per.

2308 BENEDICTIO EIVSDEM. Domine sancte pater omnipotens
aeterne deus benedicere digneris famulum tuum hunc ill. in
officio lectoris, ut assiduitate lectionum distinctus atque ornatus,
curis, modulis spiritali deuotione gratia lingua resonet ecclesiae.
Per dominum nostrum.

ORDINATIO EXORCISTAE

2309 *Exorcista cum ordinatur, accipiat de* manu episcopi libellum in
quo scripti sunt exorcismi dicente sibi episcopo, [2]*accipe et*
commenda memoriae et habe potestatem / imponendi manum /f. 269r
super energuminum siue baptizatum siue caticuminum.

2310 [3]PRAEFATIO EXORCISTAE. Deum patrem omnipotentem supplices deprecamur, ut hunc famulum tuum ill. benedicere dignetur
in officium exorcistae, ut sit spiritalis imperator ab abiciendos
demones de corporibus obsessis, cum omni nequitia eorum
multiformi. Per.

2311 BENEDICTIO EIVSDEM. Domine sancte pater omnipotens
aeterne deus benedicere digneris hunc famulum tuum ill. in
officio exorcistae, ut per impositionis manuum et oris officium
eum eligere digneris, et imperium habeat spirituum inmundorum
cohercendo, et probabilis sit medicus ecclesiae, gratia curationum
uirtute confirmatus. Per eundem.

ORDINATIO ACOLITI

2312 *Acolitus cum ordinatur, primum ab* episcopo doceatur qualiter
in officio suo agere *debeat, sed ab archidiacono accipiat*

---

[1] Plural endings given interlinearly throughout nos 2307 and 2308 by the original
scribe.
[2] A cross later prefixed.
[3] Plural endings given interlinearly throughout nos 2310 and 2311 by the original
scribe.

/ *ceroferarium cum cereo, ut sciat se ad accendenda ecclesiae* /f. 269v
*luminaria manc*ipari. Accipiat et urceoleum uacuum ad fundendum uinum, in eucharistia corporis christi.

2313 [1]PREFATIO ACOLITI. Omnipotens sempiterne deus, fons lucis
et origo bonitatis, qui per ihesum christum filium tuum lumen
uerum mundum inluminasti eiusque passionis mysterio redemisti,
benedicere digneris hunc famulum tuum ill. quem in acoliti
officium consecramus, poscentes tuam clementiam, ut eius lumen
et mentem scientia inlustres, et pietatis tuae rore inriges, ut ita
perceptum ministerium te auxiliante peragat, qualiter ad aeternam
remunerationem peruenire mereatur. Per eundem.

2314 BENEDICTIO ACOLITI. Domine sancte pater omnipotens
aeterne deus, qui per ihesum christum filium tuum in hunc
mundum lumen claritatis misisti, et in cruce passionis suae
triumphum, et in cruce passionis suae triumphum, sanguinem et
aquam ex latere pro genere huma/no dignatus es fundere, et per /f. 270r
apostolos tuos in hoc saeculo lumen gratiae spiritalis misisti, ita
benedicere digneris hunc famulum tuum ill. in officio acoliti, ut
accendendum claritatis ecclesiae tuae, et ad suggerendum uinum
et aquam ad conficiendum sanguinis tui in offerendo eucharistia
sanctis altaribus tuis subministret, accende domine eius mentem
et corda ad amoris tui caeleste, et gratiae miserationis tuae uirtute
confirma. Per.

ORDINATIO SVBDIACONI

2315 *Subdiaconus cum ordinatur, quia manus* impositionum non accipit
patenam de manu episcopi accipiat uacuam et calicem uacuam,
de manu archidiaconi, accipiat urceolum *cum aqua manili ac*
manutergium, et dicat:

2316 [2]*Vide cuius ministerium tibi traditur, et ideo si usque nunc fuisti*
tardus ad ecclesiam, amodo debes esse assiduus, si usque nunc
somnolentus, amodo uigil, si usque nunc ebriosus, *amodo sobrius,*
si usque nunc inhonestus, / amodo cautus, oblationes quę ueniunt /f. 270v

---

[1]   Plural ending given interlinearly throughout nos 2313 and 2314 by the original
scribe.
[2]   A cross later prefixed.

in altari panes propositionis appellantur. De ipsis oblationibus tantum debet in altari poni, quantum populo possit sufficere, ne aliquid putridum in sacrario remaneat. Palle uero *quę sunt in substratorio in alio uase debet lauari, in alio corporales palle, ubi palle corporales lauate fuerint, nullum linteamen* ibidem aliud lauari debet, ipsa aqua in baptisterio debet uergi. Ideo te ammoneo, *tu talem te exhibe ut deo placere possis. Et tradat ei calicem et patenam.*

2317 [1]PRĘFATIO SVBDIACONI. Oremus deum ac dominum nostrum, ut super seruum suum ill. quem ad subdiaconatus officium uocare dignatus es infundat benedictionem et gratiam suam, ut in conspectu suo fideliter seruiens, praedestinata sanctis premia consequatur, auxiliante domino nostro ihesu christo qui cum eo uiuit et regnat deus. Per.

2318 BENEDICTIO EIVSDEM. Domine sancte pater omnipotens aeterne deus, benedicere digneris famulum tuum / hunc quem ad subdiaconatus officium eligere dignatus es, ut eum sacrario tuo sancto strenuum sollicitumque caelesti militiae instituas, et sanctis altaribus fideliter subministret, et requiescat super eum spiritus sapientiae et intellectus, spiritus consilii et fortitudinis, spiritus scientiae et pietatis, repleas eum spiritu timoris tui, et eum ministerio diuino confirmes, ut oboediens factus atque dicto parens, tuam gratiam consequatur. Per.

/f. 271r

ORATIO AD ORDINANDVM DIACONVM

2319 [2]Oremus dilectissimi deum patrem omnipotentem, ut super hunc famulum suum quem in sacrum ordinem dignatur assumere benedictionis suae gratiam clementer effundat, eique donum consecrationis indulgeat, per quod eum ad premia aeterna perducat. Auxiliante domino nostro ihesu christo qui cum eo uiuit et regnat deus. Per.

2320 ALIA. Exaudi domine preces nostras et super hunc famulum tuum spiritum tuae benedictionis emitte, ut caelesti munere

---

[1] Plural endings given interlinearly throughout nos 2317 and 2318 by the original scribe.
[2] Plural endings given interlinearly throughout nos 2319–22 by the original scribe.

ditatus, et tuę gratiam possit maiestatis adquirere, et bene / uiuendi aliis exemplum prebere. Per. /f. 271v

2321 ALIA. Deus qui es conlator sacrorum magnificus dignitatum, quesumus ut hunc famulum tuum quem ad officium leuitarum uocare dignaris, altaris sancti mynisterium tribuas sufficienter implere, cunctisque donis gratiae redundantem, et fidutiam sibi tuae maiestatis adquirere, et aliis prębere facias perfectę deuotionis exemplum. Per.

2322 CONSECRATIO. Adesto quesumus omnipotens deus honorum dator, ordinum distributor officiorumque dispositor, qui in te manens innouas omnia, et cuncta disponens per uerbum, uirtutem, sapientiamque tuam, ihesum christum filium tuum dominum nostrum, sempiterna prouidentia praeparas, et singulis quibusque temporibus aptanda dispensas. Cuius corpus, ecclesiam tuam caelestium gratiarum uarietate distinctam, suorumque discretione membrorum, per legem mirabilem totius compagis unitatem, in augmentum templi tui crescere dilatarique largiris, sacri muneris seruitutem, / trinis gradibus ministrorum nomini tuo ministrare /f. 272r constituens, electis ab initio leui filiis qui misticis operationibus domus tuae fidelibus excubiis permanentes, hereditatem benedictionis aeterne sorte perpetua possiderent, super hunc quoque famulum tuum quesumus placatus intende, quem tuis sacrariis seruiturum in officium diaconii suppliciter dedicamus. Et nos quidem tamquam homines diuini sensus et summe rationis ignari, huius uitam quantum possumus aestimamus, te autem domine ea quae nobis sunt ignota non transeunt, te occulta non fallunt, tu cognitor secretorum, tu scrutator es cordium, tu eius uitam caelesti poteris examinari iudicio, quo semper praeuales et amissa purgare, et ea quae sunt agenda concedere. Emitte in eum domine quesumus spiritum sanctum, quo in opus ministerii fideliter exsequendi septiformis gratiae munere roboretur, in instar illorum quos in exordio nascentis ecclesiae / apostoli tui adiutores sibi et /f. 272v comites addiderunt. Abundet in eo totius forma uirtutis, auctoritas modesta, pudor constans, innocentiae puritas, et spiritalis obseruatio disciplinę. In moribus eius precepta tua fulgeant, et suae castitatis exemplo imitationem sanctam plebs adquirat, et bonum conscientiae testimonium proferens, in christo firmus et stabilis perseueret, dignisque successibus de inferiori gradu per gratiam tuam potiora capere mereatur. Per dominum.

MISSA IN ORDINATIONE PRESBITERI SIVE DIACONI

2323 Exaudi domine supplicum preces, et deuoto tibi pectore famulantes perpetua defensione custodi, ut nullis perturbationibus impediti, liberam seruitutem tuis semper exhibeantur officiis. Per.

2324 SVPER OBLATA. Omnium nostrorum domine quesumus hostias propitius intuere, ut et quod actum est per obsequium deputatum et fidelium uota populorum, tua potius propitatione firmetur. Per.

2325 / PRĘFATIO. Vere dignum aeterne deus. Suppliciter deprecantes, /f. 273r ut nostram pariter et illius quem per tui muneris largitatem sacrae familiae subrogamus antistitem, uel presbiterum, siue diaconem, bene tibi placitam perficias seruitutem. Per christum.

2326 IN FRACTIONE. Hanc igitur oblationem quam tibi offerimus domine pro famulo tuo .ill. quem ad pontificalem, uel presbiterii, siue diaconii gradum promouere dignatus es, quesumus domine ut placatus accipias, et quae ei diuino munere contulisti, in eo propitius tua dona custodi. Per christum.

2327 AD COMPLENDVM. Da nobis quesumus omnipotens deus, boni operis incrementa percipere, et quem tempore prouehis sacris mysteriis effice promptiorem. Per.

2328 SVPER POPVLVM. Totum corpus ecclesiae tua domine quesumus sic benedictio suppliciter implorata disponat, ut et superiorum firmitate membrorum subiecta congaudeat, et subditorum sinceritate summa laetetur. Per.

ORATIO AD ORDINANDVM PRESBITERVM

2329 [1]Oremus dilectissimi deum patrem omnipotentem, ut super hunc famulum suum / quem ad praesbiteri munus eligit caelestia dona /f. 273v multiplicet, et quae eius dignatione suscipit, eius exsequatur auxilio. Per.

---

[1] Plural endings given interlinearly throughout nos 2329 and 2330 by the original scribe.

2330 ALIA. Exaudi nos deus salutaris noster, et super hunc famulum tuum benedictionem sancti spiritus et gratiae sacerdotalis effunde uirtutem, ut quem tuae pietatis aspectibus offerimus consecrandum, perpetua muneris tui largitate prosequaris. Per.

2331 CONSECRATIO. Domine sancte pater omnipotens aeterne deus, honorum omnium auctor, et distributor omnium dignitatum, per quem proficiunt uniuersa, per quem cuncta firmantur, amplificatis semper in melius naturae rationabilis incrementis, per ordinem congrua ratione dispositum. Vnde et sacerdotales gradus, atque officia leuitarum, sacramentis mysticis instituta creuerunt, ut cum pontifices summos regendis populis praefecisses, ad eorum societatis et operis adiumentum, sequentis ordinis uiros, et secundę dignitatis eligeres. Sic in heremo per septu/aginta uirorum pru- /f. 274r dentium mentem, moysi spiritum propagasti, quibus ille adiutoribus usus, in populo innumeras multitudines facile gubernauit. Sic in eleazoro et itamar filiis aaron, paternae plenitudinis habundantiam transfudisti. Vt ad hostias salutares, et frequentiores offitii sacramenta, ministerium sufficeret sacerdotum, hac prouidentia domine apostolis filii tui, doctores fidei comites addidisti, quibus illi orbem totum secundis predicatoribus impleuerunt, quapropter infirmitati quoque nostrae domine quesumus haec adiumenta largire, qui quanto magis fragiliores sumus, tanto his pluribus indigemus. Da quesumus omnipotens pater in hunc famulum tuum presbiterii dignitatem, innoua in uisceribus eius spiritum sanctitatis, acceptum a te deus secundi meriti munus obtineat, censuramque morum exemplo suae conuersationis insinuet, sit probus cooperator[1] ordinis nostri et luceat in eo totius forma iustitiae, ut bonam rationem dispensationis sibi creditę redditurus / aeternae beatitudinis premia consequatur. Per /f. 274v dominum.[2]

2332 Consecrentur manus istae per istam unctionem et nostram benedictionem, ut quęcumque benedixerint benedicta sint, et quęcumque sanctificauerint sanctificentur.[3]

---

[1] A *q* at the beginning of *cooperator* erased.
[2] Text newly supplied in the first half of the tenth century on the first leaves of new gathering, together with no. 2332.
[3] The rest of fol. 274v is blank.

2333 / <COLLECTA>. [1]Commune uotum permaneat, communis oratio   /f. 275r
prosequatur. Vt hic totius eclesiae prece qui in diaconatus ministerio
preparatur, et leuiticę benedictionis spiritali conuersatione, prefulgens
per gratiam sanctificationis eluceat. Per dominum.

2334 <BENEDICTIO>. Domine sanctae spei, fidei gratiae profectuum
munerator, qui[1] celestibus et terrenis ministeriis angelorum ubique
dispositis, per omnia elementa uoluntatis tuae diffundis affectum,
hunc quoque famulum tuum ill. speciali affectu[2] tueri digneris, ut
tuis obsequiis expeditus sanctis altaribus minister purus clarescat et
indulgentia prioris gradus eorum quos apostoli tui in septenario
numero beato stephano duce, atque spiritu sancto auctore elegerunt
dignus existat, et uirtutibus uniuersis quibus tibi seruire oportet
instructus polleat. Per dominum.

2335 /<BENEDICTIO AD STOLAS VEL PLANETAS>. Deus inuicte   /f. 275v
uirtutis triumphator, et omnium rerum creator, ac sanctificator.
Intende propitius preces nostras, et has stolas siue planetas leuiticae
ac sacerdotalis gloriae ministris tuis fruendas, tuo proprio ore
bene̅dicere, ac sanctificare, consecrareque digneris, omnesque eis
utentes, tuisque mysteriis a nobis indignis consecratis uel conse-
crandis aptos, et tibi in eis deuote et amabiliter seruientes gratos
efficere tibi concedas, et nunc et per infinita secula seculorum.
Amen.

2336 <ORATIO POST STOLAM IMPOSITAM>. In nomine sanctae
trinitatis et unicę diuinitatis accipe stolam, quam tibi dominus per
humilitatis nostrę famulatum, seu et per manus nostras accipiendam
preparauit, per quam scias sarcinam domini dei tui ceruicibus tuis
impositam, et ad humilitatem adque amministrationem te esse
conexum, et per quam te cognoscant fratres tui[3] ministrum dei esse
ordinatum, ut qui in diaconatus ministerio es, constitutus, leuiticae
benedictionis ordine clarescas, et spirit/ali conuersatione prefulgens,   /f. 276ɪ
gratia sanctificationis, eluceas sed et in christo ihesu, firmus et stabilis
perseueres, quatinus hoc quod per hanc stolam significatur in die

---

[1] Plural endings given interlinearly throughout nos 2333 and 2334. Written in the
second quarter of the tenth century. The scribe also wrote nos 2330–2.
[2] A small erasure follows.
[3] A small gap follows. The rest of the text is supplied by another contemporary
scribe.

districti iudicii, ante tribunal domini, sine macula representare ualeas ipso auxiliante cui est honor et gloria.[1]

2337 /[2]ORATIO IN ELECTIONE EPISCOPI. Oremus fratres ut deus et dominus noster ihesus christus nos et electum nostrum gratia spiritus sancti inlustrare dignetur. Qui uiuis et regnat. Amen. /f. 276v

2338 AMONITIO EPISCOPI. Haec sollicita mente et studio uigilanti conserua, et tibi commissis nota facere cura ut unanimes uno ore collaudetis deum de suis erga uos beneficiis exhibendis, cui[3] est honor[4] et gloria per omnia.

2339 ORATIO POST PROFESIONEM. Memor sis[5] sponsionis et desponsationis eclesiasticę[6], et dilectionis domini dei tui, in die qua assecutus es hunc honorem, caue ne obliuiscaris illius.

2340 HIC DANDVS EST ANVLVS. Accipe ergo anulum discretionis et honoris, fidei signum, ut quę signada[7] sunt signes, et quę aperi[8] sunt prodas, quae liganda sunt liges, quae soluenda sunt soluas, atque / credentibus per fidem baptismatis, lapsis autem sed penitentibus, per ministerium reconciliationis, ianuas regni celestis aperias. Cunctis uero de thesauro dominico noua et uetera proferas, ad ęternam salutem omnibus consulas, gratia domini nostri ihesu christi, qui cum patre et spiritu sancto est honor et gloria, in secula seculorum. /f. 277r

2341 HIC DANDVS EST BACVLVS[9]. Accipe baculum sacri regiminis signum, ut inbecilles consolides, titubantes confirmes, prauos corri-gas, rectos dirigas in uiam salutis aeternae, habeasque potestatem erigendi dignos, et corrigendi indignos, cooperante domino nostro

---

[1] The rest of fol. 276r is blank.
[2] Nos 2337–41 written in the second quarter of the tenth century by a new scribe.
[3] Originally *exhibendus*; *cui* supplied above.
[4] A small gap follows.
[5] *sis* added above.
[6] *c* for *ecclesiasticę* added above.
[7] *n* for *signanda* added above.
[8] *enda* for *aperienda* added above.
[9] Originally *ANVLVS*. Corrected by the original scribe in black.

ihesu christo qui[1] cum patre in unitate spiritus sancti cui est, honor[2] et imperium per omnia secula seculorum. Amen.

2342 [3]NUNC INCHOANDVM EST INTROITVM. Elegi[4] te dominus sibi sacerdotem magnum et aperiens thesaurum suum obtimum habundare te faciat in omnibus bonis. PS. Exaudiat te. / R. Mittat /f. 277v tibi. R. Memor sit dominus omnis sacrificii tui et olocaustum tuum pingue fiat. V. Mittat tibi auxilium de sancto et de sion <tue>atur te. TRAC. Desiderium. OF. Memor sit dominus omnis sacrificii tui et holocaustum tuum pingue fiat. Aeiua. Alleluia. V. Letificabimur in salutari tuo et in nomine domini dei magnificabimur. Mittat tibi auxilium de sancto et de sion tueatur te. CO. Vnguentum in capite quod descendit in barbam in barbam aaron quod descendit in oram uestimenti eius mandauit dominus benedictionem in saeculum. R. Ecce quam bonum.

ITEM

2343 Sicut fui cum moyse ita ero tecum dicit dominus confortare populum meum neque timeas, ecce dominus deus tuus ante te est et non te derelinquet. PS. Exaudiat te. R. Mittat. R. Mittat tibi dominus auxilium de sancto et de sion tueatur te. V. Exaudiat te dominus in die tribulationis protega te nomen dei iacob. Alleluia. Disposui. V. Veritas. CO. Letabimur. Alleluia. Statuit ei. R. Domine pre. V. Vitam. OF. Gloria et honore. CO. Beatus seruus.

ITEM

2344 Benedixit te hodie deus et unxit te oleo letitiae pre consortibus tuis, memor esto nominis domini dei tui. PS. Deus deorum. R. Immola deo sacrificium laudis et redde altissimo uota tua. V. Congregate. R. Desiderium. OF. Benedic anima. PS. Euntes predicate euangelium regni gratis accepistis gratis date. PS. Nolite possidere aurum neque argentum neque pecuniam in quinis[5] uestris.

---

[1] Partially erased.
[2] Supplied above.
[3] Nos 2342–47 written in the second quarter of the tenth century by a new scribe.
[4] t for Elegit supplied above.
[5] qui marked for deletion; zo for zonis added above.

ALIVM

2345 / Congregate illi sanctos eius qui ordinauerunt testamentum eius /f. 278r
super sacrificia et adnuntiabunt caeli iustitiam eius quia deus tuus
ego sum. PS. Deus deorum. R. Immola deo. V. Congregate. Alleluia.
V. Disposuit. CO. Messis quidam multa operarii autem pauci rogate
dominum messis ut eiciat operarios in messem suam. PS. *Vt supra.*
V. Misit ihesus discipulos suos binos ante faciem suam in omnem
ciuitatem et locum quo erat ipse uenturus et dicebat illis. CO. Messis
quidem

2346 <EPISTOLA>. Karissimi. Fidelis sermo si quis episcopatum
desiderat, bonum opus desiderat. Oportet ergo episcopum in-
reprehensibilem esse, unius uxoris uirum. Sobrium, prudentem,
pudicum, ornatum, hospitalem, doctorem. Non uinolentum, non
percussorem, sed modestum, non litigosum, non cupidum. Suę
domui bene prepositum, filios habentem subditos, cum omni
castitate. Si quis autem, domui suae preesse nescit, quomodo
eclesiae[1] dei diligentiam habebit? Non neophitum, ne in superbiam
elatus, in iudicium incidat diaboli. Oportet autem illum et testimonium habere bonum, ab his qui foris sunt. Vt doctrinam dei
nostri, ornet in omnibus.

2347 <EVANGELIVM>. In illo tempore. Facta est contentio inter
discipulos, quis eorum uideretur esse maior. Dixit autem eis ihesus.
Reges gentium dominantur eorum, et qui potestatem habent super
eos, benefici uocantur, / uos autem non sic. Sed qui maior est in /f. 278v
uobis, fiat sicut iunior. Et qui precessor est sit, sicut minister. Quis
enim maior est, qui recumbit, an qui ministrat? In gentibus quidem,
qui recumbit in uobis, autem non sic, sed qui ministrat. Ego autem
in medio uestrum sum, sicut qui ministrat. Vos autem estis, qui
permansistis mecum in temptationibus meis, et ego dispono uobis
sicut disposuit, mihi pater meus regnum, ut edatis et bibatis super
mensam meam in regno meo, et sedatis[2] super thronos duodecim,
iudicantes duodecim tribus israhel.

---

[1] *c* for *ecclesiae* added above.
[2] *e* for *sedeatis* added above.

ORATIONES ET PRECES IN ORDINATIONE EPISCOPI

2348 [1]Oremus dilectissimi nobis ut huic uiro ad utilitatem ecclesiae prouehendo, benignitas omnipotentis dei gratiae suae tribuat largitatem. Per dominum nostrum.

2349 ALIA. Adesto supplicationibus nostris omnipotens deus, et quod humilitatis nostrę gerendum est ministerio, tuae uirtutis impleatur effectu. Per.

2350 ALIA. Propitiare domine supplicationibus nostris, et inclinato super hunc famulum tuum ill. cornu gratiae sacerdotalis, benedictionis tuae in eo uirtutem effunde. Per.

2351 CONSECRATIO. Pater sancte omnipotens deus, qui per dominum nostrum ihesum christum ab initio cuncta formasti, et postmodum / in fine temporum secundum pollicitationem quam /f. 279r abraham patriarcha noster acceperat ecclesiam quoque sanctorum congregatione fundasti, ordinatis rebus per quas legibus a te datis discipline religio regeretur[2], praesta ut hic famulus tuus sit ministeriis cunctisque fideliter gestis officiis dignus, ut antiquitus instituta possit sacramentorum mysteria celebrare, per te in summum ad quod assumitur sacerdotium consecretur, sit super eundem benedictio tua licet manus nostra sit. Precipe domine huic pascere oues tuas, ac tribue ut commissi gregis custodia sollicitus pastor inuigilet. Spiritus huic sanctus tuus, caelestium carismatum diuisor adsistat, ut sicut ille electus gentium doctor instituit, sit iustitia non indigens, benignitate pollens, hospitalitate diffusus, seruet in exortationibus alacritatem, in persecutionibus fidem, in caritate patientiam, in ueritate constantiam, in heresibus ac uiciis omnibus odium sciat, in aemulationibus nesciat, in iudiciis gratiosum esse non sinas, et tamen gratum esse concedas. Postremo omnia a te largiter / discat quae salubriter tuos doceat, sacer- /f. 279v dotium ipsum opus esse existimet non dignitatem, proficiant ei honoris augmenta, etiam ad incrementa meritorum, ut per haec sicut apud nos nunc adsciscitur in sacerdotium, ita apud te postea adsciscatur in regnum. Per.

---

[1] Plural endings given interlinearly throughout nos 2348–52 by the original scribe.
[2] *regerentur* before erasure.

2352 ITEM ALIA CONSECRATIO. Deus honorum omnium, deus omnium dignitatum, quae glorię tuę sacris famulantur ordinibus. Deus qui moysen famulum tuum secretę familiaritatis affectu inter cetera caelestis documenta culturae, de habitu quoque indumenti sacerdotalis instituens, electum aaron mystico amictu uestiri inter sacra iussisti, ut intelligentiae sensum, de exemplis priorum caperet secutura posteritas, ne eruditio doctrine tuae ulli deesset aetati, cum et apud ueteres reuerentiam ipsa[1] significationum species obtineret, et apud nos certiora essent experimenta rerum, quam[2] enigmata figurarum, illius namque sacerdotii anterioris habitus nostrae mentis ornatus est, et pontificalem gloriam, non iam nobis honor commen/dat uestium, sed splendor /f. 280r animarum, quia et illa quae tunc carnalibus blandiebantur obtutibus, ea potius quae in ipsis erant intelligenda poscebant. Et idcirco huic famulo tuo quem ad summi sacerdotii ministerium elegisti, hanc quesumus domine gratiam largiaris, ut quicquid illa uelamina in fulgore auri, in nitore gemmarum, in multimodi operis uarietate signabant, hoc in eius moribus actibusque clarescat. Comple in sacerdote tuo mysterii tui summam, et ornamentis totius glorificationis instructum, caelestis unguenti flore sanctifica.[3] Hoc[4] domine copiosę in eius caput influat, hoc in oris subiecta decurrat, hoc in totius corporis extrema descendat, ut tui spiritus uirtus et interiora eius repleat, et exteriora circumtegat. Abundet in eo constantia fidei, puritas dilectionis, sinceritas pacis, sint speciosi munere tuo pedes eius ad euuangelizandam pacem, ad euuangelizandum bona tua. Da ei domine / ministerium /f. 280v reconciliationis, in uerbis[5], et factis, et uirtutibus et signis et prodigiis[6]. Sit sermo[7] eius predicatio, non in persuadibilibus humanę sapientiae uerbis, sed in ostensione spiritus et uirtutis. Da ei domine claues regni caelorum, utatur, nec glorietur potestate quam tribuis, in aedificationem et non in destructionem. Quodcumque ligauerit super terram, sit ligatum et in caelis, et quodcumque soluerit super terram, sit solutum et in caelis, quorum

---

[1] A small erasure follows.
[2] A small erasure follows.
[3] In the margin a tenth-century scribe notes: + *Hic ponendum oleum super caput.*
[4] An interlinear cross added by a later scribe.
[5] Ending later rewritten.
[6] Rewritten by a later scribe. A small erasure follows.
[7] *nis* for *sermonis* added in margin.

detinuerit peccata detenta sint, et quorum dimiserit, tu dimittas. Qui benedixerit ei, sit benedictus, et qui maledixerit ei, maledictionibus repleatur. Sit fidelis seruus et prudens, quem constituas[1] domine super familiam tuam ut det illis cybum in tempore necessario, ut exhibeat omnem hominem perfectum. Sit sollicitudine inpiger, sit spiritu feruens, oderit superbiam, diligat ueritatem, nec eam umquam deserat, aut lassitudine, aut timore superatus. Non ponat lucem tenebras nec tenebras lucem, non dicat / malum bonum nec bonum malum. Sit sapientibus et insipientibus debitor, ut fructum de profectu omnium consequatur. Tribuas ei domine cathedram episcopalem ad regendum ecclesiam tuam et plebem uniuersam. Sis ei auctoritas, sis ei firmitas, sis ei potestas, multiplices super eum benedictionem et gratiam tuam, ut ad exorandam misericordiam tuam, tuo munere semper idoneus, tua gratia possit esse deuotus. Per. /f. 281r

2353 SVPER OBLATA. Suscipe domine quesumus munera quae tibi offerimus pro famulo tuo .ill. et propitius in eodem tua dona custodi. Per dominum nostrum.

2354 INFRA ACTIONE. Hanc igitur oblationem quam tibi offerimus domine pro famulo tuo ill. quem ad pontificalem gloriam promouere dignatus es, quesumus domine ut placatus accipias, ut quod diuino munere consecutus est, tua in eo protectione firmetur. Per christum.

2355 AD COMPLENDVM. Adesto misericors deus, ut quod actum est nostrae seruitutis officio, tua benedictione firmetur. Per.

2356 AD POPVLVM. Ecclesiam tuam domine benignus inlumina, ut et gregis tui proficiat ubique successus, et grati fiant nomini tuo te gubernante pastores. Per.

/ ORATIONES ET PRECES IN DEDICATIONE BASILICĘ /f. 281ᵛ
NOVAE
2357 *Primum agatur litania ante fores ecclesiae, sequitur oratio.* OREMVS. Domum tuam domine quesumus clementer ingredere,

---

[1] A small erasure follows.

et in tuorum corda fidelium perpetuam constitue[1] mansionem, ut cuius aedificatione subsistit huius fiat habitatio preclara. Per.

2358 *Sequitur* AN. Tollite portas principes uestras. PS. Domini est terra. *Deinde benedictio fontis. Postea antiphona* AN. Asperges me domine ysopo et mundabor lauabis me et super niuem dealbabor. PS. Miserere mei deus. *Ecclesia quoque aspergatur, ter, intus, foras semel, altareque lauatur, ac cornua altaris sursum deorsumque linientur chrismate sancto, dicente episcopo. Pax tibi, respondente clero, et cum spiritu tuo, et super illum thymiama. Diciturque* AN. Altaria tua domine. PS. Beati qui habitant. *Angulosque ecclesiae et postes ostium eadem untione linientur. Sequitur* AN. Vnxit te dominus oleo laetitiae.

2359 *Postea pontifex sollemnibus uestibus induitur, procedens ad missam. Ad introitum antiphona* AN. Terribilis est locus. PS. Dominus regnauit decorem. *Gloria in excelsis deo.*

2360 / AD MISSAM. Deus qui sacrandorum tibi auctor es munerum, /f. 282r effunde super hanc orationis domum benedictionem tuam, ut ab omnibus hic inuocantibus nomen tuum, defensionis auxilium sentiatur. Per.

2361 ALIA. Deus qui ex omni cooptatione sanctorum aeternum tibi condis habitaculum, da ędificationi tuae incrementa caelestia, ut quorum hic reliquias pio amore amplectimur, eorum semper meritis adiuuemur. Per.

2362 *Et reliquię tenentur in manibus.* LECTIO *de apostolo sequitur. Responsorium.* R. Locus iste a deo factus. V. Deus cui adstat angelorum. Alleluia. Adorabo ad templum sanctum. *Postea* EVANGELIVM, *et oratione super oblata facta, post Amen dicitur alta uoce.*

2363 OREMVS. Deus sanctificationum omnipotens dominator, cuius pietas sine fine sentitur. Deus qui caelestia simul et terrena complecteris, seruans misericordiam tuam populo tuo ambulanti ante conspectum gloriae tuae, exaudi preces seruorum tuorum, ut

---

[1] Corrected by erasure.

sint oculi tui aperti super domum istam die ac nocte. Hancque
basilicam in honore sancti tui ill. sacris mysteriis institutam
clementissimus dedica, miserator / inlustra, proprio splendore /f. 282v
clarifica, omnemque hominem uenientem adorare in hoc loco
placatus admitte, propitius dignare respicere, et propter nomen
tuum magnum, manu forti et brachio excelso, in hoc habitaculo
supplicantes, libens protege, dignanter exaudi, aeterna defensione
conserua, ut semper felices, semperque tua religione laetantes,
constanter in sanctae trinitatis fide catholica perseuerent. Per.

2364 *Hac oratione finita, offeruntur has oblationes.* OF. Domine deus
in simplicitate. V. Fecit salomon.

2365 SVPER OBLATA. Deus uirtutum caelestium, qui in omni loco
dominationis tuae totus assistis, et totus operaris, accepta sacrificium nomini tuo benignus oblatum, et huius domus cuius es
fundator, esto protector. Nulla hic fidelium nobis nequitia contrariae potestatis obsistat, ut uirtute sancti spiritus fiat hic semper
seruientium tibi deuota libertas. Per.

2366 ALIA. Altare tuum domine sacrificiis caelestibus inchoandum
reuerenter aptamus. Concede quesumus ut et grata semper oculis
tuae maiestatis appareant, et salutaria fieri populis christianis / /f. 283r
beatus ille martyr, cuius tibi dicantur honore optineat. Per
dominum nostrum.

2367 ALIA. Apostolicę reuerentiae culmen offerimus sacris mysteriis
imbuendum, praesta quesumus domine, ut beati illius suffragiis
haec plebs tua semper, et sua uota depromat, et desiderata
percipiat. Per dominum.

2368 PRAEFATIO. VD aeterne deus. Per quem te supplices deprecamur, ut altare hoc sanctis usibus praeparatum caelesti dedicatione sanctifices, ut sicut melchisedech sacerdotis praecipui
oblationem dignatione mirabili suscepisti. Ita imposita nouo huic
munera altari, semper accepta ferre digneris. Vt populus tuus in
hac ecclesiae domo sancta conueniens, per haec pura libamina
caelesti sanctificatione saluatus, animarum quoque suarum salutem
perpetuam consequatur. Per christum.

2369 ALIA. VD aeterne deus. Obsecrantes ut haec atria tuis initianda sacramentis, propitius semper aspitias, et implorantibus opem tuam misericors / largiaris, praecipue cum huius basilicę pręsul   /f. 283v adscitus, uenerabilis andreas oblator existat. Qui beati petri principis apostolicę dignitatis, et felicibus uitae primordiis, et caelestis honore collegii, et magnifico permanet fine germanus. Per christum.

2370 ALIA. VD aeterne deus. Tu etenim domine non solum maiestati tuae fabricari sacraria dicarique tribuisti, sed sanctorum quoque largitus es meritis applicari. Vt et diuini nominis inchoationem praeberet ueneranda constructio, et supplicantium uotis digna patrocinia non deessent. Per christum.

2371 INFRA ACTIONEM. Hanc quoque oblationem seruitutis nostrae et cunctae familiae tuae, sed et famuli tui ill. quam tibi offerimus hodierna die consec<r>ationis sancti loci huius celebrantes in honore sanctorum martyrum illorum, petimus domine placatus accipias. Diesque nostros.

2372 POSTCOMMVNIO. Omnipotens sempiterne deus effunde super hunc locum gratiam tuam, et omnibus in te sperantibus / auxilii tui   /f. 284r munus ostende, ut hic et sacramentorum uirtus, et uotorum optineatur effectus. Per dominum nostrum.

2373 SVPER POPLVLVM. Deus qui de uiuis et electis lapidibus aeternum maiestati[1] tuae condis habitaculum, auxiliare populo supplicanti, ut quod[2] ecclesiae tuae corporalibus proficit spaciis, spiritalibus amplificetur augmentis. Per.

CONSECRATIO ALTARIS

2374 Deus omnipotens, sub cuius inuocatione altarium in honorem sancti ill. consecramus, clemens et propitius preces nostrae humilitatis exaudi, et praesta ut in hac mensa sint tibi libamina accepta, sint grata, sint pinguia, et spiritus sancti tui rore perfusa, ut omni tempore in hoc loco supplicantis tibi familiae tuae,

---

[1] Originally *maiestatis*.
[2] A small erasure follows.

anxietates releues, egritudines cures, preces exaudias, uota suscipias, desiderata confirmes, postulata concedas. Per dominum.

2375 ALIA. Dei patris omnipotentis misericordiam dilectissimi fratres
deprecemur, ut hoc altarium sacrificiis spiritalibus consecrandum
/ uocis nostrae exorandus officio praesenti benedictione sancti-   /f. 284v
ficet, ut in eo semper oblationes famulorum suorum studio suae
deuotionis impositas, benedicere et sanctificare dignetur, et spiritali
placatus incenso, precanti familiae suę propitiatus exauditor
adsistat. Per.

2376 ALIA. Deus sanctificationum, omnipotens dominator, cuius pietas
sine fine sentitur, effunde super hoc altare gratiam tuae benedictionis, ut ab omnibus hic inuocantibus te, auxilium tuę misericordiae sentiatur. Per dominum.

CONSECRATIO TABVLAE

2377 Omnipotentem deum et dominum nostrum uotis exultantibus
deprecemur, ut qui per omnem mundum, fidem sparsit, ecclesiam
congregauit, quam lapis excisus de monte sine manibus angulari
compage solidauit, hanc quoque tabulam serenus inlustret, eamque
impetu aeterni fluminis irrigatam, ita diuersis per membra charis-
matibus locupletet ut super illam admirandam filii sui hostiam ipse
benedicat impositam, ipse suscipiat consecratam. Per.

CONSECRATIO PATENAE

2378 / Consecramus et sanctificamus hanc patenam ad conficiendum in   /f. 285r
ea corpus domini nostri ihesu christi, patientis crucem pro salute
nostra omnium, qui uiuis et regnas in sęcula sęculorum.

2379 ALIA. Consecrare et sanctificare digneris domine, patenam hanc,
per istam unctionem et nostram benedictionem in christo ihesu
domino nostro, qui uiuit et regnat per omnia saecula saeculorum.

CONSECRATIO CALICIS

2380 Oremus dilectissimi fratres, ut dominus deus noster calicem suum
in ministerio consecrandum caelestis gratiae inspiratione sanctificet, ut ad humanam benedictionem plenitudinem diuini fauoris
accommodet. Per.

2381 ALIA. Dignare domine calicem istum in usum mynisterii tui pia
famuli tui deuotione formatum ea sanctificatione perfundere, qua
melchisedech famuli tui sacramento[1] calicem perfudisti, et quod
arte uel metallo effici non potest altaribus tuis dignum, fiat ad
omnia tua benedictione preciosum. Per.

CONSECRATIO SVPER PATENAM ET CALICEM

2382 / Dominum deum caeli et terrae conditorem dilectissimi suppli-   /f. 285v
camus, ut hoc mynisterium quod manus hominum ad gloriam et
laudem tuo nomini fabricauit, tu pius ac clemens aspicere et
consecrare digneris. Per.

2383 ALIA. Deus benedicitionis indultor, qui ministerium quod salomon
in templo hierusalem destinauit per sacerdotes tuos benedicere
dignatus es, supplicamus per bonum et benedictum dominum
nostrum ihesum christum filium tuum, ut haec sacrificii mynisterii
uasa quae in tuo nomine fabricata sunt ad immolandum, benedicere tua pietate digneris. Per.

CONSECRATIO CORPORALIS

2384 Domine sancte pater omnipotens aeterne deus misericordiam tuam
supplices deprecamur, ut sicut ab initio hominibus utilia et
necessaria creasti, quemadmodum uestimenta pontificalia sacerdotibus ac leuitis, ornamentaque et linteamina famulo tuo moysi
quadraginta diebus docuisti, quae sibi omnia / etiam maria texuit   /f. 286r
et fecit in usum mynisterii tabernaculi tui foederis, sanctificare
domine et benedicere digneris hoc linteamen in usum altaris tui, ad
tegendum uelandumque corpus et sanguinem filii tui domini nostri
ihesu christi. Per.

2385 ALIA. Domine sancte pater omnipotens aeterne deus misericordiam tuam supplices deprecamur, ut hoc linteamen super altare
tuum impositum in spiritale consecrandum officium, presenti
benedictione sanctifices, et in eo, seu super[2] illud[3] oblationem
famulorum tuorum studio purificationis impositam benedicere

---

[1] Ending supplied over an erasure.
[2] *et in eo seu super* rewritten over an erasure in the tenth century.
[3] A small erasure follows.

digneris, et spiritali placatus incenso precantis familiae tuae promptus exauditor existas. Per.

CONSECRATIO ALTARIS ET CALICIS ET PATENĘ ET CORPORALIS

2386 Dignare domine deus omnipotens, rex regum et dominus dominantium, sacerdos omnium, pontifex uniuersorum, per quem una cum patre sanctoque spiritu facta sunt uniuersa, christe ihesu benedicere consecrare et sanctificare / uasa haec cum altario, /f. 286v linteaminibus, ceterisque uasis, et quemadmodum sanctificasti officia tabernaculi testimonii olim, cum arca, oraculo, cherubin, ansulis, uelis, columnis, candelabro, altaribus, argenteis basibus, tabulis deauratis, holocaustis, hostiis[1], ac sacrum altare cum aeneis uasis, tentoriis, funibus, oleo unctionis, et ceteris aliis in figura nostri per manus sanctorum sanctificasti sacerdotum. Ita nunc manens in aeternum summe sacerdos sacerdotum secundum ordinem melchisedech, ut diximus patenam hanc et calicem hunc, et omnia instrumenta altaris huius ecclesiae, seu basilicę quae inter nostras palmas habentur, corde precamur benedicas[2], purifices, consecres, et consummes, quibus inter nos et aeternam uniuersitatem, in supremo[3] meatu sine fine constare credimus. Per.

AD MANVS IMPOSITIONEM

2387 [4]Omnipotens sempiterne deus qui regenerare dignatus es hunc famulum tuum ex aqua et spiritu sancto, / quique dedisti ei /f. 287r remissionem omnium peccatorum, tu domine inmitte in eum septiformem spiritum tuum sanctum paraclitum de caelis, da ei spiritum sapientiae et intellectus, spiritum consilii et fortitudinis, spiritum scientiae et pietatis, adimple eum spiritu timoris dei et domini nostri ihesu christi, et consigna eum signo sanctae crucis tuae propitiatus in uitam aeternam. Per eundem dominum nostrum ihesum christum filium tuum, cum quo uiuis et regnas deus. Per omnia secula sęculorum. Amen.

---

[1] A small erasure follows.
[2] Interlinear cross (in black) by original scribe.
[3] Corrected by erasure.
[4] Plural endings given interlinearly throughout by the original scribe, as in no. 2389.

2388 Accipe signum crucis chrismate salutis, in christo ihesu in uitam aeternam. Amen.

2389 Ecce sic benedicetur omnis homo qui timet dominum, benedicat tibi dominus exion, et uideas quae bona sunt in hierusalem, omnibus diebus diebus uitae tuae. Amen.

CONSECRATIO CHRISMALIS

2390 Oremus fratres carissimi, ut deus omnipotens hoc ministerium corporis filii sui domini nostri ihesu christi gerulum, benedictione sanctificationis tutamine / defensionis et donationis implere digne- /f. 287v
tur, orantibus nobis. Per eundem.

2391 ALIA. Omnipotens sancta trinitas deus, manibus nostris opem tuae benedictionis infunde, ut per nostram benedictionem hoc uasculum sanctificetur, et corporis christi nouum sepulchrum, spiritus sancti gratia perficiatur. Per.

FERIA V. CAENA DOMINI

2392 *Conficitur chrisma in ultimo ad missam antequam dicatur: Per quem haec omnia domine semper bona creas. Leuantur duae ampullae quas offerunt populi, et benedicit tam domnus papa quam omnes presbyteri.*

2393 BENEDICTIO. Emitte domine spiritum sanctum tuum paraclitum de caelis in hanc pinguedinem oliuę, quam de uiridi ligno producere dignatus es, ad refectionem corporis. Vt tua sancta benedictione sit omni ungenti tangenti, tutamentum mentis et corporis, ad euacuandos omnes dolores, omnesque infirmitates, omnem aegritudinem corporis, unde unxisti sacerdotes, reges, prophetas, et martyres, chrisma tuum / perfectum domine a te /f. 288r
benedictum. In nomine domini nostri ihesu christi. Per quem hęc omnia domine.

2394a INCIPIT BENEDICTIO *chrismatis principalis.*
Sursum corda. R. Habemus ad dominum.
Gratias agamus domino deo nostro. R. *Dignum et iustum est.*
VD aeterne deus. Qui in principio inter cetera bonitatis et pietatis tuae munera, terram producere fructifera ligna iussisti. Inter quae huius pinguissimi liquoris ministrę oleae nascerentur, quarum

413

fructus sacro chrismati deseruiret. Nam et dauid prophetico spiritu gratiae tuae sacramenta praenoscens, uultus nostros in oleo exhilarandos esse cantauit. Et cum mundi crimina diluuio quondam expiarentur effuso, similitudinem diuini muneris futuri columba demonstrans, per oliuę ramum pacem terris redditam nuntiauit, quod in nouissimis temporibus manifestis est effectibus declaratum, cum baptismatis aquis omnium criminum commissa delentibus haec olei unctio / uultus nostros iocundos efficit ac serenos. /f. 288v Inde etiam moysi famulo tuo mandatum dedisti, ut aaron fratrem suum prius aqua lotum, per infusionem huius unguenti constitueret sacerdotem. Accessit ad hoc amplior honor, cum filius tuus ihesus christus dominus noster lauari a iohanne undis iordanicis exegisset, ut spiritu sancto in columbe similitudine desuper misso, unigenitum tuum in quo tibi optime complacuisset, testimonio subsequentis uocis ostenderes. Et hoc illud esse manifestissime comprobares, quod eum oleo laetitiae pre consortibus suis unguendum, dauid propheta cecinisset.

2394b Te igitur deprecamur domine sanctae pater omnipotens aeterne deus, per eundem ihesum christum filium tuum dominum nostrum, ut huius creaturę pinguendinem sanctificare tua benedictione digneris, et sancti spiritus ei ammiscere uirtutem, cooperante potentia christi tui, a cuius sancto nomine chrisma nomen accepit. Vnde unxisti sacerdo/tes, reges, prophetas, et martyres, ut sit his /f. 289r qui renati fuerint ex aqua et spiritu sancto chrisma salutis, eosque aeternae uitae participes, et caelestis gloriae facias esse consortes. Per eundem dominum nostrum ihesum christum.

EXORCISMVS OLEI

2395 Deus qui uirtute sancti spiritus tui inbecillarum mentium rudimenta confirmas, te oramus domine ut uenturis ad beate regenerationis lauacrum, tribuas per unctionem istius creature purgationem mentis et corporis, ut si quę illis aduersantium spirituum inhęsere reliquiae, ad tactum sanctificati olei huius abscedant. Nullus spiritalibus nequitiis locus, nulla refugis uirtutibus sit facultas, nulla insidiantibus malis latendi licentia relinquatur, sed uenientibus ad fidem seruis tuis, et sancti spiritus tui operatione mundandis, sit unctionis huius pręparatio utilis ad salutem, quam etiam caelestis regenerationis natiuitate in sacramento sunt baptismatis adepturi. Per dominum nostrum ihesum christum filium tuum, qui uenturus est iudicare uiuos et mortuos et saeculum per ignem. Amen.

/ CONSECRATIO IGNIS ET CERAE /f. 289v

2396 [1]Domine sancte pater omnipotens ęterne deus, in nomine tuo et filii tui ihesu christi domini nostri, benedicimus hunc ignem cum cęra, et omnibus eius alimoniis, sanctificamusque, et signo crucis christi ihesu filii dei uiui altissimi signamus intus uel foris. Accensusque quae noceant non incendat, sed omnia ad usus hominum necessaria urat uel calescat siue inluminet, et quae ex hoc igne fuerint conflata siue caleficata sint benedicta, et omni humanę saluti utilia, ut non cum nadab et abiud ignem tibi offerentibus alienum incendamus. Sed cum aaron pontifice et eius filiis eleazaro et ithamaro hostias tibi pacificas, sancti spiritus igne assatas immolari ualeamus, et semper tui spiritus sancti igne uitia nostra exure, cordaque luce scientiae tuae inlumina, et animas nostras calore fidei clarifica. Per.

2397 ALIA. Exultet iam angelica turba caelorum, exultent diuina mysteria, et pro tanti regis uictoria / tuba intonet salutaris. /f. 290r
Gaudeat se tellus inradiata fulgoribus, et aeterni regis splendore lustrata, totius orbis se sentiat amisisse caliginem. Laetetur et mater ecclesia tanti luminis adornata fulgoribus, et magnis populorum uocibus haec aula resultet. Quapropter adstantibus uobis fratres karissimi ad tam miram sancti huius luminis claritatem, una mecum dei omnipotentis quęso misericordiam inuocate. Vt qui me non meis meritis intra sacerdotum numerum dignatus est adgregare, luminis sui gratia infundente, caerei huius laudem implere perficiat. Per dominum nostrum ihesum christum filium tuum, qui tecum uiuit et regnat deus in unitate spiriti sancti. Per.

2398 ALIA. Domine sante pater omnipotens aeterne deus, exaudi nos lumen indeficiens. Tu es enim domine deus noster conditor omnium luminum. Benedic domine et hoc lumen et hanc caeram quod a te incensum sanctificatumque ac benedictum est. Tu qui inluminasti omnem mundum, ab eo lumine accendamur / et /f. 290v
inluminemur igne claritatis tuae, tu es ignis, qui famulo tuo moysi in rubo apparuisti, tu es columna ignis, qui populum israhel in

---

[1] Interlinear crosses in red by original scribe.

nocte defendebas et inluminabas, tu enim tres pueros de fornace ignis liberasti domine cum filio tuo ihesu christo et sancto spiritu tuo, qui in igne super apostolos singulos, die pentecosten, et post tempus super cornelium cum omni domo sua tibi primum ex gentibus credentem de cęlo descendisti, ut sicut eos omnes conseruasti et inluminasti, ita sensus nostros cordaque et animas nostras in hac paschali sollempnitate, et omni uitae nostrae tempore inluminare, igne spiritus sancti digneris, ut ad uitam aeternam peruenire mereamur in caelis. Per eundem dominum.

2399 ALIA. Oramus te domine deus noster, ut caereus iste in honorem nominis tui consecratus, ad noctis huius caliginem destruendam indeficiens perseueret. In odorem suauitatis acceptus, supernis luminaribus misceatur, flammas eius, lucifer matutinus inueniat. Ille inquam lucifer qui nescit occasum. / Ille qui regressus ab /f. 291r inferis, humano generi serenus inluxit.

2400 ALIA. Precamur ergo te domine, ut nos famulos tuos, omnem clerum et deuotissimum populum, una cum beatissimo papa nostro ill. quiete temporum concessa, in his paschalibus gaudiis conseruare digneris. Per dominum nostrum.

BENEDICTIO FONTIS, LACTIS, ET MELLIS
2401 Benedic domine et has creaturas fontis, lactis, et mellis, et pota famulos tuos de hoc fonte perenni, qui es spiritus ueritatis, et enutri eos de hoc melle et lacte. Tu enim domine promisisti patribus nostris, abrahe, isaac, dicens, introducam uos in terram repromissionis, terram fluentem lac et mel. Coniunge domine famulos tuos spiritui sancto, sicut coniunctum est hoc lac et mel, in christo ihesu domino nostro. Per quem omnia domine.

BENEDICTIO PANIS
2402 Benedico te creatura panis, in nomine patris, et filii, et spiritus sancti per uirtutem dominicę passionis et resurrectionis a mortuis, ut sanctificata / uerbo dei, benedictionem assumas aduersus omnes /f. 291 nequitias spiritales, et uniuersas ualetudines infirmitatesque membrorum, ut quicumque te sumpserint, sis eis in tutelam mentis et corporis, in honorem domini nostri ihesu christi qui est benedictus in saecula saeculorum. Amen.

416

2403 ALIA. Benedic domine hanc creaturam nouam panis, sicut benedixisti quinque panes in deserto, quinque milibus hominum saturatis[1], ut sit dominis eiusdem abundans in annum alimentum, gustantesque ex eo, accipiant tam corporis quam animę sanitatem. Qui uiuis et regnas cum deo patre.

BENEDICTIO VVAE VEL FABAE

2404 Benedic domine hos fructus nouos, uuae, uel fabę, quos tu domine per rorem caeli et inundantiam pluuiarum, et tempora serena atque tranquilla ad maturitatem perducere dignatus es, ad percipiendum nobis cum gratiarum actione in nomine domini nostri ihesu christi, qui est benedictus.

BENEDICTIO POMORVM

2405 Te deprecamur omnipotens deus, ut benedicas hunc fructum nouum pomorum, / ut qui esu interdictę arboris loetalis pomi in /f. 292r protoparente iuste funeris sententia multati sumus, per inlustrationem unici filii tui redemptoris dei ac domini nostri ihesu christi, et spiritus sancti benedictionem, sanctificata omnia atque benedicta, depulsis atque abiectis uetusti hostis atque primi facinoris incentoris insidiis, salubriter ex huius diei anniuersaria sollempnitate, diuersis terrę edendis germinibus fruamur. Per eundem dominum.

BENEDICTIO POMORVM, ET NVCLEVM

2406 Sanctifica domine poma et nuces nucleosque, et omnes fructus tam arborum quam herbarum, qui tuo imperio usum omnibus animantibus prebent, per te ihesu christe qui uiuis et regnas in saecula saeculorum.

BENEDICTIO AD FRVGES NOVOS

2407 Domine sancte pater omnipotens aeterne deus, qui caelum et terram mare et omnia creasti, te supplices quesumus, ut hunc fructum nouum benedicere et sanctificare digneris, et multiplicare habundanter offerentibus tibi, et impleas eorum cellaria cum fortitudine frumenti et uini, ut laetantes in eis, referant tibi / deo /f. 292v omnipotenti laudes et gratias. Per.

---

[1] Corrected to *saturandis.*

BENEDICTIO VINI

2408 Domine omnipotens christe, qui ex quinque panibus et duobus piscibus quinque milia hominum satiasti, et in chana galileę ex aqua uinum fecisti, qui es uitis uera, multiplica super seruos tuos misericordiam pietatis tuae, quemadmodum fecisti cum patribus nostris in tua misericordia sperantibus, et benedicere et sanctificare digneris hanc creaturam uini, quam ad substantiam seruorum tuorum tribuisti, ut ubicumque ex hac creatura fusum fuerit, uel a quolibet potatum, diuinę benedictionis tuae opulentia repleatur, ut accipientes ex ea cum gratiarum actione, sanctificetur in uisceribus eorum. Qui cum patre et spiritu sancto.

BENEDICTIO CRVCIS

2409 Rogamus te domine sanctae pater omnipotens aeterne deus, ut digneris benedicere hoc lignum crucis tuae, ut sit remedium salutare generi humano, sit soliditas fidei, profectus bonorum operum, redemptio animarum protectio ac tutela contra seua iacula inimicorum. Per.

2410 ALIA. / Benedic domine hanc crucem tuam ex qua eripuisti /f. 293r mundum a potestate[1] daemonum, et superasti passione tua suggestorem[2] peccati, qui gaudebat preuaricatione primi hominis, tristis enim dimisit per lignum crucis tuae, quos seductos habuit per lignum uetitum. Per.

2411 AN. Ecce lignum crucis in quo salus mundi pependit, uenite adoremus. PS. Deus miserere.

2412 ALIA. Omnipotens sempiterne deus, qui per lignum perdito mundo, lignum redemptionis, tuam crucem[3] praedestinasti, quesumus ut benedicere digneris hoc lignum similitudine crucis tuae signatum, et prępara in eo tuis fidelibus uirtutem, inimicis autem obstaculum, et augendum nomini tuo credentium chorum uirtute caelesti. Per.

---

[1] *tes* later suppled interlinearly.
[2] *t* later erased.
[3] Corrected by a tenth-century scribe.

BENEDICTIO SVPER VASA IN LOCO ANTIQVO REPERTA

2413 Omnipotens sempiterne deus, insere te officiis nostris, ut haec uascula arte fabricata gentilium, sublimitatis tuae potentia ita emundare digneris, ut omni inmunditia depulsa, sint fidelibus tuis tempore pacis atque tranquillitatis utenda. Per.

BENEDICTIO PVTEI

2414 Deprecamur domine clementiam pietatis tuae, ut aquam / putei   /f. 293v
huius caelesti benedictione sanctifices, et ad communem uitam concedas salubrem, et ita ex eo fugare digneris omnem diabolicae temptationis incursum, ut quicumque ex eo abhinc hauserit, biberitue, uel in quilibet[1] necessariis usibus hausta aqua usus fuerit, totius uirtutis ac sanitatis dulcedine perfruatur, ut tibi sanctificatori et saluatori omnium domino, gratias agere mereatur. Per.

BENEDICTIO *svper fontem vbi aliqvam negligentia contigerit*

2415 Domine sancte pater omnipotens aeterne deus, qui per inuisibilitatis tuae potentiam, has aquas ex nihilo conditas, in huius materiae formam uisibilis prebuisti, atque ex abditis inuestigabilibus, concauam per abyssi magnitudinem, largitatis tuae gratia, humanis usibus fluenta fontibus influxisti, te tui famuli supplices exoramus, uti has aquas quas negligentia polluit, sancti spiritus tui gratia ad munditiam reuocet / atque purificet, et spiritus   /f. 294r
callidi hostis abscedat, ac deinceps sanctificatas familiae tuę potabiles tribuas, ut et potantium mundent corpora, cordaque sanctificent. Per.

2416 ALIA. Deus qui ad hoc in iordanis alueum sanctificaturus[2] descendisti, ut a te munditiam potius caperent quam mundarent, dum ad tactum sacri corporis, sanctificasti[3] lauacrum, has aquas influente gratia spiritus tui sancti, digneris ad munditiam reuocare per donum, qui in chana galileae initiorum[4] tuorum ostenso,

---

[1] *bus* for *quibuslibet* later supplied above.
[2] *aquas* supplied in the margin by a later scribe.
[3] A small erasure follows.
[4] *signo* for *intio signorum* later added above.

419

uirtutis[1] mysterio aquas mutare dignatus es in uinum, et sicut
eliseus amaras orando mutauit aquas in latices, ita ad preces
fidelium tuorum, clementer abstergas ab his aquis pollutionis
originem. Per.

BENEDICTIO DOMVS

2417 Adesto domine supplicationibus nostris, et hanc domum serenis
oculis tuae pietatis inlustra, descendat quesumus super habitantes
in ea gratiae tuae larga benedictio, ut in his manufactis habitaculis
cum salubritate manentes, ipsi tuum semper sint habitaculum. Per.

2418 ALIA. / Exaudi nos domine sancte pater omnipotens aeterne deus,   /f. 294v
ut si qua sunt aduersa, si qua contraria in hac domo famuli tui .ill.
auctoritate maiestatis tuae pellantur. Per.

ORATIO *contra fulgura*

2419 *Primum spargatur aqua benedicta. Sequitur oratio.*
Omnipotens sempiterne deus, parce metuentibus et propitiare
supplicibus, ut post noxios ignes nubium et uim procellarum, in
materiam transeat laudis comminatio potestatis. Per.

ORATIO POST MANDATVM

2420 Adesto domine officio nostrae seruitutis, quia tu pedes lauare
dignatus es tuorum discipulorum, opera manuum tuarum ne
despicias quae nobis retinenda mandasti, et sicut hic exteriora
abluuntur inquinamenta, sic a te omnium nostrorum purgentur
peccata. Quod ipse prestare dignetur.

ORATIO AD AGAPEM PAVPERVM

2421 Da quesumus domine famulo tuo ill. sperata suffragia optinere,
ut qui tuos pauperes uel tuas ecclesias munerauit, sanctorum
omnium simul, et beati laurentii martyris tui mereatur consortia,
cuius est exempla secutus. Per dominum nostrum.

/ ORATIO AD CAPILLATVRAM   /f. 295r

2422 Omnipotens sempiterne deus, respice propitius super hunc famulum tuum ill. quem ad nouam tondendi gratiam uocare dignatus es,

---

[1] *tuę* later supplied above.

tribuens ei remissionem omnium peccatorum, atque¹ caelestium donorum peruenire consortium. Per.

ORATIO AD BARBAS TONDENDAS

2423 Deus cuius spiritu creatura omnis, incrementis adulta congaudet, exaudi preces nostras super hunc famulum tuum .ill. iuuenilis aetatis decore laetantem, et primis auspitiis adtondendum exaudi domine, ut in omnibus protectionis tuae auxilio munitus, caelestem benedictionem accipiat et presentis uitae presidiis gaudeat et aeternę. Per.

ORATIO AD CLERICVM FACIENDVM

2424 Oremus dilectissimi fratres, dominum nostrum ihesum christum pro hoc famulo tuo ill. qui ad depondendam comam capitis sui pro eius amore festinat, ut donet ei spiritum sanctum, qui habitum religionis in eo perpetuum conseruet, et a mundi impedimento, uel saeculari desiderio cor eius defendat, ut sicut immutatur in uultu, ita manus / dexterae eius, ei uirtutis tribuat incrementa, et ab omni /f. 295v cecitate humana oculos eius aperiat, et lumen ei aeterne gratiae concedat. Per.

2425 ALIA. Adesto domine supplicationibus nostris, et hunc famulum tuum ill. benedicere dignare, cui in tuo sancto nomine habitum religionis sacrę imponimus, ut te largiente, et deuotus in ecclesia persistere, et uitam aeternam mereatur percipere. Per.

2426 *Dum tondis, dicis antiphonam.* AN. Tu es domine qui restitues mihi hereditatem meam. PS. Dominus pars hereditatis meae et calicis mei. Tu es deus. *Et gloria.* AN. Haec est generatio querentium dominum, querentium faciem dei iacob. PS. Domini est terra. Et gloria.

2427 ORATIO. Praesta omnipotens deus huic famulo tuo ill. cuius hodie capitis comam pro diuino amore deposuimus, ut in tua dilectione perpetuo maneat, et eum sine macula in sempiternum custodias. Per.

---

¹ *ad* later added above.

ORATIO AD DIACONISSAM FACIENDAM

2428 Exaudi domine preces nostras, et super hanc famulam tuam ill. spiritum tuae benedictionis emitte, ut caelesti munere ditata, et tuae gratiam / possit maiestatis adquirere, et bene uiuendi aliis exemplum prebere. Per. /f. 296r

BENEDICTIO VESTIVM VIDVAE VEL VIRGINIS

2429 Deus qui uestimentum salutare et indumentum aeterne iocunditatis tuis fidelibus promisisti, clementiam tuam suppliciter exoramus, ut haec indumenta humilitatem cordis et contemptum mundi significantia, quibus famula tua ill. sancto uisibiliter informanda est proposito, propitius benedicas, et beatę castitatis habitum, quem te inspirante susceperit, te protegente custodiat. Per.

2430 ALIA. Deus bonorum uirtutum, et omnium benedictionum largus infusor, exaudi preces nostras et hanc uestem quam famula tua ill. pro conseruande castitatis signo se ad operiendam exposcit, benedicere et sanctificare digneris. Per.

BENEDICTIO VIRGINIS AB EPISCOPO DICENDA

2431 Respice domine propitius super hanc famulam tuam .ill. ut sanctae uirginitatis propositum quod te inspirante suscepit, / te gubernante custodiat. Per. /f. 296v

2432 QVANDO SACRVM VELAMEN ACCIPIT DICENDVM EST. Accipe puella sanctum pallium, quod perferas sine macula ante tribunal domini nostri ihesu christi. R. Amen.

2433 CONSECRATIO. Te inuocamus domine sancte pater omnipotens aeterne deus, super hanc famulam tuam .ill. quae tibi uult seruire pura mente mundoque corde, ut eam sociare digneris inter illa centum quadraginta quattuor milia infantum, qui uirgines permanserunt, et se cum mulieribus non coinquinauerunt, in quorum ore dolus inuentus non est. Ita et hanc famulam tuam facias permanere inmaculatum usque ad finem, per immaculatum dominum nostrum ihesum christum. Cum quo uiuis et regnas deus. Per omnia secula seculorum.

2434 ALIA. Deus castorum corporum benignus inhabitator, et incorruptarum amator animarum, qui humanam substantiam in primis

422

hominibus diabolica fraude uitiatam, ita in uerbo tuo per quod
omnia facta sunt reparas, ut eam non solum / ad prime originis /f. 297r
innocentiam reuoces, sed etiam ad experientiam quorundam
bonorum quae in nouo saeculo sunt habenda perducas, et obstrictos
adhuc conditione mortalium, iam ad similitudinem prouehis
angelorum, respice domine super hanc famulam tuam ill. quae tibi
deuotionem suam offert, a quo et ipsa[1] idem uotum sumpsit, sit in
ea domine per donum spiritus tui, cor prudens, modestia sapiens,
benignitas, grauitas, lenitas, casta libertas, ferueat in caritate, et
nihil extra te diligat, laudabiliterque uiuat, et laudari non appetat,
te timeat, tibi amore seruiat, tu ei honor, tu gaudium, tu in merore
solatium, tu in ambiguitate consilium, tu in iniuria defensio, in
tribulatione patientia, in paupertate abundantia, in ieiunio cibus,
in infirmitate medicina, per te quem diligere super omnia appetit,
quod est professa custodiat, ut et hostem antiquum deuincat, et
uitiorum squalores expurget, quatinus centesimi fructus dono uirginitatis decorari, / uirtutumque lampadibus exornari, et electorum /f. 297v
tuorum uirginum consortio, te donante mereatur uniri. Per.

ITEM AD VELANDAM VIDVAM

2435 Consolare domine hanc famulam tuam ill. uiduitatis merore
constrictam, sicut consolare dignatus es saraptenam uiduam per
heliam prophetam. Concede ei pudicitiae fructum, ut antiquarum
non meminerit uoluptatum, nesciat etiam incentiua desideria, ut
soli tibi subdat proprium collum, quo possit pro laboribus tantis,
sexagesimum granum percipere, munus delectabile sanctitatis.
Per.

2436 ALIA. Deus castitatis amator et conscientiae conseruator, suppli-
cationem nostram benignus exaudi, et hanc famulam tuam[2]
propitius intuere, ut quae pro timore tuo continentiae pudicitiam
uouet[3], tuo auxilio conseruetur, atque[4] sexagesimum fructum
continentię, et uitam aeternam te largiente percipiat. Per.

---

[1] A small erasure follows.
[2] .ill. later added above.
[3] i for uouit later added above.
[4] ut later added above.

ORATIO AD ABBATEM VEL ABBATISSIAM FACIENDVM

2437 / [1]Concede quesumus omnipotens deus, et famulum tuum illum /f. 298r
uel illam quem ad regimen animarum eligimus, gratiae tuae dono
prosequere, ut te largiente cum ipsa tibi nostra electione placeamus. Per.

2438 ALIA. Deus institutor cunctorum, qui per moysen famulum tuum,
ad gubernandas ecclesias prepositos instituisti, tibi preces supplices fundimus, teque deuotis mentibus exoramus, ut hunc
famulum tuum illum uel illam quem hodie electio famulorum
tuorum, abbatem uel abbatissam ouium tuarum esse instituit
clementer respicias, pietatis tuae misericordia[2] inlustres, sicque
regat subditos, quasi commendatos non proprios, quatinus te
opitulante apostolicis iugiter doctrinis fultos, simul cum ipsis
laetus[3] portas paradysi introeat, atque te donante mereatur audire,
euge bone serue et fidelis quia super pauca fuisti fidelis, supra
multa te constituam, intra in gaudium domini tui. Quod ipse
prestare digneris, qui uiuis et regnas in secula seculorum.

/ ORATIO PRO CONIVGANDIS /f. 298v

2439 Exaudi nos domine sancte pater omnipotens aeterne deus, et
institutis tuis quibus propagationem humani generis ordinasti
benignus adsiste, ut quod te auctore iungitur, te auxiliante
seruetur. Per.

ITEM AD SPONSAS BENEDICENDAS

2440 Exaudi nos omnipotens et misericors deus, ut quod nostro
ministratur officio, tua benedictione potius impleatur. Per.

2441 SECRETA. Suscipe domine quesumus pro sacra conubii lege
munus oblatum, ut cuius largitor es operis, esto et dispositor. Per
dominum nostrum.

---

[1] Feminine endings given interlinearly throughout nos 2437 and 2438 by the
original scribe.
[2] A small erasure follows.
[3] *tu* later supplied above.

2442 PRAEFATIO. VD aequum et salutare[1]. Qui foedera nuptiarum blando concordię[2] iugo, et insolubili pacis uinculo nexuisti, ut multiplicandis adoptionum filiis, sanctorum conubiorum faecunditas pudica seruaretur. Tua enim domine prouidentia, tua gratia ineffabilibus modis utrumque dispensatur, ut quod generatio ad mundi edit[3] ornatum, regeneratio ad ecclesiae perducat augmentum. Et ideo.

2443 IN FRACTIONE. Hanc igitur oblationem famulorum tuorum, / quam tibi offerimus pro famula tua ill. quam perducere dignatus es ad statum mensurae et ad diem nuptiarum, pro qua maiestati tuae fundimus supplices preces, ut eam propitius cum uiro suo copulare digneris. Quesumus domine ut placatus.   /f. 299r

2444 *Antequam dicatur pax domini, dic orationem istam:* Propitiare domine supplicationibus nostris, et institutis tuis quibus propagationem[4] humani generis ordinasti benignus assiste, ut quod te auctore iungitur, te auxiliante seruetur. Per.

2445 BENEDICTIO. Deus qui potestate uirtutis tuae de nihilo cuncta fecisti, qui dispositis uniuersitatis exordiis homini ad imaginem dei facto, ideo inseparabile mulieris adiutorium condidisti, ut femineo corpori de uirili dares carne principium, docens quod ex uno placuisset institui, numquam liceret disiungi. Deus qui tam excellenti mysterio coniugalem copulam consecrasti, ut christi et ecclesiae sacramentum presignaret in fędere nuptiarum. Deus per quem mulier iungitur uiro et societas principaliter ordinata, ea benedic/tione donatur, quae sola nec per originalis peccati poenam,   /f. 299v
nec per diluuii est ablata sententiam. Respice propitius super hanc famulam tuam[5], quae maritali iungenda consortio, tua se expetit protectione muniri. Sit in ea iugum dilectionis et pacis, fidelis et casta nubat in christo, imitatrixque sanctarum permaneat feminarum. Sit amabilis ut rachel uiro, sapiens ut rebecca,

---

[1] *aeterne deus* later supplied above.
[2] ę rewritten.
[3] *di* for *edidit* later added above.
[4] *inem* for *propaginem* added above by a later scribe.
[5] *.ill.* later added above.

longeua et fidelis ut sara. Nihil in ea ex actibus suis, ille auctor preuaricationis usurpet, nexa fidei mandatis[1] permaneat. Vni thoro iuncta, contactus inlicitos fugiat, muniat infirmitatem suam robore disciplinae. Sit uerecunda[2], grauis, pudore uenerabilis, doctrinis caelestibus erudita. Sit fęcunda in sobole, sit probata et innocens, et ad beatorum requiem atque ad caelestia regna perueniat, et uideat filios filiorum suorum usque in tertiam et quartam progeniem, et ad optatam perueniat senectutem. Per. [3]*Pax domini, sit semper uobiscum.*

2446 / AD COMPLENDVM. Quesumus omnipotens deus instituta /f. 300r prouidentiae tuae pio amore comitare, ut quos legitima societate conectis, longeua pace custodias. Per.

ORATIO IN STERILITATE MVLIERVM

2447 Deus qui anxietatem sterilium pie respiciens, in eis, fecunditatem etiam in sua desperatione mirabiliter operaris, concede propitius ut famula tua ill. de percipienda sobole quod per se non ualet, serui tui gregorii mereatur precibus optinere. Per.

2448 ALIA. Omnipotens sempiterne deus, qui maternum effectum, nec in ipsa sacra semper uirgine maria quae redemptorem nostrum genuit denegasti. Concede propitius ut eiusdem dei genetrix[4] precibus, famula tua ill. genetrix esse[5] mereatur. Per.

RECONCILIATIO HERETICORVM

2449 Domine deus omnipotens pater domini nostri ihesu christi, qui dignatus es, hunc famulum tuum ill. ab errore et mendatio hereticę prauitatis eruere, et ad ecclesiam tuam sanctam catholicam perducere, tu domine spiritum tuum paraclitum, / in eum emittere /f. 300v dignare, spiritum sapientiae et intellectus, spiritum consilii et uirtutis, spiritum scientiae et pietatis, adimple eum domine spiritu timoris tui, ut in nomine domine nostri ihesu christi, signo crucis signetur in uitam aeternam. Per eundem dominum nostrum ihesum

---

[1] *que* for *mandatisque* later added above.
[2] *i* for *uerecundia* later supplied above.
[3] *Pax domini* neumed.
[4] *x* marked for deletion; *cis* for *genetricis* added above.
[5] *genetrix esse* marked for inversion.

christum filium tuum, qui uiuit et regnat deus, semper una cum spiritu sancto. Per omnia secula seculorum.

2450 Signat te dominus signo crucis, in uitam aeternam, in consignationem fidei. Amen. <P>ax tecum. <E>t cum spiritu tuo.

ORATIO SVPER EOS QVI MORTICINVM COMEDERINT

2451 Deus qui hominem ad imaginem tuam conditum, in id reparas quod creasti, respice propitius super hos famulos tuos .ill. et quicquid eorum ignorantia, ac necessitate hostili, et diabolica fraude subreptum est, indulgentia tuae pietatis ignoscat et absoluat, ut altaribus sacris, recepta ueritatis tuae communione reddatur[1]. Per.

Reconciliatio altaris ubi homicidium perpetratum fuerit

2452 Deum indultorem criminum, deum sordium mundatorem, deum qui mundum originalibus / peccatis depressum, aduentus sui nitore   /f. 301r purificauit, fratres carissimi supplices deprecemur, ut cum diaboli furentis insidias fortis nobis pugna consistat[2], et si quid eius uires ac callidates cotidianis insectationibus in nobis maculatum corruptumue fuerit, efficiatur caelesti miseratione purgatum, quod fuerat ipsius diaboli fraude pollutum, quia sicut illius est solidum perfectumque quassare, ita auctoris nostri est, lapsa restituere nutantia stabilire. Per.

2453 ALIA. Deus cuius bonitas et misericordia non habuit principium. Ita tamen[3] non habet finem, qui pietate tua eligis in nobis magis restituere perdita, quam percutere peritura. Si quid etiam negligentia polluit, aut ira commisit, aut ebrietas stimulauit, aut libido subripuit sustines, ut ante purifices per gratiam quam percutias per furorem, ne operis tui prodigus plastes uidearis, eligis potius erigere iacentia quam punire dampnanda, / te supplices depre-   /f. 301v camur, ut huius tabernaculi receptacula placatus accipias, et altare tuum quod insectantis est inimici fraude pollutum, per infusionem gratiae caelestis purifices, purificatumque possideas, ac sic in posterum omnis nequitia spiritalis eliminetur, extingaturque antiqui

---

[1]   *n* for *reddantur* added above.
[2]   *i* for *consistit* supplied above.
[3]   *tamen* dotted for omission; *quoque* added above.

serpentis inuidia, et cum fraudibus suis diaboli turma pellatur, efferat secum maculam quam gessit[1], et perennibus quandoque supplicibus deputandus, operum suorum semina secum colligat peritura. Nihil[2] postmodum noceat preteriti culpa contagii, nihil sit quod maneat inimici fraude pollutum, quandoquidem per spiritus est infusionem purgatum, resurgat ęcclesię tuę pura simplicitas, et candor innocentiae hactenus maculata, dum recipit gratiam reuertatur ad gloriam, ut populorum ista turba conueniens, dum petitiones ingerit uotorum, sentiat obtinuisse suffragia. Per.

ORATIO PRO REGNANTIBVS

2454 / Omnipotens et misericors deus, cuius regnum regnum est omnium saeculorum, supplicationes nostras clementer exaudi, et romanorum regum[3] tibi subditum protege principatum, ut in tua uirtute fidentes, et tibi placeant, et super omnia regna praecellant. Per. /f. 302r

2455 ALIA. Omnipotens sempiterne deus, qui regnis omnibus aeterno dominaris imperio, inclina ad preces humilitatis nostrae aures misericordiae tuae, et romani regni adesto principibus, ut tranquillitate concessa, tua sint semper uirtute uictores. Per.

2456 ALIA. Deus in te sperantium salus, et tibi seruientium fortitudo, suscipe propitius preces nostras, et romani imperii[4] auxiliare principibus, ut tua protectione muniti, omnibus sint hos tibi fortiores. Per.

ORATIO SVPER MILITANTES

2457 Deus perpetuitatis auctor, dux uirtutum omnium, cunctorumque hostium uictor, benedic hos famulos tuos tibi sua capita inclinantes, effunde super eos gratiam firmam, et in militia in qua probati consistunt, / prolixa sanitate et prosperitate eos conserua, et ubicunque uel pro quibuscunque auxilium tuum inuocauerint cito adsis, protegas et defendas. Per. /f. 302v

---

[1] *in* for *ingessit* prefixed by a later scribe.
[2] A small erasure follows.
[3] *regnum* before erasure.
[4] A small erasure follows.

BENEDICTIONES SVPER REGEM NOVITER ELECTVM

2458 Te inuocamus domine sancte pater omnipotens aeterne deus, ut hunc famulum tuum .ill. quem tu[1] diuinę dispensationis proui-dentia, in primordio plasmatum, usque ad hunc presentem diem iuuenili flore laetantem crescere concessisti, eum tuae pietatis dono ditatum plenumque ueritatis gratia, de die in diem coram deo et hominibus ad meliora semper proficere facias, ut summi regiminis solium gratia superna largiente gaudens suscipiat, et misericordiae tuae muro ab hostium aduersitate undique munitus, plebem sibi commissam cum pace propitiationis et uirtute uictoriae, feliciter regere mereatur. Per.

2459 ALIA. In diebus eius oriatur omnibus aequitas et iustitia, amicis adiutorium, inimicis obstaculum, / humilibus solatium, eleuatis /f. 303r correptio diuitibus doctrina, pauperibus pietas, peregrinis auxilium, propriis in patria pax et securitas, unumquemque secundum suam mensuram moderate gubernans, se ipsum sedulus discat, ut tua irrigatus compunctione toti populo tibi placita prebere uitae possit exempla, et per uiam ueritatis cum grege sibi subdito gradiens, opes fragiles abundanter adquirat, simul et salutem non solum corporum sed etiam cordium, a te concessam cunctis accipiat. Sicque in te cogitatum animi consiliumque omne componens, plebis gubernacula cum pace simul et sapientia semper inuenire uideatur, teque auxiliante presentis uitae prolixitatem percipiat, et per tempora bona usque ad summam senectutem perueniat, huiusque fragilitatis finem perfectum ab omnibus uitiorum uinculis tuę pietatis largitate liberatus, et infinitę prosperitatis, premia perpetua angelorumque aeterna commertia consequatur. Per.

2460 ALIA. Deus electorum fortitudo et humilium celsitudo, / qui in /f. 303v primordio per effusionem diluuii crimina mundi castigare uoluisti, et per columbam ramum oliuę portantem pacem terris redditam demonstrasti. Iterumque aaron famulum tuum per unctionem olei sacerdotem sanxisti, et postea per huius unguenti infusionem ad regendum populum israheliticum, sacerdotes, reges, et prophetas perfecisti, uultumque ecclesię in oleo exhilarandum per propheti-cam famuli tui uocem dauid esse predixisti. Ita quesumus omni-potens pater et per huius creaturae pinguedinem hunc seruum

---

1 A small erasure follows.

tuum sanctificare tua benedictione digneris, eumque in similitudinem columbę pacem simplicitatis populo sibi subdito prestare,
et exempla aaron in dei seruitio diligenter imitari[1], regumque
uestigia in consiliis scientiae et aequitate iudicii semper assequi,
uultumque hilaritatis per hanc olei unctionem tuamque benedictionem te adiuuante, commissę plebi paratum habere facias.
Per.

2461 BENEDICTIO. Benedic domine hunc presulem principem, qui
regna / regum omnium a saeculo moderaris. Amen.   /f. 304r
Et tali eum benedictione glorifica, ut dauitica teneat sublimitate
sceptrum salutis, et sanctificatus protinus repperiatur[2] merito.
Amen.
Da ei a tuo spiramine cum mansuetudine ita regere populum, sicut
salomonem fecisti regnum obtinere pacificum. Amen.
Tibi semper cum timore sit subditus, tibique militet cum quiete,
sit tuo clypeo protectus cum proceribus, et ubique maneat sine
fine uictor. Amen.
Sis ei contra facies inimicorum lurica, in aduersis galea, in
prosperis pacientia, in protectione clypeum sempiternum. Amen.
Viuat inter gentium cateruas magnanimus, sit in iudiciis aequitas
singularis. Amen.
Locupletet eum tua predita dextera, frugalem contineat patriam, et
suis liberis tribuat profutura. Amen.
Da ei prolixitatem uitę per tempora, et in diebus eius oriatur
iustitia. Amen.
A te robustum teneat regiminis solium, ut cum iucunditate et
iustitia, aeterno / glorietur in regno. Amen.   /f. 304v
Et praesta ut gentes illi teneant fidem, proceres sui habeant
pacem, diligant caritatem. Amen.
Tu eius menti benignus inlabere, ut amore te timeat et timore
diligat. Amen.
Tu ei honor sis tu gaudium[3], tu gaudium, tu uoluntas, tu in merore
solatium, in ambiguitate consilium, in itinere consolator. Amen.
Tu in iniuriis defensor, in tribulatione pacientia, in egritudine
medicina. Amen.

---

[1] Originally *imitare*.
[2] An erasure follows.
[3] *tu gaudium* marked for deletion.

In te habeat omne consilium, per tuam discat commissa[1] sapientiam regni gubernacula moderari, ut semper felix semper a te gaudens, de tuis mereatur beneficiis gratulari, et aeternis ualeat commerciis copulari. Amen.

Vt quem tu nobis hodie tua misericordia iocundum presentare dignatus es, tua facias multorum annorum curriculis, protectione securum. Amen.

Et ita populus iste pululet[2] coalitus benedictione aeternitatis, ut semper maneant tripudiantes in pace uictores. Amen.

Quod ipse praestare digneris, qui cum aeterno patre simul / cum spiritu sancto uiuis et regnas deus, per omnia secula seculorum. Amen. /f. 305r

ITEM SVPER REGEM

2462 [3]Omnipotens deus, det tibi de rore caeli et de pinguedine terrae abundantiam, frumenti et uini et olei, et seruiant tibi populi, et adorent te tribus, esto dominus fratrum tuorum, et incuruentur ante te filii matris tuae, et qui benedixerit tibi benedictionibus repleatur, et deus erit adiutor tuus, et omnipotens benedicat tibi. Benedictionibus caeli desuper, benedictionibus abyssi iacentis deorsum, benedictionibus uberum et uuluę, benedictiones patrum antiquorum confortatę sint super te.

2463 ALIA. Benedic domine fortitudinem principis nostri, et opera manuum illius suscipe, et de benedictione tua terra eius repleatur, de bonis fructuum caeli et rore atque subiacente abysso, de bonis fructuum solis ac lunę, de uertice antiquorum montium, de bonis aeternorum collium, et de frugibus[4] terrae et plenitudine eius. Benedictio illius qui apparuit in rubo, ueniat super caput ill. / et plenus erit benedictione domini in filiis, et tinguat in oleo pedem suum, cornua rinocerotis cornua illius, in ipsis uentilabit gentes usque ad terminos terrae, quia ascensor caeli auxiliator eius. Per. /f. 305v

2464 *Tunc dicat omnis populus cum episcopo .iii. uicibus.* Viuat rex .ill. in sempiternum. R. Amen. *Et confirmabitur cum benedictione*

---

[1] A small erasure follows.
[2] *l* for *pullulet* supplied above.
[3] Interlinear crosses in red by original scribe, as in no. 2463.
[4] *r* supplied interlinearly.

omni populo in solio regni, et osculant principes in sempiternum dicentes: Amen. Amen. Amen.

2465 Deus perpetuitatis auctor, dux uirtutum omnium, cunctorumque hostium uictor, benedic hunc famulum tuum .ill. tibi suum caput inclinanti, effunde super eum gratiam firmam, et in militia in qua probatus consistit, prolixa sanitate et prospera felicitate eum conserua, ut ubicunque uel pro quibuscunque auxilium tuum inuocauerit, cito adsis, protegas, et defendas. Per.

2466 *Rectitudo regis est nouiter ordinati et in solium sublimati, populo tria precepta sibi / subdito precipere.* /f. 306r
Inprimis, ut ecclesia dei, et omnis populus christianus, ueram pacem seruent, in omnipotenti deo. R. Amen.
Aliud est, ut rapacitates et omnes iniquitates, omnibus gradibus interdicat. R. Amen.
Tertium est, ut in omnibus iudiciis, aequitatem et misericordiam precipiat, ut per hoc nobis indulgeat suam misericordiam clemens et misericors deus. Amen.

ORATIONES QVAE DICENDAE SVNT SVPER
ARCHIEPISCOPO ANTEQVAM PALLIVM ACCIPIAT
2467 Deus omnipotens pater qui non propriis suffragantibus meritis, sed sola ineffabili gratiae tuae largitate, istum famulum tuum ill. populo tuo preesse iussisti, tribue ei per gratiam spiritus sancti tui, digne tibi persoluere ministerium sacerdotalis officii, et ecclesiasticis conuenienter seruire minis/teriis, plebemque commissam /f. 306v ad gloriam tui nominis te in omnibus protegente gubernare concede. Per dominum nostrum.

2468 ALIA. Deus innocentiae restitutor et amator, dirige hunc famulum tuum .ill. spiritus tui feruore, ut in fide inueniatur stabilis et in operibus suis efficax, inlumina[1] eum lumine sapientiae, munda eum et sanctifica, da ei consilium rectum, doctrinam sanctam, ut qui eum inter summos sacerdotes uoluisti numerare, concede ut quod humano ore eum uoluisti uocare, hoc in conspectu tuo per gratiam tuae pietatis possit fieri, ut cum electis tuis aeterne uitae beatitudinem percipere mereatur.

---

[1] A small erasure follows.

2469 SEQVITVR ORATIO POSTQVAM ACCEPTVM FVERIT.
Domine sancte pater omnipotens aeterne deus, rex regum et
dominus dominantium, clementiam tuam humiliter exoramus,
necnon et unigeniti filii tui domini nostri ihesu christi, qui omnes
aeterno pontificatu supereminens, solus sine macula sacerdotale
ministerium impleuit, simulque sancti spiritus, / cuius septiformi /f. 307r
gratia caelesti uirtute cuncta sanctificas, ut hunc famulum tuum
.ill. diuinę prouidentiae gratia largiente, a minoribus usque ad
maiora per gradus ascendentem, supernę pietatis tuae gremio,
gratanter suscipias, et quia nobis indignis quos sedis apostolicę
summęque ministros seruitutis, non exigentibus meritis, sed dono
clementiae tuae constituisti, salutaribus indumentis ad sacri altaris
officium foras uestitus impresenti apparet, ab omnibus criminum
contagiis castigatus, perpetua spiritus tui sanctificatione intus
impleri mereatur, uiuique fontis fluentibus irrigatum, uirtutum
fructibus crescere, et coram omnibus clarescere concedas, ut eius
uita, aliis possit exempla prebere. Sit ei honor pallei, ornamentum
animae, et unde aduenit fastigium uisibile, inde florescat amor
inuisibilis, tua diuina potentia eum corroboret, tui filii uirtus
uiscera eius fecundet, tui spiritus gratia interiora eius impleat, per
te firmitatem fidei / catholicę, non solum sibimet seruandi, sed /f. 307v
etiam alios docendi causa conseruet. Per te cathedrae episcopalis,
et ecclesiae uniuersalis scutum, non solum a spiritalibus, sed
etiam a corporalibus huius sęculi aduersitatibus habere mereatur.
Per te apostolicę dignitatis, in caelis et in terris soluendi et ligandi,
non solum corpora, sed et animas, diuina ditatus gratia dominium
suscipiat, ut ita dignis successibus deuote degens, ad destinata
sanctis premia perueniens, aeternam accipiat beatitudinem. Per.

ORATIO SVPER INFIRMVM PAENITENTEM

2470 Precor domine clementiam tuam ut huic famulo tuo peccata sua et
facinora confitenti, donare ueniam, et preteritorum criminum
culpas relaxare digneris, qui humeris tuis ouem perditam reduxisti,
qui publicani confessione placatus es, tu etiam domine in huius
famuli tui precibus benignus aspira, ut in flebili confessione
persistens, pietatem tuam / celeriter et indifficulter exoret, ac /f. 308r
sacris altaribus, [1]misteriis restitutus, aeternae uitae premia consequatur. Per.

---

[1] *et* added above.

ORATIONES SVPER EOS QVI A DAEMONIO VEXANTVR

2471 Omnipotens sempiterne deus, pater domini nostri ihesu christi te supplices exoramus, impera diabolo qui hunc famulum tuum .ill. detinet, ut ab eo recedat et extinguatur per impositionem manuum nostrarum, quas nos ponimus carnales per inuocationem tui nominis, et pro meritis beatorum angelorum tuorum, et patriarcharum, et prophetarum, et apostolorum, et martyrum, et confessorum, et uirginum, atque omnium sanctorum tuorum. Libera eum qui credit in uerum liberatorem dominum nostrum ihesum christum, ut expurgatus ab omni labe iniquitatis, maiestati tuae pura mente deseruiat, consecutus gratiam spiritus sancti, qui cum patre et filio uiuit et regnat per omnia secula seculorum. Amen.

2472 ALIA. Medelam tuam deprecor domine sancte pater omnipotens aeterne deus, qui subuenis in periculis, / qui temperas flagella dum /f. 308v uerberas, te ergo domine supplices deprecamur, ut hunc famulum tuum ill. eruas ab hac uexatione diaboli, ut non preualeat inimicus usque ad animę temptationem, sicut in iob terminum ei pone, ne inimicus de anima istius sine remedio tuae saluationis incipiat triumphare. Defende domine exitum mortis, et spacium uitae extende, et releua ab hostis maligni temptationibus et figuris phantasmatum, famulum tuum, quem creasti ad imaginem tuam, et redemisti pretio magno sancti sanguinis filii tui. In cuius uirtute precipio tibi quicumque es, inmunde spiritus, ut exeas et recedas ab hoc famulo dei. Disrumpe domine per maiestatis tuae imperium, omnes laqueos satane quibus est conligatus, et auxilii tui ostende uirtutem, et opus misericordiae tuae, ut fugatis infirmitatibus, sana mente, et uiribus sensibusque renouatis, nomen sanctum tuum instaurata sanitate protinus benedicat. Per.

2473 ALIA. Vnguo te de oleo sanctificato, ut salueris in nomine patris et filii et spiritus sancti in secula seculorum. Amen.

/ INPOSITIO MANVVM SVPER ENERGVMINVM /f. 309r
CATICVMINVM

2474 Omnipotens sempiterne deus, a cuius facie caeli distillant, montes sicut cera liquescunt, terra tremuit, cui patent abissi, quem infernus pauescit, quem omnis irarum motus aspiciens humiliatur, te supplex deprecor dominator domine, ut inuocatione nominis tui ab huius famuli tui uexatione inimicus confusus abscedat, ut

434

ab eius possessione anima liberata, ad auctorem suae salutis recurrat, liberatoremque suum, diabolico foetore depulso, et odore suauissimo spiritus sancti percepto sequatur. Per.

ITEM ALIA PRO PARVVLO ENERGVMINO

2475 Domine sancte pater omnipotens aeterne deus, uirtutem tuam totis exoro gemitibus pro hoc famulo tuo ill. a diabolo oppresso, qui etiam indignis inter pressuras donas pręsidium, exurge pro huius infantia debellata, et noli diu retinere uindictam, nec ante conspectum tuum ueniant parentum delicta, qui nec pro filio patrem, nec pro patre promisisti filium iudicare, / auxiliare quesumus inimici furore uexato, ne sine baptismate facias eius animam a diabolo possideri, sed potius tenera aetas maligni oppressionibus liberata, tibi referat gratias sempiternas. Per.

/f. 309v

ITEM SVPER ENERGVMINO BAPTIZATO

2476 Deus angelorum, deus archangelorum, deus prophetarum, deus apostolorum, deus martyrum, deus confessorum, deus uirginum, deus pater domini nostri ihesu christi, inuoco sanctum nomen tuum, ac preclarę maiestatis tuae clementiam supplex exoro, ut mihi auxilium prestare digneris aduersus hunc nequissimum spiritum, ut ubicumque latet audito nomine tuo uelociter exeat uel recedat. Ipse tibi imperat diabole, qui te de supernis caelorum, in inferiora terrae dimergi precepit, ipse tibi imperat, qui retrorsum redire precepit. Audi ergo et time satanas, uictus et prostratus, abscede in nomine domini nostri ihesu christi. Tu ergo iniquissime satanas, inimicus fidei[1] generis humani, mortis raptor, iustitiae declinator, malorum radix, fomes uitiorum, seductor hominum, / perditor gentium, incitator inuidię, origo auaritiae, causa discordiae, excitator dolorum, magister daemonum. Quid stas et resistis, cum scis eum tuas perdire uires? illum metue qui in isaac immolatus est, in ioseph uenundatus, in agno occisus, in homine crucifixus. Deinde triumphator, recede in nomine patris et filii et spiritus sancti, et da locum spiritui sancto per hoc signum crucis christi domini nostri. Qui cum patre et spiritu sancto uiuit et regnat.

/f. 310r

---

1 *hostis* later added above.

2477 ALIA. Deus conditor et defensor generis humani, qui hominem ad imaginem et similitudinem tuam formasti, respice super famulum tuum hunc, qui dolis inuidi serpentis appetitur, quem uetus aduersarius et hostis antiquus atrę formidinis horrore circumuolat, et sensum mentis humane stupore defigit, terrore conturbat, et metu trepidi terroris exagitat, repelle domine uirtutem diaboli, fallacesque eius insidias amoue, procul impius temptator aufugiat, sit nominis tui signo famulus tuus ill. et animo tutus et corpore, tu pectoris huius interna custodias, / tu uiscera regas, tu corda confirmes, in anima /f. 310v eius aduersariae potestatis temptamenta uanescunt, da ad hanc inuocationem nominis tui gratiam, ut qui hucusque terrebat, territus abeat, et uictus abscedat, tibique possit hic seruus tuus corde confirmato et mente sincera, debitum prebere famulatum. Per.

2478 ALIA. Domine sancte pater omnipotens aeterne deus, osanna in excelsis, pater domini nostri ihesu christi, qui illum refugam tyrannum gehennę deputasti, qui unigenitum tuum in hunc mundum misisti, ut illum rugientem leonem contereret, uelociter adtende, accelera, ut eripias hominem ad imaginem et simili-tudinem tuam creatum, a ruina et dęmonio meridiano, da domine terrorem tuum super bestiam quae exterminauit uineam tuam, da fidutiam seruis tuis contra nequissimum draconem fortiter stare, nec contempnat sperantes in te, et dicat sicut in pharaone iam dixit, deum non noui, nec israhel dimitto. Vrgeat illum domine dextera tua potens discedere a famulo tuo .ill. ne diutius presumat captiuum tenere hominem, quem tu ad imaginem tuam dignatus es / facere. Adiuro ergo te serpens antique per iudicem uiuorum et /f. 311r mortuorum, per factorem mundi, per eum qui habet potestatem mittere in gehennam, ut ab hoc famulo dei qui ad ecclesiae pręsepia concurrit cum metu et exercitu[1] furoris tui festinus discedas. Adiuro te, non mea infirmitate, sed in uirtute spiritus sancti, ut desinas ab hoc famulo dei quem omnipotens deus ad imaginem suam fecit. Caede caede, non mihi sed ministeriis christi. Illius enim te perurguet potestas, qui te affigens crucis suae subiugauit imperio. Illius enim brachium contremisce, qui deuictis gemitibus inferni animas ad lucem perduxit, sit tibi terror corpus hominis, sit tibi formido imago dei. Nec resistas, nec moreris discedere ab homine, quoniam complacuit christo ut in homine

---

[1] *er* for *exercitu* supplied above.

habitaret. Et ne me infirmum contempnendum putes, dum me peccatorem nimis esse cognoscis, imperat tibi dominus, imperat tibi maiestas christi, imperat tibi deus pater, imperat tibi filius et spiritus sanctus, imperat tibi apostolorum fides, sancti petri et pauli, et ceterorum apostolorum. Imperat tibi indulgentia confessorum. Imperat tibi / martyrum sanguis, imperat tibi sacra- /f. 311v mentum crucis. Imperat tibi mysteriorum uirtus. Exi transgressor, exi seductor, plene omni dolo et fallatia, ueritas inimice, innocentium persecutor. Da locum durissime, da locum impiissime, da locum christo in quo nihil inuenisti de operibus tuis, qui te expoliauit, qui regnum tuum destruxit, qui te uictum ligauit, et uasa tua disrupit, qui te proiecit in tenebras exteriores, ubi tibi cum ministris tuis erit preparatus interitus. Sed quid nunc truculente recogitas? quid temerarie[1] retractas? reus omnipotenti deo, cuius statuta transgressus es, reus filio eius ihesu christo quem temptare ausus es, et crucifigere presumpsisti, reus humano generi, cui mors tuis persuasionibus uenit. Adiuro ergo te draco nequissime in nomine agni inmaculati, qui ambulauit super aspidem et basilicum, qui conculcauit leonem et draconem ut discedas ab homine, discedas ab ecclesia dei. Contremisce et effuge inuocato nomine domini, / illius quem inferi tremunt, cui uirtutes caelorum, et /f. 312r potestates, et dominationes subiecte sunt, quem cherubin et seraphin indefessis uocibus laudant. Imperat tibi uerbum caro factum, imperat tibi natus ex uirgine, imperat tibi ihesus nazarenus, qui te cum discipulos eius contempneres, elisum et prostratum exire iussit ab homine, quo presente[2] ab homine seperasset, nec porcorum gregem presumebas contingere. Recede ergo nunc adiuratus in nomine eius ab homine quem ipse plasmauit, durum tibi est christo uelle resistere, durum tibi est contra stimulum calcitrare, quia quanto tardius exis, tanto tibi supplicium maius crescit, quoniam non hominem contempnis, sed illum qui dominator uiuorum et mortuorum est. Qui uenturus est iudicare uiuos et mortuos et seculum per ignem. Amen.

2479 ALIA. Domine sancte pater omnipotens aeterne deus, per impositionem scripture huius et gustum aquae, expelle diabolum ab homine isto. De capite, de capillis, de uertice, de cerebro, de fronte,

---

[1] Corrected by erasure.
[2] *cum te* added above by original scribe.

de oculis, / de auribus, de naribus, de ore, de lingua, de sublingua, /f. 312v
de gutture, de collo, de corpore toto, de omnibus membris, de
compaginibus membrorum suorum intus et foris, de ossibus, de
uenis, de neruis, de sanguine, de sensu, de cogitationibus, de omni
conuersatione, et operetur in te uirtus christi in eo qui pro te passus
est, ut uitam aeternam merearis. Per.

ORDO SVPER ELECTOS. AD CATICVMINVM FACIENDVM

2480 ¹Omnipotens sempiterne deus, pater domini nostri ihesu christi
respicere dignare super hunc famulum tuum uel famulam tuam,
quem uel quam ad rudimenta fidei uocare dignatus es, omnem
cecitatem cordis ab eo uel ab ea, expelle disrumpe omnes laqueos
satane quibus fuerat conligatus. Aperi ei domine ianuam pietatis
tuae, ut signo sapientiae tuae imbutus uel imbuta, omnium
cupiditatum foetoribus careat, et ad suauem odorem preceptorum
tuorum lętus uel lęta tibi in ecclesia tua deseruiat, et proficiat de
die in diem ut idoneus uel idonea efficiatur accedere ad gra/tiam /f. 313r
baptismi tui percepta medicina. Per eundem.

2481 ALIA. Preces nostras quesumus domine clementer exaudi, et hunc
electum tuum uel electam tuam, crucis dominicae cuius im-
pressione eum uel eam signamus uirtute custodi, ut magnitudinis
gloria rudimenta seruans, per custodia mandatorum tuorum ad
regenerationis gloriam peruenire mereatur. Per.

2482 ALIA. Deus qui humani generis ita es conditor ut sis etiam
reformator propitiare populis adoptiuis, et nouo testamento sobolem
nouę prolis adscribe, ut filios promissionis quod non poterunt
assequi per naturam, gaudeant se percepisse per gratiam. Per.

BENEDICTIO SALIS DANDVM CATICVMINVM

2483 ²Exorcizo te creatura salis in nomine dei patris omnipotentis, et in
caritate domini nostri ihesu christi, et in uirtute spiritus sancti.
Exorcizo te per deum uiuum, et per deum uerum, qui te ad tutelam
humani generis procreauit, et populo uenienti ad credulitatem per

---

¹ Endings for plural forms given interlinearly throughout nos 2480 and 2481 by
the original scribe.
² Interlinear crosses in red by original scribe.

seruos suos consecrari precepit, ut in nomine sanctae trinitatis efficiaris / salutare sacramentum ad effugandum inimicum. Proinde rogamus te domine deus noster, ut hanc creaturam salis quem tu domine sanctificando san͞ctifices, bene͞dicendo benedicas, ut fiat omnibus accipientibus perfecta medicina permanens in uisceribus eorum. In no͞mine domini nostri ihesu christi, qui uenturus est iudicare uiuos et mortuos et seculum per ignem. Amen. /f. 313v

2484   *Hac oratione expleta, accipiat sacerdos de eodem sale et ponat in ore infantis dicens*: Accipe salem sapientię, propitiatus in uitam aeternam.

ORATIO POST DATVM SALIS

2485   [1]Deus patrum nostrorum, deus uniuersę conditor ueritas te supplices exoramus, ut hunc famulum tuum uel famulam tuam, respicere digneris propitius, et hoc primum pabulum salis gustantem non diutius esurire permittas quominus cybo expleatur caelesti, quatinus sit semper domine spiritu fervens, spe gaudens, tuo semper nomini seruiens, perduc eum uel eam, ad noue regenerationis lauacrum, ut cum fidelibus tuis promissionum tuarum premia consequi mereatur. Per.

/ BENEDICTIO FONTIS

/f. 314r

2486   Omnipotens sempiterne deus, adesto magne pietatis tuae mysteriis, adesto sacramentis, et ad creandos nouos populos quos tibi fons baptismatis parturit spiritum adoptionis emitte, ut quod humilitatis nostrae gerendum est mynisterio, tuae uirtutis impleatur effectu. Per.

2487   ALIA. Adsit domine huic lauacro tuae uirtutis operatio, et abolendis uitiis conferendisque sacramentis, tuae regenerationis impleatur effectu. Per dominum nostrum.

2488a ALIA. Deus qui inuisibili potentia sacramentorum tuorum mirabiliter operaris effectum, et licet nos tantum mysteriis exsequendis simus indigni, tu tamen gratiae tuae dona non deserens etiam ad nostras preces aures tuę pietatis inclinas.

---

[1]   Endings for plural forms given interlinearly by the original scribe.

2488b Deus cuius spiritus super aquas inter ipsa mundi primordia ferebatur, ut iam tunc uirtutem sanctificationis aquarum natura conciperet.

2488c Deus qui nocentis mundi crimina per aquas abluens, regenerationis speciem in ipsa diluuii / effusione signasti, ut unius /f. 314v eiusdemque elementi ministerio, et finis esset uitiis et origo uirtutibus respice in faciem ecclesiae tuae, et multiplica in ea regenerationes tuas qui gratiae tuae affluentis impetu laetificas ciuitatem tuam, fontemque baptismatis aperis toto orbe terrarum gentibus innouandis, ut tuae maiestatis imperio sumat unigeniti tui gratiam de spiritu sancto, qui^{+;1} hanc aquam regenerandis² hominibus preparatam, archana sui luminis ammixtione fecundet, ut sanctificatione concepta, ab inmaculato diuini fontis utero in nouam renata creaturam progenies caelestis emergat. Et quos aut sexus in corpore aut aetas discernit in tempore, omnes in unam pariat gratia mater infantiam. Procul ergo hinc iubente te domine omnis spiritus inmundus abscedat, procul tota nequitia diabolicę fraudis absistat. Nihil hic loci habeat contrariae uirtutis ammixtio. Non insidiando circumuolet, non latendo subripiat, non inficiendo corrumpat. Sit haec sancta et innocens creatura, / libera ab omni /f. 315r impugnatoris incursu, et totius nequitiae purgata discessu. Sit fons uiuus, aqua regenerans, unda purificans, ut omnes hoc lauacro salutifero diluendi, operante in eis spiritu sancto, perfectę purgationis indulgentiam consequantur.

2488d ³Vnde benedico te creatura aqua per deum uiuum, per deum sanctum, qui te in principio uerbo separauit ab arida, cuius spiritus super te ferebatur, qui te de paradyso manare et in quattuor fluminibus totam terram rigare precepit, qui te in deserto amaram suauitate indita⁴ fecit esse potabilem, et sitienti populo de petra produxit. Benedico te et per ihesum christum filium eius unicum dominum nostrum, qui te in chana galileae signo admirabili sua potentia conuertit in uinum. Qui pedibus super te ambulauit, et a iohanne in iordane in te baptizatus est. Qui te una cum sanguine suo de latere suo produxit, et discipulis suis iussit, ut credentes

---

¹ Interlinear cross in black by original scribe.
² Corrected by erasure.
³ Interlinear crosses in black by original scribe.
⁴ A small erasure follows between *n* and *d*..

baptizarentur in te dicens. Ite docete omnes gentes baptizantes
eos, in nomine patris et filii et spiritus sancti.

2488e / Haec nobis pręcepta seruantibus tu deus omnipotens clemens   /f. 315v
adesto, tu benignus aspira, tu has simplices aquas tuo ore bene-
dicito, ut preter naturalem emundationem quam lauandis possint
adhibere corporibus, sint etiam purificatis mentibus efficaces.

2488f *Hic pones cereum in fontem.* Descendat in hanc[1] plenitudinem
fontis uirtus spiritus tui, *et insuffla ter in aqua*, et totam huius
aquae substantiam regenerandi fecundet effectu. Hic omnium
peccatorum maculę deleantur, hic natura ad imaginem tuam
condita et ad honorem sui reformata principii, cunctis uetustatis
squaloribus emundetur, ut omnis homo hoc sacramentum regenerationis ingressus, in uerę innocentiae nouam infantiam
renascatur. Per dominum nostrum ihesum christum filium tuum,
qui uenturus est iudicare uiuos et mortuos et sęculum per ignem.
Amen.

2489 *Post haec accipies chrisma cum uasculo et fundes in cruce super
aquam dicens*: In nomine patris, et filii, et spiritus sancti,
sanctificetur / et fecundetur[2] fons iste.   /f. 316r

2490 *Et aspargis super adstantes, qui autem uoluerit accipiat de ipsa
aqua et asparget ubicumque necesse fuerit. Et tunc primum
inquires nomen hominis ita dicendo*: INT. Quid uocaris? R. Ita.
INT. Abrenuntias satanę? R. Abrenuntio. INT. Et omnibus
operibus eius? R. Abrenuntio. INT. Et omnibus pompis eius? R.
Abrenuntio.

2491 *Et tunc suffla in faciem eius et dicis*: Accipe spiritum sanctum.

2492 *Deinde fac crucem cum police in fronte et in pectore eius, dicendo
ita*: Accipe signum crucis, tam in fronte quam in corde sume fidem
caelestium preceptorum dei. *Deinde dicis orationes has.*

2493 [3]OREMVS. Rogamus te domine sancte pater omnipotens aeterne

---

1   *n* supplied above.
2   *cun* supplied above.
3   Endings for plural forms given interlinearly throughout nos 2494 and 2495 by
the original scribe.

deus, miserere famulo tuo uel famule tuae, quem uel quam uocare ad rudimenta fidei dignatus es, omnem cecitatem cordis ab eo uel ab ea expelle, disrumpe omnes laqueos satanae quibus fuerat conligatus. Aperi ei domine ianuam ueritatis tuae, ut signo sapientiae tue imbutus, / uel induta, omnium cupiditatum foetori- /f. 316v
bus careant, atque suaui odore preceptorum tuorum laetus tibi in ecclesia tua deseruiat, et proficiat de die in diem, ut idoneus efficiatur promissae gratiae tuae, in nomine patris, et filii, et spiritus sancti, in saecula saeculorum. Amen.

2494 ALIA. Domine sancte pater omnipotens aeterne deus, pater domini nostri ihesu christi, cuius antiquitas sine initio, aeternitas sine fine est. Deus omnium rerum creator, et ipse non genitus, deus inuisibilis et omnia uidens, deus incomprehensibilis et omnia comprehendens. Inuoco nomen sanctum tuum super opera manuum tuarum, ut hoc[1] plasma quod[2] in conspectu diuinę maiestatis tuae ad spem inmortalitatis aspirare dignatus es, per uirtutem sacramentorum caelestium, omnibus inimici loetalibus insidiis exuatur. Tu enim hominem ad imaginem tuam facere dignatus es, in cuius faciem insufflasti spiritum uitae, *suffla*, et factus est homo in animam uiuentem, sic itaque hunc famulum tuum ill. uel famulam tuam, quesumus domine con/constituas in spiritu uiuificante, ut /f. 317r
cognoscat te deum uiuum, te deum uerum, et unigenitum filium tuum ihesum christum quem misisti et spiritum santum. Signum quoque salutare quod in eum uel eam nunc conferre dignatus es custodias usque in finem, ut integer uel integra, et purus uel pura, perducatur ad lauacrum aque regenerationis, data ei remissione omnium peccatorum. Per.

2495 *Deinde pones salem in ore infantum, dicendo ita*: Accipe salem sapientię, propitiatus in uitam aeternam. Pax tibi. Amen.

2496 [3]OREMVS. Spes omnium finium terrae et in mari longe qui sanctos montes tuos preparasti in uirtute tua, et accingeris potentia qua in te sperantes defensare digneris, deprecationem nostram

---

[1] Corrected by erasure.
[2] A small erasure follows.
[3] Endings for plural forms given interlinearly throughout nos 2497 and 2498 by the original scribe.

clementer exaudi, et hunc catecuminum tuum, crucis dominicę
cuius inpressione signatus est uirtute custodi, ut agnitionis tuae
rudimenta seruans, per custodiam mandatorum tuorum ad regenerationis gloriam peruenire mereatur, seruaturus per te quicquid
te largiente percepit. Per.

2497 / Nec te latet satanas imminere tibi poenas imminere tibi tormenta,   /f. 317v
diem iudicii, diem suplicii[1] sempiterni, diem qui uenturus est uelut
clibanus ardens, in quo tibi atque angelis tuis sempiternus est
preparatus interitus, et ideo pro tua nequitia dampnate atque
dampnande, da honorem deo uiuo, da honorem ihesu christo filio
eius, da honorem spiritui sancto paraclito. In cuius uirtute precipio
tibi quicumque es inmunde spiritus, ut exeas et recedas ab hoc
famulo dei, uel ab hac famula dei, quem uel quam hodie deus et
dominus noster ihesus christus ad suam sanctam gratiam et
benedictionem uocare dignatus est, ut fiat eius templum per aquam
regenerationis in remissionem omnium peccatorum. In nomine
domini nostri ihesu christi qui iudicaturus est uiuos et mortuos et
seculum per ignem. Amen.

2498 *Deinde tanges ei nares et aures de sputo, et dices*: Effeta quod est
adaperire in odorem suauitatis, tu autem effugare diabole, adpro-
pinquabit enim iudicium dei.

2499 *Postea / tanges ei pectus de oleo exorcizato, et dices*: Exi inmunde   /f. 318r
spiritus.

2500 *Deinde inter scapulas*: Da locum spiritui sancto.

2501 *Et interrogat presbiter nomen dicendo ita*: INT. Quid uocaris? R.
Ita. INT. Credis in deum patrem omnipotentem? R. Credo. INT.
Credis et in ihesum christum filium eius unicum dominum
nostrum? R. Credo. INT. Credis et in spiritum sanctum sanctam
ecclesiam catholicam remissionem peccatorum, carnis resurrectionem? R. Credo.

---

[1] *p* for *supplicii* added above.

2502 *Et accipiet presbiter eos a parentibus eorum, et baptizantur primi masculi, deinde femine, sub trina mersione sanctam trinitatem semel inuocando, ita dicendo*: INT. Vis baptizari? R. Volo.

2503 *Deinde dicit*: Et ego baptizo te. Nomina ill. In nomine patris, *et mergit semel*. Et filii, *et mergit iterum*. Et spiritus sancti, *et mergit tertio*.

2504 *Vt autem surrexerint a fonte, facit presbiter signum crucis de chrisma cum pollice in uertice eius dicens hanc orationem*: / Deus omnipotens pater domini nostri ihesu christi, qui te regenerauit ex aqua et spiritu sancto, quique dedit tibi remissionem omnium peccatorum, ipse te linit .ill. *et unguet presbiter caput ipsius de chrisma dicens*: Ipse te linit chrismate salutis, in christo ihesu in uitam aeternam. R. Amen. /f. 318v

2505 *Tunc posito chrismali in capite baptizati, dicit sacerdos*: Accipe uestem candidam puram et inmaculatam, quam perferas ante tribunal domini nostri ihesu christi, in uitam aeternam. R. Amen.

2506 *Deinde communicetur a presbitero, ita dicendo*: Omnipotens sempiterne deus, qui regenerasti famulum tuum uel famulam tuam, ex aqua et spiritu sancto, quique dedisti ei remissionem omnium peccatorum tribue ei continuam sanitatem ad agnoscendam unitatis tuae ueritatem. Per.[1]

/ INCIPIT ORDO VISITANDVM ET VNGVENDVM /f. 319r
INFIRMVM

2507 Primitus audiat sacerdos confessionem infirmi, et oret pro illo et benedicat eum dicens: ORATIO. Omnipotens deus qui dixit, qui me confessus fuerit coram hominibus confitebor et ego eum coram patre meo qui in caelis est, ipse te benedicat et custodiat semper, detque tibi remissionem omnium peccatorum et uitam aeternam.[2]

2508 *Et hortetur ei, ut declinet a malo et faciat bonum, et per paenitentiam indictam reconcilietur. Deinde si peccata criminalia*

[1] Five lines left blank at foot of page.
[2] *qui tecum* added by a later scribe.

habuerit, episcopus, aut presbiter, dicat super eum orationes ad
dandam paenitentiam:

2509 Exaudi domine preces nostras. Require feria .iiii. caput ieiunii.

2510 *Si autem episcopus adfuerit imponat capiti manuum, siue sacer-*
doti, siue cuiuscumque infirmi ad reconciliandum. Alioquin pres-
biter reconcilians presbitero, manum superponere non debet,
ceteris uero infirmis superponat capiti manum, dicens orationem
ad reconcilandum:

2511 Adesto domine supplicationibus nostris. Require feria .v. in cena
domini.

2512 / *Deinde canendi sunt .vii. psalmi pęnitentiales cum letania.*   /f. 319v
Domine ne in ira tua .i. Beati quorum. Domine ne in ira tua .ii.
Miserere .i. Domine exaudi .i. De profundis. Domine exaudi .ii.

2513 *Inchoante autem letania dicat sacerdos*: Parce domine parce
famulo tuo .ill. quem redemisti christe sanguine tuo, ne in
aeternum irasceris ei. Amen, *tribus uicibus.*

2514 *Sequitur lętania et preces.* Pater noster. Saluum fac seruum tuum.
Dominus conseruet eum. Dominus opem ferat illi super lectum.
Dominus custodiat te ab omni. Dominus custodiat introitum.
Angelis suis mandauit. Perfice gressus illius, in semitis. Domine
auerte faciem tuam a peccatis illius et omnes iniquitates eius dele.
Esto ei domine turris fortitudinis. Conuertere domine aliquando.
Nihil proficiet inimicus in eum. Mitte ei domine auxilium. Domine
exaudi. Miserere mei deus .i.

2515 SEQVITVR ORATIO. Omnipotens deus qui in nomine unigeniti
sui, misit spiritum sanctum secundum promissionem suam discipulis suis, effundat super te spiritum paraclitum septiformem de
caelis, repleatque te / spiritu timoris sui, spiritu scientiae et pietatis,   /f. 320r
spiritu consilii et fortitudinis, spiritu sapientiae et intellectus qui
excoquat[1] omnem rubiginem peccatorum tuorum, ut nullis iam
preteritę iniquitatis uel fragilitatis confundaris erroribus, sed

---

[1]   Corrected by erasure.

inducat in omnem sicut idem promisit filius ueritatem scientiae, custodiatque te a totius prauitate nequitiae et mundane conuersationis, seu carnalis inmunditiae contagione, ac mentis inpurę affectu, et omnium inimicorum uisibilium et inuisibilium scilicet infestationibus uel incursu, perducatque te ad gratiam et gloriam regni sui, cuius uirtus et imperium permanet in secula seculorum. Amen.

2516 ALIA. Omnipotens mitissime deus respice propitius preces nostras, et libera cor famuli tui ill. de malarum temptatione cogitationum, ut sancti spiritus dignum fieri habitaculum inueniatur. Per.

2517 *Deinde spargit aquam benedictam super illum et super domum eius dicens hanc orationem*: Exaudi nos domine sancte pater omnipotens aeterne deus, et mittere dignare sanctum angelum tuum de caelis, / qui custodiat, foueat, protegat, uisitet, et defendat, omnes habitantes in hoc habitaculo. Per.   /f. 320v

2518 *Sequitur epistola*: Tristatur aliquis uestrum. *Et euangelium*: In illo tempore. Intrauit ihesus capharnum.

2519 ORATIO. Omnipotens deus qui per os beati apostoli tui iacobi hunc ministerium infirmis hominibus facere precepisti, conserua famulo tuo ill. tuarum dona uirtutum, et concede ut medelam tuam non solum in corpore sed etiam in anima sentiat. Per.

2520 ALIA. Domine deus qui per apostolum tuum locutus es, infirmatur quis in uobis inducat presbiteros ecclesiae et orent super eum, unguentes eum oleo sancto in nomine domini et oratio fidei saluabit infirmum, et alleuabit eum dominus, et si in peccatis sit dimittentur ei. Cura quesumus redemptor noster gratia spiritus sancti languores istius infirmi, et eius sana uulnera ac dimitte peccata, atque dolores cunctos cordis et corporis expelle ab eo, et plenam ei interius exteriusque sanitatem misericorditer redde, ut ope misericordię tuę restitutus et sanatus, ad pristinam pietatis tuae reparetur officia. Per.

2521 ALIA. / Oremus dominum nostrum ihesum christum et cum omni supplicatione rogemus, ut hunc famulum suum ill. per angelum   /f. 321r sanctum suum, uisitare, laetificare, et confortare dignetur, qui uiuit et regnat in secula seculorum. Amen.

2522 *Et sic perunguant singuli sacerdotes infirmum de oleo sanctificato, facientes crucem, in collum, et guttur, et pectus, et inter scapulas, et per quinque sensus corporeos, et in supercilia oculorum, et in nares intus et foris, et in narium summitatem siue interius, et in labia exterius id est deforis. Vt maculae quae per quinque sensus mentis et corporis fragilitate carnis aliquando inheserunt, hac medicina spiritali et domini misericordia pellantur.*

SEQVITVR VNCTIO.

2523 [1]ORATIO. Per istam unctionem et domini benedictionem, mundentur ab omni sorde et contagione peccati ac sanctificentur, manus et os, cor quoque tactus, uidelicet sensus, uisus, auditus, et gustus, totumque corpus et anima tua, ut idoneus efficiaris ad uocandum in nomine eiusdem domini dei nostri, reddat tibi dominus laetitiam salutaris sui, et spiritu principali / te confirmet, /f. 321v sanctum quoque spiritum innouet in uisceribus tuis, et ne auferat illum a te. Sed benedictio dei patris, et filii, et spiritus sancti descendat super te quae copiose super te defluat, et in extrema corporis tui descendat. Interius exteriusque te repleat atque circumdet, ac sit semper tecum, nunc et in secula seculorum. Amen.

2524 *Et sic denique unguatur egrotus. Primitus ad aurem eius dextram, et in fronte, et ad aurem sinistram, dicentibus singulis sacerdotibus ita*: [2]In nomine patris, et filii, et spiritus sancti, accipe sanitatem, mentis et corporis.

2525 *Sequitur benedictio.* Benedicat te deus pater, sanet te deus filius, inluminet te spiritus sanctus, corpus tuum custodiat, animam tuam saluet, cor tuum inradiet, sensum tuum dirigat, et ad supernam uitam te perducat. Qui uiuis.

2526 *Ad oculos. Alia.* Vnguo oculos tuos de oleo sanctificato, ut quicquid inlicito uisu deliquisti huius unctione olei expietur. Per.

---

[1] Interlinear crosses in red by original scribe.
[2] Interlinear crosses in black by original scribe.

2527 *Deinde in utraque scapula.* Vnguo has scapulas de oleo sacrato, ut ex omni parte spiritali / protectione munitus, iacula diabolica /f. 322r uiriliter contempnere, ac procul possis cum robore superni iuuaminis repellere. Per.

2528 *Ad nares. Alia.* Vnguo nares has de oleo sacro, ut quicquid noxę contractum est odorato superfluo, ista medicatione sanetur. Per.

2529 *Ad labia. Alia.* Vnguo labia ista consecrati olei medicamento, ut quicquid otiosa uel etiam criminosa peccasti locutione, diuina clementia miserante, expurgetur unctione hac. Per.

2530 *Deinde in pectore et retro.* Vnguo pectus tuum de oleo sancto, ut hac unctione protectus, fortiter stare ualeas, aduersus aerias cateruas. Per.

2531 *Ad manus unguendum.* Vnguo has manus de oleo consecrato, ut quicquid inlicito uel noxio opere peregerunt, hac unctione euacuetur. Per.

2532 *Deinde in uerticem.* Vnguo caput tuum oleo sanctificato in nomine patris et filii et spiritus sancti, ut more militis uncti preparatus ad luctam aerias possis superare cateruas. Per.

2533 *Ad pedes unguendum.* Vnguo pedes hos de oleo benedicto, ut quicquid / superfluo uel nociuo incessu commiserunt, ista aboleat /f. 322v perunctio. Per.

2534 *Vnctus autem infirmus, dicantur hae orationes singulę, a singulis sacerdotibus*: Domine ihesu christe, qui es saluatio et redemptio nostra, qui es uera salus et medicina, a quo omnis sanitas et medicamentum uenit, qui apostoli tui uoce nos instruis ut languidos olei liquore tangentes tuae postulemus misericordiam pietatis, respice propitius super hunc famulum tuum ill. ab illa mirabili[1] summitate caelorum, ut quem languor curuat ad exitum, et uirium defectio iam pertrahit ad occasum, medela tuae gratiae saluti restituat castigatum. Extingue in eo domine libidinum febriumque et

---

[1] Corrected by erasure.

dolorum stimulos, ac uitiorum obtege cruciatos[1], egritudines, et cupiditatum tormenta dissolue, superbie inflationem tumoremque compesce, ulcera et putritudines uitiorum euacua, uiscerum interna cordiumque ac medullarum et cogitationum sana discrimina, conscientiarum atque plagarum obducito cicatrices, physicis typicisque adesto periculis, ueteres inmensasque remoue passiones, / opera carnis ac sanguinis materiamque compone ac delictorum illi ueniam propitiatus adtribuę. Sicque illum tua iugiter custodiat pietas, ut nec ad correctionem aliquando sanitas, nec ad perditionem te auxiliante, nunc perducat infirmitas, fiatque illi haec olei sacra perunctio, concita morbi presentis expulsio, et peccatorum omnium optata remissio, per te christe ihesu saluator et redemptor noster et domine, qui cum patre et spiritu sancto uiuis per.

/f. 323r

2535 ALIA. Propitietur dominus cunctis iniquitatibus huius infirmi .ill. et sanet omnes languores illius, redimatque de interitu perpetuae mortis uitam eius, et corroboret ac satiet in bonis omnibus desiderium ipsius, qui solus in trinitate unus deus uiuit.

2536 ALIA. Deus qui facturę tuae pio semper dominaris affectu, inclina aurem tuam supplicationibus nostris et famulum tuum ill. ex aduersa ualitudine corporis laborantem placatus respice, et uisita in salutari tuo, ac caelestis gratiae presta medicinam. Per.

2537 ALIA. Deus qui humano generi et salutis remedium et uitae aeternae munera contulisti, conserua[2] famulo tuo .ill. / tuarum dona uirtutum, et concede ut medelam tuam non solum in corpore sed etiam in anima sentiat. Per dominum nostrum.

/f. 323v

2538 ALIA. Virtutum caelestium deus qui ab humanis corporibus omnem languorem et omnem infirmitatem precepti tui potestate depellis, adesto propitius huic famulo tuo ill. ut fugatis infirmitatibus et uiribus receptis, nomen sanctum tuum instaurata protinus sanitate benedicat. Per.

---

[1] *u* for *cruciatu* supplied above.
[2] *r* supplied above.

2539 ALIA. Respice domine famulum tuum ill. in infirmitate sui corporis laborantem et animam refoue quam creasti, ut castigationibus emendata, continuo sentiat se tua medicina saluatum. Per.

2540 ALIA. Deus qui famulo tuo ezechię ter quinos annos ad uitam donasti, ita et famulum tuum ill. a lecto egritudinis tua potentia erigat ad salutem. Per.

2541 ALIA. Domine sancte pater omnipotens aeterne deus, qui fragilitatem conditionis nostrae infusa uirtutis tuae dignatione confirmas, ut salutaribus remediis pietatis tuae corpora nostra et membra uegetentur, super hunc famulum tuum ill. propitiatus intende, / ut omni necessitate corporeae infirmitatis exclusa, gratia in eo pristine sanitatis perfecte reparetur. Per. /f. 324r

2542 *Hic communicetur infirmus, et ponat sacrificium in uino siue aqua dicens*: Fiat commixtio et consecratio corporis et sanguinis domini nostri ihesu christi, nobis et omnibus accipientibus in remissionem omnium peccatorum, et uitam aeternam. Amen.

2543 *Et sic faciant illi per septem dies, si necessitas fuerit, tam de communione quam et de alio officio. Debent etiam ex ministris sanctę dei ecclesie infirmis cum summa reuerentia per singulos dies decantare, uesperos et matutinas.*

2544 ORATIO. Deus miserator omnium in te credentium, exaudi preces nostras, et super infirmantem famulum tuum ill. caelestem infunde medicinam. Per.

INCIPIVNT ORATIONES PRO PECCATIS
2545 Exaudi quesumus domine gemitum populi supplicantis, et qui de meritorum qualitate diffidimus, non iudicium sed misericordiam consequi mereamur. Per.

2546 ALIA. / Succurre quesumus domine populo supplicanti et opem tuam tribue benignus infirmis, ut sincera tibi mente deuoti et presentis uitae remediis gaudeant et futurae. Per dominum nostrum. /f. 324v

2547 ALIA. Exaudi quesumus domine supplicum preces et confitentium tibi parce peccatis, ut pariter nobis indulgentiam tribuas benignus et pacem. Per.

2548 ALIA. Deus qui iuste irasceris et clementer ignoscis, afflicti populi lacrimas respice, et iram tuae indignationis quam iuste meremur auerte. Per.

2549 ALIA. Conserua quesumus domine populum tuum, et ab omnibus quas meremur aduersitatibus redde securum, ut tranquillitate percepta, deuota tibi mente deseruiat. Per dominum nostrum.

2550 ALIA. Afflictionem familiae tuae quesumus domine intende placatus, ut indulta uenia peccatorum, de tuis semper ueniis gloriemur. Per dominum.

2551 ALIA. Praesta populo tuo domine quesumus consolationis aux-ilium, ut diuturnis calamitatibus laborantem, propitius respirare concede. Per dominum nostrum.

2552 ALIA. Ab omnibus nos quesumus domine peccatis propitiatus absolue, / ut percepta uenia peccatorum, liberis tibi mentibus seruiamus. Per dominum nostrum. /f. 325r

2553 ALIA. Quesumus omnipotens deus ut qui nostris fatigamur offensis, et merito nostrae iniquitatis affligimur, pietatis tuę gratiam consequi mereamur. Per.

2554 ALIA. Deus cui proprium est misereri semper et parcere suscipe deprecationem nostram, et quos delictorum catena constringit, miseratio tuę pietatis absoluat. Per.

2555 ALIA. Exaudi domine populum tuum tota tibi mente subiectum, ut corpore et mente protectus, quod piae credit tua gratia consequatur. Per.

2556 ALIA. Subiectum tibi domine populum, propitiatio caelestis amplificet, et tuis semper faciat seruire mandatis. Per.

451

2557 <ALIA.> Purifica quesumus domine tuorum corda fidelium, ut a terrena cupiditate mundati, et presentis uitae periculis exuantur, et perpetuis donis firmentur. Per.

2558 ALIA. Clamantium ad te quesumus domine preces dignanter exaudi, ut sicut niniuitis in afflictione positis pepercisti, ita nobis impresenti tribulatione succurre. Per.

2559 ALIA. Miserere iam quesumus domine populo tuo, et continuis tribulationibus laborantem, celeri propitiatione laetifica. Per.

2560 / <ALIA.> Auxiliare domine querentibus misericordiam tuam et /f. 325v da ueniam confitentibus parce supplicibus, ut qui nostris meritis flagellamur, tua miseratione saluemur. Per dominum.

2561 ALIA. Praesta quesumus omnipotens deus, ut qui iram tuae indignationis agnouimus, misericordiae tuae indulgentiam consequamur. Per.

2562 ALIA. Tribulationem nostram quesumus domine propitius respice, et iram tuae indignationis quam iuste meremur propitiatus auerte. Per.

2563 ALIA. Quesumus omnipotens deus afflicti populi lacrimas respice, et iram tuę indignationis auerte, ut qui reatum nostrę infirmitatis agnoscimus, tua consolatione liberemur. Per.

2564 <ALIA.> Praesta quesumus omnipotens deus, ut qui offensa nostrae per flagella cognoscimus, tuae consolationis gratiam sentiamus. Per.

2565 ALIA. Ne despicias omnipotens deus populum tuum in afflictione clamantem, sed propter gloriam nominis tui, tribulantibus[1] succurre placatus. Per.

2566 ALIA. Exaudi domine gemitum populi tui, nec plus apud te ualeat offensio delinquentium, quam misericordia tua indulta fletibus supplicantium. Per.

---

[1] *antibus* dotted for omission; *tis* for *tribulatis* added above.

452

2567 / <ALIA.> Omnipotens deus[1], misericordiam tuam in nobis /f. 326r
placatus inpende, ut qui te contempnendo culpam incurrimus,
confitendo ueniam consequamur. Per.

2568 ALIA. Deus refugium pauperum spes humilium salusque miser-
orum, supplicationes populi tui clementer exaudi, ut quos iustitia
uerberum fecit afflictos, abundantia remediorum faciat consolatos.
Per.

2569 ALIA. Moueat pietatem tuam quesumus domine subiecte tibi
plebis affectus, et misericordiam supplicatio fidelis obtineat, ut
quod meritis non presumit, indulgentiae largitate percipiat. Per
dominum.

2570 ALIA. Aures tuae pietatis quesumus domine precibus nostris
inclina, ut qui peccatorum nostrorum flagellis percutimur, miserationis tuę gratia[2] liberemur. Per.

2571 ALIA. Memor esto quesumus domine fragilitatis humanae, et qui
iustę uerberas peccatores, parce propitiatus afflictis. Per.

2572 ALIA. Auerte quesumus domine iram tuam propitiatus a nobis, et
facinora nostra quibus indignationem tuam prouocamus expelle.

INCIPIVNT ORATIONES COTIDIANAE
2573 Deus qui conspicis omni nos uirtute destitui, interius exteriusque
custodi, / ut et ab omnibus aduersitatibus muniamur in corpore, et /f. 326v
a prauis cogitationis mundemur in mente. Per.

2574 ALIA. Subueniat nobis quesumus domine misericordia tua, ut ab
imminentibus peccatorum nostrorum periculis, te mereamur protegente saluari. Per.

2575 ALIA. Adesto supplicationibus nostris omnipotens deus, et quibus
fidutiam sperande pietatis indulges, consuete misericordiae, tribue
benignus effectum. Per.

---

[1] *deus* added interlinearly by original scribe.
[2] A small erasure follows.

2576 ALIA. Vox clamantis ecclesiae ad aures domine quesumus tue pietatis ascendat, ut percepta uenia peccatorum, te fiat operante deuota te protegente secura. Per.

2577 ALIA. Propitiare domine supplicationibus nostris, et animarum nostrarum medere languoribus, ut remissione percepta, in tua semper benedictione laetemur. Per.

2578 ALIA. Ecclesiae tuę uoces quesumus domine placatus admitte, ut destructis aduersitatibus cunctis, secura tibi seruiat libertate. Per.

2579 ALIA. Nostris domine quesumus propitiare temporibus, ut tuo nomine dirigatur et romana securitas, et deuotio christiana. Per.

2580 ALIA. Largire quesumus domine fidelibus tuis indulgentiam placatus et pacem, ut pariter ab omnibus mundentur offensis, et secura tibi mente deseruiant. Per.

2581 / <ALIA.> Gaudeat domine quesumus plebs tua beneficiis impera-   /f. 327r tis, et cui fidutiam sperande pietatis indulges, optate misericordiae presta benignus effectum. Per.

2582 ALIA. Fideles tuos domine quesumus corpore pariter et mente purifica, ut tua inspiratione conpuncti, noxias delectationes uitare preualeant. Per.

2583 ALIA. Dies nostros quesumus domine placatus intende, pariterque nos et a peccatis absolue propitius, et a cunctis eripe benignus aduersis. Per.

2584 ALIA. Da quesumus domine populo tuo salutem mentis et corporis, ut bonis operibus inherendo, tua semper mereatur uirtute defendi. Per dominum.

2585 ALIA. Proficiat domine quesumus plebs tibi dicata pię deuotionis affectu, ut sacris actionibus erudita, quanto maiestati tuę sit gratior, tanto donis potioribus augeatur. Per.

2586 ALIA. Respice domine propitius plebem tuam, et toto tibi corde subiectam presidiis inuictę pietatis adtolle. Per.

454

2587 ALIA. Libera domine quesumus a peccatis et hostibus tibi populum supplicantem, ut in sancta conuersatione uiuentes, nullis afficiantur aduersis. Per.

2588 ALIA. Quesumus omnipotens deus ne nos tua misericordia derelinquat, / quae et errores nostros semper amoueat, et noxia cuncta depellat. Per dominum. /f. 327v

2589 ALIA. Tuere domine populum tuum, et salutaribus presidiis semper adiutum, beneficiis adtolle continuis et mentis et corporis. Per.

2590 ALIA. Protector in te sperantium deus salua populum tuum, ut a peccatis liber et ab hoste securus, in tua semper gratia perseueret. Per.

2591 ALIA. Conserua quesumus domine populum tuum, et quem salutaribus presidiis non desinis adiuuare, perpetuis tribuę gaudere beneficiis et mentis et corporis. Per.

2592 ALIA. Adesto domine populis tuis in tua uirtute fidentibus et tuae dextere suppliciter inclinantes, perpetua defensione conserua. Per.

2593 ALIA. Praesta quesumus omnipotens deus ut semper rationabilia meditantes, quae tibi sunt placita et dictis exsequamur et factis. Per.

2594 ALIA. Benedictionem tuam domine populus fidelis accipiat, qua corpore saluatus ac mente, et gratam tibi semper exhibeat seruitutem, et propitiationis tuę beneficia semper inueniat. Per.

2595 ALIA. / Familiam tuam domine, dextera tua perpetuo circumdet auxilio, ut ab omni prauitate defensa, donis caelestibus prosequatur. Per. /f. 328r

2596 ALIA. Gaudeat domine quesumus populus tua semper benedictione confisus, ut temporalibus beneficiis adiuuetur, et erudiatur aeternis. Per.

2597 ALIA. Praesta quesumus omnipotens deus, ut inter innumeros uitę presentis errores, tuo semper moderamine dirigamur. Per.

2598 ALIA. Concede quesumus omnipotens deus ut uiam tuam deuota mente currentes, subripentium delictorum laqueos euadamus. Per.

2599 ALIA. Da populo tuo quesumus domine spiritum ueritatis et pacis, ut et te, tota mente cognoscat, et quae tibi sunt placita toto corde sectetur. Per.

2600 ALIA. Omnipotens sempiterne deus qui caelestia simul et terrena moderaris, supplicationes populi tui clementer exaudi, et pacem tuam nostris concede temporibus.

2601 ALIA. Adesto domine supplicationibus nostris, et in tua misericordia confidentes, ab omni nos aduersitate custodi. Per dominum.

2602 ALIA. Da quesumus omnipotens deus ut qui infirmitatis nostrae conscii, / de tua uirtute confidimus, sub tua semper pietate /f. 328v gaudeamus. Per.

2603 ALIA. Familiam tuam quesumus domine caelesti protectione circumda, ut te parcente sit libera, te custodiente, a malis omnibus sit secura. Per.

2604 ALIA. Preces populi tui quesumus domine clementer exaudi, ut qui in sola spe gratiae caelestis innititur, celesti etiam protectione muniatur. Per.

2605 ALIA. Fac nos quesumus domine domine deus noster, in tua deuotione gaudere, quia perpetua est et plena felicitas, si bonorum omnium seruiamus auctore. Per.

2606 ALIA. Exaudi nos deus salutaris noster, et dies nostros in tua pace dispone, ut a cunctis perturbationibus liberati, tranquilla tibi seruitute famulemur. Per.

2607 ALIA. Percipiat domine quesumus populus tuus misericordiam quam deposcit, et quam precatur humiliter, indulgentiam consequatur et pacem. Per.

2608 ALIA. Concede quesumus domine populo tuo ueniam peccatorum, et quod meritis non presumit, indulgentiae tuę celeri largitate percipiat. Per.

2609 ALIA. Pretende nobis domine misericordiam tuam, ut quae / uotis expetimus, conuersatione tibi placita consequamur. Per. /f. 329r

ORATIONES MATVTINALES

2610 Inlumina domine quesumus in te tuorum corda seruorum, ut tuo semper munimine, et tuo auxilio protegamur. Per dominum nostrum.

2611 ALIA. Inlumina quesumus domine tenebras nostras, et totius noctis insidias, tu repelle propitius. Per.

2612 ALIA. Tua nos domine ueritas semper inluminet, et ab omni prauitate defendat. Per.

2613 ALIA. Salua nos omnipotens deus, et lucem nobis concede perpetuam. Per.

2614 ALIA. Deus qui diem discernis a nocte, actus nostros a tenebrarum distingue caligine, ut semper quę sancta sunt meditantes, in tua iugiter luce uiuamus. Per.

2615 ALIA. Quesumus domine deus noster, diei molestias noctis quietae sustenta, ut necessaria temporum uicissitudine succedente, nostra reficiatur infirmitas. Per.

2616 ALIA. Adesto domine precibus nostris et die noctuque nos protege, ut quibuslibet alternationibus temporum, tua semper incommutabilitate firmemur. Per.

2617 ALIA. Exaudi nos deus salutaris noster, et mentibus nostris gratię / tuae lumen ostende. Per. /f. 329v

INCIPIVNT ORATIONES MATVTINALES SEV VESPERTINALES

2618 Vox nostra te domine semper deprecetur, et ad aures tuae pietatis ascendat. Per.

2619 ALIA. Praesta quesumus omnipotens deus, ut liberis tibi mentibus seruiamus. Per.

2620 ALIA. Vt tuam domine misericordiam consequamur, fac nos tibi toto corde esse deuotos. Per.

2621 ALIA. Suscipe domine preces nostras, et clamantium ad te pia corde propitius intende. Per.

2622 ALIA. Cunctas domine semper a nobis iniquitates repelle, ut ad uiam salutis aeterne, secura mente curramus. Per.

2623 ALIA. Redemptor noster aspice deus, et tibi nos iugiter seruire concede. Per dominum.

2624 <ALIA.> Deus caeli terreque dominator, auxilium nobis tuę defensionis benignus impende. Per.

2625 ALIA. Purificet nos indulgentia tua deus, et ab omni semper iniquitate custodi. Per.

2626 ALIA. A cunctis iniquitatibus nostris exue nos domine, et in tua fac pace gaudere. Per.

2627 ALIA. Vincula domine humane prauitatis abrumpe, ut ad con/   /f. 330r fitendum nomen tuum, libera mente curramus. Per.

2628 ALIA. Tua nos domine quesumus gratia benedicat, et ad uitam perducat aeternam. Per.

2629 ALIA. Vide domine infirmitates nostras, et celeri nobis pietate succurre. Per.

2630 ALIA. Fac nos domine quesumus mala nostra toto corde respuere, ut bona tua capere ualeamus. Per.

2631 ALIA. Delicta nostra domine quibus aduersa dominantur absterge, et tua nos ubique miseratione custodi. Per.

2632 ALIA. Absolue quesumus domine nostrorum uincula peccatorum, et quicquid pro eis meremur, propitiatus auerte. Per.

2633 ALIA. Clamantes ad te deus dignanter exaudi, ut nos de profundo iniquitatis eripias, et ad gaudia aeterna perducas. Per.

2634 ALIA. Ascendant ad te domine preces nostrae, et ab ecclesia tua, cunctam repelle nequitiam. Per.

2635 ALIA. Concede nobis domine ueniam delictorum, et eos qui nos impugnare moliuntur expugna. Per.

2636 ALIA. Respice nos misericors deus, et nomini tuo perfice ueraciter obsequentes. Per.

2637 ALIA. Tuere nos superne moderator, et fragilitatem nostram, tuis defende prẹsidiis. Per.

2638 ALIA. / Aufer a nobis quesumus domine nostras prauitates, ut non indignationem tuam, sed indulgentiam sentiamus. Per. /f. 330v

2639 ALIA. Vt a nostris excessibus domine temperemus, tua nos precepta concede iugiter operare. Per.

2640 ALIA. Oculi nostri ad te domine semper intendant, ut auxilium tuum et misericordiam sentiamus. Per.

2641 ALIA. Porrige nobis deus dexteram tuam, et auxilium nobis superne uirtutis impende. Per.

2642 ALIA. Exaudi nos domine deus noster, et ecclesiam tuam inter mundi turbines fluctuantem, clementi gubernatione operare. Per.

2643 ALIA. Intende quesumus domine supplices tuos, et pariter nobis indulgentiam tribue benignus et gaudium. Per.

2644 ALIA. Respice nos omnipotens et misericors deus, et ab omnibus tribulationibus propitiatus absolue. Per.

2645 ALIA. Iniquitates nostras ne respicias omnipotens deus, sed sola nobis misericordia tua prosit indignis. Per.

2646 ALIA. Fac nos domine deus noster tuis oboedire mandatis, quia tunc nobis prospera cuncta proueniunt, si te totius uitae sequamur auctorem. Per.

ORATIONES VESPERTINALES

2647 / Omnipotens sempiterne deus, uespere et mane et meridie /f. 331r
maiestatem tuam suppliciter deprecamur, ut expulsis de cordibus nostris peccatorum tenebris[1], ad ueram lucem quae christus est nos facias peruenire. Per.

2648 ALIA. Exaudi domine famulos tuos uespertina nomini tuo uota reddentes, et quos per singula diei momenta seruasti, noctis quiete custodire dignare. Per.

2649 ALIA. Tuus est dies domine et tua est nox, concede solem iustitiae permanere in cordibus nostris, ad repellandas tenebras cogitationum iniquarum. Per.

2650 ALIA. Oramus te domine deus noster, ut sicut per gratiam tuam laeti duximus diem istum securi, sic noctem in tuo nomine transigamus. Per dominum.

2651 ALIA. Propitiare domine uespertinis supplicationibus nostris, et fac nos sine ullo reatu, matutinis tibi laudibus praesentari. Per dominum nostrum.

2652 ALIA. Deus qui diem discernis a nocte, actus nostros a tenebrarum distingue caligine, ut semper quae sancta sunt meditantes, in tua iugiter luce uiuamus. Per.

/ INCIPIVNT ORATIONES COTIDIANIBVS DIEBVS AD /f. 331v
MISSAM

2653 Perpetua quesumus domine pace custodi, quos in te sperare donasti. Per dominum.

---

[1] Corrected by erasure.

2654 SECRETA. Adesto nobis quesumus domine et preces nostras benignus exaudi, ut quod fidutia non habet meritorum, placatio obtineat hostiarum. Per.

2655 AD COMPLENDVM. Mysteria nos sancta domine, et spiritalibus expleant alimentis, et corporalibus tueantur auxiliis. Per.

ITEM ALIA

2656 Exaudi nos misericors deus, et continentiae salutaris, propitius nobis dona concede. Per.

2657 SECRETA. Hostias tibi domine suscipe placatus oblatas, quę te sanctificando, nobis efficiantur salutares. Per.

2658 AD COMPLENDVM. Sancta tua nos domine quesumus, et a peccatis exuant, et caelestis uitae uigore confirment. Per dominum.

ITEM ALIA

2659 Quesumus omnipotens deus ut plebs tibi toto corde deseruiens, et beneficia tua iugiter mereatur et pacem. Per.

2660 SECRETA. Suscipe quesumus domine hostiam redemptionis humane, et salutem nobis mentis et corporis operare placatus. Per.

2661 AD COMPLENDVM. Da quesumus omnipotens deus, ut mysteriorum uirtute satiati, uita nostra firmetur. Per.

ITEM ALIA

2662 / Rege nostras quesumus domine propitius uoluntates, ut nec propriis iniquitatibus inplicemur, nec subdamur alienis. Per. /f. 332r

2663 SECRETA. Tua sacramenta nos deus circumtegant et reforment, simulque nobis temporale remedium conferant et aeternum. Per.

2664 AD COMPLENDVM. Tua sancta nobis omnipotens deus quae sumpsimus, et indulgentiam prebeant, et auxilium perpetuę defensionis impendant. Per.

461

ITEM ALIA

2665 Comprime quesumus domine noxios semper incursus, et salutarem temporibus nostris, propitius da quietem. Per.

2666 SECRETA. In tuo conspectu domine quesumus talia nostra sint
munera, quę et placere te ualeant, et nos tibi placere perficiant. Per.

2667 AD COMPLENDVM. Cotidiani quesumus domine munere sacramenti, perpetue nobis tribue salutis augmentum. Per.

ITEM ALIA

2668 Ab omnibus nos defende quesumus domine semper aduersis, et
continuis tuere presidiis. Per.

2669 SECRETA. Offerimus tibi domine munera quę dedisti, ut et
creationis tuae circa mortalitatem nostram testificentur auxilium,
et remedium nobis inmortalitatis operentur. Per.

2670 AD COMPLENDVM. Quod ore sumpsimus domine mente capiamus, et de munere temporali, fiat nobis remedium sempiternum.
Per.

2671 AD POPVLVM. Conseruent nos quesumus domine munera tua, / /f. 332ᵛ
et aeternam uitam tribuant, nobis deprecantibus. Per.

BENEDICTIONES IN COTIDIANIS DIEBVS

2672 Benedicat uobis dominus, et custodiat uos. Amen.
Inluminet faciem suam super uos, et misereatur uestri. Amen.
Conuertat uultum suum ad uos, et donet uobis pacem. Amen.
Quod ipse praestare dignetur cuius regnum et imperium sine fine
permanet in secula seculorum. Amen.
Benedictio dei patris, et filii, et spiritus sancti.
Et pax domini, sit semper uobiscum.
R. Et cum.

2673 ITEM ALIA. Omnipotens deus sua uos clementia benedicat, et
sensum in uobis sapientię salutaris infundat. Amen.
Catholicę fidei uos documentis enutriat, et in sanctis operibus
perseuerabiles reddat. Amen.

Gressus uestros ab errore conuertat, et uiam uobis pacis et caritatis ostendat. Amen.
Quod ipse praestare.

2674 ITEM ALIA. Inclinet dominus aurem suam ad preces uestrae humilitatis, et det uobis gratiam suae benedictionis, et premium sempiternae salutis. Amen.
Semper et ubique dominum propitium habeatis, et in eius laudibus / exultetis. Amen. /f. 333r
Omnium peccatorum uestrorum uincula soluat, et ad gloriam sempiternam peruenire uos faciat. Amen.
Quod ipse prestare.

2675 ITEM ALIA. Multiplicet in uobis dominus copiam suę benedictionis, et confirmet uos in spe, regni caelestis. Amen.
Actus uestros corrigat, uitam emendet, mores componat, et uos ad caelestis paradysi hereditatem perducat. Amen.
Talique intentione repleri ualeatis, qua ei imperpetuum placeatis. Amen.
Quod ipse.

2676 ITEM ALIA. Deuotionem uestram dominus dignanter intendat, et suę uobis benedictionis dona concedat. Amen.
Talique uos impresenti sęculo subsidio muniat, ut paradysi uos in futuro habitatores efficiat. Amen.
Sicque corda uestra sanctificando benedicat, et benedicendo sanctificet, ut uobiscum immo in uobis eum iugiter, habitare delectet. Amen.
Quod ipse prestare.

2677 ITEM ALIA. Det uobis dominus munus suę benedictionis, et repleat uos spiritu ueritatis et pacis. Amen.
Quatinus sic[1] per uiam salutis tota mente curratis, ut subripientium delictorum laqueos salubriter euadatis. Amen.
/ Sicque efficiamini in eius supplicatione deuoti, et in mutua /f. 333v
dilectione sinceri, ut ad cęleste regnum peruenire possitis securi. Amen.
Quod ipse.

---

[1] Supplied in margin.

463

2678 ALIA. Concedat uobis omnipotens deus, munus suę benedictionis, qui uestrae est conscius infirmitatis. Amen.
Et qui uobis tribuit supplicandi affectum, tribuat consolationis auxilium. Amen.
Vt ab eo et presentis et futurę uitę subsidium capiatis, cuius uos bonitate creatos esse creditis. Amen.
Quod ipse.

2679 ALIA. Omnipotens deus caelesti uos protectione circumdet, et suę benedictionis dono locupletet. Amen.
Concedatque uobis ut qui in sola spe gratiae cęlestis innitimini, cęlesti etiam protectione muniamini. Amen.
Quatinus et in presenti seculo mortalis uite solatia capiatis, et sempiternae gaudia comprehendere ualeatis. Amen.
Quod ipse.

2680 ITEM ALIA. Omnipotens deus dexterae suę perpetuo circumdet auxilio, et benedictionum suarum repleat dono. Amen.
Ab omni uos prauitate defendat, et donis caelestibus exuberare concedat. Amen.
Quo corpore mundati ac mente, talem ei exhibeatis / seruitutem, /f. 334r
per quem suam consequi ualeatis, propitiationem. Amen.
Quod ipse praestare.

2681 ALIA BENEDICTIO. Purificet omnipotens deus uestrorum cordium archana, et benedictionis suę uobis tribuat incrementa. Amen.
Ab omnibus uitę presentis periculis exuamini, et uirtutum spiritalium ornamentis induamini. Amen.
Quo illius adiutorio fulti, sic ei seruiatis in terris, ut ei coniungi ualeatis in cęlis. Amen.
Quod ipse.

2682 ALIA. Omnipotens deus uniuersa a uobis aduersantia excludat, et suę uos benedictionis dona, propitiatus infundat. Amen.
Corda uestra efficiat sacris intenta doctrinis, quo possitis repleri beneficiis sempiternis. Amen.
Quatinus exsequenda intelligentes, et inter aduersa mundi inueniami indempnes, et beatorum spirituum, efficamini coheredes. Amen.
Quod ipse prestare.

2683 ITEM ALIA. Omnipotens deus, dies uestros in sua pace disponat, et suę uobis benedictionis dona concedat. Amen.
Ab omnibus uos perturbationibus liberet, et mentes uestras in suę pacis tranquillitate consolidet. Amen.
Quatinus fidei, spei, et caritatis gemmis, / ornati, et presentem uitam transigatis inlaesi, et ad ęternam perueniatis securi. Amen. /f. 334v
Quod ipse pręstare.

BENEDICTIO SVPER REGEM DICENDA TEMPORE SINODIS

2684 Benedicat tibi dominus custodiensque te, sicut te uoluit super populum suum constituere regem, ita et in presenti sęculo felicem et aeterne felicitatis tribuat esse consortem. Amen.
Clerum ac populum quem sua uoluit opitulatione tua sanctione congregari, sua dispensatione et tua administratione, per diuturna tempora faciat feliciter gubernari. Amen.
Quatenus diuinis monitis parentes, aduersitatibus omnibus carentes, bonis omnibus exuberantes, tuo ministerio fideli amore obsequentes, et impresenti seculo pacis tranquillitate fruantur, et tecum aeternorum ciuium consortio, potiri mereantur. Amen.
Quod ipse prestare.

EXORCISMVS SALIS

2685 Exorcizo te creatura salis, per deum uiuum, per deum uerum, per deum sanctum, per deum qui te per heliseum prophetam in aquam mitti iussit ut sanaretur sterilitas aquę, ut efficiaris sal exorcizatum in salutem cre/dentium, et sis omnibus te sumentibus sanitas /f. 335r animę et corporis, et effugiat atque discedat ab eo loco quo aspersus fueris omnis fantasia et nequitia uel uersutia diabolicę fraudis omnisque spiritus inmundus, adiuratus per eum qui uenturus est iudicare uiuos et mortuos et saeculum per ignem.

BENEDICTIO SALIS

2686 Inmensam clementiam tuam omnipotens aeterne deus humiliter imploramus, ut hanc creaturam salis quam in usum generis humani tribuisti, benedicere et sanctificare tua pietate digneris, ut sit omnibus sumentibus salus mentis et corporis, et quicquid[1] eo

---

[1] *ex* added above.

465

tactum uel respersum fuerit, careat omni inmunditia omnique inpugnatione spiritalis nequitiae. Per.

EXORCISMVS AQVĘ

2687 Exorcizo te creatura aquę in nomine dei patris omnipotentis, et in nomine ihesu christi filii eius domini nostri, ut fias aqua exorcizata ad effugandam omnem potestatem inimici, et ipsum inimicum eradicare et explantare cum angelis suis apostaticis, per uirtutem domini nostri ihesu christi. Qui uiuit.

BENEDICTIO AQVAE

2688 Deus qui ad salutem humani generis maxima queque sacramenta in aquarum substantia condidisti, adesto inuocationibus nostris, et elemento / huic multimodis purificationibus preparato, uirtutem   /f. 335v
tuę benedictionis effunde, ut creatura mysterii tui tibi seruiens ad abiciendos demones morbosque pellendos diuinae gratię sumat effectum. Vt quicquid in domibus uel in locis fidelium haec unda resperserit, careat inmunditia, liberetur a noxa. Non illic resideat spiritus pestilens, non aura corrumpens, discedant omnes insidiae latentis inimici. Et si quid est quod aut incolumitati habitantium inuidet, aut quieti, aspersione huius aquę effugiat, ut salubritas per inuocationem tui nominis expetita, ab omnibus sit inpugnationibus defensa. Per.

2689 *Hic mittatur sal in aqua, benedictio pariter.* Deus inuicte uirtutis auctor, et inseparabilis imperii rex, ac semper magnificus triumpha-tor qui aduerse dominationis uires reprimis, qui inimici rugientis seuitiam superas, qui hostiles nequitias potens expugnas, te domine trementes et supplices deprecamur ac petimus, ut hanc creaturam salis et aquae dignanter accipias, / benignus inlustres,   /f. 336r
pietatis tuę more sanctifices, ut ubicumque fuerit aspersa, per inuocationem tui sancti nominis omnis infestatio inmundi spiritus abiciatur, terrorque uenenosi serpentis procul pellatur, et presentia sancti spiritus nobis misericordiam tuam poscentibus ubique adesse dignetur. Per dominum.

ORATIO *quando aqua spargitur.*

2690 Exaudi nos domine sancte pater omnipotens aeterne deus, et mittere dignare angelum tuum sanctum de celis, qui custodiat, foueat, protegat, uisitet, et defendat omnes habitantes in hoc habitaculo. Per.

BENEDICTIO AD OMNIA QVAECVNQVE VOLVERIS

2691 Benedic domine creaturam istam .ill. ut sit remedium salutare generi humano, et praesta per inuocationem nominis tui, ut quicumque ex ea sumpserit, anime tutelam, et corporis sanitatem percipiat. Per.

<ORATIONES>

2692 [1]Praesta domine tuum salubre remedium super hanc creaturam salis et aque ut ubicumque intercesserit et animae et corporis proficiat sanitatem. Amen.

2693 Praesta quesumus domine per hanc creaturam aspersionis sanitatem mentis integritatem corporis tutelam salutis, securitatem spei corroborationem fidei hic et in aeterna saecula. Amen.

2694 / [2]Descendat quesumus domine deus noster, spiritus sanctus tuus super hoc altare qui et populi tui dona sanctificet, et sumentium corda dignanter emundet. Per dominum nostrum. /f. 336v

2695 Deus qui inuisibiliter omnia contines, et tamen pro salute generis humanis signa tuae potentiae uisibiliter ostendis, templum hoc potentia tuae inhabitationis inlustra, ut omnes qui huc deprecaturi conueniunt ex quacumque tribulatione ad te clamauerint consolationis tuae beneficia consequantur. Per.

2696 Deus qui dixisti, domus mea domus orationis uocabitur, domum istam gentium spurtitiis contaminatum mundare et sanctificare digneris, ut omnium preces et uota hoc in loco ad te clamantium exaudias et benigne perficias. Per.

2697 Percipientes domine munera salutis aeternę te supplices exoramus, ut templum hoc a barbarorum inquinamentis emundatum tua benedictione maneat sanctificatum, et pectora nostra ab omni sorde uitiorum alienata tibique deuota semper existant. Per.

---

1 Nos 2692 and 2693 added at the foot of the leaf in the mid tenth century.
2 Nos 2694–7 added in the mid tenth century.

/ MISSA DE OMNI CELESTI VIRTVTE /f. 337r

2698 SANCTĘ DEI GENETRICIS MARIĘ, AC BEATARUM celestium uirtutum, sanctorum quoque patriarcharum, prophetarum, apostolorum, martyrum, confessorum, uirginum, omniumque simul sanctorum quesumus omnipotens deus meritis ac precibus placatus, tribue nobis misericordiam tuam, et da regi nostro atque reginę, necnon episcopo nostro[1] populoque tuo inuiolabilem fidei firmitatem et pacem, repelle a nobis hostem famem et pestem, da nobis in tua uirtute constantiam et fortitudinem, inmittę hostibus nostris formidinem et in ualitudinem retribue omnibus nobis bona facientibus uite aęterne beatitudinem, da inimicis nostris et persequentibus nos recognitionem et indulgentiam, concede defunctis nostris et omnibus in christo quiescentibus remissionem omnium peccatorum, et requiem sempiternam. Per.

2699 SECRETA. In conspectu maiestatis tuę / quesumus /f. 337v omnipotens deus intercedente sancta dei genetrice maria, et omnibus sanctis tuis oblationes nostrę et preces acceptabiles ascendant, et tua propitiatione ueniam nobis et pacem tribue, hostem, et famem, ac pestem a nobis repelle, fidem, spem, et caritatem nobis largire, defensione tua nos semper circumtege, hostium nostrorum superbiam, et uirtutem contere, omnibus nobis bona facientibus gratię tuę habundantiam retribuę, discordantes ad pacis bonum conuerte, defunctis nostris requiem concede, et omnibus fidelibus tuis uitam sempiternam largire. Per.

2700 PREFATIO. VD per christum dominum nostrum. Quo moriente illuminata sunt tartara quo resurgente sanctorum est multitudo gauisa, quo ascendente angelorum exultauit caterua. Oramus ergo te domine deus noster, ut intercedentibus sanctis tuis per

[1] antistiti nostro added above.

ipsum peccatorum nostrorum abluas culpas quo non
in die manifestati/onis sue secundum malefacta /f. 338r
nostra restituat, sed mitis appareat in iudicio
quibus propitiatur in mundo, et ipsius tueamur
brachio, de cuius maiestate omnes amici tui tecum
gloriantur in celo, eorumque fruamur lucidis
aspectibus quorum deuoti solacia poscimus. Per
quem maiestatem.

2701 POSTCOMMVNIO. Per huius sacramenti mysterium atque
uirtutem quesumus domine deus noster omnipotens
beata maria semper uirgine, et omnibus sanctis
tuis intercedentibus uitiorum nostrorum macule
deleantur, et preces nostrę in conspectu maiestatis tuę acceptabiles inueniantur, rex noster et
regina, nec non episcopus noster[1], populusque tuus
a peccatis et hostibus liberentur, et fidei
rectitudine roborentur, hostium nostrorum superbia
et fortitudo proterantur, pestilentię, et fames
procul pellantur, bona nobis facientes gratię tuę
abundantia repleantur, discordantes ad fraternam
pacem reuocentur, / defuncti nostri requiem /f. 338v
consequantur, et omnes fideles tui domine uitam
perpetuam adipisci mereantur. Per dominum.

MISSA GENERALIS PRO VIVIS ET DEFVNCTIS
2702 Pietate tua quesumus domine nostrorum solue
uincula peccatorum, et intercedente beata maria
cum omnibus sanctis tuis, papam nostrum regemque
nostrum et reginam nostram, et episcopos nostros,
uel abbates nostros, una cum omnibus congre-
gationibus et familiis sibi commissis in omni
sanctitate custodi, omnesque affinitate ac familiaritate nobis iunctos, seu omnes christianos a
uitiis purga uirtutibus illustra, pacem et salutem
nobis tribue, carnalia desideria repelle, hostes
uisibiles et inuisibiles remoue, aeris temperiem
indulge, fruges terrę concede, inimicis nostris

---

[1] *antistites noster* added above.

ueram caritatem largire, et omnibus fidelibus
uiuis et defunctis uitam pariter et requiem
aeternam concede. Per.

2703 SECRETA. Deus qui singulari corporis tui hostia
totius mundi soluisti delicta, hac oblatione /   /f. 339r
placatus maculas scelerum nostrorum absterge, et
omnium christianorum fidelium uiuorum atque
mortuorum peccata dimitte eisque premia eterna
concede. Per.

2704 POSTCOMMVNIONEM. Sumpta domine sacramenta quesumus
omnia crimina nostra detergant, omnemque prauitatem et infirmitatem, seu etiam hosticam rabiem,
atque subditam mortem meritis sanctorum omnium a
nobis procul repellant, et omnibus fidelibus uiuis
et defunctis prosint ad ueniam, pro quorum
quarumque tibi sunt oblata salute. Per.[1]

/ XI KAL. AVG. SANCTE MARIE MAGDALENE   /f. 339v
2705 Gaudeamus omnes in domino diem festum celebrantes
sub honore marie magdalene de cuius conuersione
gaudent angeli et conlaudant filium dei. PS.
Eructauit.

2706 COLLECTA. Largire nobis clementissime pater quo
sicut beata maria magdalene dominum deus super
omnia diligendo, suorum ueniam obtinuit peccaminum, ita pro nobis apud misericordiam tuam,
sempiternam impetret beatitudinem. Per.

2707 EPISTOLA. Mulierem fortem.

2708 GRADVALE. Adiuuabit eam deus. [2]Alleluia. V.
Optimam partem elegit sibi maria que non auferetur
ab ea in eternum. SEQVENTIA. Scalam ad celos.

---

[1] Nine lines blank at foot of page.
[2] Alleluia and verse fully neumed.

2709 EVANGELIVM. Rogabat ihesum quidam phariseus, usque quoniam dilexit multum.

2710 OFFERTORIVM. Diffusa est gratia.

2711 SECRETA. Offerimus domine preces et hostias in honore sanctę marię magdalene, gaudentes presta quesumus, ut et conuenienter hęc agere, et remedium sempiternum ualeamus adquirere. Per.

2712 COMMVNIO. Dilexisti iustitiam.

2713 [1]POSTCOMMVNIO. Deus qui nos per unigenitum tuum, beate marię magdalene dilectione multa / pecca- /f. 340r
torum remissionem sanctificasti, concede ut pietatis eius conpunctionem et deuotionem habere premia mereamur. Per dominum.

MISSA. INVENTIO CORPORIS SANCTI STEPHANI
PROTOMARTYRIS
2714 Etenim sederunt. PS. Beati inmaculati.

2715 COLLECTA. Deus qui ad celebrandum nobis honorabile presentis diei festum, in beati martyris et leuite tui stephani inuentione tribuisti, te suppliciter exoramus, ut ipso intercedente mereamur in celestibus inueniri. Per.

2716 EPISTOLA. Nemo militans.

2717 GRADVALE. Sederunt principes. V. Adiuua me. Alleluia. V. Video celos apertos.

2718 EVANGELIVM. Dicebat ihesus turbis phariseorum et principibus iudeorum. Ve uobis qui edificatis monumenta prophetarum.

[1]   In the left margin beside the postcommunion:
2713* <ALIA>. Sanctificet nos domine et muniat intercedente beata maria magdalena diuini muneris libatio et
celestium uirtutum coheredes faciat. Per.

471

2719 OFFERTORIVM. In uirtute tua.

2720 SECRETA. Sacrificium tibi domine fidelium tuorum
uotis oblatum serenus admitte, ut quod dilecto
martyri tuo hodiernam inuentionis sue contulit
gloriam, nobis ad redemptionem prosit aeternam.
Per dominum.

2721 PRAEFATIO. / VD aeterne deus. Et in presenti /f. 340v
festiuitate hostiam tibi immolare sollempnem, qua
pretiosi martyris ac leuite stephani inuentione
mirifica, donum mundo spiritale cumulatur et
gaudium. Quia enim te pura dilectione sequi non
distulit, tu hanc illi gratiam remunerationis
impendis, ut et inmarcessibilem se adipisci
martyrii palmam, et ipsius obtentu populum tuum
celestem introduci letetur ad gloriam. Per
christum.

2722 COMMVNIO. Video celos apertos.

2723 POSTCOMMVNIO. Epularum tuarum alimento saginati te
humiliter rogamus domine deus noster, ut beati
martyris tui stephani meritis ubique nos adiuues,
cuius hodie reuelationis sollempnia celebramus.
Per.

2724 ALIA. Da quesumus domine hanc presenti familię tuę
gratiam, ut qui beati martyris tui et leuite
stephani inuentionem annuo ueneratur obsequio, eo
suffragante te misericordem inueniri mereatur in
cęlo. Per dominum.

/ XI KL. SEPT. OCTAVA SANCTAE MARIAE AD MARTYRES /f. 341r
2725 Concede quesumus omnipotens deus ad beatę marię
semper uirginis gaudia ęterna pertingere, de cuius
nos ueneranda assumptione, tribuis annua sollempnitate gaudere. Per.

2726 SECRETA. Subueniat domine plebi tuę dei genetricis oratio, quam etsi pro conditione carnis migrasse cognoscimus, in cęlesti gloria apud te pro nobis orare sentiamus. Per.

2727 POSTCOMMVNIO. Famulorum tuorum quesumus domine delictis ignosce, require ut supra.

2728 ITEM ALIA. Adiuuet nos quesumus domine beatę marię semper uirginis intercessio ueneranda, et a cunctis periculis absolutos, in tua faciat pace gaudere. Per.

<XII KL. AVG. SANCTAE MARGARETAE VIRGINIS ET MARTYRIS>

2729 <D>eus qui beatam uirginem margaretam ad cęlos per martyrii palmam peruenire fecisti, concede propitius, ut sicut illa te adiuuante tyrannicam meruit seuitiam triumphare, ita nos ipsa inter-cedente, uisibilium et inuisibilium hostium / /f. 341v insidias ualeamus superare. Per.

2730 <SECRETA>. <H>ęc uictima domine quesumus pro beate uirginis margaretę martyrio oblata, et mentium nobis sanctitatem, et corporum optineat sancti-tatem. Per.

2731 <PRAEFATIO>. Pro cuius nomine penarum, require de S. Agatha.

2732 <POSTCOMMVNIO>. urificent nos domine quesumus diuina sacramenta quę sumpsimus, et beata inter-cedente uirgine martyreque tua margareta ad presentis uitę prosperitatem, et futurę beati-tudinem sempiternam nobis ea prouenire concedas. Per.[1]

---

[1] The rest of fol. 341v and all of fol. 342r blank.

473

/ X KL. IVLII. MISSA DE SANCTO ALBANO SOCIISQVE   /f. 342v
EIVS

2733 Presta quesumus omnipotens deus, qui sanctum
albanum martyrem tuum et eius socios eadem
tempestate compassos martyrio coronasti, ut
quemadmodum deuotam ipsorum passionis agimus
memoriam, ita eorum sublimia apud te sentiamus
patrocinia. Per dominum.

2734 SECRETA. Hęc hostia salutaris quesumus domine quam
in sancti albani martyris tui sociorumque eius
ueneranda commemoratione tuę maiestati suppliciter offerimus, et ligamina nostrae prauitatis
absoluat, et tuę nobis misericordiae carismata
tribuat. Per.

2735 PREFATIO. VD ęterne deus. Apud quem semper est
presens et preclara sanctorum omnium uita, quorum
nos mors pretiosa, et almę beatitudinis ianua
lętificet, et a cuntis aduersitatibus defendat.
Quapropter laudabilis es in tuorum commemoratione
sanctorum, et in magnę fidei affectu, et in
tolerantia passionum, qua beatum albanum sociosque
eius omne antiqui hostis superare / fecisti   /f. 343r
machinamentum, quo ad capiendam egregii martyrii
beatitudinem cum supernis ciuibus nullis impediti
retinaculis te suffragante peruenire potuerunt. Et
ideo.

2736 POSTCOMMVNIO. Quęsumus omnipotens et misericors
deus, ut quos in sanctorum tuorum ueneranda
memoria de tuis sacris donis satiasti, per hec
indulgentiam tuę propitiationis consequi mereamur. Per dominum.

2737 ALIA. Omnipotens sempiterne deus, presta nobis
propitius sanctorum martyrum tuorum albani
sociorumque eius glorioso triumpho solidę fidei
nos protegi, et eorum tolerantię passione
proficere, et intercessionibus gaudere. Per.

IIII NON. IVL. TRANSLATIO SANCTI MARTINI
EPISCOPI

2738 Deus qui populo tuo ęternę salutis beatum martirum ministrum concessisti, presta quesumus ut quem doctorem uitę habuimus in terris, intercessorem semper habere mereamur in cęlis. Per.

2739 LECTIO EPISTOLĘ BEATI PAVLI APOSTOLI AD EBREOS. *FRATRES.* Omnis pontifex ex hominibus assumptus, pro hominibus constituitur in his quę sunt / ad /f. 343v deum, ut offerat dona et sacrificia pro peccatis. Qui condolere possit his qui ignorant et errant, quoniam et ipse circumdatus est infirmitate, et propterea debet quemadmodum pro populo, ita etiam et pro semetipso offerre pro peccatis. Nec quisquam sumit sibi honorem, sed qui uocatur a deo tamquam aaron, quemadmodum scriptum est. Tu es sacerdos in ęternum, secundum ordinem melchisedech.

2740 SECVNDVM LVCAM. In illo tempore. Dixit ihesus discipulis suis. Nolite timere pusillus grex, quia conplacuit patri uestro dare uobis regnum. Vendite quę possidetis, et date elemosinam. Facite uobis sacculos qui non ueterescunt, thesaurum non deficientem in cęlis, quo fur non appropiabit, neque tinea corrumpit. Vbi enim thesaurus uester est, ibi et cor uestrum erit.

2741 SECRETA. Omnipotens sempiterne deus munera tuę maiestati oblata per intercessionem beati martini confessoris tui atque pontificis ad perpetuam fac nobis proficere salutem. Per.

2742 PREFATIO. / VD aeterne deus. Qui mundum per /f. 344r sanctos doctores ad uerę fidei agnitionem illuminasti. De quorum societate beatus martinus excellentius enituit, uirtutum meritis copiosus effulsit, signorum titulis clarius eluxit, et totius pietatis populo tuo magister emicuit. Alios

475

cęlestis doctrinę uerbis erudiuit, alios religiosę
uitę exemplis roborauit. Ab omni quoque infirmitatis molestia multos sanauit, quosdam uero a
demoniacis spiritibus liberauit. Alios quoque
morte prereptos sacris orationibus resuscitauit,
omnibus odor uitę factus ad salutem, ut omnes ad
ęternę beatitudinis gloriam euocaret. Per christum
dominum.

2743 POSTCOMMVNIONEM. Sacramenta salutis nostrę suscipientes concede quesumus misericors deus, ut beati
martini nos ubique oratio adiuuet, in cuius
ueneratione hęc tuę optulimus maiestati. Per.

2744 ALIA. Cęlesti benedictione omnipotens pater
populum tuum sanctifica, et beati martini
confessoris tui atque pontificis festiuitate
gaudentem per intercessionem eiusdem protectoris
nostri fac nos in ęterna cum sanctis / tuis gloria   /f. 344v
gaudere. Per

DOMINICA XXIIII POST OCTABAS PENTECOSTEN
2745 Excita domine quesumus tuorum fidelium uoluntates,
ut diuini operis fructum propensius exequentes,
pietatis tuę remedia maiora percipiant. Per.

2746 SECRETA. <P>ropitius esto domine supplicationibus
nostris et populi tui oblationibus precibusque
susceptis, omnium nostrorum ad te corda conuerte,
ut a terrenis cupiditatibus liberi ad cęlestia
desideria transeamus. Per.

2747 PREFATIO. VD per christum dominum nostrum. Per
quem sanctum et benedictum nomen maiestatis tuę
ubique ueneratur, adoratur, predicatur et colitur.
Qui est origo salutis, uia uirtutis, et tuę
propitiatio maiestatis. Per quem.

2748 POSTCOMMVNIO. <C>oncede nobis domine quesumus ut
sacramenti quod sumpsimus, quicquid in nostra

mente uitiosum est ipsius medicationis dono curetur. Per.

/ IX. KL. IAN. VIGILIA NATALIS DOMINI   /f. 345r

2749 STATIO AD SANCTAM MARIAM. PREFATIO. VD per christum dominum nostrum. Cuius hodie faciem in confessione pręuenimus, require retro.

IN PRIMO GALLICANTV

2750 STATIO AD SANCTAM MARIAM. PREFATIO. VD ęterne deus. Quia per incarnati uerbi mysterium, noua mentis nostrę oculis lux tuę claritatis infulsit. Vt dum uisibiliter deum cognoscimus, per hunc in inuisibilium amorem rapiamur. Et ideo.

IN CREPVCVLO LVCIS

2751 STATIO AD SANCTAM ANASTASIAM. PREFATIO. VD ęterne deus. Quia nostri saluatoris hodie lux uera processit, require.

VIII KL. IAN. IN DIE NATALIS DOMINI

2752 STATIO AD SANCTVM PETRVM APOSTOLVM. PREFATIO. Quia per incarnati uerbi mysterium, ut supra.

DOMINICA PRIMA POST NATALE DOMINI

2753 VD eterne deus. Quia per incarnati uerbi, ut supra *VSQVE AD PVRIFICATIONEM SANCTAE MARIĘ.*

KL. IAN. CIRCVMCISIO DOMINI

2754 STATIO AD SANCTAM MARIAM. / PREFATIO. Quia per /f. 345v incarnati.

VIII ID. IAN. EPIPHANIA DOMINI

2755 STATIO AD SANCTVM PETRVM APOSTOLVM. PREFATIO. VD ęterne deus. Quia cum unigenitus tuus in substantia nostrę mortalitatis apparuit, in nouam nos inmortalitatis suę lucem reperauit. Et ideo.

IN OCTAVIS EPIPHANIAE DOMINI

2756 PREFATIO. Quia cum unigenitus, ut supra.

FERIA IIII IN CAPITE IEIVNII

2757 STATIO AD SANCTAM SABINAM. PREFATIO. VD ęterne deus. Qui corporali ieiunio uitia comprimis, mentem eleuas, uirtutem largiris et premia. Per christum dominum nostrum.

DOMINICA PRIMA IN XL

2758 STATIO AD LATERANOS. PREFATIO. VD per christum dominum nostrum. Qui pro nobis ęterno patri adę debitum soluit, et ueteris piaculi cautionem pio cruore detersit. Per.

FERIA II

2759 STATIO AD VINCVLA SANCTI PETRI. PREFATIO. Qui corporali, ut supra.

DOMINICA II IN XL

2760 PREFATIO. VD per christum dominum nostrum. Qui pro nobis ęterno patri, ut supra usque in dominicam palmarum, dominicis tantum.

IN EBDOMADA IIIITA XLMĘ. FERIA IIII

2761 STATIO AD SANCTVM PETRVM. PREFATIO. / VD per /f. 346r christum dominum nostrum. Qui illuminatione suę fidei, tenebras expulit mundi, require retro.

2762 SABBATO ANTE PALMAS DOMINVS PAPA ELEMOSINAM DAT. SABBATVM VACAT.

DOMINICA IN PALMIS

2763 LECTIO LIBRI EXODI. In diebus illis. Venerunt filii israel in helym ubi erant duodecim fontes aquarum, et sepuaginta palmę, et castra metati sunt iuxta aquas. Profectique sunt de helym, et uenit omnis multitudo filiorum israel in desertum syn, quod est inter helym et synai quintodecimo die mensis secundi postquam egressi sunt de terra egypti. Et murmurauit omnis congregatio filiorum israel contra moysen et aaron in solitudine. Dixeruntque ad eos filii israel. Vtinam mortui

478

essemus per manum domini in terra egypti, quando
sedebamus super ollas carnium, et comedebamus
panem in saturitate. Cur induxistis nos in
desertum istud, ut occideretis omnem multitudinem
fame? Dixit / autem dominus ad moysen. Ecce ego /f. 346v
pluam uobis panes de cęlo. Egrediatur populus et
colligat quę sufficiant per singulos dies, ut
temptem eum utrum ambulet in lege mea an non. Die
autem sexta parent quod inferant, et sit duplum
quam colligere solebant per singulos dies.
Dixerunt moyses et aaron ad omnes filios israel.
Vespere scietis quod dominus eduxerit uos de terra
egypti, et mane uidebitis gloriam domini. Audiui
enim murmur uestrum contra dominum. Nos uero quid
sumus, quia musitastis contra nos? Et ait moyses.
Dabit uobis dominus uespere carnes edere, et mane
panes in saturitate, eo quod audierit murmura-
tiones uestras, quibus murmurati estis contra eum.
Nos enim quid sumus? Nec contra nos est murmur
uestrum, sed contra dominum. Dixitque moyses ad
aaron. Dic uniuersę congregationi filiorum israel.
Accedite coram domino, audiuit enim murmur
uestrum. Cumque loqueretur aaron ad omnem cętum
filiorum israel / respexerunt ad solitudinem, et /f. 347r
ecce gloria domini apparuit in nube.

2764 *Deinde mittatur incensum in turibulum, et procedat
archydiaconus, et legatur euangelium secundum
iohannem.* In illo tempore. Turba multa quę
conuenerat ad diem festum, *VSQVE* ecce mundus
totus, post eum abit, require in euangelio .ii.
ferię maioris ebdomadę. *Deinde accedat episcopus,
et benedicat ramos ita dicendo*: Dominus uobiscum.

2765 OREMVS. Deus cuius filius pro salute generis
humani de cęlo descendit, require.

2766 ALIA ORATIO. Deus qui temporibus noe famuli tui
per columbam ramum oliuę uirentibus foliis in ore
deferentem post diluuii effusionem pacem hominibus

redditam nuntiare uoluisti, et qui unigenito tuo
domino nostro hierosolimam properanti pueros
ebreorum cum ramis palmarum obuiam uenientes,
laudesque / concinentes osanna concrepare uoluisti, /f. 347v
benedicere et sanctificare dignare hos palmarum
diuersarumque frondium ramos, ut accipientes eos
in manibus nostris cum palma uictorię et fructu
bonorum operum tibi placere ualeamus, atque ad
resurrectionis gloriam te largiente peruenire
mereamur. Per eundem.

2767 ITEM ALIA. Deus qui hierusalem ueniens rex
apellari, et a pueris adorari uoluisti, benedicere
dignare has frondes diuersarum arborum, et presta
ut sicut eas aforis in amore nominis tui ferimus,
ita etiam intrinsecus in aula pectoris nostri
feruore dilectionis tuę inardescamus, saluator
mundi qui cum patre et spiritu sancto uiuis.

2768 SEQVITVR ALIA ORATIO. Omnipotens sempiterne deus
flos mundi, odor suauitatis, et origo nascentium,
qui omnia legis et prophetarum oracula in filii
tui domini nostri ihesu christi humilitate
declarasti, cui etiam uenienti hierosolimam
deuotam laudibus hodierna / die obuiam fecisti /f. 348r
turbam procedere, respice propitius ad debitam
populi tui seruitutem, et huius creaturę nouitatem
tua uirtute sanctifica, ut sicut tunc prioris
populi gratus tibi extitit deuotionis affectus,
ita nos quoque in ueritate confessionis sanctissimi nominis eius hęc eadem peruoluta anni
tempora frequentantes, purificatis sensibus dignum tibi referamus obsequium, ut uelut florum
uarietate piis uernantes studiis sarcina carnis
deposita, cum odore bonorum operum in cęlesti
hierusalem eidem filio tuo domino nostro ihesu
christo ualeamus occurrere. Qui tecum uiuit.

2769 *Deinde spargentur rami palmarum cum aqua benedicta*
et turificentur cum incenso et thimiamate, et

diuidantur primo clero, deinde populo. Et interim
incipiat cantor hanc antiphonam et iterum accipiat
aliam Pueri hebreorum tollentes. A. Pueri
hebreorum uestimenta. A. Osanna filio dauid.
Finita antiphona pergant ad / processionem cum /f. 348v
candelabris et turibulis.

2770 ANTIPHONĘ AD PROCESSIONEM. Cum appropinquaret. A.
Cum audisset populus. A. Ante sex dies sollempnitatis pasche. ITEM ALIA A. Occurrunt turbe.

2771 *Tunc episcopus siue presbiter faciat sermonem de*
sancta cruce, et incipiat antiphonam Aue rex
noster. *Et omnes prosternant se ad terram. Finita*
antiphona cantor incipiat R. In die qua inuocaui
te domine, *cum uersu. Et si necesse est cantent de*
responsorio .ii. aut .iii. Finitis responsoriis,
procedant pueri duo, aut tres et canant hos
uersiculos Gloria laus et honor. Israel es tu rex.
Cętus in excelsis.

2772 *Tunc portetur crux in antea, et cum introierint*
ęcclesiam sequente clero ac populo, dicat cantor:
R. Ingrediente domino, *cum uersu.* Ex ore infantium.

2773 *Finito responsorio incipiat prior hanc antiphonam,*
et chorus similiter: Collegerunt. *Antiphona finita*
duo fratres canunt uersum: Vnus autem ex ipsis.

2774 *Tunc episcopus pergat et stet in medio ęcclesię,*
et dicat hanc collectam: / Deus qui dispersa /f. 349r
congregas, require.

DOMINICA VI IN XL HOC EST IN RAMIS PALMARVM
2775 STATIO AD SANCTVM IOHANNEM IN LATERANIS. PREFATIO.
VD per christum dominum nostrum. Per quem nobis
indulgentia largitur, require.

481

FERIA V *hoc est in cena domini*
2776 *Statio ad sanctum petrum apostolum. Ante missam uero faciant mandatum cum peregrinis et hospitibus.* Deus a quo et iudas.

2777 SECRETA. Ipse tibi.

2778 PREFATIO. VD per christum dominum nostrum. Quem in hac nocte inter sacras epulas increpantem mens sibi conscia traditoris ferre non potuit, require.

2779 INFRA ACTIONEM. Communicantes, require.

2780 ITEM IN FRACTIONE. Hanc igitur, require.

2781 Qui pridie quam pro nostra omnium salute pateretur hoc est hodie accepit panem in sanctas ac uenerabiles manus suas eleuatis oculis in cęlum ad te deum patrem suum. *Et ita per ordinem usque* Per quem hęc omnia.

2782 *Tunc offeratur pontifici oleum de ampullis quas offerunt / populi ad unguendos tam infirmos quam energuminos. Et in ultimo antequam dicatur* Per quem hęc omnia, *exorcizet et benedicat illud tam ipse quam omnes presbiteri qui assunt, ita ut tantum possit a circumstantibus audiri.* /f. 349v

2783 EXORCISMVS OLEI. Exorcizo te inmundissime spiritus omnisque incursio satanę, et omne fantasma, in nomine patris, et filii, et spiritus sancti, ut recedas ab hoc oleo, ut possit effici unctio spiritalis, ad corroborandum templum dei uiui, ut in eo possit spiritus sanctus habitare, per nomen dei patris omnipotentis, et per nomen dilectissimi filii eius domini nostri ihesu christi, *et non peragatur conclusio.*

2784 BENEDICTIO EIVSDEM OLEI. Emitte domine spiritum tuum paraclytum de cęlis in hanc pinguedinem oliuę quam de uiridi ligno producere dignatus es ad refectionem mentis et corporis, ut tua sancta benedictione sit omni tangenti hoc / unguentum /f. 350r salubre cęlestis medicinę, tutamen mentis et corporis, ad euacuandos omnes dolores, omnesque infirmitates, omnemque egritudinem mentis et corporis, unde unxisti sacerdotes, reges, prophetas, et martyres. Krysma[1] tuum sit perfectum domine nobis a te benedictum, permanens in uisceribus nostris in nomine domini nostri ihesu christi.

2785 *ITEM benedictio eiusdem olei ad omnem languorem quocumque tempore, et nulla in huius olei benedictione, conclusio dicatur, antequam sub-inferatur* Per quem hęc.

2786 *IN TVO NOMINE DEVS PATER OMNIPOTENS, ET IHESV CHRISTI* filii tui domini nostri signo, et in uirtute spiritus sancti, hanc creaturam olei exorcizamus, simulque sanctificamus, quia ita benignus dominus per suos apostolos declarare dignatus est dicens. Si quis infirmatur in uobis, inducat presbiteros, et orent super eum, unguentes eum oleo in nomine domini, et oratio fidei salua/bit infirmum, et si in peccatis sit /f. 350v dimittentur ei. Et iterum per ipsum omnia possibilia esse credentibus docuisti, et ut cunctum seculum eius claritate saluares, sic per eundem locutus es dicens, petite et dabitur uobis, querite et inuenietis, pulsate et aperietur uobis. Quapropter domine tua ineffabili bonitate comperta summissis precibus credentes nullum alium deum nisi te domine qui diues es in misericordia, celeriterque subuenis, te peritissimum medicum imploramus, ut apertis cęlis, spiritus sancti uelocitate deducta, uirtutis tuę medicinam in hoc oleum propitius infundas. Descendat super hoc

---

[1] *ca* for *carysma* added above.

oleum potentię tuę donum, descendat claritas et
origo uirtutum, descendat benignitas et puritas
sanitatis. Exorcizetur crucis christi uexillo,
benedicatur dextera maiestatis tuę, et cor-
roboretur filii tui domini nostri signaculo.
Presto sint domine an/geli et archangeli, et omnis /f. 351r
militia cęlestis. Assit apostolorum ac martyrum,
et fidelium sacerdotum, uel etiam aliorum seruorum
tuorum dignissima oratio, sub quorum presentia dum
in tuo nomine domine pater inmense hoc unguentum
compositionis atque permixtionis dederimus,
liniendis corporibus infirmis continuo peragratis
uisceribus eorum omnem euomant uiolentiam fellis.
Prosit pater misericordiarum febribus et dis-
senteria laborantibus, prosit paracliticis,
cęcis, et claudis simulque uexaticiis. Quartana,
tertiana, et cotidiana excutiat frigora, mutorum
ora resoluat, arentia membra reficiat, dementiam
mentis ad scientiam reuocet, dolorem capitis,
oculorum infirmitatem, manuum, pedum, brachiorum,
pectorum, simulque et intestinorum, atque omnium
membrorum, tam extrinsecus quam intrinsecus, et
medullarum dolorem expellat, somnum / quietis /f. 351v
infundat, et salutem conferat sanitatis. Si qua
uero maligna uel uenenosa nascentia in corporibus
quorumcumque fuerint generata, tactus huius
unguenti omnes radicitus eorum arefaciat sationes.
Morsus uero bestiarum, canum rabiem, scorpionum,
serpentium, uiperarum, atque omnium monstruosorum
leniat dolores, et superinducta sanitate plagarum
sopiat cicatrices. Impetum quoque demonum, uel
incursiones inmundorum spirituum, atque legionum
malignarum uexationes, umbras, et inpugnationes,
et infestationes. Artes quoque maleficorum,
chaldeorum, augurum, et diuinorum incantationes,
et uenena promiscua quę spirituum inmundorum
uirtute nefanda et exercitatione diabolica con-
ficiuntur, iubeas domine per hanc inuocationem
tuam ab imis uisceribus eorum omnia expelli, ut
exiens inimicus de corporibus famu/lorum famu- /f. 352r

484

larumque tuarum omnium confusus et excruciatus, et
nullam in eis maculam relinquens, a tuis sanctis
angelis constringatur, et in inferno sicut eum
expectat digna sententia gehennę ignibus manci-
petur, nec ultra ad eos habeat ingrediendi locum,
sed saluati famuli tui ab his omnibus malis,
referant honori tuo laudes in perpetuum sempiternas, et sciant quia tu es deus inseparabilis
trinitas regnans in secula. Per christum dominum
nostrum.

2787 *Et tunc dicatur*: Per quem hęc omnia domine semper
bona creas, sanctificas, uiuificas, benedicis, et
nobis famulis tuis largiter prestas ad augmentum
fidei, et remissionem omnium peccatorum, <e>t est
tibi deo patri omnipotenti ex ipso, et per ipsum,
et in ipso, omnis honor, uirtus, laus, gloria,
imperium, perpetuitas, et potestas.

2788 *Tunc dicatur alte*: Per omnia secula seculorum.
Amen.

2789 OREMVS. Ipsius preceptum est domine quod / agimus,   /f. 352v
in cuius nunc presentia postulamus, da sacrificio
auctorem suum, ut impleatur fides rei in sublimitate mysterii, ut sicut ueritatem cęlestis
mysterii exequimur, sic ueritatem dominici corporis et sanguinis hauriamus, per eundem dominum
nostrum dicentes. Pater noster qui es in cęlis. *Et
cetera.*

2790 *Et oleum reportetur, et in loco suo conseruetur.
Missa uero ordine suo agatur, usque dum
benedictiones episcopales soluantur.*

2791 BENEDICTIO IN CAENA DOMINI. Benedicat uos deus qui
per unigeniti sui passionem uetus pascha in nouum
uoluit conuerti, concedatque uobis ut expurgato
ueteris fermenti contagio, noua in uobis perseueret conspersio.

485

Et qui ad celebrandum redemptoris nostri cęnam
mente deuota conuenistis, ęternarum dapium uobiscum ępulas reportetis.
/ Ipsiusque opitulante clementia mundemini a /f. 353r
sordibus peccatorum, qui ad insinuandum humilitatis exemplum pedes uoluit lauare discipulorum.
Quod ipse prestare dignetur, cuius regnum.
Benedictio dei patris, et filii, et spiritus
sancti descendat super uos.

2792 *Et statim dicit*: Et pax domini sit semper uobiscum.

2793 *Tunc communicet solus pontifex ante altare, et
diaconus offerat ei calicem, et non frangat
oblatas, nisi eam solam unde ille communicat illo
tantum die. Postquam communicauerit episcopus,
ponat diaconus calicem super altare. Deinde
acceptam a subdiacono patenam ponat iuxta calicem
de latere sinistro, et statim a duobus subdiaconibus utrimque cooperiatur de sindone munda
quam prius preparauerant in ora altaris, e regione
pontificis post corporalem / expansam. Tunc domnus* /f. 353v
*episcopus uadat ad sedem suam cum diaconibus et
expectet.*

ORDO DE CONSECRATIONE PRINCIPALIS CRISMATIS
2794 *Expectante uero in sede sua pontifice, ueniant ad
sacrarium .xii. presbiteri et ceteri clerici
quantum opus sit ad deferendum cum omni decore
oleum crismale, ac oleum catecuminorum, et
neophitorum usque in ecclesiam ante episcopum.
Sint enim idem presbiteri parati, et cum eis
ceteri clerici casulis et sollempnibus uesti-
mentis. Tunc duo acoliti accipientes illas duas
ampullas quę ad crisma et ad oleum catecuminorum
consecrari debent inuolutas cum sindonibus de albo
serico, ita ut uideri possint a medio, teneant in
brachio sinistro proiectis sindonibus super
scapulam sinistram, ita ut pertingant ad scapulam
dextram, quatinus / possint dependentia retineri,* /f. 354r

et procedant. Et ordinent se illi presbiteri et predicti clerici rite et ordinabiliter, ita ut primum ambulent duo acoliti cum candelabris et ardentibus cereis, deinde portentur duę cruces, et inter illas medium crismale oleum. Post eas portentur duo turibula cum incenso, et inter illa medium oleum catecuminorum. Deinde portetur euangelium ut impleatur omne bonum. Postea sequantur bini et bini illi .xii. presbiteri testes et cooperatores eiusdem sacrosancti crismalis mysterii. Tunc uero subsequantur pueri in laudem eiusdem mysterii concinenetes hos uersus ad hoc congruentes:

2795 *AVDI IVDEX MORTVORVM VNA SPES MORTALIVM,*
AVDI uoces proferentium donum pacis pręuium,
O redemptor sume carmen temet concinentium.
/ Arbor fęta oliuarum hoc sacrandum protulit,   /f. 354v
Fert hoc prona presens turba saluatori seculi,
O redemptor.
Stans ad aram immo supplex infulatus pontifex,
Debitum persoluit om<n>e consecrato crysmate,
O redemptor.
Consecrare tu dignare rex perennis glorię,
Hoc oliuum signum nouum iura contra demonum,
O redemptor.
Vt notetur sexus omnis unctione crismatis,
Et medetur sauciata dignitatis gloria,
O redemptor.
Lota mente sacro fonte aufugantur crimina,
Vncta fronte sacrosancta influunt carismata,
O redemptor.
Corde natus ex parentis aluum implens uirginis,
Presta lucem claude mortem, crysmatis consortibus,
O redemptor.
Sit dies hęc festa nobis seculorum seculis,
Sit sacrata digna laude, nec senescat tempore,
O redemptor.

2796 *Venientibus autem eodem ordine in chorum et stantibus ad orientem uersis. Versibusque finitis, interea ordinent se lectores, hostiarii, acoliti, et subdiaconi, et stent in ordine suo secundum eos gradus ubi ascenditur ad altare, ita ut subdia/conus sit sextus in eminentiori loco, et* /f. 355r *iuxta eum archidiaconus qui legebat euangelium, ita inuolutam ampullam suscipientes, per ordinem ut ascendat. Et dum peruenerit ad archidiaconum, ille perferat eam ita inuolutam una cum sindone ante pontificem.*

2797 *Interim autem unus subdiaconus deferat uasculum cum balsamo alii diacono, et ille pontifici ante altare. Tunc ordinentur circa episcopum hinc et hinc eadem candelabra et cruces, et turibila atque euangelium nec non et predicti .xii. presbiteri testes et adiutores eiusdem mysterii, ita ut diaconi post dorsum episcopi stent. Presbiteri uero a dextris et a sinistris, cruces uero et cetera utrimque inter illos media. His ita statutis conuertat se episcopus aut cui ille precepit tam ad clerum quam ad populum, et faciat sermonem de consecratione crysmatis / congruentem.* /f. 355v

2798 *Tunc conuertat se ad orientem et intrat in consecrationem principalis crismatis, archidiacono tenente ipsum ampullam in sinistro brachio inuolutam sindone ut supra diximus. Et primo misceat balsamum cum oleo dicens*: Hęc commixtio liquorum fiat omnibus perunctis propitiatio, et custodia salutaris in secula seculorum. Amen.

2799 SEQVITVR SVPER VTRVMQVE BALSAMI ET OLEI. Oremus dominum nostrum omnipotentem qui incomprehensibilem unigeniti filii, sibique coęterni diuinitatem mirabili dispositione uerę humanitati inseparabiliter coniunxit, et gratia cooperante sancti spiritus oleo exultationis pre participibus suis liniuit, ut homo fraude diaboli perditus

THE LEOFRIC MISSAL

gemina et singulari constans materie, perenni reddere/tur de qua exciderat hereditati, quatinus /f. 356r hos diuersis creaturarum speciebus liquores creatos sanctę trinitatis perfectione benedicat, benedicendo sanctificet, concedatque ut simul permixti unum fiant, et quicumque exterius inde perunctus fuerit, ita interius liniatur, quo omnibus sordibus corporalis materię carens se participem regni cęlestis effici gratuletur. Per eundem dominum nostrum.

2800 *Deinde antequam benedicatur halat ter super ipsam ampullam, et dicat lenta uoce exorcismum crismalis olei.*

EXORCISMVS OLEI
2801 Exorcizo te creatura olei per deum patrem omnipotentem qui fecit cęlum et terram, mare, et omnia quę in eis sunt, ut omnis uirtus aduersarii omnisque exercitus diaboli omnisque incursio, et omne fantasma satanę era/dicetur et effugetur a /f. 356v te, ut fiat omnibus qui ex te unguendi sunt in adoptionem filiorum per spiritum spiritum, in nomine dei patris omnipotentis, et in caritate ihesu christi filii eius domini nostri, qui cum eo uiuit et regnat deus in unitate eiusdem spiritus sancti.

2802 *Tunc dicat alta uoce:* Per omnia secula seculorum. Dominus uobiscum. Sursum corda. Gratias agamus domino deo nostro. PREFATIO. VD ęquum et salutare. Nos tibi semper et ubique gratias agere domine sancte pater omnipotens ęterne deus. Qui in principio inter cętera bonitatis et pietatis tuę munera, terram producere fructifera ligna iussisti, inter quę huius pinguissimi liquoris ministrę oleę nasceretur, quarum fructus sacro karismati[1] deseruiret. Nam et

[1] *uel cris* for *crismati* added above.

489

dauid prophetico spiritu gratię tuę sacramenta
prenoscens, uultus nostros in / oleo exhilarandos /f. 357r
esse cantauit. Et cum mundi crimina diluuio
quondam expiarentur effuso, similitudinem futuri
muneris columba demonstrans, per oliuę ramum pacem
terris redditam nuntiauit. Quod in nouissimis
temporibus manifestis est effectibus declaratum,
cum baptismatis aquis omnium criminum commissa
delentibus hęc olei unctio uultus nostros iocundos
efficit ac serenos. Inde etiam moysi famulo tuo
mandatum dedisti, ut aaron fratrem suum prius aqua
lotum per infusionem huius unguenti constitueret
sacerdotem. Accessit ad hoc amplior honor cum
filius tuus ihesus christus dominus noster lauari
se a iohanne undis iordanicis exegisset, ut
spiritu sancto in columbę similitudine desuper
misso unigenitum tuum in quo tibi optime
pla/cuisset testimonio subsequentis uocis osten- /f. 357v
deres, et hoc illud esse manifestissime comprobares, quod eum oleo lętitię prę consortibus suis
unguendum dauid propheta cecinisset. Te igitur
deprecamur domine sancte pater omnipotens ęterne
deus per eundem ihesum christum filium tuum
dominum nostrum, ut huius creaturę pinguedinem
sanctificare tua benedictione digneris, et sancti
spiritus ei admiscere uirtutem, cooperante potentia
christi tui, a cuius sancto nomine crisma nomen
accepit. Unde unxisti sacerdotes, reges, prophetas, et martyres, ut spiritalis lauacri baptismo
renouandis creaturam crismatis in sacramentum
perfectę salutis uitęque confirmes, ut sanctificatione unctionis infusa, corruptione primę
natiuitatis absorta, sanctum uniuscuiusque templum acceptabilis uitę innocens odore redolescat,
ut secundum / constitutionis tuę sacramentum regio /f. 358r
et sacerdotali propheticoque honore perfusi,
uestimento incorrupti muneris unduantur, ut sit
his qui renati fuerint ex aqua et spiritu sancto
crisma salutis et sanctificationis, eosque ęternę

uitę participes, et cęlestis glorię facias esse
consortes. Per eundem.

ORDO AD CONSVMMANDVM CRISMATIS BENEDICTIONEM

2803 OREMVS. Dominator domine deus rex unctus, auctor
unguenti, speciosus forma, speciosior unctione,
sacrator ipse tuus, ipse omnium consecrator, qui
unguentum de potestate sanctificas, potestatem
consecras de unguento, de unguento fecisti crisma,
de crismate nomen quod est super omne nomen, ut in
nomine isto sit regalis unctio christianis. In tuo
ergo nomine fiat hęc creatura iam crisma, et
habeatur ut crisma, forma / crucis, signum   /f. 358v
frontis, sacri titulus bellatoris, ut hoc crismate
mulceatur auditus, purificetur uisus, odoratus
suauescat, soporetur[1] gustus, tactus in trinitate
solidus sit, ut talibus stipendiis domini milites
decorati, atque ambrosio rore madidi, imperanti
seruiant non suadenti, et signati hoc crismate
sancto signiferi esse mereantur cęlestes, per te
ihesu christe saluator mundi, qui uiuis et regnas
deus per omnia secula seculorum. Amen.

2804 *Finita benedictione domnus episcopus salutat*
crisma nudum, et ministri qui iuxta eum sunt. Et
ita iterum per ordinem descendat sicut ascendit.
Et tenente ampullam acolito, deferatur omnibus
cooperta ad salutandum per ordinem, ut a nemine
nuda uideatur. Hoc facto summo honore procuretur
usque dum altera ampulla ascendat, et iterum /   /f. 359r
descendat, ut ambę honorifice ad locum suum
redeant.

INCIPIT EXORCISMVS OLEI QVO VNGVENDI SVNT
CATECVMINI

2805 *Descendente autem ampulla cum crismate, statim*
altera cum oleo catecuminorum cooperta ascendat
sicut prior ante episcopum, et halat in ipsam ter

---

[1] *a* for *saporetur* added above.

sicut in priore sed tacite, ordine quo supra delatam. Et in primis faciat ei exorcismum, et benedicat eam quasi lectionem legens.

EXORCISMVS OLEI CATECVMINORVM

2806 Exorcizo te creatura olei in nomine dei patris omnipotentis, et in nomine ihesu christi, et spiritus sancti, ut in hac inuocatione trinę potestatis, atque unius uirtute deitatis, omnis nequissima uirtus aduersarii, omnis inueterata malitia diaboli, omnis uiolentia occursio, omne confusum et cęcum fantasma eradicetur et effugetur, et discedat a creatura huius olei ad utilitatem / hominum constituta, ut fiat hęc /f. 359v unctio diuinis sacramentis purificata, in adoptionem carnis et spiritus, eis qui ex eo ungui debent in remissionem omnium peccatorum, ut efficiantur eorum corpora ad omnem gratiam spiritalem accipiendam sanctificata. Per eundem dominum nostrum ihesum christum filium eius, qui uenturus est. Dominus uobiscum. Et cum spiritu sancto.

2807 OREMVS. Deus incrementorum omnium, et profectuum spiritalium remunerator, qui uirtute sancti spiritus tui inbecillarum mentium rudimenta confirmas, te oramus domine, ut uenturis ad beatę regenerationis lauacrum tribuas per unctionem huius creaturę purgationem mentis et corporis, ut si quę illis aduersantium spirituum inhesere maculę ad tactum sanctificati olei huius abscedant. Nullus spiritalibus nequitiis locus, nulla refugis uirtutibus sit facultas, nulla insidiantibus malis latendi licentia relin/quatur, /f. 360r sed uenientibus ad fidem seruis tuis, et sancti spiritus tui operatione mundandis sit unctionis huius preparatio, utilis ad salutem, quam etiam cęlestis regenerationis natiuitate in sacramento sunt baptismatis adepturi. Per dominum nostrum ihesum christum filium tuum qui uenturus est.

2808 *Tunc domnus episcopus et qui iuxta eum sunt salutent eam, et descendat per ordinem sicut et altera, et deferatur omnibus ad salutandum. His ita peractis, eodem ordine et decore quo ascenderant in ęcclesiam redeant ambę ampullę ad sacrarium. Tunc pontifex lauet manus, et diaconi uadant ad altare, et discooperiant sancta. Et pontifex ueniens ad altare diuidat oblatas ad frangendum, et communicet populus omnis ordine suo, et sumat de ipsis oblatas integras ad seruandum usque mane diei parasceues, de quibus / communicent absque sanguine domini. Sanguis uero eadem die penitus consumatur et scola dicit* Agnus dei qui tollis *absque osculo, et communionem* Dominus ihesus *cum psalmo et* Gloria patri. *Fractis autem oblatis communicent presbiteri primo, postea diaconi, et ceteri omnes, et ita perficiatur missa pleniter ordine suo.* /f. 360v

2809 POSTCOMMVNIO. Refecti uitalibus alimentis.

2810 ALIA. Concede quesumus domine, ut perceptum noui testamenti mysterium et corpore sentiamus et mente. Per.

2811 *Et pontifex descendat in sacrarium, mandans presbiteris quid uoluerit. Tunc crisma nouum cum ueteri misceatur, si quid residuum sit. Similiter et oleum, et ita diuidatur per presbiteros, et finita sunt ista.*

2812 *Ad uesperum in cęna non dicitur* Deus in adiutorium *sed dicatur* AN. Calicem salutaris *cum psalmo* Credidi propter. A. Cum his qui oderunt pacem. PS. Ad dominum dum tribularer. / A. Ab hominibus. PS. Eripe. A. Custodi me. PS. Domine clamaui. A. Considerabam. PS. Voce mea. *Statim sequitur* A. Cęnantibus autem. PS. Magnificat *et* Kyrie eleison *ut supra et preces.* /f. 361r

493

2813 ORATIO AD VESPERVM. Deus cuius cęnam sacratissimam ueneramur, ut ea digni inueniamur, munda nos quesumus a sordibus peccatorum, qui ad insinuandum humilitatis exemplum, pedes tuorum hodie lauare dignatus es discipulorum. Qui cum patre et spiritu sancto uiuis.

2814 *Cum autem scola dicit primam* A. Calicem salutaris, *statim duo acoliti parati cum nigris casulis incipiant expoliare altaria, usque dum finitur uespera, postea tollantur. A uespera autem huius diei nuda sint altaria usque in mane sabbati.*

2815 *Expletis omnibus procedit domnus episcopus cum omni alacritate, cum presbiteris et clero, si uult ante cibum uel post cibum, ad locum ubi mandatum perficere uult, sintque ibi parati proces/sores,* /f. 361v *acoliti duo cum candelabris duobus tertius turibulum portans, quartus cum thimiamaterio, et subdiaconus euangelium ferens, et diaconus imponat euangelium* Ante diem festum *usque* non est seruus maior domino suo.

2816 FERIA *sexta parasceues quę et sexta sabbati dicitur missa non cantatur sed neque in sabbato sancto, donec ad uigilias noctis. In ipso autem die hoc est feria .vi. hora quinta deportetur lumen ut supra ab archidiacono seu preposito, et illuminentur lampades .vii. uel ut alius ordo precipit, id est romanus, illuminantur duę inde candelę ad ministerium ad altare ubi officium agitur. Conueniunt omnes uero ęcclesiastici nec non et laici, et procedat domnus episcopus uel qui uicem illius tenuerit in ęcclesia statuta infra urbem, non tamen in maiorem ęcclesiam ubi mos est salutiferam crucem salutare, et preparant se presbiteri, et archidi/aconus et diaconi uel* /f. 362r *ceteri quantum opus est ad ministrandum domno episcopo ad missam cum cantoribus et reliquis ministris, uestibus quadragesimalibus induti,* *scilicet planetis fuscis, non nudis pedes. Non enim licet presbyterum, diaconum uel acolitum ad altare ministrare per nudos pedes.* Procedentes de sacrario usque ad altare absque ullo cantu prostrato omni corpore in terram diutius. Oratione completa atque osculato altari uadunt ad sedem pontificis more solito, et mittitur paruum lintheum super altare nudum, de sub euangelio. Ante euangelium uero non portentur candelę uel incensum. Et dum ueniens pontifex de sacrario processerit, ante altare ad orandum super oratorium sicut mos est, statim ut surrexerit cum silentio ascendat ad sedem. Quo sedente, statim ut annuit archidia/conus subdiacono, subdiaconus /f. 362v ascendat ad legendum, et legitur prima lectio in osee In tribulatione sua mane.

2817 *Et post lectionem cantatur canticum* Domine audiui. *Et dicit pontifex* Oremus. *Et diaconus* Flectamus genua, *statim* Leuate, *et dicit orationem* Deus a quo et iudas.

2818 *Sequitur altera lectio in exodo* Dixit dominus ad moysen. *Sequitur tractus* Eripe me domine. *Quo finito, legitur absque salutatione passio, ubi non dicitur passio, sed tantum* In illo tempore egressus ihesus. *Nec incensum ibi portetur. Hac expleta statim duo diaconi nudant altare sindone quę prius fuerat sub euangelio posita in modum furantis. Aliqui uero antequam legatur passio domini preparant sindones duas sibi coherentes, et in eo uersu ubi legitur* Partiti sunt uestimenta, *scindunt hinc inde ipsas sindones desuper altare in modum / furantis, et secum auferunt.* /f. 363r

2819 *Tunc uenit pontifex ante altare, siue ut in alio ordine legitur transit in dexteram partem ęcclesie infra thronum, et dicat* Oremus. *Et diaconus* Flectamus genua. *Et orat diutissime. Et diaconus* Leuate, *et dicat orationes sollemnes ad hierusalem*

495

Oremus dilectissimi nobis deum patrem. *In primis pro ęcclesia sancta dei, et ceteras per ordinem sicut in libro sacramentorum continentur, sicut supra in quarta feria, pronunciante diacono* Flectamus genua, *nisi pro iudeis tantum non flectatur genu.*

2820 *Subdiaconi stant retro altare, et ibi sicut ceteri flectentes genua non tamen terga uertentes altari. Quas ut finierit, omnes tacite exeant foras.*

2821 *Notandum uero est quia in romana ęcclesia extinguitur totus ignis in hac feria hora sexta, et reaccenditur hora nona. Presbiteri uero ęcclesiarum / siue de urbe seu de suburbanis* /f. 363v *uadunt per ęcclesias suas, ut hoc ordine hora nona cuncta usque ad uesperam faciant, hoc tantum mutantes, ut ubi pontifex meminit apostolicum ipsi nominent episcopum suum.*

2822 *Ad uesperum tam in ęcclesia ubi pontifex dicit orationes quam et in ceteris ęcclesiis presbi-terorum, post orationes preparatur crux ante altare, interposito spatio inter ipsam et altare, sustentata hinc inde a duobus acolitis posito ante eam oratorio. In cuius laude dicitur cum uersibus* Agyos agyos. Popule meus. *Venit pontifex solus, et adoratam deosculatur crucem, deinde presbiteri et diaconi et ceteri per ordinem, deinde populus.*

2823 *Pontifex uero redit in sedem suam usque dum omnes salutent crucem. Nam salutante / pontifice crucem* /f. 364r *uel populo canitur semper* [1]A. Ecce lignum crucis *cum psalmo* Beati inmaculati. *Item* Crucem tuam adoramus. PS. Deus misereatur. A. Dum fabricator mundi *cum uersibus* Crux fidelis.

[1] Antiphons neumed.

IN SABBATO SANCTO PASCĘ

2824 PREFATIO. VD ęquum et salutare. Te quidem omni tempore sed in hac postissimum nocte, require.

IN DIE SANCTO PASCE

2825 STATIO AD SANCTAM MARIAM MAIOREM. PREFATIO. VD ęquum et salutare. Te quidem omni tempore, sed in hac potissimum die. *PER ILLOS VII DIES*, *ET DEINCEPS* cotidie usque ascensionem domini.

IN VIGILIA ASCENSIONIS DOMINI

2826 PRAEFATIO. VD per christum dominum nostrum. Qui post resurrectionem suam omnibus discipulis, require.

IN ASCENSIONE DOMINI

2827 STATIO AD SANCTVM PETRVM. PREFATIO. Qui post resurrectionem suam, ut supra.

DOMINICA I POST ASCEN/SIONEM DOMINI /f. 364v

2828 PREFATIO. Qui post resurrectionem suam, et Communicantes, et Hanc igitur. *DICENDA SVNT SICVT IN ASCENSIONE DOMINI VSQVE IN VIGILIAM PENTE-COSTES*.

IN SABBATO SANCTO PENTECOSTEN

2829 *Legantur lectiones .iiii. et lectio libri dicatur.* IN IPSA VIGILIA. STATIO AD LATERANOS. PREFATIO. VD per christum dominum nostrum. Qui ascendens super omnes cęlos, require.

IN DIE SANCTO PENTECOSTEN

2830 STATIO AD SANCTVM PETRVM. PREFATIO. VD per christum dominum nostrum. Qui ascendens super omnes cęlos, ut supra. *PER VII DIES*.

DOMINICA III POST OCTAVAS PENTECOSTEN

2831 PREFATIO. VD ęterne deus. Qui cum unigenito filio tuo et spiritu sancto unus es deus, require retro de sancta trinitate.

497

DOMINICA I DE ADVENTV DOMINI
2832 STATIO AD SANCTVM PETRVM APOSTOLVM. PREFATIO. VD
ęterne deus. Qui per beatę marię uirginis partum
ęcclesię tuę tribuisti celebrare, require in
annuntiatione sanctę marię.

VII KL. IAN. NATALE SANCTI STEPHANI PROTO
MARTIRIS
2833 PREFATIO. / VD ęterne deus. Quia per incarnati /f. 365r
uerbi mysterium, require.

VIII KL. FEB. CONVERSIO SANCTI PAVLI
2834 PREFATIO. VD ęterne deus. Qui ęcclesiam tuam in
apostolicis tribuisti consistere fundamentis, de
quorum collegio beati pauli apostoli tui sollemnia
celebrantes tua domine preconia non tacemus. Et
ideo.

IN PVRIFICATIONE SANCTĘ MARIĘ
2835 PREFATIO. VD ęterne deus. Quia per incarnati
uerbi, require.

VIII KL. MAR. CATHEDRA SANCTI PETRI
2836 PREFATIO. VD ęquum et salutare. Te domine
suppliciter exorare, require in natale apostolorum
petri et pauli.

VI KL. MAR. SANCTI MATHIĘ APOSTOLI
2837 PREFATIO. VD ęterne deus. Qui ęcclesiam tuam in
apostolicis, ut supra.

VIII KL. APR. ANNVNTIATIO SANCTĘ MARIĘ
2838 PREFATIO. VD ęterne deus. Qui per beate marie
uirginis partum, require.

KL. MAI. APOSTOLORVM PHILIPPI ET IACOBI
2839 PREFATIO. VD ęterne deus. Qui ęcclesiam tuam in / /f. 365v
apostolicis tribuisti consistere fundamentis, de
quorum collegio beatorum apostolorum tuorum

philippi et iacobi sollemnia celebrantes, tua
domine preconia non tacemus. Et ideo.

V NON. MAI. INVENTIO SANCTĘ CRVCIS

2840 PREFATIO. VD per christum dominum nostrum. Qui per
passionem crucis mundum redemit, require.

III IDVS MAI. DEDICATIO ĘCCLESIĘ SANCTĘ MARIĘ AD
MARTYRES

2841 Deus qui inuisibiliter omnia contines, et tamen
pro salute generis humani signa tuę potentię
uisibiliter ostendis, templum hoc potentia tuę
inhabitationis illustra, ut omnes qui huc
deprecaturi conueniunt, ex quacumque tribulatione
ad te clamauerint consolationis tuę beneficia
consequantur. Per dominum.

2842 LECTIO LIBRI APOCALIPSIS IOHANNIS APOSTOLI. In
diebus illis. Venit angelus, et locutus est mecum
dicens. Veni ostendam / tibi sponsam uxorem agni. /f. 366r
Et sustulit me in spiritu, in montem magnum et
altum. Et ostendit mihi ciuitatem sanctam
hierusalem descendentem de cęlo, habentem claritatem dei. Lumen eius simile lapidi pretiosi,
tamquam lapidis iaspidis, sicut cristallum. Et
habebat murum magnum et altum, habens .xii.
portas, et in portis angulos duodecim. Et nomina
inscripta, quę sunt nomina .xii. tribuum filiorum
israel. Ab oriente portę tres, ab aquilone portę
tres, ab austro portę tres, ab occasu portę tres.
Et murus ciuitatis habens fundamenta .xii.^{cim} et
ipsis .xii.^{cim} nomina apostolorum et agni. Et qui
loquebatur mecum habebat mensuram arundinem
auream, ut metiretur ciuitatem, et portam eius et
murum. Et ciuitas in quadro posita est, et
longitudo eius tanta est quanta et latitudo. / Et /f. 366v
mensus est ciuitatem de arundine per stadia .xii.
milia. Longitudo et latitudo et altitudo ęqualia
sunt, et mensus est muros eius centum .xliiii.^{or}
cubitorum mensura hominis quę est angeli. Et erat

structura eius ex lapide iapisde, ipsa uero
ciuitas auro mundo simile uitro mundo. Fundamenta
muri ciuitatis omni lapide pretioso ornata.
Fundamentum primum iaspidis, secundum sapirus[1],
tertium calcedonius, quartum smaragdus, quintum
sardonix, sextum sardius, septimum crisolitus[2],
octauum berillus, nonum topazius, decimum crisso-
passus[3], undecimum iacinctus, duodecimum amitis-
tus[4]. Et duodecim portę .xii.^{cim} margaritę sunt per
singulas, et singulę portę erant ex singulis
margaritis. Et plateę ciuitatis auro mundo tamquam
uitrum perlucidum, et templum non uidi in ea.
Dominus enim deus omnipotens templum illius est et
agnus, et ciui/tas non eget sole, neque luna ut   /f. 367r
luceant in ea. Nam claritas dei illuminauit eam,
et lucerna eius est agnus. Et ambulabunt gentes
per lumen eius, et reges terrę afferrent gloriam
suam et honorem in illam. Et portę eius non
claudentur per diem, nox enim non erit illic. Et
afferent gloriam et honorem gentium in illam. Nec
intrabit in illam aliquid coinquinatum, et faciens
abhominationem et mendacium. Nisi qui scripti
sunt, in libro uitę et agni.

2843 SEQVENTIA SANCTI EVANGELII SECVNDVM LVCAM. In illo
tempore. Ingressus ihesus, perambulabat hiericho.
Et ecce uir nomine zacheus, et hic erat princeps
publicanorum, et ipse diues. Et querebat ihesum
uidere quis esset, et non poterat pre turba, quia
statura pusillus erat. Et precurrens ascendit in
arborem sicomorum ut uideret illum, quia inde erat
transiturus. Et cum uenisset ad locum, suspiciens
ihesus uidit illum, et dixit ad eum. Zachee /   /f. 367v
festinans descende, quia hodie in domo tua oportet
me manere. Et festinans descendit, et excepit

[1] h for *saphirus* added above.
[2] h for *chrisolitus* added above.
[3] h for *chrissopassus* added above.
[4] h for *amithistus* added above.

illum gaudens. Et cum uiderent omnes, murmurabant
dicentes quod ad hominem peccatorem diuertisset.
Stans autem zacheus dixit ad ihesum. Ecce dimidium
bonorum meorum domine do pauperibus, et si quid
aliquem defraudaui reddo quadruplum. Et ait ihesus
ad eum. Quia hodie salus domui huic facta est, eo
quod et ipse filius sit abrahę. Venit enim filius
hominis quęrere et saluum facere, quod perierat.

2844 SECRETA. Annue quesumus domine precibus nostris,
ut quicumque intra templi huius cuius hodie
dedicationis diem celebramus ambitum continentur,
plena tibi atque perfecta corporis et animę
deuotione placeant, ut dum presentia uota
reddimus, ad ęterna premia te adiuuante peruenire
mereamur. Per dominum.

2845 PREFATIO. VD per christum dominum nostrum. Cuius / /f. 368r
uirtus magna, pietas copiosa. Respice de cęlo, et
uide et uisita domum istam, ut quicunque in ea
nomini tuo supplicauerit libenter exaudias, et
satisfacientibus clementer ignoscas. Per quem.

2846 POSTCOMMVNIO. Quesumus omnipotens deus ut hoc in
loco quem nomini tuo indigni consecrauimus,
cunctis petentibus aures tuę pietatis accommodes.
Per.

2847 SVPER POPVLVM. Copiosa beneficia quesumus domine
populus christianus assequatur, ut qui in honore
sanctorum sacrandis tibi luminibus deuotus occurrit, et uitę subsidia presentis accipiat, et
gratiam sempiternę redemptionis inueniat. Per.

IN ANNIVERSARIO ĘCCLESIĘ
2848 Deus qui nobis per singulos annos, require.

2849 SECRETA. Omnipotens sempiterne deus templum hoc.

2850 PREFATIO. VD per christum dominum nostrum. Cuius uirtus magna.

2851 POSTCOMMVNIO. Deus qui ęcclesiam tuam sponsam uocare.

III ID. MAI. DEDICATIO ĘCCLESIĘ AD MARTYRES

2852 / Concede quesumus omnipotens deus ad eorum nos gaudia ęterna pertingere, de quorum nos uirtute tribuis annua sollemnitate gaudere. Per. /f. 368v

2853 SECRETA. Super has quesumus hostias domine benedictio copiosa descendat, quę et sanctificationem nobis clementer operetur, et de martyrum nos sollemnitate lętificet. Per.

2854 POSTCOMMVNIO. Supplices te rogamus omnipotens deus, ut quos tuis reficis sacramentis, tibi etiam placitis moribus dignanter deseruire concędas. Per.

IX KL. IVL. VIGILIA SANCTI IOHANNIS BAPTISTE

2855 PREFATIO. VD eterne deus. Exhibentes sollemne ieiunium, require.

VIII KL. IVL. NATALE SANCTI IOHANNIS BAPTISTE

2856 PREFATIO. VD ęterne deus. Et in die festiuitatis.

III KL. IVL. APOSTOLORVM PETRI ET PAVLI

2857 PREFATIO. VD ęquum et salutare. Te domine suppliciter exorare, require.

VIII KL. AVG. SANCTI IACOBI APOSTOLI

2858 PREFATIO. VD ęterne deus. Qui ęcclesiam tuam sempiterna pietate non deseris, sed per apostolos tuos iugiter erudis, et sine fine custodis. Per christum dominum nostrum.

IIII ID. AVG. SANCTI LAVRENTII MARTYRIS
2859 PREFATIO. VD ęterne deus. Et in die / sollemni-   /f. 369r
tatis hodiernę, require.

XVIII KL. SEP. ASSVMPTIO SANCTE MARIĘ
2860 PREFATIO. VD ęterne deus. Et te in ueneratione
sacrarum uirginum, require.

VIIII KL SEP. SANCTI BARTHOLOMEI
2861 PREFATIO. VD ęterne deus. Qui ęcclesiam tuam
sempiterna pietate, ut supra.

IIII KL. SEP. DECOLLATIO SANCTI IOHANNIS
BAPTISTE
2862 PREFATIO. VD ęterne deus. Qui precursorem filii
tui, require.

VI ID. SEP. NATALE SANCTE MARIĘ
2863 PREFATIO. VD ęquum et salutare. Nos tibi in omnium
sanctorum tuorum profectu, require.

XI KL. OCT. SANCTI MATHEI APOSTOLI
2864 PREFATIO. VD ęterne deus. Qui ęcclesiam tuam in
apostolicis, ut supra.

III KL. OCT. DEDICATIO ĘCCLESIĘ SANCTI
MICHAHELIS
2865 PREFATIO. VD ęterne deus. Sancti michahelis
archangeli merita, require.

II KL. NOV. VIGILIA OMNIVM SANCTORVM
2866 PREFATIO. VD ęterne deus. Reuerentię tuę dicato
ieiunio, require.

KL. NOV. FESTVM OMNIVM SANCTORVM
2867 PREFATIO. VD ęterne deus. Clementiam tuam
suppliciter obsecrantes, require.

II KL. DEC. SANCTI ANDREE APOSTOLI
2868 PREFATIO. VD ęterne deus. Qui ecclesiam tuam in apostolicis, require.

XII KL. IAN. SANCTI THOMĘ APOSTOLI
2869 PREFATIO. VD ęterne deus. Qui ęcclesiam tuam in apostolicis, require.

/ IN NATALE VNIVS APOSTOLI   /f. 369v
2870 PREFATIO. VD ęterne deus. Qui ęcclesiam tuam in apostolicis, require.

IN NATALE VNIVS EVANGELISTĘ
2871 AD MISSAM. *MAGNIFICET TE DOMINE* sancti tui euangelistę .N. beata sollemnitas, per quam illi gloriam sempiternam et opem nobis ineffabili prouidentia contulisti. Per dominum.

2872 SECRETA. Ad altaria tua domine ueneranda cum hostiis laudis accedimus, fac quesumus ut et indulgentiam nobis obtineant et fauorem. Per dominum.

2873 PREFATIO. VD ęterne deus. Qui ecclesiam tuam sempiterna pietate non deseris, sed per euange-listam tuum .N. iugiter erudis et sine fine custodis. Et ideo.

2874 POSTCOMMVNIO. Sacramentis domine et gaudiis optata celebritate expletis quesumus ut eius precibus adiuuemur cuius recordationibus exhentur. Per.

IN VIGILIA VNIVS MARTYRIS
2875 <AD> MISSAM. Quesumus omnipotens deus ut nostra deuotio quę natalicia beati .N. martyris /   /f. 370r
antecędit, patrocinia nobis eius accumulet. Per.

2876 SECRETA. Magnifica domine beati .N. sollemnia recensemus, quę promptis cordibus ambientes oblatis muneribus et suscipimus et preimus. Per.

504

2877 POSTCOMMVNIO. Sancta tua domine de beati .n. martyris pretiosa passione quam preimus nos refoueant, quibus et iugiter satiamur, et semper desideramur expleri. Per.

IN NATALE PLVRIMARVM VIRGINVM MISSA

2878 Porrige nobis quesumus domine dexteram tuam, et per interuentiones sacrarum uirginum tuarum .n. auxilium nobis supernę uirtutis impende. Per.

2879 SECRETA. Suscipe domine preces et munera, quę ut accepta tuo sint conspectui, sanctarum tuarum .n. precibus adiuuemur. Per.

2880 PREFATIO. VD ęterne deus. Qui ut de hoste generis humani maior uictoria duceretur non solum per uiros antiquum hostem exuperasti, sed de eo etiam per feminas triumphasti. Et ideo.

2881 POSTCOMMVNIO. Satiasti domine familiam tuam muneribus sacris, earum quesumus semper interuentione nos / refoue, quarum memoriam celebramus. /f. 370v Per.

DE SANCTA TRINITATE

2882 PREFATIO. VD ęterne deus. Qui cum unigenito, require.

FERIA II. PRO PECCATIS

2883 PREFATIO. VD ęterne deus. Suppliciter implorantes ut nos ab omnibus peccatis clementer eripias, et a cunctis protegas benignus inimicis. Per christum dominum nostrum.

FERIA III. DE SVFFRAGIA ANGELORVM

2884 PRAEFATIO. VD ęterne deus. Quamuis enim illius sublimis, require.

FERIA VI. DE SANCTA CRVCE

2885 PREFATIO. VD ęterne deus. Qui salutem humani generis, require.

SABBATO DE SANCTO MARIA

2886 PREFATIO. VD ęterne deus. Et precipue pro meritis beatę dei genetricis et perpetuę uirginis gratia plenę tuam omnipotentiam, laudare, benedicere et predicare. Per christum dominum nostrum.

PRO FIDELIBVS DEFVNCTIS

2887 PREFATIO. VD per christum dominum nostrum. Per quem salus mundi, require.

2888 ALIA PREFATIO. VD ęterne deus. Qui nobis in christo unigenito filio tuo domino nostro. *REQVIRE RETRO.*

2889 / MISSA PROPRIA PONTIFICIS IN ORDINATIONE IPSIVS /f. 371r
Fac mecum domine. PSALMVS. Inclina domine, require.

2890 COLLECTA. Deus qui digne tibi seruientium nos[1] imitari desideras famulatum, da nobis[2] caritatis tuę flamma ardere succensos[3], ut antistitum decus priorum, qui tibi placuerunt mereamur[4] consortia[5] obtinere. Per dominum.

2891 LECTIO AD ROMANOS. *FRATRES.* Omnis pontifex ex hominibus assumptus pro hominibus constituitur in his quę sunt ad deum, ut offerat dona et sacrificia pro peccatis. Qui condolere possit his qui ignorant et errant, quoniam et ipse circumdatus est infirmitate. Et propterea debet quemadmodum pro populo, ita etiam et pro semetipso offerre

[1] *me peccatorem* supplied above.
[2] *mihi* added above.
[3] *um* for *succensum* added above.
[4] *r* for *merear* added above.
[5] *decus et consortium* supplied above.

sacrificia. Nec quisquam sumit sibi honorem, sed
qui uocatur a deo tamquam aaron quemadmodum
scriptum est. / Tu es sacerdos in eternum, /f. 371v
secundum ordinem melchisedech.

2892 GRADVALE. In deo sperauit cor meum. V. Ad te domine
clamabo. Alleluia. V. In te domine speraui.

2893 SECVNDVM MARCVM. In illo tempore. Circuibat ihesus
castella, in circuitu docens. Et conuocauit
duodecim et cepit eos mittere binos, et dabat
illis potestatem spirituum inmundorum. Et precepit
eis ne quid tollerent in uia, nisi uirgam tantum.
Non peram, non panem, neque in zona aes, sed
calciatos scandaliis, et ne induerentur duabus
tunicis. Et dicebat eis. Quocumque introeritis in
domum, illic manete donec exeatis inde. Et qui non
receperint uos, nec audierint uos, exeuntes inde
excutite puluerem de pedibus uestris in testimonium illis. Et exeuntes predicabant, ut
penitentiam agerent. Et demonia multa eiciebant,
et ungebant oleo multos egrotos, et sanabantur.

2894 OFFERTORIVM. Intende / uoci orationis mee, /f. 372r
require.

2895 SECRETA. Aufer a nobis[1] domine spiritum superbie
cui resistis ut sacrifica nostra[2] tibi sint[3]
accepta. Per.

2896 COMMVNIO. Ego clamaui quoniam exaudisti me.

2897 POSTCOMMVNIO. Corporis sacri et pretioso sanguinis
repleti libamine, quesumus domine deus noster, ut
gratie tue munus[4] quod nobis inmeritis contulisti,

---

[1] *me* added above.
[2] *mei peccatoris* added above.
[3] *semper* added above.
[4] *gratie tuo munere* added above.

intercedentibus sanctis tuis propitius muniendo custodias. Per.

2898 ALIA. Deus mundi creator et rector ad humilitatis meę preces placatus intende, et me famulum tuum quem nullis suffragantibus meritis, sed inmensa largitate clementię tuę cęlestibus mysteriis seruire tribuisti, dignum sacris altaribus fac mynistrum, ut quod mea celebranda depromitur tua sanctificatione firmetur. Per.

/ VIII KL OCT. CONCEPTIO SANCTI IOHANNIS /f. 372v
BAPTISTE

2899 Ne timeas zacharia. PSALMVS. Domine in uirtute tua.

2900 COLLECTA. Deus qui hodierna die sanctum iohannem pręconem ueritatis angelico concipiendum[1] ministerio preuidisti, concede nobis famulis tuis, ut qui eius insignia ueneramur, ipsius meritis et ab instantibus inimicorum insidiis erui, et ad uiam ueri luminis sine errore peruenire mereamur. Per.

2901 EPISTOLA. Factum est uerbum domini.

2902 GRADVALE. Fuit homo. V. Vt testimonium. Alleluia. Inter natos mulierum.

2903 EVANGELIVM. Fuit in diebus herodis regis.

2904 OFFERTORIVM. Iustus ut palma.

2905 SECRETA. Munera domine altari tuo superposita dextera potentię tuę admittat, quę hodie concipiendum sanctum iohannem angelico prenuntiauit oraculo. Per.

2906 COMMVNIO. Tu puer propheta.

---

[1] *nasciturum* **added above.**

2907 AD COMPLENDVM. Pignore salutis ęterne uegetati, supplices te rogamus omnipotens deus, ut inter- cedente sancto iohannę baptista, cuius hodie conceptionis diem celebramus, per hoc capiamus / plene securitatis augmentum. Per. /f. 373r

2908 AD VESPERVM. Omnipotens sempiterne deus qui unigeniti precursorem filii tui sanctum iohannem hodierna die nasciturum angelico oraculo declar- asti, concede familię tuę pię effectum deuotionis, ut quę eius annua recolit festa, presentis uitę assequatur pacis incrementa, futuręque beati- tudinis gaudia. Per.

MISSA PRO REGE VEL PRO REGINA

2909 Omnipotens sempiterne deus misericordiam tuam suppliciter exoramus ut famulum tuum regem nostrum famulamque tuam gregem quoque[1] et familiam illis commissam, magne pietatis tue protectione custo- dias, et ab omnibus mundi huius periculis sempiterna prouisione tuearis, ut gratie tue munere defensi, donis semper celestibus iocun- dentur. Per.

2910 SECRETA. Munera hęc quesumus domine dignanter suscipiens sanctifica, et famulo tuo[2] suisque omnibus perfice profutura. Per.

2911 POSTCOMMVNIO. Sumptis domine caelestibus sacra- mentis, quesumus clementiam tuam, ut famulum tuum cum / suis omnibus respicere digneris, pietatisque tuae donis ab omnibus purgati peccatis a cunctis imminentibus periculis tueantur. Per. /f. 373v

IN ORDINATIONE SANCTI GREGORII

2912 Deus mundi auctor et conditor qui hodiernę festiuitatis diem beati .N. sacerdotii electione

---

[1] *reginam cum suis omnibus* added above.
[2] *regi nostro famuleque tue regine* added above.

509

consecrasti, presta populo tuo, ut cuius annua celebritate deuotis resultat obsequiis, eius suffragiis tuę pietatis consequatur auxilium. Per.

2913 SECRETA. Beati sacerdotis et confessoris tui .N. domine precibus adiuuemur, pro cuius sollemnitate[1] munera[2] nostra tua sancta lętantes. Per.

2914 AD COMPLENDVM. Sacramenta salutis nostrę suscipientes concede quesumus misericors deus, ut beati .N. nos ubique oratio adiuuet in cuius ueneratione hęc tuę optulimus maiestati.

/ VI ID. DECEMBRIS <CONCEPTIO SANCTAE MARIAE   /f. 374r
VIRGINIS>
2915 Deus qui beatę marię uirginis conceptionem angelico uaticinio parentibus predixisti, presta huic presenti familię tuę eius presidiis muniri, cuius conceptionis sacra solemnia congrua frequentatione ueneratur. Per.

2916 SECRETA. Sanctifica domine muneris oblati libamina, et beatę dei genetricis saluberrima interuentione nobis salutaria fore concede. Per.

2917 AD COMPLENDVM. Repleti uitalibus alimoniis, et diuinis refecti mysteriis, supplices rogamus omnipotens deus beatę marię semper uirginis, cuius uenerandam colimus conceptionem, pia interuentione a squalorum erui inmanium dominatione. Per.

/ MISSA PRO AMICO AB ADVERSARIIS AFFLICTO   /f. 374v
2918 [3]*OMNIPOTENS SEMPITERNE DEVS EXAVDI NOS* et miserere famulo tuo quoniam tribulatur, et intercedente beata dei genetrice *MARIA* omnibusque sanctis tuis libera eum et eripe de manibus inimicorum eius, et

---

[1] *offerimus* added above.
[2] *nostra* added above.
[3] First person singular forms given interlinearly throughout nos 2918–20.

a persequentibus eum, et presta quesumus secundum magnam misericordiam tuam, ut qui te inuocat non confundatur sed tua magis semper protectione muniatur. Per.

2919 SECRETA. Haec nobis communio domine ad purgationem et intercedente beata semper uirgine *MARIA* omnibusque sanctis inimicis famuli tui prosit ad emendationem, ut et illi ad caritatem fraternam redeant et cor famuli tui de consolatione tua gaudeat. Per.

2920 POSTCOMMVNIO. Presta quesumus omnipotens deus, ut qui malis famuli tui et casibus contrariis gratulantur beata dei genetrice *MARIA* intercedente cordibus erubescant, et uultibus reuerteantur simulque uicti retrorsum conuertantur, illeque tuo / auxilio in oculis illorum sic consoletur, ut de /f. 375r misericordię tuę dono gratuletur[1] Per.

OCTABAS SANCTI MARTINI

2921 COLLECTA. *CONCEDE QVESVMVS OMNIPOTENS DEVS VT BEATI MARtini* confessoris tui atque pontificis, frequentata sollempnitas, ad perpetuam populo tuo profitiat salutem, et quem sepius ueneramur in terris, semper habeamus patronum in cęlis. Per.

2922 SECRETA. Hęc oblatio domine quesumus, quam iterata sancti confessoris tui martini festiuitate tuę maiestati offerimus, nobis prosit ad indulgentiam ut per eam a nostris liberemur, peccatis et sacris altaribus astare digni effitiamur. Per.

2923 POSTCOMMVNIO. Sacramenta domine deus, quę sumpsimus beato martino confessore tuo intercedente, ab omni nos aduersitate defendant, et perpetua prosperitate tibi deo soli seruire concedant. Per.

---

[1] *lari ueniam* for *gratulari ueniam* added above.

511

<OCTABAS SANCTI ANDREAE>

2924 *<P>ROTEGAT NOS DOMINE SEPIVS BEATI ANDREĘ* apostoli repetita sollemnitas, ut cuius patrocinia / sine intermissione recolimus, perpetuam defensionem sentiamus. Per.   /f. 375v

2925 <SECRETA>. <I>ndulgentiam nobis quesumus domine prebeant hęc munera largiorem, quę tibi uenerabilis andreę suffragiis offeruntur. Per.

2926 <POSTCOMMVNIO>. <A>diuuet familiam tuam tibi domine supplicando beatus andreas apostolus, et pius interuentor efficiatur, qui tui nominis extitit predicator. Per.

<NATALE SANCTAE FIDIS>

2927 <D>eus qui presentem diem beatę fidis uirginis martyrio facis esse solemnem, presta ecclesię tuę ut cuius meritis gloriatur, eius precibus adiuuetur. Per.

2928 <SECRETA>. <S>uscipe domine preces et hostias meritis beatę fidis uirginis et martyris tibi dicatas, et concede ut eius nobis fiant supplicatione salutares, cuius sunt ueneratione sollemnes. Per.

2929 <POSTCOMMVNIO>. <Q>uos refecisti domine cęlesti conuiuio, beatę fidis uirginis et martyris iuuante patrocinio, supernorum ciuium fac dignos collegio. Per.

/ <SANCTI PETRI AD VINCVLA>   /f. 376r

2930 <PREFATIO>. <VD> eternę deus. Celebrantes beati petri apostoli uinculorum resolutionem, qua eum de manu herodis, et de omni expectatione plebis iudeę mirabiliter liberasti. Qui idcirco uinculis mancipari non potuit peccatorum, quia eum non onorauerant uincula delictorum. Quem iure angelus de tenebris produxit carceralibus, quia iustum

512

fuit tenebris non includi claustrorum presulem supernorum, aduersus quem portę non preualent infernorum. Qui tam libenter gubernandi et ad cęlos intromittendi nobis dignetur cura impendere, sicut clementer nos sibi commendauit qui sanguinis sui pretio mundum liberauit. Per quem maiestatem.

/ <NATALE SANCTI AVGVSTINI> /f. 376v

2931 <D>eus qui beatum augustinum ęcclesię tuę in exponendis scripturę sanctę mysteriis doctorem optimum et electum antistitem prouidisti, da nobis quesumus eius semper doctrina instrui, et oratione fulciri. Per.

2932 <SECRETA>. <S>ancti augustini confessoris tui nobis domine pia non desit oratio, quę et munera nostra tibi conciliet, et tuam nobis indulgentiam semper optineat. Per.

2933 <PREFATIO>. <VD> ęterne deus. Qui beatum augusti-num confessorem tuum et scientię documentis replesti, et uirtutum ornamentis ditasti. Quem ita multimodo genere pietatis imbuisti, ut ipse tibi et ara et sacrificium, et sacerdos esset et templum. Per christum dominum.

2934 <POSTCOMMVNIO>. <V>t nobis domine tua sacrificia dent salutem, beatus confessor tuus et pontifex augustinus quesumus precator accedat. Per.

/ XV KAL. IAN. SANCTI LAZARI EPISCOPI ET /f. 377r
MARTYRIS[1]

2935 <D>eus qui per unigenitum[2] tuum beatum lazarum quatriduanum mortuum resuscitasti a monumento, erige nos propitius de tumulis peccatorum, ut mereamur adipisci consortium electorum tuorum. Per eundem.

---

[1] Superscription given in margin.
[2] *filium* added above.

2936 <SECRETA>. <P>reces nostras domine clementer exaudi, et sancti lazari martyris tui atque pontificis qui famulo tuo digne meruit famulari, intercedentibus meritis, mereamur presentis et future uite perfrui gaudiis. Per.

2937 <POSTCOMMVNIO>. <Q>uesumus inmensam clementiam tuam omnipotens et misericors deus, ut beati lazari martyris tui atque pontificis intercessione, et a morte liberemur quadrifida, et uita perfuamur eterna. Per.

2938 [1]Deus pacis et dileccionis maneat semper cum omnibus uobis. Tu autem domine miserere nostri. Aangelus.

2939 / [2]Her cyð on þisse bec þ brihtmaer aet holacumbe /f. 377v haefð geboht hine 7 aelgifu his wif 7 hira cild, 7 hira ofspring aet rocgere derindig to twam pundum aefre to freolse, on dudemannes gewitnesse preostes on exancestre, 7 on leofwines preostes on hwita stane 7 on aelfgaeres port gerefa 7 aelfwaerdes portgerefa þe þ toll namon for þaes cynges hand 7 leofwaerdes his broðor 7 edwines leofede suna 7 oteres dyrlinges suna, 7 aelfgaeres aelfrices suna 7 blakemanes 7 leofrices saewines suna 7 dunstanes saewines suna 7 randolfes, 7 alboldes, 7 smewines on holacumbe, 7 aegilwaerdes aelfsies suna, 7 aelfmaer cynges suna 7 aelfsiges mid þam berde 7 edwine leofrices suna 7 edwine edmaeres suna 7 edric on hrenna hricge, 7 on ealles þaes hundrides gewitnisse on holacumbe, 7 haebbe he cristes curs 7 sancta marian 7 sanctus petrus þe þis aefre undo, 7 on ealles þaes hundrides gewitnisse on exancestre.

---

[1] A thirteenth-century addition.
[2] Added in the late eleventh century.